変動する社会と格闘する判例・法の動き

謹しんで

渡辺咲子先生に捧げます

一　同

─〈執筆者一覧〉（掲載順）─

| | |
|---|---|
| 深町晋也 （ふかまち しんや） | 立教大学大学院法務研究科教授 |
| 城下裕二 （しろした ゆうじ） | 北海道大学大学院法学研究科教授 |
| 緒方あゆみ （おがた あゆみ） | 中京大学大学院法務研究科教授 |
| 古川原明子 （こがわら あきこ） | 龍谷大学法学部准教授 |
| 穴沢大輔 （あなざわ だいすけ） | 明治学院大学法学部准教授 |
| 田寺さおり （たでら さおり） | 新潟大学法学部准教授 |
| 長井長信 （ながい ちょうしん） | 明治学院大学法学部教授 |
| 京藤哲久 （きょうとう のりひさ） | 法政大学大学院法務研究科教授 |
| 古田佑紀 （ふるた ゆうき） | 弁護士（元最高裁判所判事，元次長検事） |
| 渡辺咲子 （わたなべ さきこ） | 明治学院大学大学院法務職研究科教授・研究科長 |
| 三木千穂 （みき ちほ） | 海上保安大学校海上警察学講座准教授 |
| 髙平大輔 （たかひら だいすけ） | 三井住友カード株式会社コンプライアンス統括部シニアスタッフ・弁護士 |
| 中島　健 （なかじま たけし） | 弁護士 |
| 吉川由里 （きっかわ ゆり） | 弁護士 |
| 神田安積 （かんだ あさか） | 弁護士（元明治学院大学大学院法務職研究科客員教授） |

# 変動する社会と格闘する判例・法の動き

——渡辺咲子先生の古稀をお祝いして——

編集代表
京藤哲久・神田安積

信 山 社

# は し が き

　渡辺咲子先生は 2016 年 5 月に古稀をお迎えになられました。

　本書の母体となった明治学院大学法科大学院判例研究会は，渡辺咲子先生と京藤哲久を中心に，明治学院大学法科大学院を経て法曹となった修了生，研究者，そして実務家が参加する研究会として発足し，実務と研究を架橋する貴重な研究活動の場を提供してきました。

　研究会には，法曹三者・研究者・司法修習生が参加し，オープンで話しやすい雰囲気のもと，理論上，実務上興味を引く下級審の最新判決をも対象に研究することで，判例が問題解決のため試行錯誤しながら展開する法理の中に，新しい時代の息吹を感じとり，これを研究上，実務上の刺激としながら時代が要請する新しい課題に取り組んできました。

　議論の素材，対話の相手は，求めようとする志さえあるなら，過去にも遠方にも見い出すことができます。ほぼ毎月開催される研究会の研究活動では，刑事法の判例を中心としながらも，視野の狭い研究に陥ってしまわないよう，実務家と研究者が参加する研究会の長所を生かして，あるいは古きを尋ねあるいは海を隔てた海外の法制を尋ね，研究した報告をもとに議論することもありました。

　現実の法現象は，憲法を含め，諸法領域が截然と区画されているわけではありません。実務家にとっては，こうした渾然とした法の世界こそが日常の法の姿です。この研究会では，特定の法分野の研究者が主宰する研究会のように，検討対象を厳密に絞り込んでしまうのではなく，刑事法領域の法現象の研究を中心としながらも，興味を引くものは貪欲に対象に取り込んで検討し，変動する社会と格闘しながら変わり続ける判例・法の実態に迫ろうという姿勢を崩していません。

　研究会では，判例実務の到達点を確認するということにのみ重きを置くのではなく，取り上げられたテーマ・素材と法理の現代性に注目し，判例において展開された法理の現代的意義・現代的価値に注目し，その解決の方向は適切かという実践的な視点から吟味し，議論を闘わせてきました。法の解釈のなかに見い出されるのは，いつの時代も，その時代にとっての「現代」の諸困難との

*vii*

はしがき

対話であり，判例法理に対する無用の誤解を避けるには，法文の解釈の限界を超えないかという法治主義的感覚を重視する実務に通じた経験ある実務家の知見が欠かせません。また，その解釈における一貫性に気づくには，研究者の知見が欠かせません。そして，今の時代が，法の解釈にどのような解決を求めているかを探るには，若手の法曹・修習生・研究者の新鮮な感性が欠かせません。明治学院大学法科大学院判例研究会は，良きブレイン・ストーミングの場として，こうした知見，感性のハイブリッドをめざしてきました。

　かくして，この研究会は，法科大学院らしい，実務と理論の架橋をめざす研究会としてその活動を続けてきました。こうした研究会を可能にしたのは，実務家としても，研究者としても活躍し，学問と実務が切り離しがたく結びついている渡辺咲子先生の存在です。『判例講義　刑事訴訟法』（不磨書房）は，版を重ねている教科書『刑事訴訟法講義』（不磨書房）とともに，先生の問題意識と研究姿勢が法科大学院での講義を通じてできあがった本ですが，日本の判例を研究するなら，木を見て森を見ずということにならないよう，一度は目を通して欲しい本です。そんな渡辺咲子先生が主宰する研究会は，実務と理論の架橋の場，世代の違いを超えて自由に意見をたたかわす活発な意見交換の場として，貴重な研究活動の場となってきました。この研究会を通じて，実務家も研究者も，のびのびとした環境のもとで，育ってきました。この雰囲気は，なによりも，考えていることを単刀直入，率直に議論し，激論になっても，議論したあとは皆で楽しい一時を過ごす先生の気さくなお人柄に支えられています。

　そこで，この研究会の研究成果の一端を論文集として出版するこの機会に，あわせて，この研究会のメイン・エンジンである渡辺咲子先生の古稀をお祝いする趣旨を兼ね，先生に本書を捧げたいと思います。

　渡辺咲子先生は現行刑事訴訟法の制定過程のご研究でも著名で，精力的に取り組まれてきました。信山社で刊行されている14巻に及ぶ『刑事訴訟法制定資料全集　昭和刑事訴訟法編』は，今や現行刑事訴訟法の制定過程を研究する際の不可欠の資料となっています。法務省所蔵資料と団藤資料の双方を緻密に読み込んだうえで整理された研究成果は他の追随を許さないもので，先生が実務家としての超多忙な生活から解放され，明治学院大学に着任されるという機会がなければ，成し遂げられなかった偉業の一つです。

　この研究会は，渡辺咲子先生のこの歴史研究の方面のご業績をたたえてお祝

はしがき

いするには少し力不足かもしれませんが，先生が，判例研究に際して時々披瀝される制定過程の研究を踏まえた最新判例の検討は，聞く者を圧倒し，制定過程の研究の大切さを痛感させるものです。このことを一言付け加え，感謝を込めて，本論文集『変動する社会と格闘する判例・法の動き』を世に送り出し，先生の古稀をお祝いする次第です。

　最後に，編集委員として，新潟大学法学部の田寺さおり准教授と海上保安大学校の三木千穂准教授に尽力いただきました。お二人の息の合った絶妙のチーム・ワークがなければ，刊行にこぎ着けることはできませんでした。この場を借りて，両名に深い感謝を表します。

　　2017 年 1 月

編集代表　京藤　哲久

神田　安積

# 目　　次

はしがき

## Ⅰ　刑　　法

### 1　インターネットにおける違法情報の拡散と可罰性
──違法情報拡散の関与者に対する刑事責任の限界──
………………………………………………………〔深町晋也〕…5

1　は じ め に（5）
2　違法情報の拡散への二次的関与者の刑事責任に関する事案（8）
3　我が国における解釈論的問題
　　──ドイツ・スイスとの比較を通じて（19）
4　お わ り に（34）

### 2　無許可輸出罪における実行の着手について ……〔城下裕二〕…37

1　問題の所在（37）
2　「輸出」の意義に関する従来の判例（39）
3　最高裁平成 26 年判決（43）
4　検　　討（47）

### 3　万引き事犯と病的窃盗 ………………………〔緒方あゆみ〕…61

1　は じ め に（61）
2　窃盗，特に万引き事犯の現状（62）
3　万引きと精神疾患（71）
4　お わ り に（79）

### 4　同意傷害の違法性 ……………………………〔古川原明子〕…81

1　は じ め に（81）
2　同意傷害の諸類型（82）
3　同意傷害と身体（91）
4　同意傷害の制約（100）
5　お わ り に（102）

*xi*

目　次

## *5*　横領罪における第三者領得について ……………〔穴沢大輔〕…*103*

1　は じ め に（*103*）
2　大審院による第三者領得事案の基本理解（*104*）
3　第三者領得の観点から見た最高裁の2つの判断（*108*）
4　第三者領得の構造（*111*）
5　諸判決の検討（*113*）
6　お わ り に（*115*）

## *6*　明治44年商法改正における特別背任罪及び背任罪の立法経緯 ………………………………………〔田寺さおり〕…*117*

1　は じ め に（*117*）
2　明治44年商法改正における特別背任罪（*118*）
3　わが国背任罪立法に影響を与えたもの（*125*）
4　お わ り に（*133*）

## *7*　インサイダー取引規制における情報伝達行為について
──東京高裁平成27年9月25日判決（公刊物未登載）を手がかりに──
　　………………………………………………〔長井長信〕…*135*

1　は じ め に（*135*）
2　事案の概要と判決内容（*136*）
3　検　　討（*144*）
4　お わ り に（*151*）

## *8*　もう一つの背任罪
──フランスの会社財産濫用罪が示唆するもの──
　　………………………………………………〔京藤哲久〕…*153*

1　は じ め に（*153*）
2　外 国 の 例（*156*）
3　フランスの会社財産濫用罪（*161*）
4　お わ り に（*172*）

## ■Ⅱ■ 刑事訴訟法

### *9* 昭和 23 年の刑訴法改正 ……………………〔古田佑紀〕… *177*

1 始 め に（*177*）
2 捜査に関する諸問題（*178*）
3 公判に関する諸問題（*186*）
4 憲法に関する諸問題（*192*）
5 その他の問題（*194*）
6 終 わ り に（*195*）

### *10* 勾留の必要について ……………………………〔渡辺咲子〕… *199*

1 問題の所在（*199*）
2 現行法 60 条をはじめとする勾留の規定の制定過程（*201*）
3 旧法及び現行法制定過程からみた勾留の理由と必要（*207*）
4 勾留の要件についての検討（*214*）
5 お わ り に（*222*）

## ■Ⅲ■ 実務における法

### *11* 監督義務者の責任の変容と不変 …………〔三木千穂〕… *225*

1 は じ め に（*225*）
2 2 つの最高裁判決（*225*）
3 責任能力制度の趣旨（*228*）
4 行為者の責任と監督義務者の責任の関係（*230*）
5 監督義務者の責任の根拠と法的性質（*235*）
6 サッカーボール事件上告審判決の意義（*243*）
7 法定監督義務者をめぐる近時の法改正（*246*）
8 準監督義務者という概念（*249*）
9 JR 東海事件上告審判決の意義（*253*）
10 お わ り に（*257*）

### *12* 決済カード（クレジットカード，デビットカード，プリペイドカード）における法律関係の比較……………………〔髙平大輔〕… *261*

1 は じ め に（*261*）
2 クレジットカード（*261*）
3 デビットカード（*273*）

*xiii*

目　次

　　　4　プリペイドカード（*281*）
　　　5　む　す　び（*284*）

**13**　大規模事故による損害賠償と救済制度
　　　──福島第一原子力発電所事故を題材として──………〔中島　健〕…*287*

　　　1　序　　論（*287*）
　　　2　和解仲介手続における不動産賠償について（*292*）
　　　3　結びにかえて（*307*）

**14**　「連携」が切り拓く権利擁護
　　　──あたらしい弁護士のはなし──　………………………〔吉川由里〕…*309*

　　　1　は じ め に（*309*）
　　　2　本当に「困っている人」とは（*310*）
　　　3　弁護士が「役に立つ」には（*316*）
　　　4　「連携」を進めていくために（*319*）

**15**　弁護活動の質の確保と弁護士会の責務…………〔神田安積〕…*323*

　　　1　は じ め に（*323*）
　　　2　刑事弁護の専門化（*323*）
　　　3　刑事弁護の質の確保に向けた弁護士会の責務（*326*）
　　　4　ま　と　め（*334*）


　　渡辺咲子先生　略歴・主要著作（*335*）

## ● 執筆者紹介 ●
### （掲載順）

**深町晋也**（ふかまち しんや）
立教大学大学院法務研究科教授
〔主著〕「『一連の行為』論について——全体的考察の意義と限界——」立教法務研究 3 号（2010 年），「家庭内暴力への反撃としての殺人を巡る刑法上の諸問題——緊急避難論を中心として」『山口厚先生献呈論文集』（成文堂，2014 年），「児童に対する性犯罪について」『西田典之先生献呈論文集』（有斐閣，2017 年）

**城下裕二**（しろした ゆうじ）
北海道大学大学院法学研究科教授
〔主著〕『量刑基準の研究』（成文堂，1995 年），『量刑理論の現代的課題［増補版］』（成文堂，2009 年），同・中国語版：黎其武＝趙姍姍（訳）（法律出版社，2016 年），『生体移植と法』（編著，日本評論社，2009 年）

**緒方あゆみ**（おがた あゆみ）
中京大学大学院法務研究科教授
〔主著〕「精神障害犯罪者の処遇と心神喪失者等医療観察法」刑法雑誌 50 巻 2 号（2011 年），「知的障害者の刑事責任能力判断に関する近時の判例の動向」中京ロイヤー 17 号（2012年），「昏睡状態患者の治療中止が許容されるための条件——川崎協同病院上告審——」同志社法学 376 号（2015 年）

**古川原明子**（こがわら あきこ）
龍谷大学法学部准教授（元明治学院大学大学院法務職研究科助手）
〔主著〕「嘱託殺人罪における殺害の態様と嘱託の真意性」明治学院大学法科大学院ローレビュー 7 号（2007 年），「改正臓器移植法における遺族の承諾の意義」村井敏邦先生古稀記念論文集『人権の刑事法学』（日本評論社，2011 年），「カリフォルニア州『終末期の選択法（End of Life Option Act)』」龍谷法学 48 巻 3 号（2016 年）

**穴沢大輔**（あなざわ だいすけ）
明治学院大学法学部准教授
〔主著〕「不法領得の意思における利用処分意思についての一考察(1)〜(4)」明治学院大学法学研究 93 号（2012 年），94 号（2013 年），96 号（2014 年），98 号（2015 年），「不法領得の客体について——いわゆる返還事例を念頭に」『医事法・刑事法の新たな展開（上巻）町野朔先生古稀記念』（信山社，2014 年）

**田寺さおり**（たでら さおり）
新潟大学法学部准教授（元明治学院大学大学院法務職研究科助手）
〔主著〕「特別背任罪の主体について——序論的考察——」法政理論 43 巻 2 号（2011 年），「改正会社法と仮装払込みの規制」法政理論 44 巻 2・3 号（2012 年），『大コンメンタール刑法（第 3 版）第 1 巻』（分担執筆，青林書院，2015 年）

**長井長信**（ながい ちょうしん）
明治学院大学法学部教授
〔主著〕『故意概念と錯誤論』（成文堂，1998 年），『プロセス演習　刑法総論・各論』（共著，信山社，2009 年）

*xv*

執筆者紹介

京藤哲久（きょうとう のりひさ）
　法政大学大学院法務研究科教授（2016 年 9 月まで明治学院大学大学院法務職研究科教授）
　〔主著〕「サイバー空間における犯罪と電子計算機使用詐欺罪」『医事法・刑事法の新たな
　展開（上巻）町野朔先生古稀記念』（信山社，2014 年），「横領罪の一考察」『西田典之先
　生献呈論文集』（有斐閣，2017 年）

古田佑紀（ふるた ゆうき）
　弁護士（元最高裁判所判事，元次長検事）

三木千穂（みき ちほ）
　海上保安大学校海上警察学講座准教授（元明治学院大学大学院法務職研究科助手）
　〔主著〕「障害児者の逸失利益の算定に関する裁判例の検討──青森地判平成 21 年 12 月 25
　日判時 2074 号 113 頁を契機として──」明治学院大学法科大学院ローレビュー 13 号（2010
　年），『使用者責任の法理と実務──学説と判例の交錯』（共著，三協法規出版，2013 年），
　「重複塡補をめぐる損益相殺的な調整──最大判平成 27 年 3 月 4 日民集 69 巻 2 号 178 頁を
　契機として──」明治学院大学法科大学院ローレビュー 24 号（2016 年）

高平大輔（たかひら だいすけ）
　三井住友カード株式会社コンプライアンス統括部シニアスタッフ，弁護士（明治学院大学
　大学院法務職研究科修了）

中島　健（なかじま たけし）
　弁護士（明治学院大学大学院法務職研究科修了）

吉川由里（きっかわ ゆり）
　弁護士（明治学院大学大学院法務職研究科修了），社会福祉法人カリヨン子どもセンター
　理事
　〔主著〕『弁護士のための初めてのリーガル・ソーシャルワーク』（共著，現代人文社，
　2014 年）

神田安積（かんだ あさか）
　弁護士（元明治学院大学大学院法務職研究科客員教授）
　〔主著〕「刑事弁護の教育」『実務体系・現代の刑事弁護 1 弁護人の役割』（共著，第一法規，
　2013 年）

変動する社会と格闘する判例・法の動き

# ◆ I ◆
# 刑　　法

# *1* インターネットにおける違法情報の拡散と可罰性
──違法情報拡散の関与者に対する刑事責任の限界──

深 町 晋 也

| | |
|---|---|
| 1　は じ め に | 3　我が国における解釈論的問題 |
| 2　違法情報の拡散への二次的関 | 　──ドイツ・スイスとの比較を |
| 　与者の刑事責任に関する事案 | 　通じて |
| | 4　お わ り に |

## 1　は じ め に[1]

　現代社会においては，もはやインターネットのない生活を考えることは困難あるいは不可能である。こうしたインターネットの重要性の高まりと共に，インターネットに関する様々な問題も生じ，各国は共通した取り組みを迫られると共に，それぞれその国の従来の法体系に即した形での対応も行っている。そして，各国においては，インターネットに関する様々な刑事実体法的な問題に対応するために，時には新たな法律や新たな犯罪類型を規定し，時には従来の刑法理論の枠内で問題の解決を試みている。

　このようなインターネットを巡る刑事実体法的な問題の中でも，特に論争を引き起こし，各国で激しく論じられているものの代表例として挙げられるのが，児童ポルノやわいせつ情報，名誉毀損情報といった違法情報のインターネットにおける拡散である。例えば，本稿において比較法的な対象とされているドイツにおける，インターネット刑法又はコンピュータ刑法というタイトルの教科

---

[1]　本稿は，2016年9月7－9日にドイツ・ヴュルツブルク大学で行われた日独刑法シンポジウム（主催者：井田良教授・Eric Hilgendorf教授）における報告「インターネット刑法：日本における議論状況」を元にしつつ，スイス・チューリヒ大学のChristian Schwarzenegger教授の招聘により，2016年7月31日－8月30日に，2016年度立教大学派遣研究員として研究を行った成果をも加味して新たに執筆したものである。なお，前述の報告を元にしたドイツ語による論文は別途公刊の予定である。

*『変動する社会と格闘する判例・法の動き』渡辺咲子先生古稀記念〔信山社, 2017年3月〕*　　*5*

*1* インターネットにおける違法情報の拡散と可罰性

書[2]を紐解くと,「違法情報の拡散」というテーマが独立の章として扱われており[3],当該テーマに多くの紙幅が割かれている[4]。

違法情報の拡散は様々な法的問題を有している。もちろん,違法な情報を作出し,インターネットにアップした者の刑事責任はそれ自体として重要である。しかし,インターネットというメディアの特性が際立って現れるのは,こうした原情報者とでも言うべき存在ではなく,むしろ当該情報にハイパーリンクを設定したり,TwitterやFacebookといったSNSでRetweetなどをしたりする,二次的な関与者[5]においてである。物理的な実体を有しない「情報」が,インターネットにおいては容易にこうした二次的な関与者によって拡散していくという点が,インターネットにおける違法情報の拡散において特に重要な現象と言える。

そこで,本稿では,こうした,インターネットにおける違法情報の拡散への関与者の刑事責任を扱うことにする[6]。このテーマの特徴は,一方では,何が違法情報として犯罪成立の対象となるのかという各論的な議論が重要となり,他方で,違法情報の拡散への関与という点で,因果関係論や正犯・共犯論といった刑法総論における多くの古典的かつ重要な解釈問題とも密接に関連する

---

(2) Hilgendorf/Valerius, Computer- und Internetstrafrecht, 2. Aufl. 2012; Eisele, Computer- und Medienstrafrecht, 2013.

(3) Eisele, a. a. O. (Anm. 2), 6. Kapitel.

(4) 但し,その中には,憲法違反的組織のプロパガンダの流通（ドイツ刑法86条），民族煽動（同130条），暴力描写（同131条）といった,我が国においては処罰されていない犯罪類型についても扱われている。このように,国によって犯罪類型とされていたりいなかったりする問題をどのように扱うかということも,犯罪地の問題として重要ではあるが,本稿ではこの点は扱わない。

(5) ここで言う「二次的な関与者」とは,必ずしも正犯・共犯論における共犯を意味するわけではなく,原情報者以外に広く当該情報に関わる者を指す。かかる関与者が正犯・共犯のいずれに当たるのかは,本稿の中心的なテーマの一つである。

(6) リンクの設定を巡る法的問題は,著作権侵害との関係でも極めて重要であるが,本稿では,違法な内容を有する情報の拡散に焦点を合わせており,著作権侵害のような,それ自体としては違法な情報が問題とならない犯罪類型（すなわち,それ自体としては適法な情報につき,その拡散のさせ方が犯罪となる類型）は検討の対象外とする（著作権等を侵害して違法にアップロードされたコンテンツへのリンクを集めて掲載する,いわゆるリーチサイトに関する刑事責任を論じるものとして,中川達也「リーチサイトを通じた侵害コンテンツへの誘導行為への対応」ジュリスト1499号（2016年）24頁以下参照）。こうした区別をするものとして,Eisele, a. a. O. (Anm. 2), 6. Kapitel und 10. Kapitel を参照。

点にある。古典的な問題が現代的な現象の中で問題となっている点で，解釈論的に極めて重要な意義を有するテーマと言えよう。

本稿の検討対象である違法情報の拡散については，まずは何が違法情報かが問題となる。国際的に見ると，こうした違法情報の代表が児童ポルノ[7]であることは疑いない。児童ポルノは，サイバー犯罪条約[8]を始めとして，国際的な協調による取り組みが進んでおり，日本，ドイツ，スイスにおいて共通した側面がある。そのことを反映して，実務において問題となる事例についても，これらの国で類似しているものが散見される。したがって，比較法的な分析を行う見地からしても，まずは児童ポルノを考察対象の中心に据えることにしたい[9]。もちろん，日本，ドイツ，スイスの間には，何が児童ポルノとしての違法性を帯びる情報となるのかを中心にして幾つか重要な差異もあり，こうした点についての正確な前提的知識が不可欠となる[10]ため，本稿においても，必要に応じて言及・検討することにする。

以下ではまず，日本，ドイツ，スイスにおいて，違法情報の拡散への二次的関与者の刑事責任が問題とされた事案及び裁判所の判断を紹介する（2）。次に，違法情報の二次的関与者に関する日本，ドイツ，スイスの立法状況について検討を加える（3(1)）。その上で，具体的な事案の分析を通じて明らかになった問題につき，ドイツやスイスの議論を参照しつつ，我が国における解決のための枠組みを検討する（3(2)及び(3)）。

---

(7) なお，本稿の検討対象であるドイツ刑法及びスイス刑法では，それぞれに名称が異なるが，ドイツ及びスイスに限定された検討を行う場合以外は，名称を「児童ポルノ」で統一することにする。

(8) 日本はドイツ・スイスと共に 2001 年 11 月 23 日に批准し，本条約は 2004 年 7 月 1 日に発効している。

(9) 但し，本稿の検討対象となる違法情報は，必ずしも児童ポルノに限定されるわけではなく，必要に応じて，わいせつ情報や名誉毀損情報についても検討を行う。

(10) 日本，ドイツ，スイスにおける児童ポルノの法的規制を検討したものとして，深町晋也「児童ポルノの単純所持規制について──刑事立法学による点検・整備」『町野朔先生古稀記念（上巻）』（2014 年）467 頁以下も参照。また，ドイツについては，豊田兼彦「ドイツにおける児童ポルノ規制──単純所持規制を中心に」園田寿＝曽我部真裕編『改正児童ポルノ禁止法を考える』（2014 年）168 頁以下，スイスについては，仲道祐樹「児童ポルノの製造と取得・所持との関係──ダウンロード行為に関するスイスの議論を素材に」『野村稔先生古稀祝賀論文集』（2015 年）561 頁以下も参照

*1* インターネットにおける違法情報の拡散と可罰性

## 2 違法情報の拡散への二次的関与者の刑事責任に関する事案

### (1) 概　　説

　ドイツやスイスにおいては，違法情報にハイパーリンクを設定した者や SNS での Retweet などをした者の刑事責任は実務上大きな問題となり，学説上も激しい論争対象となっている。同様に，我が国においても，このような事案は実務でも繰り返し問題となり，学説においても様々な見解が提唱されている。このような共通性に鑑みれば，ドイツやスイスで問題とされた判例・裁判例を紹介・分析することで，我が国の議論に対しても示唆が得られるものと思われる。

　ところが，我が国においては，特にドイツ刑法における議論状況を参照することによって比較法的分析を行う姿勢が強いにも拘らず，こうした違法情報の拡散に関するドイツやスイスの判例・裁判例については，必ずしも十分に紹介・分析がなされていないように思われる。そこで，本稿では，ドイツやスイスにおける議論状況を正確に把握するという観点から，関係する判例・裁判例を詳細に紹介することにする。

　以下では，まずは我が国における判例・裁判例を紹介することで，どのような事案が問題となっているのかについて共通認識を得ることにする。続いて，ドイツ及びスイスにおける判例・裁判例を紹介することで，それぞれの国でどのような事案が問題となっているのか，そこに含まれる法的問題は何かという点について，明らかにしていくことにする。

### (2) 我が国の判例・裁判例

### (a) ハイパーリンクを設定した事案：FLMASK 事件[11]

### ① 事案（わいせつ物公然陳列罪（刑法 175 条）の成否）

　被告人 X は，画像にマスクを掛け，また除去することもできるソフトである FLMASK をインターネット上で公開・頒布していた。A は，当該ソフトを用いて，男女の性器や性交場面を描写した画像の性器部分にマスクを掛けることで，刑法 175 条の「わいせつな図画」に当たらないような処理を施してから，

---

[11] 大阪地判平成 12・3・30 公刊物未登載。

当該画像を自己のサイト上にアップしていた。しかし，インターネットの利用者が同じ FLMASK を有している場合には，当該画像をダウンロードした上で容易にマスクを除去することが可能であった。X は，FLMASK を公開・頒布する自分のホームページ上で，マスクの掛けられた大量の画像を継続的に公開している A のサイトに対するハイパーリンクを設定した。

② 判旨：わいせつ物公然陳列罪の幇助を肯定。

「X は，正犯者 A のアダルトサイトを含むリンク先のアダルトサイトに容易にわいせつ性が顕現しうる画像が掲載されること及び『エフエルマスクサポート』にアクセスする者の中に卑猥な画像を閲覧しようとする者が相当数含まれていることを認識しつつ，『エフエルマスクサポート』のリンクページに卑猥な画像を連想させる名称のホームページを多数列挙することにより，卑猥な画像を閲覧しようと欲するアクセス者らの目を留め，その者らの興味を惹きつけるような形で A のアダルトサイトへのリンクを設定し，右アクセス者らがそれらのホームページに移動してわいせつな画像を閲覧することの便宜を図っていた」。

「A によるわいせつ物公然陳列行為は，（中略）平成 8 年 9 月 17 日ころから同年 11 月 7 日ころまでの間（中略）継続的に実行されていたものであり，（中略）右期間中の継続的な公然陳列行為をもって正犯の実行行為と捉えるべき」である。そして，「被告人の右リンク設定が，A の陳列行為が継続する間にこれと並行して行われたことにより，正犯の犯罪実現の要素である公然性が拡大し，より広く性道徳・性風俗を侵害する危険性が増大し，よって，犯罪の結果を増大させるものということができるのであるから，右リンク設定は，正犯の犯罪を助長促進する行為である」。

(b) 改変 URL を掲載した事案[12]

① 事案（児童ポルノ公然陳列罪（児童ポルノ法[13] 7 条 4 項[14]）の成否）

被告人 X は，共犯者 A と共謀の上，第三者 B が開設したインターネット上の掲示板に記憶・蔵置されていた児童ポルノ（以下，本件児童ポルノ）の URL

---

(12) 最決平成 24・7・9 判時 2166 号 140 頁。

(13) 正式名称は「児童買春，児童ポルノに係る行為等の規制及び処罰並びに児童の保護等に関する法律」（平成 11 年 5 月 26 日法律第 52 号）である。

(14) 現 7 条 6 項。

*1* インターネットにおける違法情報の拡散と可罰性

について，「bbs」という部分を「(ビービーエス)」とカタカナに直した上で，Aが管理する掲示板において，上記のように改変したURL（以下，改変URL）を，「カタカナはそのまま英語に……直してください。」との正しい文字列に直す方法の付記と共に掲載し，不特定多数のインターネット利用者が正しい文字列に直したURLを入力すれば，直ちに当該児童ポルノを閲覧することが可能な状態を設定した。

② 判旨：児童ポルノ公然陳列罪の正犯を肯定。

本件で最高裁は，特段の理由を示さずに原審の判断を是認して上告を棄却している[15]。そこで，本稿では以下，原審である大阪高裁の判断を紹介する[16]。

公然陳列とは，「不特定又は多数の者が認識できる状態に置くこと」を意味する。そして，「他人がウェブページに掲載した児童ポルノのURLを明らかにする情報を他のウェブページに掲載する行為が，①新たな法益侵害の危険性という点と，②行為態様の類似性という点からみて，自らウェブページに児童ポルノを掲載したのと同視することができる場合」には，公然陳列の正犯が成立する。

①の新たな法益侵害の危険性については，(a)閲覧の容易性，及び(b)閲覧を積極的に誘引したか否かを考慮すべきとする。閲覧の容易性については，ハイパーリンクの設定のみならず，改変したURLを自己のウェブページに掲載する行為も，「ウェブページの閲覧者が当該児童ポルノを閲覧するのに特に複雑困難な操作を要するものではない」とする。また，閲覧の誘引性については，「ウェブページの閲覧者が児童ポルノを閲覧するために必要とされる操作が多く」なると，「閲覧者が当該児童ポルノを閲覧するまでに至る危険性もその分減少する」としつつ，リンク先の児童ポルノ画像の内容を紹介するなど，閲覧を積極的に誘引するような事情がある場合には，こうした危険の減少が埋め合わされて，なお公然陳列と言えるとする。

次に，②の行為態様の類似性については，インターネットを通じて児童ポル

---

[15] このように，最高裁が特段の理由を示さなかったこと自体，問題を今後の学説や裁判例の発展に委ねる趣旨であるとの評価も可能であろう（本決定が，「原判決の法令適用の肯否については何も判断を示してはいない」とするものとして，石井徹哉「判批」平成24年度重要判例解説（2013年）165頁）。なお，大橋正春裁判官の反対意見があり，公然陳列の正犯は成立せず，むしろ幇助が認められるに過ぎないとしている。

[16] 大阪高判平成21年10月23日判時2166号142頁。

ノを見ることができるという現象面が重要であるとし,「他人がウェブページ
に掲載した児童ポルノへのハイパーリンクを他のウェブページに設定する行為
や,そのような児童ポルノの URL を他のウェブページに掲載する行為は,イ
ンターネットに接続されたパソコン等の簡単な操作（略）によって容易に児童
ポルノを閲覧することができるようにする行為ということができるのであるか
ら,上記のような現象面からみれば,そのような行為は,自ら児童ポルノを掲
載する行為との間に類似性を有している」とする。

　したがって,本件改変 URL 掲載行為は,新たな法益侵害の危険性もあり,
行為態様としても自ら児童ポルノをアップするのと類似しているから,児童ポ
ルノ公然陳列罪の正犯が成立するとした。

### (c) 小括及び課題

　FLMASK 事件ではわいせつ物公然陳列罪の幇助の成立が,改変 URL 事件
では児童ポルノ公然陳列罪の正犯の成立がそれぞれ肯定されたが,なぜ前者は
共犯で後者は正犯と判断されたのであろうか。改変 URL 事件の最高裁決定で
は,大橋反対意見が付されていることからも明らかなように,必ずしも正犯で
あるとの帰結が自明というわけではなく,このような正犯・共犯の判断をどの
ように行うべきかが問題となる。

　また,改変 URL 事件では,ハイパーリンクの設定を超えて,改変 URL の
掲載についても正犯が肯定されているが,こうした帰結の当否と共に,大阪高
判平成 21 年が示している判断枠組みはどのように理解すべきか,特に,「積極
的誘引性」という概念はどのような意義を有するのかが問題となる。

### (3) ドイツの判例・裁判例

　ドイツにおいては,違法情報にハイパーリンクなどを設定した者の刑事責任
が繰り返し争われ,様々な判例・裁判例が登場するに至っている。本稿はその
中でも,我が国の事案との類似性にも鑑みて,児童ポルノ[17]に関する以下の 2
つの判例・裁判例を採り上げることにする[18]。

---

(17) 児童ポルノに関するドイツ刑法の条文は以下の通りである。なお,ドイツ刑法は,児
　童ポルノとは別に 14 歳以上 18 歳未満の青少年ポルノについても規制する（ドイツ刑法
　184 条 c）が,本稿で問題となるのは主として児童ポルノであるため,青少年ポルノの
　条文紹介は割愛する。

*1* インターネットにおける違法情報の拡散と可罰性

184条b（児童ポルノ）
第1項　以下の各号に該当する者は，3月以上5年以下の自由刑に処する。
　　1号　児童ポルノ文書を頒布し又は公然陳列した者。ポルノ文書（11条3項）が
　　　　以下のものを対象とする場合には，児童ポルノ文書である。
　　　　a）　14歳未満の者（児童）の性的行為，児童への性的行為若しくは児童の面前
　　　　　　での性的行為
　　　　b）　不自然に性器を強調した体勢での衣服の一部若しくは全部を付けない児童
　　　　　　の描写，又は
　　　　c）　児童の衣服を付けない性器若しくは臀部の性的に興奮させるような描写
　　2号　現実の又は現実に近い事象を描写した児童ポルノ文書を他人に取得させるこ
　　　　とを企図した者（筆者注：いわゆる「第三者取得企図」）
　　3号　現実の事象を描写した児童ポルノ文書を製造した者，又は
　　4号　児童ポルノ文書若しくは児童ポルノ文書から得られた1号，2号若しくは
　　　　184条d第1項第1文の意味における物を使用し若しくは他人の使用を可能とす
　　　　るために，製造し，調達し，交付し，保管し，提供し，推奨し，若しくは輸出
　　　　入を企図した者。但し，当該行為が3号で処罰される場合を除く。
　第2項　行為者が業として又はかかる行為を継続して行うために結成された団体の
　　　　構成員として第1項の行為を行い，かつ，当該文書が第1項第1号，第2号及び第
　　　　4号の場合には現実又は現実に近い事象を描写したものであるときは，6月以上10
　　　　年以下の自由刑に加重される。
　第3項　現実又は現実に近い事象を描写した児童ポルノを取得することを企図し，又
　　　　は当該文書を所持する者は，3年以下の自由刑又は罰金刑に処する。
　第4項　未遂を罰する。但し，第1項第2号，第4号及び第3項の場合を除く。
　第5項　第1項第2号及び第3項は，以下の各号を合法的に充足することに専ら資す
　　　　る行為に対しては適用しない。
　　1号　国家の任務
　　2号　管轄を有する国家機関との取り決めによって生じる任務，又は
　　3号　業務上又は職業上の義務
　第6項　第2項の場合は，ドイツ刑法73条dが適用されるものとする。第1項第2
　　　　号若しくは第3号又は第3項に該当する犯罪行為に係る物件は没収される。ドイツ
　　　　刑法74条aが適用されるものとする。

⒅　それ以外にも重要な裁判例として，以下の2つを挙げておく。
　　まず，① OLG Stuttgart（Urteil vom 24. 4. 2006）MMR 2006, 387 は，インターネッ
トにおける思想表現の自由を訴え，ブロッキングに反対する自己のサイトにおいて，ナ
チ賛美的な内容の情報を含むアメリカのサイトへのハイパーリンクを含む文書を公開し
た被告人につき，ドイツ刑法86条，86条a及び130条の正犯構成要件を充足するとし
た（但し，いわゆる社会的相当性条項に該当するとして無罪にしており，正犯か共犯か
の判断は傍論に過ぎない）。
　　また，② BayVGH（Beschluss vom 2. 2. 2009）MMR 2009, 351 は，実際には18歳
以上であるにも拘らず，18歳未満であるような見た目の女性につき，その性器を不自
然に強調した描写をインターネットで公然陳列したとして，児童メディア保護州間協定
4条1項9号（児童又は青少年の不自然に性器を強調した姿態の描写）に基づく差止請

〔深町晋也〕　　　　2　違法情報の拡散への二次的関与者の刑事責任に関する事案

(a)　カールスルーエ地方裁判所 2009 年 3 月 23 日決定[19]

①　事案（児童ポルノ公然陳列罪（ドイツ刑法旧 184 条 1 項 2 号[20]）の成否）

　被告人は，自己の運営するインターネットサイトにおいて，児童ポルノの画像データを含む第三者のサイトにいわゆるアンカータグ（Sprungmarke）を設定して，当該画像データを含むページにダイレクトにジャンプできる状態にした。

②　決定要旨：児童ポルノ公然陳列罪の幇助を肯定

　「サイトの運営者は，単なるリンクを設定するだけでは，（筆者注：リンク先の）データ保存に関して何らの独自の支配をも及ぼしていないため，リンク設定者には正犯行為が欠如するとの主張は肯定することができるとしても，具体的な個別事例において，なお一般的な総則規定に従って共犯（ドイツ刑法 27 条）が成立する可能性がある。というのは，リンク設定者は，かかる違法内容を自己のものとしている（sich zu Eigen machen）からである。」「インターネットにおける www の構造に基づき，あらゆる個別のリンクは違法内容の拡散に対して，『あれなくばこれなし』公式の意味において因果的である。（中略）しかし，個別の事例においては常に，リンクの設定者が刑法上重要な内容を十分に自己のものにしたと言えるか否かを慎重に検討しなければならない。」

　「本件では，幇助行為の問題を考察するに当たって，被告人がホームページ運営者として，単純なリンクを設定するのみならず，違法な内容を含む当該目的ページへのルートを，自己のサイトからいわゆるアンカータグによって意図

---

求がなされたところ，これを被処分者が争ったという事案で，本件で描写のモデルとなった「N」は実際には 18 歳以上であり，かつ，確かに外観は 18 歳未満のように見せかけてはいたが，サイトには「モデルは 18 歳以上」と明記していたとして，同 4 条 1 項 9 号の成立を否定しつつ，わいせつ物には当たるとして，同 4 条 2 項 2 号の（閲覧者に対する）成人確認措置を採らずにかかる描写が掲載されているサイトにリンクを設定した行為につき，当該サイトの情報を自己のものとし，かつプレビュー機能によって閲覧者に対する情報の魅力（Attraktivität）を高めたとして，同 3 条 2 項の規制対象である提供者（Anbieter）に当たるとした。

　なお，ドイツにおいては，我が国とは異なり，描写された客体が実際に 14 歳未満（児童）あるいは 14 歳以上 18 歳未満（青少年）であるか否かを問わず，いわゆる「見た目児童」「見た目青少年」であってもなお，児童ポルノ・青少年ポルノに当たる。この点については，深町・前掲注[10] 463 頁参照。

(19)　LG Karlsruhe (Beschluss vom 23. 3. 2009) MMR 2009, 418.
(20)　現 184 条 b 第 1 項 1 号。

*1* インターネットにおける違法情報の拡散と可罰性

的に設定した点を考慮しなければならない。それによって被告人は，ユーザー
に対して意識的・意図的に，違法内容を含む当該ページに対して技術的に最短
のルートを設定したのである。」

「警察の捜査結果により，被告人がリンクを設定した時点で，既にリンク
先のページには違法情報が含まれていたことを認定できる。（中略）被告人は，
他人のホームページのこうした可罰的内容を（中略）自己のものにしたと言え
る。」

(b) ドイツ連邦裁判所 2012 年 1 月 18 日判決[21]

① 事案（児童ポルノ公然陳列罪（ドイツ刑法 184 条 b 旧 1 項 2 号）及び児童ポ
ルノ第三者取得企図罪[22]（同 184 条 b 旧 2 項及び 3 項）の成否）

被告人は，一定の参加者のみが閲覧できる児童ポルノ交換サイトを運営して
いた者であるが，被告人の運営するサイトの掲示板においては，参加者が児
童ポルノへの直接リンクを防ぐために，アルファベットの一部を変えて[23]URL
を貼り，別の参加者は，当該 URL をコピーしてツールバーに入力してそこで
正しいアルファベットに直して児童ポルノへとアクセスし，当該児童ポルノを
ダウンロードしていた。また，被告人は，掲示板に付属するチャットにおいて，
自ら児童ポルノデータへのリンクを送信していた。

② 判旨：児童ポルノ公然陳列罪及び第三者取得企図罪の正犯を肯定

1） 公然陳列について

「公然陳列は，インターネットにおいてデータ保持に資するプラットフォー
ムに自由にアクセスできるようにすることであり，閲覧可能性があれば足りる。
このことは，リンクの設定でも同じであり，陳列が児童ポルノデータに対する
リンクの設定によってなされるか，それとも本件のように，セキュリティ上の
理由から目的となるアドレスのアルファベットを多少改変し，ユーザーが指示
に従って自分の手でアドレスを打ち込むかは，当法廷の判断によればいずれに

---

[21] BGH（Urteil vom 18. 1. 2012）StraFo 2012, 195.

[22] 第三者取得企図罪（ドイツ刑法 184 条 b 第 1 項 2 号）とは，頒布とは異なり，①特定
少数の人に対して児童ポルノを提供することについても，「現実の又は現実に近い事象
を描写した」児童ポルノと客体が限定されていることに鑑みて処罰対象を拡張し，かつ，
②既遂のみならず未遂についても処罰する規定である。

[23] 例えば，http://... の代わりに，hxxp://... という URL を掲示板に貼り付けていた。

しても同じである」。本件では，被告人は当該サイトの運営者として，「不特定多数人に認識可能性を設定した」と言えるので，児童ポルノの公然陳列に該当する。

2）第三者取得の企図について

「児童ポルノデータの第三者取得企図は，占有移転及び占有取得と結びつくあらゆる行為を，未遂段階も含めて包摂するものである。児童ポルノデータへのリンクの送信がドイツ刑法184条（旧）2項の第三者取得企図に含まれないとする見解を当法廷は採用しない。」

「第三者取得においては，ユーザーによる自己取得との区別からして，原則として，行為者の行為が直接的に第三者による取得に向けられていなければならない。しかし，本件のように，①児童ポルノデータに対する現実の支配を取得するためには，リンクをクリックするという受領者による僅かな関与行為のみが必要とされ，かつ，②正に児童ポルノデータの交換及び媒介に向けられたチャットでのコミュニケーションに基づき，直ちにダウンロードを行うことを考慮に入れることができる場合には，児童ポルノデータ取得への最後の一手がユーザーに委ねられていることは問題とならない。チャットにおいて，自らブラウザーに打ち込まなければならない児童ポルノデータへのアドレスを，リンクの代わりに送信した場合に同じことが妥当するかについては，当法廷は判断する必要がない」。本件では，被告人はチャットで児童ポルノデータへのリンクを送信したとして，児童ポルノの第三者取得企図罪に該当する。

(c)　小括及び課題

ドイツにおいても，カールスルーエ地裁2009年決定は児童ポルノ公然陳列罪の幇助を認めたのに対して，ドイツ連邦裁判所2012年判決は同罪の正犯を認めており，我が国と同様に，いかなる基準で正犯・共犯を判断しているのかが問題となる。

また，カールスルーエ地裁は，単純なハイパーリンクではなくダイレクトに違法情報にアクセスできるアンカータグを設定したことを重視している一方，ドイツ連邦裁判所は，我が国の改変URL事件と同様に，リンクではなく改変URLの掲載であっても，なお公然陳列としては十分である旨判示している。いかなる行為があれば，公然「陳列」行為と言えるのか，その判断基準が

*1* インターネットにおける違法情報の拡散と可罰性

大きな問題となる。

　更に，ドイツ連邦裁判所は，公然陳列罪と共に第三者取得企図罪の正犯をも肯定している。しかし，児童ポルノデータへのリンクをチャットで送信する行為がなぜ第三者取得企図罪に該当するのかが問題となる。また，リンクではなく改変 URL をチャットで送信したとしたらどうなるかについては判断が留保されているが，この両者に果たして差はあるのかもまた検討すべき課題である。

### ⑷　スイスの判例・裁判例

### ⒜　総　　説

　スイスにおいても，違法情報に対してハイパーリンクなどを設定した者の刑事責任が繰り返し問題とされてきた。但し，スイスにおいて特徴的なのは，外国の非認可オンラインカジノに対して宣伝のためのリンクを自分のホームページに設定して報酬を受け取った者について，連邦カジノ委員会（Spielbankenkomission）による刑事命令（Strafbescheide）に基づき罰金（Busse）が科される事案が極めて多い点である[24]。これに対して，少なくとも公刊物のレベルでは，裁判所による判断が示された事例はさほど多くはない[25]。

　これに対して，近時，Twitter において，名誉毀損情報が含まれた Tweet を Retweet[26]（いわゆる RT）した者について，チューリヒ区裁判所が極めて注目すべき判決を下している。そこで，以下ではこの判決について紹介することにする。

### ⒝　チューリヒ区裁判所 2016 年 1 月 26 日判決[27]

### ①　事案（名誉毀損罪（スイス刑法 173 条及び 174 条）の成否）

---

[24]　Müller, Die strafrechtliche Verantwortlichkeit für Verweisungen durch Hyperlinks nach deutschem und Schweizer Recht, 2011, S. 52ff.

[25]　公刊されていない判例・裁判例については，Müller, a. a. O.（Anm. 24），S. 48ff. 参照。また，いわゆる ShareReactor 事件に関するスイス連邦裁判所の判断については，深町晋也「ネットワーク犯罪における刑法上の諸問題」立教法務研究第 7 号（2014 年）217 頁以下参照。

[26]　Retweet とは，あるアカウントの Tweet をそのままで，あるいは自分のコメントを加えた上で，自分のアカウントのフォロワーなどに送信することを指す。アカウントにいわゆる「鍵」を掛けていない場合には，自分のアカウントのフォロワー以外の者も当該 Retweet を見ることができる。

〔深町晋也〕　　　　　2　違法情報の拡散への二次的関与者の刑事責任に関する事案

　あるTwitterのアカウントYが，被害者Aに対して名誉毀損的な情報[28]を含むTweetをしたところ，週刊新聞の編集者である被告人Xが当該TweetをRTした。Yが何者であるかは最終的に明らかにはならなかった。

　②　判旨：無罪

　被告人XのRTについては，検察官は名誉毀損罪の構成要件に該当するとしているが，本判決は，メディアにおける公表に関する特別規定であるスイス刑法28条[29]の適用の可否を検討する。

　本判決は，従来の判例をひろく紹介，検討する。例えば，「印刷物の製作及び頒布に従事した者のうち，（旧）27条に列挙されている者（編集者，発行者，印刷社，広告欄の責任者）のみが可罰的である。それ以外の者，例えば配達を行う者は不可罰である。刑法の一般原則に従って名誉毀損の幇助犯又は共同正犯が問題となる場合にも，同じことが妥当する」とする判例[30]，「（旧）27

---

⑵⑺　Urteil des Bezirksgerichts Zürich, Einzelgericht in Strafsachen vom 26. Januar 2016 （GG150250), in: Jusletter 4. April 2016.

⑵⑻　具体的には，Aがナチ体制のシンパであるとの内容であり，これは名誉毀損罪（スイス刑法173条1項）の要件である「評判を傷つける」に該当する（vgl. BGE 137 IV 313）。

⑵⑼　スイス刑法28条は，いわゆる「カスケード責任（Kaskadenhaftung）」を規定している。カスケード（階段型）責任とは，ある違法情報の公表について刑事責任を負うのは，1次的には著作者であり，著作者に刑事責任を問うことができない場合に限って，編集者などの2次的関与者が刑事責任を負い，それ以外の者については刑事責任を問わないという法制度である（この点につき，クリスツィアン・シュヴァルツェネッガー（丹羽正夫訳）「メディア刑法の適用範囲（スイス刑法典28条，322条bis）」法政理論46巻2号（2014年）210頁以下参照）。参考までに，本件で問題となるスイス刑法28条1項・2項及び322条の2の訳を掲げておく。

スイス刑法28条（メディアの可罰性）

　第1項　可罰的行為がメディアにおける公表によってなされ，当該行為が当該公表に尽きるときは，以下の規定の留保のもとで，著作者（Autor）のみが処罰される。

　第2項　著作者を確定することができず，又は著作者をスイス国内で裁判にかけることができないときは，責任を負う編集者が刑法322条の2に基づいて処罰される。責任を負う編集者が欠けるときは，当該公表に対して責任を負う者が刑法322条の2に基づいて処罰される。

322条の2（可罰的公表の不回避）

　スイス刑法28条2項及び3項に基づく責任ある者として，可罰的行為がそれによって行われるところの公表を故意により回避しなかった者は，3年以下の自由刑又は罰金刑に処する。行為者が過失で行為した場合には，罰金（Busse）に処する。

⑶⑽　BGE 73 IV 65.

## 1 インターネットにおける違法情報の拡散と可罰性

条は職業的に製作された印刷物のみならず，タイプライターや謄写版で数百部ほど作成された口コミ誌にも適用される」とする判例[31]，更には，スイスのWallis において，キリスト教民主党（CVP）の政治家に向けられたポスター活動に参加した被告人について，「ポスターを作成した者又はポスター作成のための情報を提供した者は，当該ポスターが名誉毀損的であるために処罰される。しかし，ポスターの掲示にのみ関与した者は不可罰である。（中略）名誉毀損的な文書を単に拡散したに過ぎない者は不可罰である。書籍を取り扱う者，キオスクの店員，新聞販売員，あるいはパンフレットを配布し，又はポスターを掲示する者，郵便配達員などは全て，著作者のみを処罰する刑法28条によって保護される。当該特権は，メディア企業の従業員に対して及ぶだけではない。メディア物の製造・頒布の連鎖の一部に属さない者についてのみ，教唆，幇助又は共同正犯が成立しうることになる」との判例[32]を挙げる。

これらの判例を受けて，本判決は，「刑法28条は，教唆，幇助又は共同正犯が問題となる場合のみ妥当する訳ではなく，独立の犯罪として構成された再頒布による関与についても，行為者が当該メディアにとって類型的な製作・頒布の連鎖の内部に留まる限り，処罰を否定するものである」とする。

次に，本判決は，Twitter も刑法28条の規定するメディアに該当するとしつつ，「RT が，Twitter における Tweet にとって類型的かつ通常の頒布の連鎖に属するかが問題となる」とする。そして，Twitter の概念や運営のあり方からして，「RT は Twitter の概念の一部を構成し，かつその商業的結果にとっても重要である。RT は Twitter によって計画され，意図された，Tweet の頒布の連鎖の一部である」旨判示する。

更に，本判決は，連邦最高裁が判断を示したポスター掲示と RT とを同様に捉えるべきであるとし，「ポスターを掲示する方が Tweet をマウスクリックでRT するよりも，（そこに含まれている情報内容に対する：筆者注）関わり合いの度合いがより大きい。RT を処罰するとすれば，裁判所は，より大きな犯罪的エネルギーが投入されていると述べることになろう。連邦最高裁が BGE 128 IV 53 において無罪に導いた判断は，RT の不可罰性についても妥当する。」と述べ，最終的に，「RT は Twitter における Tweet にとって類型的，通常的か

---

(31) BGE 74 IV 129.
(32) BGE 128 IV 53.

つ Twitter 運営者によって意図された頒布の連鎖の一部に属する。それゆえ，名誉毀損的な Tweet を RT することは，スイス刑法 173 条及び 174 条の『再頒布（Weiterverbreiten)』の構成要件に該当するにも拘らず，スイス刑法 28 条 1 項により無罪とされなければならない」とした[33]。

#### (c) 小括及び課題

チューリヒ区裁判所 2016 年判決においては，Twitter における RT が名誉毀損罪の正犯に該当することは当然の前提として，専らスイス刑法 28 条による不可罰の可否が論じられている。しかし，そもそも，このような RT が直ちに名誉毀損罪の構成要件に該当するのかが問題となる。

また，スイス刑法 28 条は，いかなる犯罪類型に適用されるのかも問題となる。本条の適用対象犯罪が限定されていればいるほど，結局は刑法の一般原則に従った解決が不可避となるからである。

## 3 我が国における解釈論的問題——ドイツ・スイスとの比較を通じて

### (1) 比較の前提：特別法による解決の可否

刑法の一般原則による解決を検討する前に，インターネットにおけるリンク設定について，特別法による解決が可能かにつき，予め検討しておくことにする[34]。

我が国には，いわゆるプロバイダー責任制限法[35]が存在するが，本法はあくまでもプロバイダーの民事責任，すなわち損害賠償責任を一定の要件の下で否定するものに過ぎず（3 条)，刑事責任の存否には影響を与えない[36]。したがって，プロバイダーの刑事責任に関しては，刑法の一般原則に基づいて判断され

---

(33) なお，本判決は，RT をした者をスイス刑法 28 条 2 項の編集者又は公表に責任を負う者には当たらないとも判示している。

(34) オーストリアでは，E-Commerce 法 17 条において，リンクによる責任が一定の場合に否定されることが規定されている。本条の解釈については，Schwarzenegger, Hyperlinks und Suchmaschinen aus strafrechtlicher Sicht, in: Internet-Recht (2004), S. 426 以下を参照。

(35) 正式名称は「特定電気通信役務提供者の損害賠償責任の制限及び発信者情報の開示に関する法律」（平成 13 年 11 月 30 日法律第 137 号）である。

(36) 但し，「民事責任が認められない場合に刑事責任が認められることは適当ではない」ので，3 条の規定は刑事責任にも基本的に妥当すると論じるものとして，佐伯仁志「プロバイダの刑事責任」別冊 NBL 141 号（2012 年）161 頁参照。

*1* インターネットにおける違法情報の拡散と可罰性

ることになる。

　これに対して，ドイツにおいては，プロバイダーの責任を限定する法律として，いわゆるテレメディア法（Telemediengesetz)[37]があり，プロバイダーが他者情報を扱う場合には，一定の要件の下で，民事責任のみならず刑事責任をも負わない規定[38]が設けられている（テレメディア法8条ないし10条）。但し，テレメディア法7条1項において，利用に供するために保持する自己情報についてはテレメディア法8条以下の適用が否定されており，本来は他者の情報であってもそれを「自己のものとした」場合も同様であると解されている[39]。したがって，カールスルーエ地裁2009年決定のように，リンクを設定することで他者情報を「自己のものとした」と判断される場合には，そもそもテレメディア法8条以下は適用されないことになる。

　しかし，たとえ他者情報を「自己のものとした」場合でなくとも，ハイパーリンクを設定した者の刑事責任については，テレメディア法8条以下の適用はなく，刑法の一般原則に従って判断するとの立場が立法者意思[40]であり，かつ判例[41]・通説[42]と言える。したがって，ハイパーリンクの設定については，刑法の一般原則に従って判断する点で，日独は共通している。

　これに対して，スイスにおいては，既に見たように，チューリヒ区裁判所2016年判決は，RTの場合にスイス刑法28条が適用されるとの判断を示しており，そのロジックからすれば，ハイパーリンクを設定する場合も同様の判断に至ることになろう。また，学説においても，ハイパーリンクの設定につき，本条の適用を肯定する見解が有力である[43]。

---

(37)　テレメディア法の詳細については，鈴木秀美「テレメディア法と判例法理」別冊 NBL 141号（2012年）190頁以下参照。

(38)　なぜこうした責任を負わないのかについては，個々の犯罪成立要件に関連付けて説明する見解（統合モデル）や，犯罪成立を最初から排除するフィルターだとする見解（前濾過モデル）など，様々な見解が主張されている。Vgl. Hilgendorf/Valerius, a. a. O. (Anm. 2), Rn. 189ff.

(39)　Eisele, a. a. O. (Anm. 2), §4 Rn. 12.

(40)　BT-Drs. 14/6098, 37. ハイパーリンク（検索エンジンなども含む）については複雑かつ様々な事例が問題となり得ることに鑑み，一律に責任を制限する規定を設けることを放棄し，「更なる学説・判例の進展に委ねるべきである」とする。

(41)　OLG Stuttgart, MMR 2006, 387 (388).

(42)　Eisele, a. a. O. (Anm. 2), §4 Rn. 14; Hilgendorf/Valerius, a. a. O. (Anm. 2), Rn. 232; Gercke, Die strafrechtliche Verantwortlichkeit für Hyperlinks, CR 2006, 844ff.

〔深町晋也〕　3　我が国における解釈論的問題——ドイツ・スイスとの比較を通じて

　しかし，スイスの判例は，本条の適用対象犯罪に大きな制限を設けている。すなわち，児童ポルノを始めとするハードポルノ（スイス刑法 197 条 4 項・5 項），民族差別的表示（同 261 条の 2 第 4 項）及び暴力表現（同 135 条）については，本条の適用対象外であるとする[44]。学説においては，こうした判例に対して激しい批判がなされているが[45]，判例の解釈を前提とする限り，本稿の主たる検討対象である[46]児童ポルノ犯罪については，スイス刑法 28 条ではなく，刑法の一般原則に従った解決が必要となる。

　以上の検討から，少なくとも児童ポルノ犯罪に関しては，特別法による解決ではなく，刑法の一般原則に従った解決が必要であるとする点で，日本，ドイツ，スイスは共通の前提を有するものと言える。そこで，刑法の一般原則からすると，どのような点が問題となるのかにつき，以下検討を行うことにする。

## (2)　公然陳列罪の正犯の成否

### (a)　刑法総論における一般論：正犯か共犯か？

　我が国における公然陳列の定義は，「不特定又は多数人に認識できる状態に置くこと」[47]であり，ドイツやスイスにおける理解とほぼ共通する[48]。そして，いずれの国においても，ハイパーリンクを設定する行為が，本罪の正犯に当たるのか，それとも共犯に当たるのかが議論されている。

---

(43)　Zeller, in: Niggli/Wiprächtiger, Basler Kommentar Strafrecht I Art.1-110 StGB und Jugendstrafgesetz, 3. Aufl. (2013), Art. 28 Rn. 55. これに対して，ハイパーリンクの設定の場合にはおよそスイス刑法 28 条の適用の余地はないとするものとして，Müller, a. a. O. (Anm. 24), S. 247.

(44)　BGE 125 IV 206. これらの犯罪類型に対してスイス刑法 28 条による不可罰を認めるのは，ハードポルノなどを処罰対象とした法の目的に反するとする。

(45)　Zeller, a. a. O. (Anm. 43), Art. 28 Rn. 69ff.

(46)　他方，スイス刑法 197 条 1 項の規定するポルノ犯罪（weiche Pornografie）について，刑法 28 条の適用があるのか否かは，なお不明確である（vgl. Zeller, a. a. O. (Anm. 43), Art. 28 Rn. 71）。

(47)　最決平成 13・7・16 刑集 55 巻 5 号 317 頁。

(48)　情報が化体された物を頒布することなく，不特定又は多数人に対して情報の内容を視覚的に認識可能な状態を設定することが要求されており，インターネットの場合には，アクセスして閲覧可能な状態を設定すれば足りるとされている。Eisele, in: Schönke/Schröder, Strafgesetzbuch Kommentar 29. Aufl. (2014), § 184 Rn. 26 und 47, § 184b Rn. 6.

## *1* インターネットにおける違法情報の拡散と可罰性

　ドイツやスイスにおいては，ハイパーリンクの設定が正犯・共犯のいずれに当たるかについては，具体的な事案や問題となる犯罪構成要件によって異なるとする見解が有力であり，共犯の成立可能性は一律には排除されていない[49]。これに対して，日本においても，問題となる犯罪構成要件によって正犯・共犯のいずれに当たるかは変わりうるとの理解[50]も有力ではあるが，その際の前提的な理解はドイツ・スイスとは異なる点に注意が必要である。

　ドイツやスイスにおいては，承継的共犯において，正犯行為が終了し，犯罪が形式的には既遂（Vollendung）に達したとしても，法益侵害自体がなお終了（Beendigung）せずに継続している限り，幇助の成立が肯定される[51]。例えば，児童ポルノ公然陳列罪においては，正犯の実行行為自体は，児童ポルノをアップした時点で既遂に達しているとしても，児童ポルノ犯罪の保護法益の侵害自体は依然として終了していない。したがって，ドイツにおいては，正犯か共犯かという問いが成り立つのである。

　これに対して，我が国においては，共犯の前提となる正犯の実行行為をより厳格に把握する理解，すなわち，共犯とは，あくまでも正犯の実行「行為」を介して結果発生を促進する必要があり，問題となる構成要件で規定されている実行行為が全てなされた後は，およそ共犯が成立しないとの理解が通説的見解[52]と言える。こうした理解を児童ポルノ公然陳列罪について当てはめると，通常の事例では，正犯の実行行為は，児童ポルノを自己のサイトにアップした時点で終了しており[53]，その後に当該児童ポルノサイトに対してハイパーリン

---

[49]　Eisele, a. a. O. (Anm. 2), §4 Rn. 15; Gercke, a. a. O. (Anm. 42), S. 850; Müller, a. a. O. (Anm. 24), S. 253ff.; Schwarzenegger, Die strafrechtliche Beurteilung von Hyperlinks in: Festschrift für Manfred Rehbinder (2002), S. 733f.

[50]　上野幸彦「児童ポルノ提供罪と共犯」情報ネットワーク・ローレビュー14巻（2016年）83頁及び豊田兼彦「判批」法学セミナー701号（2013年）119頁をそれぞれ参照。

[51]　Vgl. Heine/Weißer, in: Schönke/Schröder, Strafgesetzbuch Kommentar 29. Aufl. (2014), § 27 Rn. 20; Forster, in: Niggli/Wiprächtiger, Basler Kommentar Strafrecht I Art.1-110 StGB und Jugendstrafgesetz 3. Aufl. (2013), Art. 25 Rn. 14.

[52]　渡邊卓也「判批」判例セレクト2012［I］39頁，石井・前掲注[15]166頁，永井善之「判批」刑事法ジャーナル37号（2013年）106頁，天田悠「判批」法律時報85巻11号（2013年）116頁，瀧本京太朗「判批」北大法学論集65巻3号（2014年）660頁。

[53]　サイトに当該児童ポルノが「アップされ続けている」限り，実行行為が継続しているのだと解するのであれば別論であるが，日本の通説的見解はこうした理解を採用していない。こうした理解を採用するものとして，壇俊光＝飯田幸子「サイバー犯罪における

〔深町晋也〕　3　我が国における解釈論的問題――ドイツ・スイスとの比較を通じて

クを設定しても，もはや共犯が成立しないことになる[54]。

　以上を要するに，我が国においては，公然陳列が問題となる事例では，「正犯か不可罰か」が問題となるに過ぎないと言える[55]。

### (b)　構成要件への「包摂」論

　我が国の議論状況においては，公然陳列罪との関係では，ハイパーリンクの設定は「正犯か不可罰か」が問題となるため，正犯の成否が極めて重要になる。したがって，以下では，公然陳列という構成要件要素が，ハイパーリンクの設定の場合にも充足されるか否かを検討することにする。

　この点に関して，違法情報が既に第三者のサイトにおいてアップされており，WWW において全世界に公開されている以上，もはや新たに公然陳列行為を行うことはできないとして，ハイパーリンクの設定行為を不可罰とする見解（一律不可罰説）[56]が有力に主張されている。しかし，我が国の多数説は，ハイパーリンクの設定行為について，一律に不可罰とはしない[57]。では，どのような場合に可罰性が肯定されるであろうか。

　学説の一部は，「陳列」の定義と日常用語的な理解とのギャップを埋めるために，ハイパーリンクの設定行為と問題となる違法情報との間に一定の密接な関係を要求する[58]。これは，ドイツの一部の判例[59]や有力説[60]が，リンク設定

---

　　間接関与者に対する罪の成否及び疑律」情報ネットワーク・ローレビュー 12 巻（2013年）101 頁。

(54)　これに対して，FLMASK 事件のように，正犯が継続的に違法画像を何度も自己のサイトにアップしており，こうした継続的な実行行為を正犯の実行行為と捉える場合には，いまだ正犯の実行行為が終わっていない以上，当該サイトに対してハイパーリンクを設定する行為については共犯が成立しうることになる（深町・前掲注(25) 217 頁参照）。

(55)　これに対して，インターネット上に名誉毀損表現を摘示した場合には，名誉毀損罪が継続犯として理解されている（大阪高判平成 16・4・22 判タ 1169 号 316 号）。この場合に，名誉毀損行為が継続していると解するとすれば，ハイパーリンク設定行為について共犯が成立しうる。これに対して，継続犯であっても，名誉毀損「行為」は継続していないと解するのであれば，名誉毀損罪の共犯は成立しないことになる（山口厚「判批」平成 17 年度重要判例解説（2006 年）159 頁参照）。

(56)　塩見淳「インターネットとわいせつ犯罪」現代刑事法 8 号（1999 年）38 頁及び渡邊卓也『電脳空間における刑事的規制』（2006 年）149 頁。このような理解は，スイス刑法 28 条の根底にある，違法な情報を作成して認識可能な状態に置いた者のみが本来は処罰されるべきとの発想（vgl. Zeller, a. a. O.（Anm. 43），Art. 28 Rn. 73）と通底するものがあると言える。

(57)　一律不可罰説に対する批判も含めて，深町・前掲注(25) 211 頁以下参照。

## *1* インターネットにおける違法情報の拡散と可罰性

行為によって当該違法情報を「自己のものとした」か否かによって可罰性を判断するのと類似した議論と言える[61]。しかし，なぜこうした情報への密接性や支配性が必要となるのであろうか。情報を「自己のものにした」，すなわち情報への支配性があって初めて正犯としての行為支配も肯定される[62]と解するのであれば理論的には一貫する。しかし，このような理解に立つ場合には，あくまでもリンクを設定したに過ぎない行為者につき，リンク先の情報についてこうした支配を肯定することは不可能であろう[63]。我が国においては，こうした情報への支配性を厳格に要求する見解が採用されているわけではないが，だとすれば，一体いかなる場合に情報への密接性あるいは支配性が肯定されるのかはなお不明確である。

こうした見解が密接性を要求する趣旨に立ち返ると，自分で違法情報をアップする行為と，そうした違法情報にハイパーリンクを設定する行為との，見た目における，あるいは現象面における差異を乗り越えようとするものと言える[64]。本稿の理解によれば，問題となる犯罪構成要件によって，こうした差異が乗り越えられるのか，またどのようにして乗り越えうるのかは異なる。例えば，児童ポルノ電磁的記録提供罪（児童ポルノ法7条2項）において，「提供」という文言が「自己が事実的に支配（占有）する物や情報を他者に取得させること」と定義されるとすれば，既に論じたように，リンクによっては他人の情報を事実的に支配し得ない以上，およそ提供罪の単独正犯は成立しないことに

---

⒅　山口厚「コンピュータ・ネットワークと犯罪」ジュリスト1117号（1997年）80頁。

⒆　LG Karlsruhe MMR 2009, 418（但し幇助の成立を認めるに留まる）; BayVGH MMR 2009, 351（注⒅参照）; siehe auch BGH 1 ZR 102/05（Urteil vom 18. 10. 2007）.

⒇　Eisele, a. a. O.（Anm. 48），§ 184 Rn. 82.

(61)　佐伯・前掲注㊱167頁も参照。

(62)　Vassilaki, Strafrechtliche Verantwortlichkeit durch Einrichten und Aufrechterhalten von elektronischen Verweisen（Hyperlinks）, CR 1999, 87.

(63)　Vassilaki はこの立場から，ハイパーリンクの設定についてはおよそ幇助のみが問題となるに過ぎないとする（vgl. Vassilaki, a. a. O.（Anm. 62）, S. 87）。これに対して Schwarzenegger は，多くの構成要件においてはリンクの設定では行為支配は肯定し得ない（したがって幇助に留まる）が，公然陳列における「陳列」は広汎な概念であるため，リンクの設定でも行為支配を肯定しうるとする（vgl. Schwarzenegger, a. a. O.（Anm. 49）, S. 733f.）。

(64)　川崎友巳「サイバーポルノの刑事規制（二・完）」同志社法学52巻1号（2000年）13頁以下。

〔深町晋也〕　3　我が国における解釈論的問題——ドイツ・スイスとの比較を通じて

なる。また，名誉毀損罪（刑法230条1項）において，仮に「毀損」という文言が「自分の意見として[65]他人の名誉を低下させる表現行為を行うこと」と定義されるとすれば，単なる他人の意見の紹介としてリンクを設定した場合には，名誉毀損罪の単独正犯は成立しないことになる[66]。このように，問題となる犯罪構成要件及びその解釈によって，リンクを設定する行為が当該構成要件に「包摂」されるか否かは変わりうる。したがって，問題となる構成要件においてこのような「包摂」が可能か否かを直接に問題とすべきである。

　このような理解からは，公然「陳列」についても，当該文言の定義にハイパーリンクの設定やURLの掲載などが包摂されるか否かを問題とすべきである。したがって，公然陳列の定義である「不特定又は多数人に認識できる状態に置くこと」，すなわち，不特定又は多数人に，違法情報への認識可能性を新たに設定したと評価しうる限り，正犯としての可罰性を肯定することができる[67][68]。そして，ハイパーリンクの設定により，これまで当該違法情報の存在を知らなかった不特定多数人に対して，「ワンクリック」で当該違法情報にアクセス可能性を設定したことは，正に違法情報への認識可能性を新たに設定したと評価しうるように見える。

　しかし，文言の定義に直ちには抵触しないというだけで，当該文言に包摂されたと評価できるわけではない。というのは，①仮に，ハイパーリンクは「ワンクリック」で当該違法情報にアクセス可能だからリンクの設定が「陳列」概念に包摂されるのだとすれば，改変URL事件のような場合には，およそ「陳列」には包摂されないことになる。逆に，②ワンクリックであれば足りるとすれば，SNSでのハイパーリンクのRTのような行為が全て公然「陳列」として処罰されることになりうる。しかし，日本，ドイツ，スイスの裁判例の検討からすれば，①及び②のいずれの帰結についても直ちに肯定すべきかは疑問の

---

[65]　不作為犯の文脈ではあるが，かかる観点から名誉毀損罪において各論的な構成要件の限定解釈を論じるものとして，鎮目征樹「プロバイダ等の刑事責任」現代刑事法57号（2004年）22頁。

[66]　Vgl. Schwarzenegger, a. a. O.（Anm. 49），S. 734. Siehe auch Müller, a. a. O.（Anm. 24），S. 254.

[67]　深町・前掲注[25]210頁。ドイツやスイスにおいても，このような見解は有力に主張されている（Schwarzenegger, a. a. O.（Anm. 49），733 f.; Liesching, MMR 2009 354）。

[68]　前出の一律不可罰説は，公然陳列という文言にリンク設定行為がおよそ包摂されないとする見解と言える。

*1* インターネットにおける違法情報の拡散と可罰性

余地がある。そこで，そもそもなぜハイパーリンクの設定が公然「陳列」へ包摂されるのかにつき，より厳密に検討を加えることにする。

### (c) 客観的帰属（危険創出）

### ① 誘引性を考慮する意義

ハイパーリンクの設定を巡る日独の判例・裁判例を概観すると，単なるハイパーリンクの設定それ自体によって，直ちに公然「陳列」への包摂を肯定しているわけではない。むしろ，ハイパーリンクの設定の仕方や付随状況によって，当該情報を閲覧することに向けた誘引性（Attraktivität）が生じていることに言及されている[69]。このような誘引性という要素がいかなる意味を持つのかが問題となる。

こうした誘引性は，一方では，単純なハイパーリンクの設定では，なお可罰性を肯定することが困難であることを意味する。既にインターネット上に違法情報が存在する場合には，当該違法情報にハイパーリンクを設定しても，抽象的な意味での閲覧可能性が設定されるに留まり，「新たな閲覧可能性を設定した」と言えるほどに十分な閲覧の危険性が創出されたとは必ずしも言えない。例えば，児童ポルノに関して言えば，インターネット上に児童ポルノ画像などがアップされた場合には，様々な検索エンジンによって発見することが可能であり，かかるアップロード自体を新たな閲覧可能性の設定と評価しうる。これに対して，こうした画像自体に設定されたリンクやこうした画像を含むウェブページ[70]に対して設定されたリンクについては，検索エンジンでも通常は発見

---

[69] 我が国では，前掲注(16)・大阪高判平成 21 年が，閲覧の積極的な誘因に言及し，ハイパーリンクの設定以外にもリンク先の児童ポルノの内容を紹介するなどしている点を，かかる積極的な誘引と認定している。また，前掲注(11)・大阪地判平成 12 年も，卑猥な画像を連想させる名称のホームページを多数列挙することで，アクセスする者の興味を惹きつけるような形でリンクを設定している点を認定している。ドイツでは，BayVGH MMR 2009, 351（注(18)参照）が，プレビュー機能によって閲覧者に対する魅力を高めた点に言及している。また，カールスルーエ地裁 2009 年決定は，単純なハイパーリンクではなく，アンカータグを設定することで直ちに当該違法情報に到達できる点を重視している。更に，ドイツ連邦裁判所 2012 年判決では，そもそも児童ポルノを交換する目的で開設されたフォーラムにおける改変 URL の掲載が問題とされている。

[70] 特に，当該違法情報に対して直接リンクを設定していない場合には，リンクをクリックした後に，当該ウェブページの中で当該違法情報を更に探す必要があり，それ自体として見る限り，不特定又は多数の人に新たに認識可能性を設定したと評価できるほど十分な危険が設定されたとは言いがたい（永井・前掲注(52) 106 頁参照）。

〔深町晋也〕　　3　我が国における解釈論的問題──ドイツ・スイスとの比較を通じて

することはできず，また，不特定又は多数人が認識しうる状況，例えば鍵のか
かっていない Twitter のアカウントでリンクを RT したとしても，そのリンク
を不特定又は多数の者がクリックするような状況は存在しない。すなわち，当
該リンクそれ自体として評価する限り，新たな閲覧可能性が設定されたと言え
るほど十分な閲覧の危険性は生じないのである。

　これに対して，1) 当該ハイパーリンクに付加された情報が誘引的である場
合，例えば，違法情報の内容を紹介している場合[71]や違法情報の「質の高さ」
が保障されているような場合[72]，あるいは 2) 当該ハイパーリンク自体が，通
常のリンクと比して誘引的である場合，例えば，プレヴュー機能によって直ち
に違法情報が認識可能である場合[73]や当該違法情報へのブロッキングを回避す
るような形でリンクが設定されている場合などには，単なるリンクの設定が有
する抽象的な危険（技術的意味での閲覧可能性）を超えて，アクセスしようとす
る者に対する心理的な働きかけに基づく閲覧可能性が生じると言え，「公然陳
列」という語に包摂されるような実質的な閲覧の危険性が創出されたと言うこ
とができよう。こうしたリンクの設定方法や付随状況と一体として評価する限
りでは[74]，リンクの設定についても，公然「陳列」と言えるような危険創出が
あると評価しうる。

　②　ワンクリック以外の事例への拡張の可否

　他方で，こうした誘引が強い場合には，必ずしも「ワンクリック」で違法情
報に到達できない場合であっても，なお公然「陳列」を肯定しうる。既に述べ
たように，違法情報それ自体ではなく，当該違法情報を含むウェブページにハ

---

[71]　我が国の改変 URL 事例（前掲注⑿・最決平成 24・7・9）では，被告人はリンク先の
　　児童ポルノの内容につき，「ほとんど洋炉ですみません。あくまでも『粗品』ですので，
　　あまり期待はしないでくださいね」などと説明していた（判時 2166 号 146 頁）。

[72]　ドイツ連邦裁判所 2012 年判決の事案は，正に児童ポルノ交換サイトにおける改変
　　URL 掲載が問題となっている。また，我が国の改変 URL 事例でも，被告人の管理する
　　本件ウェブサイトは「児童ポルノを好むものらを主たる対象とするものである」旨認定
　　されている（判時 2166 号 146 頁）。

[73]　Vgl. BayVGH MMR 2009, 351（注⒅参照）.

[74]　誘引とは異なる文脈ではあるが，こうした付随状況を考慮しつつ判断すべき場合とし
　　て，特に名誉毀損的内容にリンクを設定するような場合が考えられる。元の名誉毀損的
　　内容を批判的に吟味したり，元の内容に反するような名誉回復的情報を示したりしつ
　　つ，リンクを設定した場合には，かかるリンク設定行為と付随状況とを一体として評価
　　し，そもそも名誉毀損罪の実行行為とは評価しないといったことが考えられる。

### *1* インターネットにおける違法情報の拡散と可罰性

イパーリンクを設定した場合には，ワンクリックで直ちに当該違法情報を認識できるとは限らず，更なる検索を強いられる場合もある。しかし，例えば，「ページの一番下に画像あり」といった付加的情報と共にリンクを設定した場合には，公然「陳列」を肯定するに足りる危険創出を認めることができよう。

また，ハイパーリンクの設定ではなく，改変 URL の掲載のように，自らツールバーに正しく直した URL を入力しなければ違法情報に到達できない場合であっても，誘引性の強さを考慮して，なお実質的な閲覧の危険性を創出したと評価しうる場合がある。この典型例が，児童ポルノに特化したサイトの掲示板などにおいて，改変 URL を掲載した場合である。我が国やドイツで問題となった改変 URL 事件は，正にそのような事案である。

以上の検討から，ハイパーリンクの設定のみならず，改変 URL の掲載であっても，誘引性を考慮することで，なお，公然「陳列」と言える危険創出を肯定しうる[75]。

### (c) インターネットという場における行為態様の限定

既に検討したように，改変 URL の掲載であっても，誘引性が肯定される場合には，公然「陳列」を肯定することが可能である。しかし，一旦，「ワンクリック」といった最も容易かつ即時性の高い行為態様以外の事例についても危険創出を肯定して可罰性を認めると，その限界が問題となる。ドイツやスイスにおいては，この問題についてさほど検討されているとは言えないが，我が国においては，この問題が特に激しく論じられており，具体的には，インターネット上で URL を掲載する行為ではなく，わいせつ雑誌に URL を掲載する行為についても公然陳列を認めて良いかにつき，議論が展開されている[76]。

我が国では，こうした雑誌掲載事例については公然陳列を否定する点で基本的に一致している[77]。しかし，雑誌についても，当該掲載 URL をパソコンのツールバーに入力すれば直ちに違法情報にアクセスできるのであるから，なぜこの場合にのみ公然陳列が否定されるのかが問題となる。結論から言えば，この場合に公然陳列が否定されるのは，改変 URL 事件における前掲・大阪高判

---

[75] 積極的誘引性に対して消極的な見方を示していた深町・前掲注[25] 214 頁の理解をこの限度では改める。

[76] こうした議論をもたらしたものとして，山口・前掲注[58] 80 頁注[29]。

[77] 深町・前掲注[25] 211 頁。

〔深町晋也〕　　　3　我が国における解釈論的問題——ドイツ・スイスとの比較を通じて

平成21年が述べるように，行為態様の類似性に着目するよりないと思われる。すなわち，議論の出発点である，自分で違法情報をアップする行為と，そうした違法情報にハイパーリンクを設定する行為との，見た目における，あるいは現象面における差異を乗り越えようとするという視点[78]からすれば，自らインターネットに違法情報をアップするという行為態様との類似性に鑑みて，インターネットという場においてURLを掲載する行為が必要である，との理解である[79]。これに対して，仮に公然陳列の共犯しか成立しないとの見解を採用する場合には，こうした行為態様による限定は不可能となろう。

### (3) 提供・頒布罪の正犯の成否

#### (a) 問題の所在

被告人がハイパーリンクを設定し，あるいは改変URLを掲載した後に，サイトの閲覧者がハイパーリンクをクリックし，あるいは改変URLをツールバーに入力することで，違法情報をアップロードしているサイトから当該違法情報をダウンロードして自己のパソコンに蔵置した場合には，公然陳列罪とは別個に提供罪（あるいは頒布罪）[80]が成立するのであろうか。

2(3)で扱ったドイツ連邦裁判所2012年判決はこの問題を検討しているのに対して，2(2)で扱った我が国の2つの判例・裁判例は，いずれもこの問題を検討していない[81]。しかし，最決平成26年11月25日（刑集68巻9号1063頁。以下，平成26年決定）は，自らのサイトにわいせつ情報をアップして，サイトの閲覧者に当該情報をダウンロードして自己のパソコンに蔵置させた事案に関して，わいせつ電磁的記録頒布罪（刑法175条1項後段）における「頒布」の意義を「不特定又は多数の者の記録媒体上に電磁的記録その他の記録を存在するに至らしめることをいう」としつつ，本罪の成立を肯定している。このよう

---

(78)　2(2)(b)参照。

(79)　深町・前掲注(25) 211頁。

(80)　なお，児童ポルノ法7条に言う「提供」とは，不特定又は多数の者に対するか特定少数人に対するかを問わないのに対して，刑法175条に言う「頒布」とは，不特定又は多数の者に対するもののみを指す。

(81)　但し，刑法175条にわいせつ電磁的記録が規定されたのは平成23年改正（2011年改正）によるため，FLMASK事件において検討がなされていないのは当然である。これに対して，児童ポルノ法に電磁的記録提供罪が規定されたのは平成16年改正（2004年改正）であるため，改変URL掲載事件においては，提供罪の成否も問題となり得た。

*1* インターネットにおける違法情報の拡散と可罰性

な立場からは，ハイパーリンクの設定などにより，サイトの閲覧者に違法情報をダウンロードさせて自己のパソコンに蔵置させた場合にも，同様の帰結に至るとも思われるが，こうした帰結は果たして妥当であろうか。これまで検討したことと同様に，この問題もまた，「提供」又は「頒布」という文言に，リンク設定などにより違法情報を取得させる行為が包摂されるか否かの問題と言える。

(b) 自ら違法情報をアップロードした場合

　この問題を検討するに当たっては，そもそも平成26年決定のような帰結，すなわち自ら児童ポルノ情報やわいせつ情報をアップロードした者について，電磁的記録の提供又は頒布罪が成立するとの帰結が妥当であるかがまずは重要となる。検討すべき課題としては，以下の3つが挙げられる。すなわち，①電磁的記録が客体となるか，②ユーザーが自らダウンロードする場合であっても「提供」「頒布」と言えるか，③ユーザーが情報を一時的に（キャッシュに）記録させた場合と永続的に記録媒体に記録・蔵置させた場合とで区別する必要はないのか，である。

　そもそも，ドイツやスイスにおいては，児童ポルノの電磁的記録それ自体は，児童ポルノ犯罪における客体して規定されていない[82]。したがって，そもそも①の点で問題が生じることになる[83]。また，ドイツやスイスにおいては，②についても，閲覧者が自らダウンロードする必要があるにも拘らず，リンク設定

---

[82] 児童ポルノ犯罪を規定するドイツ刑法184条bは，客体としては文書（Schriften）を規定しており，文書の定義を示すドイツ刑法11条3項では，客体として電磁的記録そのものは含まれていない。同様に，スイス刑法197条4・5項においても，客体として電磁的記録は規定されていない。

[83] 但し，ドイツ連邦裁判所は，インターネットにおける頒布に関しては，その他の場合とは異なり，「物に化体した」情報の頒布には限定されないとし，「インターネットにおける『頒布』は，情報が利用者の電子計算機に到達した場合に成立する。情報が一次的にRAMに記憶されるか，永続的に記録媒体に記憶されるかにはよらない」旨判示しており，我が国の判例と同様の帰結を支持している（vgl. BGHSt, 47, 55 (58f.)）。しかし，この点はドイツの学説からは強く批判されている（vgl. Eisele, a. a. O. (Anm. 2), §21 Rn. 38. Siehe auch Hilgendorf/Valerius, a. a. O. (Anm. 2), Rn. 303）。

[84] Schwarzenegger, a. a. O. (Anm. 49), S. 735. ドイツ刑法184条b第1項の「頒布（Verbreiten）」という文言自体が，不特定又は多数の人に対して情報を積極的に渡す行為に限定されるものだとする。

〔深町晋也〕 3 我が国における解釈論的問題——ドイツ・スイスとの比較を通じて

者による「頒布」があるとすることはできないとする批判が強くなされている[84]。また，③について，ドイツの判例は情報を一時的にキャッシュに記憶させた場合でもなお頒布を肯定しているが[85]，学説においては批判が多い[86]。

これに対して，日本では，児童ポルノ情報やわいせつ情報[87]については，電磁的記録それ自体も客体とされている[88]。したがって，①については問題なく肯定される。しかし，②及び③は，我が国でも共通に生じる問題である。まず，②については，閲覧者がデータを取得するまでに必要なプロセスを全てデータ提供者が行って初めて「提供」又は「頒布」という概念が充足されると解するのであれば，閲覧者が自らダウンロードする必要がある以上，およそ提供・頒布罪は成立し得ないことになる[89]。しかし，物の提供や頒布であっても，例えば，XがAに児童ポルノ写真を提供する事例で，AがXの家まで取りに行かなければならないような場合や，Xが自動販売機でAに児童ポルノ写真を販売する場合[90]を考えれば明らかなように，受領者たるAの一定の行為が必要となる場合は想定可能である。したがって，受領者側の一定の行為が必要であるということを理由として，提供・頒布に当たらないとすることはできない。

但し，我が国のわいせつ電磁的記録頒布罪（刑法175条1項後段）には，「電気通信の送信により」という要件が存在するため，この点でなお考慮が必要である[91]。平成26年決定は，閲覧者によるダウンロード行為は，被告人による「送信の契機」となるものに過ぎないとして，なお「電気通信の送信」による「頒布」（刑法175条）に当たるとしている。これに対して，児童ポルノ法7条2項及び6項の提供罪は，「電気通信回線を通じて」となっており，「送信」との文言が含まれていないため，こうした問題は生じないようにも見える。

しかし，閲覧者によるダウンロード行為がデータ提供者の予定していなかっ

---

(85) BGHSt, 47, 55（58f.）.

(86) Eisele, a. a. O.（Anm. 2），§21 Rn. 38; Hilgendorf/Valerius, a. a. O.（Anm. 2），Rn. 304.

(87) これ以外にも，例えばいわゆるリベンジポルノ（私事性的画像記録）の提供についても，同様の問題が生じる。私事性的画像記録の提供等による被害の防止に関する法律3条1項参照。

(88) 児童ポルノ法7条2項・6項，刑法175条1項後段をそれぞれ参照。

(89) 本庄武「判批」新・判例解説Watch 19号（2016年）189頁も参照。

(90) 駒田秀和「最判解」法曹時報68巻10号（2016年）327頁以下。本事例を詳細に分析するものとして，神谷竜光「判批」論究ジュリスト19号（2016年）234頁。

(91) 鎮目征樹「判批」判例セレクト2015［I］33頁。

*1* インターネットにおける違法情報の拡散と可罰性

たものであった場合，例えば不正なアクセスによってデータをダウンロードしたような場合[92]には，当該データが児童ポルノ情報であろうがわいせつ情報であろうが，いずれにしても「提供」又は「頒布」に当たらないとすべきである。というのは，こうした場合には，データ提供者の意思に基づくデータの移転が存在しないからである。したがって，「電気通信の送信」という文言に独自の限定的意義を認める解釈は妥当ではなく，児童ポルノ提供罪における「提供」の意義を画する上でも，平成 26 年決定の論じる「送信の契機」という議論は同様に妥当すると解するべきである。

次に，③については，平成 26 年決定も，データファイルをパソコンなどの「記録媒体上に記録・蔵置させること」が頒布に当たるとしており，キャッシュなどの一時的な記憶では足りないとしているようにも見える。但し，同時に平成 26 年決定は，既に述べたように，わいせつ電磁的記録頒布罪における「頒布」につき，「不特定又は多数の者の記録媒体上に電磁的記録その他の記録を存在するに至らしめることをいう（強調筆者）」と定義しており，キャッシュであっても一時期にではあれ電磁的記録が記録媒体上に存在するに至った[93]として，なお頒布に当たるとすることも考えられる。したがって，記録・蔵置に言及した点はあくまでも事案との関係でこのような判断がなされたに過ぎないとも言えよう。

## (c) 自ら違法情報をアップロードする以外の場合

以上で検討した①から③の問題点に加えて，自ら違法情報をアップロードした者のみならず，当該情報にハイパーリンクを設定したに過ぎない者や，改変URL を掲載したに過ぎない者についても，なお電磁的記録の「提供」を認めることができるかが問題となる[94]。ここでの問題は，そもそも当該電磁的記録について事実的な支配を有しない，単なるリンクを設定した者などについても，

---

[92]　伊藤亮吉「判批」刑事法ジャーナル 44 号（2015 年）86 頁，駒田・前掲注[90] 328 頁。
[93]　「持続的」に存在するに至ったことを要求するものとして，駒田・前掲注[90] 323 頁。　なお，単にわいせつ情報が放送・配信される場合には公然わいせつに当たるに過ぎない（法務省法制審議会刑事法（ハイテク犯罪関係）部会第 6 回審議録参照）。
[94]　石井・前掲注[15] 166 頁，上野・前掲注[50] 81 頁以下。
[95]　公然陳列において，情報への支配性を要求する見解（2 (2) (b)参照）からすれば，提供・頒布の場合にも同様に解すべきとすることになろう。

〔深町晋也〕　　　3　我が国における解釈論的問題——ドイツ・スイスとの比較を通じて

なお電磁的記録の「提供」や「頒布」を認めることが可能か，である[95]。

　物の「提供」「頒布」は，自己の事実的支配下にある物の占有を相手方に移転させることであるとすれば，例えば児童ポルノ雑誌を自ら占有していない者は，当該雑誌を「提供」することはできない。これと同様に考える限り，単なるリンクの設定行為などについては，およそ「提供」「頒布」という文言への包摂が否定されることになる。

　しかし，そもそも電磁的記録については，物とは異なり，占有それ自体が移転することはない[96]。したがって，電磁的記録の「提供」「頒布」の核心的部分は占有移転にあるのではなく，相手方の記録媒体上に電磁的記録を「存在するに至らしめること」，すなわち電磁的記録を取得させることにある。このような理解からは，電磁的記録の提供者・頒布者が，自ら当該電磁的記録を事実的に支配していなくとも，なお「提供」「頒布」という文言に包摂されうる[97]ことになる[98]。

　以上の理解からは，既に公然陳列において検討したように，ハイパーリンクの設定や改変 URL の掲載によって，提供罪や頒布罪における危険創出を肯定しうるかが更に問題となる。この点については，リンクをクリックさせ，あるいは改変 URL をツールバーに入力させることに加えて，閲覧者に児童ポルノ画像やわいせつ画像などをダウンロードさせるに十分な危険が創出されたか否かにつき，誘引性を考慮しつつ検討を加えることになる。こうした観点からすると，我が国の改変 URL 事件では，閲覧者が本件児童ポルノデータをダウンロードした場合には，被告人には児童ポルノに関して公然陳列罪のみならず，電磁的記録提供罪の正犯[99]も成立する[100]ことになろう[101]。

---

(96)　石井・前掲注(15) 166 頁。

(97)　「提供」「頒布」についても，行為態様の類似性という要請から，あくまでもインターネット上でリンクを設定し，あるいは改変 URL を掲載する必要があることは，公然陳列の場合と同様である。

(98)　ドイツ連邦裁判所 2012 年判決が，ハイパーリンクの設定について児童ポルノ第三者取得企図罪の成立をも肯定している点につき，2(3)(b)② 参照。

(99)　なお，児童ポルノ電磁的記録提供罪の正犯が否定されるとしても，本罪では取得行為が処罰されていないことに鑑み，被提供者の電磁的記録へのアクセスも提供に含まれるとの前提から，本罪においては，当該電磁的記録をアップした者による提供行為が継続するため，それに加功した改変 URL の掲載者には幇助犯が成立するとの見解もある（上野・前掲注(50) 83 頁）。

*1* インターネットにおける違法情報の拡散と可罰性

# 4 おわりに

　本稿は，インターネットにおける違法情報の拡散に二次的に関与した者の刑事責任につき，ドイツやスイスの議論状況も踏まえた上で，一定の解決枠組みを提示するものである。その基本的な枠組みは，個々の構成要件の文言，例えば公然「陳列」，「提供」，「頒布」といった文言に，二次的な拡散行為，例えばハイパーリンクの設定行為や改変 URL の掲載行為，RT が包摂されるか否かを問題とするものである。当該犯罪構成要件の文言及びその解釈によっては包摂が直ちに否定されることもあり，また，文言によっては，更なる検討，すなわち当該構成要件で想定される危険創出の有無の判断を行うことになる。

　危険創出の検討においては，原情報者，すなわちインターネットに違法情報をアップロードした者との差異を乗り越えるべきとの観点から，単なるリンクの設定だけではなく，アクセスしようとする者に対する心理的な働きかけとしての誘引性についても併せて考慮すべきことを示した。更に，正犯の行為態様として，あくまでもインターネット内での行為が必要である旨も論じた。

　本稿が依拠する比較法的な検討においては，法的規制のあり方が各国で同一ではないことを当然の前提として，各国の議論のあり方や法規定の異同を緻密に分析しつつ，共通する議論を導くことで，我が国の問題解決にとっても有益な示唆を得ることが極めて重要である。また，特に改変 URL 事案については，最高裁においても明確な判断が示されておらず，当該事案も含めた，違法情報の二次的関与者についての刑事責任を判断するための枠組みを構築することは，

---

(100)　これに対して，ハイパーリンクの設定については提供に当たるとしつつ，改変 URL の掲載については提供に当たらないとする見解もある（上野・前掲注(50) 82 頁）。ドイツ連邦裁判所 2012 年判決が，改変 URL の掲載に関しては児童ポルノ第三者取得企図罪の成否について判断を留保した（2(3)(b)②）こともまた，こうした区別に基づくものかもしれない。しかし，本稿の理解によれば，リンクの設定と改変 URL の掲載との差は本質的なものではなく，誘引性を考慮することで，後者についてもなお提供や頒布を肯定することは可能である。

(101)　両罪の関係については，刑法 175 条のような社会的法益に対する罪であれば，なお包括一罪として処理することも可能であろう（伊藤・前掲注(92) 84 頁以下）。これに対して，児童ポルノ法 7 条の場合には，公然陳列と提供とで侵害される法益が異なるとすれば，リンクを設定する行為又は改変 URL を掲載する行為については社会的に見て一個の行為であるとして，両罪の関係は観念的競合となろう。

〔深 町 晋 也〕 4 おわりに

最高裁から学説に託された大きな課題と言って良い。本稿が，比較法的な示唆を元にしてこのような判断枠組みを構築するという学説の任務にわずかでも寄与出来ているとすれば，望外の喜びである。

　〔付記〕　本稿は，2017年3月で明治学院大学を退職され，また古稀を迎えられた渡辺咲子先生に献呈されるものである。渡辺先生は，東京大学で開催される刑事判例研究会で筆者を度々叱咤激励して下さるのみならず，明治学院大学で開催される研究会の参加についても快くお許し下さり，およそ部外者である筆者にも報告の機会を与えて下さっている。こうした暖かく，また厳しい励ましに，心から感謝の意を申し上げたい。本稿がなお不十分なものであると自覚しつつ，ここで筆を擱くことにする。

# *2* 無許可輸出罪における実行の着手について

城 下 裕 二

1 問題の所在 3 最高裁平成 26 年判決
2 「輸出」の意義に関する従来の 4 検　討
判例

## 1　問題の所在

特別刑法上の犯罪において，「実行の着手」時期が問題となる領域の 1 つとして，関税法上の無許可輸出入罪がある。

関税法は，「関税の確定，納付，徴収及び還付並びに貨物の輸出及び輸入についての税関手続の適正な処理を図るため必要な事項を定め」たものである（同法 1 条）。同法 67 条（輸出又は輸入の許可）は，「貨物を輸出し，又は輸入しようとする者は，政令で定めるところにより，当該貨物の品名並びに数量及び価格（輸入貨物（特例申告貨物を除く。）については，課税標準となるべき数量及び価格）その他必要な事項を税関長に申告し，貨物につき必要な検査を経て，その許可を受けなければならない」とし，同法 111 条 1 項 1 号は，「第 67 条（輸出又は輸入の許可）……の許可を受けるべき貨物について当該許可を受けないで当該貨物を輸出（本邦から外国に向けて行う外国貨物（仮に陸揚げされた貨物を除く。）の積戻しを含む……）し，又は輸入した者」について，5 年以下の懲役若しくは 500 万円以下の罰金に処し，又はこれを併科することを規定している（以下，「無許可輸出罪」及び「無許可輸入罪」とする）。さらに同条 3 項及び 4 項では，無許可輸出罪及び輸入罪等の未遂ならびに予備も処罰するとしている。わが国の地理的条件からみて，輸出入は空路または海路によることになる。

これらのうち無許可輸入罪[1]については，最決平成 11・9・28（刑集 53 巻 7 号

『変動する社会と格闘する判例・法の動き』渡辺咲子先生古稀記念〔信山社，2017年 3 月〕　*37*

## 2 無許可輸出罪における実行の着手について

621頁）が，大麻の密輸入を企てた被告人が，大麻を預託手荷物と携帯手荷物の中に各々隠匿して，航空機で本邦の空港に到着した後，入国審査官により本邦からの退去を命じられ，即日，本邦を出発する飛行機に搭乗することにしたが，それまでに，預託手荷物は空港作業員により旅具検査場内に搬入させ，携帯手荷物は自ら携帯して上陸審査場に赴いて上陸審査を受けるまでに至っていたという事案について，特段の理由を示すことなく「この時点においては被告人の輸入しようとした大麻全部について禁制品輸入罪の実行の着手が既にあったものと認められる」とした。また，最判平成20・3・4（刑集62巻3号123頁）は，被告人らが，外国において覚せい剤を密輸船に積み込んだ上，本邦附近まで航行させ，海上に投下した覚せい剤を小型船舶で回収して本邦に陸揚げするという方法（いわゆる「瀬取り」）で覚せい剤を輸入することを企てたが，回収担当者が悪天候のため覚せい剤を発見できず，投下された覚せい剤は通行人に発見されて警察に押収され，最終的に犯行を断念したという事案について，「以上の事実関係に照らせば，本件においては，回収担当者が覚せい剤をその実力的支配の下に置いていないばかりか，その可能性にも乏しく，覚せい剤が陸揚げされる客観的な危険性が発生したとはいえないから，本件各輸入罪の実行の着手があったものとは解されない」として，本罪の未遂罪（および覚せい剤営利目的輸入罪の未遂罪）の成立を肯定した第1審判決を破棄して予備罪が成立するにすぎないとした原判決の結論を維持し，最高裁における数少ない実行の着手の否定例として注目を集めた[2]。

これに対して，無許可輸出罪に関しては，近時，最判平成26・11・7（刑集68巻9号963頁）が，航空機に無許可で輸出することが禁止されている貨物を，機内預託手荷物として積載させようとする行為につき，無許可輸出の未遂罪を認めた第1審判決を破棄して予備罪が成立するに過ぎないとした第2審判決を

---

(1) 判例の概観として，大塚仁＝河上和雄＝中山善房＝古田佑紀（編）『大コンメンタール刑法・第4巻［第3版］』（青林書院，2013年）114頁以下［野村稔］。

(2) もっとも，本判決と原判決（東京高判平成19・8・8刑集62巻3号160頁）が無許可輸入罪（および覚せい剤営利目的輸入罪）の実行の着手を否定した理由は同一ではない。本来，実行の着手の否定される事例には，(1)実行の着手が肯定されるための一定の基準ないし要素を当該行為が（一部）充足していない場合だけでなく，(2)そもそも当該行為に，既遂に到達する可能性自体が含まれていない場合がある（このことを指摘するものとして，松尾誠紀「判批」論ジュリ6号（2013年）174-175頁）。原判決は(1)により，本判決は(2)により実行の着手を否定したものと解することができる。

破棄し，第1審判決を是認している。本判決は，最高裁が無許可輸入罪の実行の着手時期について判断を示した最初の事例であり，事案の内容としても，既遂の実現に至るまでに複数の段階を経るシステムを利用した行為について，いかなる時点でいかなる要素を考慮して危険性判断等を行うべきかを問うものとして検討に値するといえよう。本稿は，本判決を契機として，航空機を利用した関税法上の無許可輸出罪の実行の着手時期の判断基準について若干の考察を行うものである。

## 2 「輸出」の意義に関する従来の判例

### (1) 「輸出」の既遂時期

関税法2条1項2号は，「輸出」について，「内国貨物を外国に向けて送り出すことをいう」と定義している。また，「内国貨物」の意義に関しては，同項4号が，「本邦にある貨物で外国貨物でないもの及び本邦の船舶により公海で採捕された水産物をいう」と規定している。

輸出の既遂時期について，理論上は，(a)日本領土外に仕向けられた船舶，航空機へ貨物を積み込んだ時であるとする積載説，(b)船舶等が出港した時であるとする出港説，(c)領海を出た時であるとする領海時説，(d)目的地に到着した時であるとする目的地到着時説，(e)目的地で貨物を陸揚げした時であるとする目的地陸揚時説などがあるとされるが，一般的には(a)積載説が支持されており，特段の異論は見られない。無許可輸出を禁止する趣旨が，関税法1条が規定するように「関税の確定，納付，徴収及び還付並びに貨物の輸出及び輸入についての税関手続の適正な処理を図る」ことにあるとすれば，本説は，無許可の貨物が外国仕向船等に積載されることによって，輸出に関する税関手続の適正さへの侵害結果が発生したとの理解に立つものといえよう[3]。

判例では，これまで船舶による輸出をめぐって，その既遂時期が問題とされてきた。旧関税法に関する事案では最判昭和23・8・5（刑集2巻9号1134頁），最判昭和25・9・28（刑集4巻9号1820頁），最決昭和28・3・10（裁判集刑75号557頁），最判昭和35・12・22（刑集14巻14号2183頁）が，輸出行為は海上の場合「目的の物品を日本領土外に仕向けられた船舶に積載することによって完

---

(3) 寺尾正二「判解」最判解昭和35年度（1961年）456頁，秋吉淳一郎「判解」曹時68巻8号（2016年）1648頁参照。

*2 無許可輸出罪における実行の着手について*

成する」として積載説に立つことを明示しており，これが現行関税法施行後にも，長崎地厳原支判昭和40・12・21（下刑集7巻12号2243頁）等によって維持され，学説[4]によっても支持されている。したがって，福岡高判昭和25・12・25（判特15号185頁）及び福岡高判昭和26・12・22（判特19号52頁）が判示するように，当該船舶が本邦の領海を脱出すると否とにかかわらず，貨物の積込があれば本罪は既遂に達し，また，東京高判昭和26・6・9（高刑集4巻6号657頁）が述べるように，その貨物を外国に陸揚げしないでそのままわが国に持ち帰ったとしても，犯罪の成否には影響しないとされている。

### (2)「輸出」の実行の着手時期

無許可輸出罪の実行の着手時期に関しては，いずれも旧法下のものであるが[5]，戦後の比較的早い時期において，船舶による事案をめぐって一定数の裁判例が存在する。

［判例①］名古屋高金沢支判昭和28・8・1（判特33号142頁）は，「本件事実は被告人らが判示密貿易を企図して調達した判示物資を大韓民国巨済島方面に輸出すべく山口県豊浦郡小串町に輸送して，同地で所要船舶の備船に尽力したが奏功しない為め，出港地を富山県下に変更して右物資を同県氷見郡窪村A方に転送した上，同地で原判示航海用燃料並に備船の準備を完了して船長以下船員を乗組ましめ右燃料あるいは航海中の食糧の積載を終え正に出港の為め前記密輸物資の船積に移る直前に至つて判示二回に亘り各備船の船主の契約解除に遭遇して出港の目的を果さず，次いで右貨物を七尾市に転送して判示B株式会社倉庫附近に運搬した上同地で新な備船を物色中逮捕された為め所期の目的を遂げなかつたというのであるから被告人らの右所為は単なる予備の域を超えて輸出実行の行程に一歩を踏み入れたものと認めるのを相当とする」とした。こ

---

(4) 植村立郎「関税法」平野龍一＝佐々木史朗＝藤永幸治（編）『注解特別刑法・補巻(3)』（青林書院，1996年）52頁，土本武司『最新関税犯則論』（東京法令出版，2000年）113頁，大蔵省関税研究会（編）『関税法規精解』（日本関税協会，1992年）853頁参照。

(5) なお，関税法の罰則等の特例に関する勅令1条2項にいう「輸出しようとした者」の意義に関する判例として，最判昭和23・8・5（刑集2巻9号1134頁），最判昭和24・6・28（刑集3巻7号1116頁），最判昭和25・1・19（刑集4巻1号30頁）があるが，旧関税法76条の「輸出しようとした者」には，未遂犯だけではなく，予備犯も含まれていた点に注意が必要である（植村・前掲注(4)56頁）。

〔城下 裕二〕　　　　　　　　　　　　　　2　「輸出」の意義に関する従来の判例

こでは，密輸出物資を船積み予定地に送付し備船を物色中であったときには予備を超えて輸出の実行の着手が認められている。

　続く〔判例②〕福岡高判昭和29・2・12（高刑集7巻2号116頁）では，「外国仕向け船舶に積替える目的を以て他の船舶等に貨物を積載し外国仕向け船舶に該貨物を運輸する行為は密輸出の実行行為（積込）に密着した行為であつて，既に予備の段階を越えむしろ未遂の域に達したものと解するを正当とする」として，無許可輸出の未遂罪が肯定された。外国に向けて内国貨物を送り出す行為が輸出の実行行為であることからすれば，外国仕向け船自体に内国貨物を積載しようとする行為が輸出の実行行為になると解されるところ，本件では，外国仕向船に直接積載するのではなく，一旦他船（本邦船）に積載して，その後に外国仕向船に積み替える場合であり，この場合には，他船により外国仕向け船に「運輸」する行為に実行の着手が認められている。

　〔判例③〕福岡高判昭和29・3・25（特判26号74頁）も，「外国へ搬出する目的をもつて本邦港湾附近の海上において外国仕向けの船舶に積み替えるため貨物を機帆船に積み込んだ上これを同海上まで運搬するときは，輸出の実行々為に接着する行為の遂行に入つたものであり既に予備の段階を超え輸出の実行に着手したものと解するのが相当である」としている。本件の上告審である〔判例④〕最決昭和32・7・19（刑集11巻7号1987頁）も，当該行為が「予備の段階に止まらず，未遂の域に達していることは，第一審判決挙示の証拠によつてこれを肯認することができるから此点に関する原審の判断は正当である」として是認している。もっとも本件の調査官解説では，「この決定では，実行の着手は本邦船に貨物を積載したときではなく，進んで，貨物積替えの予定場所……までその貨物を運搬し，韓国船待合せの態勢に入った時をもって，実行の着手があったものとされている」と理解すべきであり，本件では，陸路によらずにわざわざ海路を選んだことによって，「貨物の本邦船への積載も……貨物を，韓国向けの韓国船に積み換えるために，運搬するという一連一体の行為と見ること」が可能な場合であって，「そうでない限り，たとえ，外国向けの船舶に積み換える目的であったとしても，唯だ本邦船に貨物を積載したというだけでは，実行の着手を認めることは無理であろう」[6]と指摘されている。同様

―――――――――
(6)　龍岡資久「判解」最判解昭和32年度（1958年）388頁。

## 2 無許可輸出罪における実行の着手について

に，海上での積換えが予定されている事案で，［判例⑤］福岡高判昭和30・2・24（高裁特2巻6号140頁）は，「密輸出貨物を積載したK丸は貨物積替のため朝鮮向け別船を求めて既にかねての打合せ場所に到達して待機し貨物の積替をなし得る状態にまで手筈を完了していたことが認められるから，斯の如きは密輸出のための単なる準備行為の程度を超え海上積替という実行々為に接着した行為で密輸出の実行に着手したものと謂うべく，従つてその着手ありとするには所論の如く朝鮮向け別船が予定の場所に待機していたことは必ずしも必要でな」いとした。ここでも，「かねての打合せ場所に到達して待機し貨物の積替をなし得る状態にまで手筈を完了していた」ことが，上記の調査官解説でいう積み替え船への「待合わせの態勢に入った」と判断されたものとみられる。

このように従来の船舶利用による無許可輸出罪に関する事例において，外国仕向船に直接積載するのではなく，いったん本邦船に積載して積み替える場合は，基本的には積み替えの待機状態に至った時点（積み替え予定地点付近の海上まで運搬したとき，あるいはその海上に至る途中の海上または港まで運搬したとき）に実行の着手が認められている（判例②〜⑤）。ここでは，外国仕向船に直接積載するのは明らかに実行の着手であり，それ以前の本邦船に積載する行為は予備にとどまることを前提とした上で，本邦船で積み替え予定地に行って待機している状態に至れば，外国仕向船への積載行為に密接に関連した行為が行われたものと判断されているといえよう。その点で，仙台高判昭和29・2・16（判特36号58頁）が，被告人等が樺太へ貨物を密輸出することを共謀の上，被告人Aにおいて発動機船を入手して青森港に回航し，被告人Bにおいて貨物を入手して青森市に送付し以て密輸出の準備をし，及び船員も貨物も整い船に積込むばかりとなった時発覚逮捕されて実行できなかったという事案について，本罪の予備罪の成立が認められていることと比較するならば，判例①は限界的な事例であるとの指摘もみられる[7]。

これらの判例においては，後述するようにその後の判例で採用される結果発生の「客観的危険性」の基準は用いられておらず，専ら構成要件該当行為との「密接性」（密接関連性）の基準に依拠した判断が行われている。したがって，仮にそこに「客観的危険性」の基準が導入されていたとすれば，積み替え予定

---

(7) 植村・前掲注(4) 56頁。

〔城下　裕二〕　　　　　　　　　　　　　　　　3　最高裁平成 26 年判決

地での待機状態では実行の着手には未だに至っていないという結論もあり得た
ように思われる[8]。

## 3　最高裁平成 26 年判決

### (1)　事実の概要

(a)　本件当時の成田国際空港における日航の航空機への機内預託手荷物[9]に
ついては，チェックインカウンターエリア入口に設けられたエックス線検査装
置による保安検査が行われ，検査が終わった手荷物には検査済みシールが貼付
された。また，同エリアは，当日の搭乗券，航空券を所持している旅客以外は
立入りできないよう，チェックインカウンター及び仕切り柵等により周囲から
区画されており，同エリアに入るには，エックス線検査装置が設けられた入口
を通る必要があった。そして，チェックインカウンターの職員は，同エリア内
にある検査済みシールが貼付された荷物については，保安検査を終了して問題
がなかった手荷物と判断し，そのまま機内預託手荷物として預かって航空機に
積み込む扱いとなっていた。一方，機内持込手荷物については，出発エリアの
手前にある保安検査場においてエックス線検査を行うため，チェックインカウ
ンターエリア入口での保安検査は行われていなかった。

(b)　Aは，平成 18 年 2 月頃から，氏名不詳者より，日本から香港へのうな
ぎの稚魚の密輸出を持ちかけられ，報酬欲しさに，これを引受け，繰り返し
密輸出を行っていたが，その後，被告人らを仲間に勧誘した。うなぎの稚魚は，
輸出貿易管理令の別表第二の 33 項において，経済産業省令で定める手続によ
り経済産業大臣の承認を受けなければ輸出ができない貨物として規定されてい
た（しかも内部規定に基づき，承認は毎年 5 月 1 日から 11 月 30 日までとされており，
本件は仮に申請があっても原則として承認は受けられない時期の犯行であった）。A
らによる密輸出の犯行手口は，〔1〕衣類在中のダミーのスーツケースについて，

---

(8)　これに関しては，後述の最高裁平成 26 年判決の上告趣意において，検察官が「海上
　　での無許可輸出罪の実行の着手が認められた事案では，無許可輸出しようとする物品を
　　積載しようとしていた船舶が行為者の付近に存在していたわけでもなく，積載に至るま
　　でどの程度時間がかかるかも明らかではなかった。また，海上での積載行為の困難性や
　　危険性を考えると，積載がほぼ自動的に行われる状況にあったとは言い難い」と指摘し
　　ている点がまさに妥当するであろう。

(9)　なお，現在のチェック体制について，後掲注(40)参照。

*2* 無許可輸出罪における実行の着手について

機内預託手荷物と偽って，同エリア入口でエックス線検査装置による保安検査を受け，そのスーツケースに検査済みシールを貼付してもらった後，そのまま同エリアを出て，検査済みシールを剥がし，〔2〕無許可での輸出が禁じられたうなぎの稚魚が隠匿されたスーツケースについて，機内持込手荷物と偽って，上記エックス線検査を回避して同エリアに入り，先に入手した検査済みシールをそのスーツケースに貼付し，〔3〕これをチェックインカウンターで機内預託手荷物として預け，航空機に乗り込むなどというもので，被告人らは，Aの指示で適宜役割分担をしていた。

　(c)　Aは，平成20年3月20日，氏名不詳者から，「(同年) 3月29日 (以下,「本件当日」) に15か16ケースのうなぎの稚魚を運んでもらいたい。そのため5人か6人を用意してほしい。」などと依頼され，犯行の前日になって「明日は2名で6ケースになった」旨が伝えられた。Aは被告人らに対し，本件スーツケース6個を同エリア内に持ち込むよう指示した。本件当日，A及び被告人を含む総勢6名は，ダミーのスーツケースを持参して成田国際空港に赴き，手分けして同エリア入口での保安検査を受け，検査済みシール6枚の貼付を受けてこれを入手した。そして，被告人らは，同空港で，氏名不詳者から本件スーツケース6個を受け取り，1個ずつ携行して機内持込手荷物と偽って同エリア内に持ち込んだ上，手に入れていた検査済みシール6枚を本件スーツケース6個にそれぞれ貼付した。その後，AとBは，本件スーツケースを1個ずつ携え，日航のチェックインカウンターに赴き，Bの航空券購入の手続をしていたところ，張り込んでいた税関職員から質問検査を受け，本件犯行が発覚した。

　第1審判決 (千葉地判平成25・3・25刑集68巻9号1011頁参照) は，以上について無許可輸出の未遂罪 (刑法60条，関税法111条3項，1項1号，67条 [平成20年法律5号による改正前のもの]) の犯罪事実を認定し，被告人を罰金88万円 (求刑同じ) に処した[10]。被告人は，量刑不当を理由に控訴した。

　第2審判決 (東京高判平成25・8・6刑集68巻9号1013頁参照) は，控訴理由に対する判断に先立ち，無許可輸出罪の実行の着手時期に関して，「原判決には，運送委託の事実を認定した点で事実誤認があるといわざるを得ない」とし

---

[10]　被告人は，平成24年12月17日に本件公訴事実で簡易裁判所に略式起訴され，罰金88万円に処する旨の略式命令を受けたが，その後，正式裁判を請求したことから本件が地方裁判所に移送された。

*44*

た上で，以下のように判示して実行の着手を認めず，無許可輸出の予備罪（刑法60条，関税法111条4項，1項1号，67条［平成20年法律5号による改正前のもの］）が成立するにとどまるとして，第1審判決を破棄自判し，被告人を罰金50万円に処した。

「実行の着手とは，『犯罪構成要件の実現に至る現実的危険性を含む行為を開始した時点』であって，本件のような事案においては，本件スーツケース6個について運送委託をした時点と解すべきである。航空機の搭乗手続の際に，機内預託手荷物として運送委託をすれば，特段の事情のない限り，自動的に航空機に積載されるから，その時点において本件スーツケース6個が日航731便に積載される現実的危険性が生じるからである。この点に関し，検察官は，『積載する行為』又は，『積載する行為に密接に関連し，かつ，積載に不可欠な行為』があれば，この時点で実行の着手を認めるべきとの一般論を前提とし，チェックインエリア内で本件スーツケース6個に検査済シールを貼付すれば，『輸出行為が既遂に至るまでに何ら障害のない状況が作出された』と主張しているが，肝心の運送委託をしない限り，そのような状況が作出されたと客観的に断ずることはできない。そうすると，『検査済シールを本件スーツケース6個に貼付するなどした』までの事実をもって，無許可輸出の未遂罪が成立するとはいえず，単に無許可輸出の予備罪が成立するに止まるというべきであり，その意味では，原判決には判決に影響を及ぼすことが明らかな法令適用の誤りも存する」[11]。検察官，被告人の双方が上告した。

### (2) 判 旨

最高裁は，「第1審判決が認定した犯罪事実の要旨」において，「『同カウンター係員に本件スーツケース6個を機内預託手荷物として運送委託することにより』との部分について，原判決は，『運送委託の事実を認定した点で事実誤認がある』旨判示するが，本件では，被告人らが運送委託したことを示す証拠

---

[11] なお，上告趣意書においても指摘されているが，第2審判決が成立を認めた無許可輸出の予備罪（関税法111条4項：法定刑は3年以下の懲役若しくは300万円以下の罰金又はこれらの併科）の公訴時効は3年（刑訴法250条2項6号）であることから，本件では通告による中断（関税法138条3項）を踏まえても，被告人が起訴された時点（前掲注[10]参照）においては予備罪については公訴時効が完成していたことになる。そのために，第2審判決では免訴の判決（刑訴法337条4号）を言い渡すべきであった。

## 2 無許可輸出罪における実行の着手について

がないことは明白であるから，第1審判決の上記判示部分は，被告人らが運送委託を企図したということを示したものと理解するのが相当であり，第1審判決に事実誤認はない」とした上で，以下のように判示して原判決を破棄し，第1審判決は量刑判断を含めてこれを維持するのが相当であるとして控訴を棄却した。

「上記認定事実によれば，入口にエックス線検査装置が設けられ，周囲から区画されたチェックインカウンターエリア内にある検査済みシールを貼付された手荷物は，航空機積載に向けた一連の手続のうち，無許可輸出が発覚する可能性が最も高い保安検査で問題のないことが確認されたものとして，チェックインカウンターでの運送委託の際にも再確認されることなく，通常，そのまま機内預託手荷物として航空機に積載される扱いとなっていたのである。そうすると，本件スーツケース6個を，機内預託手荷物として搭乗予約済みの航空機に積載させる意図の下，機内持込手荷物と偽って保安検査を回避して同エリア内に持ち込み，不正に入手した検査済みシールを貼付した時点では，既に航空機に積載するに至る客観的な危険性が明らかに認められるから，関税法111条3項，1項1号の無許可輸出罪の実行の着手があったものと解するのが相当である。」

なお，本判決には，千葉勝美裁判官の以下のような補足意見がある。

「本件における機内預託手荷物の保安検査は……チェックイン手続の前に，チェックインカウンターエリアの入口において行われており，密輸出が成功するか否かの鍵を握る場面が運送委託に向けた行為より前の段階で登場する。そして本件では，法廷意見が判示したとおり，ダミーのスーツケースを利用して保安検査を済ませて検査済みシールを入手して同エリアに入り，その後，手荷物を携帯したまま同エリアから出て，今度はうなぎの稚魚の入った手荷物を機内持込手荷物であると称して同エリア入口での保安検査を免れ，同エリア内に入って，そこで既に入手し剥がしていた検査済みシールを本件スーツケース6個に貼り付けるという一連の偽装工作を完了させており，密輸出の成功の鍵を握る最大の山場を既に乗り越えた状態となっていたのである。残るのは，被告人ら自らが，そのままこれらをチェックインカウンターへ運び運送委託をすることだけである。そして，法廷意見の判示するとおり，検査済みシールを貼付した時点では，通常は，もはや保安検査等で無許可輸出品がスーツケースに

入っているか否かの再確認をされるおそれはなくなっており，密輸出に至る客観的な危険性が明らかに認められる。」

「また，本件スーツケースは，いまだチェックインカウンターエリア内に存置された状態にあり，被告人らにおいて運送委託に向けた行為を開始してはいなかったものの，保安検査を積極的に利用して機内預託手荷物として正式に検査が済んでいるかのような状態を既に作り出しており，密輸出の成功の鍵を握る偽装工作が成功裏に完了し，輸出のための手続の重要な部分が終了しているのである。すなわち，これらの一連の偽装工作は，保安検査前の専ら被告人らだけの領域内で行われたのではなく，保安検査という，機内への手荷物の運送委託の前提となる一連の手続過程に入り込み，これを利用して検査済みシールを貼付することにより完成している。このような状況は，密輸出に至る客観的な危険性が明らかに認められると同時に，構成要件該当行為である機内への無許可輸出品の運送委託に密接な行為が行われたと評価することもできるものである。」

「……本件では，手荷物を預託する際に保安検査を行うという近時行われている検査体制とは異なる検査状況があり，運送委託を完成させるための最も重要で最大の障害となる部分を済ませるに至っており，さほどの重要性がなくなった運送委託の直前の状態まできているという事情があるから，実行の着手を認めることが十分に可能であるというべきである。」

## 4　検　　討

### (1)　実行の着手の判断基準

周知のように，「実行の着手」時期の判断基準については，従来，形式的客観説[12]と実質的客観説[13]の「対立」を軸に展開されてきたとの理解が一般的である。もっとも最近では，両者は「相互補完的関係にあると理解する必要がある」[14]との見解，さらには，こうした「対立図式はすでに時代遅れである」[15]との指摘も見られる。

---

[12]　例えば，団藤重光『刑法綱要総論［第3版］』（創文社，1990年）354頁以下参照。
[13]　例えば，大塚仁『刑法概説（総論）［第4版］』（有斐閣，2008年）171頁以下，大谷實『刑法講義総論〔新版第4版〕』（成文堂，2012年）365頁参照。
[14]　山口厚『刑法総論［第3版］』（有斐閣，2016年）283頁。
[15]　小林憲太郎「実行の着手について」判時2267号（2015年）14頁注[28]。

## 2 無許可輸出罪における実行の着手について

　刑法 43 条の文言からは，実行の着手時期は実行行為の開始時点であると解するのが自然であり，実行行為は通常「構成要件該当行為」を指すことから，構成要件該当行為の一部が開始されれば実行の着手を認めるのが本来の形式的客観説であった。他方，それでは実行の着手時期が遅くなり法益を十分に保護することができないことから，未遂犯の処罰根拠に遡り，既遂犯の構成要件的結果を発生させる現実的な危険性が認められる時点を実行の着手時期とすべきであるとしたのが実質的客観説である。さらに，刑法 43 条の文言による制約を維持しつつ，「実行行為に密接に関連する行為」の開始時点にまで実行の着手時期を早めようとする見解として，修正された形式的客観説[16]も主張されている。

　従来の判例・裁判例において，窃盗罪に関しては，住居侵入窃盗の場合に，住居に侵入後，金品を物色するためにタンスに近づく時点で（大判昭和 9 年 10 月 19 日刑集 13 巻 1473 頁），あるいは夜間，電気器具店に侵入後，現金のある煙草売場の方へ行きかけた時点で（最決昭和 40 年 3 月 9 日刑集 19 巻 2 号 69 頁）窃盗未遂の成立が認められていたことは，すでに構成要件該当行為の一部の開始に実行の着手を求めるという形式的客観説の立場が貫徹されていたわけではなく，密接関連行為性を基準とする（学説でいう修正された形式的客観説に類似した）見解が採られていたことを示している。他方では，例えば強姦罪に関して，姦淫に直接向けられた暴行の開始時ではなく，約 5 km 離れた護岸工事現場で姦淫するために，被害者をダンプカーの運転席に引きずり込もうとした時点に「強姦に至る客観的な危険性が明らかに認められるから」実行の着手を認めた（最決昭和 45 年 7 月 28 日刑集 24 巻 7 号 585 頁）ように，実質的客観説に親和的な先例も有力化してきた[17]。

　未遂犯の処罰根拠に最も忠実であり，刑法の法益保護目的にも適合的な見解

---

(16)　塩見淳「実行の着手について（3・完）」論叢 121 巻 6 号（1987 年）15 頁以下。さらに，井田良『講義刑法学・総論』（有斐閣，2008 年）397 頁以下参照。なお，平野龍一『刑法 総論 II』（有斐閣，1975 年）313 頁以下は，実質的客観説を基本的に支持しつつ，形式的ないし時間的な限定が必要であり，わが国の判例が「構成要件に該当する行為またはこれに接着した行為」であることを要件としているは妥当であるとする。

(17)　強姦罪に関する同様の事案で，逆に強姦に至る危険性が乏しいとして本罪の着手を否定した事例として，大阪地判平成 15・4・11（判タ 1126 号 284 頁），広島高判平成 16・3・23（高刑集 57 巻 1 号 13 頁）がある。

が実質的客観説であることは言を俟たない。ただ，そこで基準とされる「危険」の内容には幅があることも確かであり，限界が不明確になる可能性は否定できない。また，未遂犯も罪刑法定主義の原則の下にあり，刑法 43 条の「犯罪の実行に着手して」という文言上の制約を軽視することは妥当ではない。すなわち，実質的客観説は法益保護主義に由来し，また，形式的客観説は罪刑法定主義に基づくものであるとの理解を前提にするならば，実行の着手時期に関しても，両者の視点を考慮すべきこと[18]は刑法の基本原則からの要請であるといわなければならない。その意味において，実質的客観説と形式的客観説の併用を前提としつつ，それらの相互補完性が指摘されている[19]ことには十分な理由がある。そこで重要となるのは，個々の事案において実質的客観説による基準（以下，「実質的基準」という）と形式的客観説による基準（以下，「形式的基準」という）の関係をどのように把握し，どのように「補完」しつつ実行の着手時期を確定するかということである。

### (2) 最高裁平成 16 年決定における判断基準

最決平成 16 年 3 月 22 日（刑集 58 巻 3 号 187 頁）（クロロホルム事件）は，いわゆる早すぎた構成要件の実現の事例について故意既遂犯の成立を認めたものとして重要な意義をもつと同時に，その前提として，殺人罪における実行の着手に関して注目すべき具体的判断を示している。本件事案において，被告人らは，被害者Ａを事故死に見せかけて殺害し，保険金を詐取する目的で，実行犯の乗った自動車をＡの運転する自動車に衝突させ，示談交渉を装ってＡを犯人使用者に誘い込み，クロロホルムを吸引させてＡを失神させ（第 1 行為），Ｂ港まで運び，自動車ごとＡを海中に転落させて溺死させる（第 2 行為）という計画を立て，それを実行に移したが，Ａの死因は第 1 行為・第 2 行為のいずれから生じたかは特定できなかった。これについて最高裁は，「実行犯 3 名の殺

---

(18)　平木正洋「判解」最判解平成 16 年度（2007 年）162 頁，二本栁誠「実行の着手の判断における密接性および危険性」高橋則夫＝松原芳博＝松澤伸（編）『野村稔先生古稀祝賀論文集』（成文堂，2015 年）127 頁参照。

(19)　山口・前掲注(14) 283 頁。たしかに，平木・前掲(18) 163 頁が指摘するように，危険性の要件が認められる場合には，事実上，密接性の要件も認められる場合がほとんどであろうが，時間的・場所的な隔絶が大きい場合など，両者からの結論が異なる事例は想定できよう。この点について，橋爪隆「実行の着手」法教 411 号（2014 年）120 頁参照。

*2 無許可輸出罪における実行の着手について*

害計画は，クロロホルムを吸引させてＶを失神させた上，その失神状態を利用して，Ｖを港まで運び自動車ごと海中に転落させてでき死させるというものであって，第１行為は第２行為を確実かつ容易に行うために必要不可欠なものであったといえること，第１行為に成功した場合，それ以降の殺害計画を遂行する上で障害となるような特段の事情が存しなかったと認められることや，第１行為と第２行為との間の時間的場所的近接性などに照らすと，第１行為は第２行為に密接な行為であり，実行犯３名が第１行為を開始した時点で既に殺人に至る客観的な危険性が明らかに認められるから，その時点において殺人罪の実行の着手があったものと解するのが相当である」と判示した。

　本決定は，最高裁として初めて，行為者の計画を実行の着手時期の判断資料に含めることを明示的に認めた上で[20]，「密接性」と「客観的な危険性」を上位基準としつつ，①第１行為の（第２行為との関係での）必要不可欠性，②第１行為終了後の（第２行為に至るまでの）障害の不存在，③第１行為と第２行為との間の時間的・場所的近接性，という３つの具体的な下位基準を示して判断を行っている点が大きな特徴である。本件では，厳密な意味では結果を惹起した実行行為は第２行為であるといえるが[21]，上記の判断に基づいて実行の着手を第１行為の開始時点に求める解釈を展開している。調査官解説によれば，「密接性」は刑法43条の文言上の制約から導かれる基準として，「危険性」は未遂犯の処罰根拠から導かれる基準として採用されており[22]，ここでも実質的基準と形式的基準が併用されているものといえる[23]。

　ここで問題となるのは，２つの上位基準である「密接性」および「客観的危険性」（あるいはその類似概念）と，①〜③という３つの下位基準の対応関係をどのように理解するのかである。既に，本決定では密接性と客観的危険性を一括して認定しており，両者を個別に判断している痕跡はうかがわれないとの指摘がなされており[24]，そのように解すると両者は３つの下位基準からの共通の

---

[20]　平木・前掲注(18) 164 頁参照。

[21]　橋爪・前掲注(19) 113 頁。

[22]　平木・前掲注(18) 162 頁参照。

[23]　本決定後，同様の判断基準を採用したものとして，名古屋高判平成 19・2・16（判タ1247 号 342 頁），東京高判平成 22・4・20（判タ 1371 号 251 頁），東京高判平成 23・2・8高刑速（平 23）61 頁参照。

[24]　橋爪・前掲注(19) 113 頁注(15)。

帰結とみることができる[25]。ただ，本来的に両者は別個の概念であることから，各々が下位基準とどのような対応関係にあるかを検討しておくことにも意味がある。これについて学説では，(a)①および②の両者が相まって，第1行為の遂行によって第2行為による結果惹起の確実性・容易性を基礎づけ，③はこれとは別に，結果発生の時間的切迫性に関連するとみる見解[26]，(b)①が第1行為と第2行為との手段・目的関係からみた密接性を，②が第1行為から第2行為への経過の自動性を示し，③は②を時間的・場所的な隔たりの観点からとらえ直すものとみる見解[27]，(c)①および③から第1行為の第2行為に対する密接性を認め，②および③から第1行為の客観的危険性を認めるとする見解[28]，(d)①は（予備行為・幇助行為にも見られるものであって）決定的重要性をもつものではなく，②は結果に対する確実性・自動性を認めるための重要な観点であり，③は②を側面から補強するとともに密接行為性を基礎づけるものであるとする見解[29]，(e)①および②は実行行為を終了する高度の可能性を示し，③は第2行為に連なる時間的密接性を表すものとする見解[30]，などが主張されている。いずれの見解も成り立ちうるものであるが，まず，①の「必要不可欠性」については，「確実かつ容易に行うため」との判示からみて，第1行為が第2行為の物理的準備手段として密接に関連するものであることを意味し，また，②の「障害の不存在」については，第1行為が終了すれば自動的に第2行為に至ることを意味していると解するのが自然であろう。③については，第1行為と「結果」そのものの近接性ではなく，あくまでも2つの「行為」の間の近接性を問題としていることからみて，少なくとも結果発生の切迫性自体を求めるものではなく，むしろ（第2行為を経れば結果に至るという意味での）結果発生の自動性・確実性を時間的・場所的な間隔の面から説明しようとしているものと思われる。以上の点において，(b)の理解が妥当であるが，ただし，(c)および

---

[25] 松原芳博「実行の着手と早すぎた構成要件の実現」同（編）『刑法の判例［総論］』（成文堂，2011年）182頁参照。

[26] 橋爪隆「判批」ジュリ1321号（2006年）236頁。

[27] 安田拓人「判批」ジュリ1291号（2005年）158頁。

[28] 西田典之＝山口厚＝佐伯仁志（編）『注釈刑法・第1巻』（有斐閣，2010年）665頁［和田俊憲］。

[29] 松原・前掲注[25] 183頁。

[30] 小林・前掲注[15] 8頁（「場所的近接性」は時間的近接性を示す間接事実としての趣旨にすぎないとする）。

2 無許可輸出罪における実行の着手について

(d)の見解が述べるように，③は第１行為が第２行為に密接に関連するものであることと無関係ではなく，むしろ必要不可欠性を両行為の隔絶の量的僅少性によって表現しようとするものとも考えられる。したがって，本決定の理解としては，①および③は第１行為・第２行為の密接関連性を，②および③は第１行為から第２行為への経過ないし結果発生の自動性を基礎づけるものとして位置づけられているとみるべきであろう。

### (3)　無許可輸出罪における「客観的危険性」判断

　最高裁平成 26 年判決（以下，「26 年判決」という）における検察官の上告趣意では，上記の最高裁平成 16 年決定（以下，「16 年決定」という）が示した判断枠組みに依拠した主張がなされている。すなわち，(1)被告人らの行為は，航空機への積載を確実かつ容易に行う上で必要不可欠であったこと，(2)検査済みシールの本件スーツケースへの貼付により障害が除去されていたこと，(3)航空機への積載行為と時間的・場所的にも近接していたこと，(4)被告人らの準備行為は極めて容易であり，成功する可能性が非常に高い[31]ことから，「少なくとも税関職員による質問が行われた時点では，被告人らが行った行為は，航空機への積載行為に密接するとともに，本件スーツケース 6 個が航空機に積載される客観的な危険性が発生していたことは明らかである」としている。これに対して，26 年判決では，上記のような 16 年決定が示した判断枠組みに対する言及はない。調査官解説では，その理由として，16 年決定の事案の特殊性に加えて，26 年判決の事案では第１行為と第２行為の関係性が問題となっているわけではなく，「純粋に，どのような行為があれば『航空機に積載されるに至る客観的な危険性』が認められるかということが争われた事案であったため，同判例［引用者注：16 年決定］のような判断枠組みを採用するまでもないと判断されたためと思われる」[32]と指摘されている。もっとも，学説においては，16 年決定の要旨は，具体的な問題解決を離れても，実行の着手に関する一般的基準を示したものである[33]との理解も有力であり，また，26 年判決の事案に

---

(31)　この事情は，平成 16 年決定では掲げられていないが，その調査官解説（平木・前掲注(18) 174 頁では，「準備行為自体が成功する可能性」として言及されていた。

(32)　秋吉・前掲注(3) 1651 頁。

(33)　橋爪・前掲注(26) 235 頁。

52

〔城下裕二〕 4 検 討

関しても，シール貼付を第1行為，航空機への積載を第2行為と捉えて16年決定の判断枠組みに当てはめることも不可能ではないことから，以下では，そうした当てはめの可能性も一定程度考慮しつつ，検討する。

26年判決では，(i)周囲から区画されたチェックインカウンターエリア内にある検査済みシールを貼付された手荷物は，(ii)航空機積載に向けた一連の手続のうち，(iii)無許可輸出が発覚する可能性が最も高い保安検査で問題のないことが確認されたものとして，チェックインカウンターでの運送委託の際にも再確認されることなく，通常，そのまま機内預託手荷物として航空機に積載される扱いとなっていた，という要因が摘記され，本件スーツケースを航空機に積載させる意図の下，同エリア内に持ち込んでシールを貼付した時点では「既に航空機に積載するに至る客観的な危険性が明らかに認められる」としている。ここでは，「輸出」の意義に関する積載説を前提としつつ，「客観的危険性」に関して16年決定，および既述の最高裁昭和45年判決と全く同様の表現を用いることにより，実質的基準に依拠することが示されているといえる。そして，(iii)の「再確認されることなく，通常，そのまま……積載される扱いとなっていた」との判示からは，障害の不存在あるいは時間的近接性を前提とした結果発生の自動性に重点を置いていることも明らかであろう。この部分が，26年判決のいう「客観的危険性」の内実を端的に示しており，「スーツケースを航空機に積載させる意図の下，同エリア内に持ち込んでシールを貼付した時点」において，スーツケースの航空機への積載に至る自動性が認められるとしたものと解される。さらに，「一連の手続」との文言によって必要不可欠性を，「周囲から区画された……エリア内」との表現によって場所的近接性を基礎づけようとしたともいえよう。

他方，26年判決の第2審判決も，「実行の着手とは，『犯罪構成要件の実現に至る現実的危険性を含む行為を開始した時点』であ」るという前提に立っている点では，実質的基準を採用しており，かつ，「その時点において本件スーツケース6個が日航機731便に積載される現実的危険性が生じる」とすることにより積載説を採用していることは確かである。ただ第2審は，そうした現実的危険性を含む行為を開始した時点とは，「本件のような事案においては，本件スーツケース6個について運送委託をした時点と解すべきである」とする。その理由は，検察官が実行の着手時期として主張する「輸出行為が既遂に至る

## 2 無許可輸出罪における実行の着手について

までに何ら障害のない状況」について，「肝心の運送委託をしない限り，そのような状況が作出されたと客観的に断ずることはできない」という点に求められている。ここでも，26年判決と同様に，結果発生の自動性が重視されているように見える。特に，第2審の「航空機の搭乗手続の際に，機内預託手荷物として運送委託をすれば，特段の事情のない限り，自動的に航空機に搭載される」との判示からは，むしろ26年判決以上に意識的に自動性を考慮しているようにも解される。しかしながら，第2審判決は同時に，航空機への積載に最も直結した契機，すなわち時間的に近接した段階が手荷物の運送委託であることを重視しており，検査済みシールの手荷物への貼付だけでは，積載に至る現実的危険性としては不十分であると判断したことになる。確かに，保安検査を終了（実際には回避）し，シールを貼付したとしても，搭乗者自身が当該手荷物をチェックインカウンターに提出し，係員によってこれが受領されなければ航空機に積載される可能性は生じない[34]。その意味では，第2審判決は，結果発生の自動性が認められても未遂犯の成立としては不十分であり，さらに，積載完了すなわち結果発生の時間的切迫性が要求されると解しているように思われる。

このように，26年判決と第2審判決とでは，客観的危険性の判断について，その内容に一定の差異がある[35]。それは，従来から争われてきた，未遂犯の処罰根拠としての「結果発生の客観的危険性（あるいは具体的・現実的危険性）」の内実に関して，結果発生に至るまでのプロセスにおける障害の不存在（自動性・確実性）として理解すべきか，それとも結果発生が時間的に差し迫っている状況（切迫性）をも要求すべきか，という見解の対立を反映しているように思われる。最近の学説においても，（特に間接正犯・離隔犯の実行の着手時期をめぐる議論のなかで）未遂犯の処罰根拠として重要なのは結果発生の自動性・確実性であり，切迫性は確実性の判断要素にすぎないとみる見解[36]，あるいは法

---

[34] しかも，運送委託を行うためには航空券の購入が完了していることが必要となるところ，本事案ではBについてはその購入も未だ終了していない状況にあった。

[35] 26年判決の見解を支持するものとして，前田雅英「判解」捜研772号（2015年）16頁以下，門田成人「判批」法セ722号（2015年）127頁，上原龍「判解」警論68巻9号（2015年）171頁以下，松澤伸「判批」判例セレクト2015［I］（2016年）24頁。

[36] 和田俊憲「未遂犯」山口厚（編著）『クローズアップ刑法総論』（成文堂，2003年）216頁以下（射殺を図って弾が外れたという場合，ピストルが向けられた時点ではなく，

的安定性の観点からの外在的制約にすぎないとみる見解[37]も有力に主張されている。しかしながら，結果発生の自動性・確実性は，「そのままの状態で待っていれば，いずれは結果が発生する」という点において，当該行為の中に結果発生の一般的な危険が含まれていることを意味するにすぎない。結果発生の「具体的・現実的」危険性が問題となるとき，当該行為に自動性・確実性が認められるというだけでは，行為に内在する危険が増大し，結果の発生に向けて実際に作用している段階にあるとはいえないのではないだろうか。そうした段階にあることを示す要因は，結果発生の切迫性に求められるべきである[38]。その意味では，平成 26 年判決の事案における航空機利用による無許可輸出罪においては，第 2 審判決のように，運送委託時に結果発生の具体的・現実的危険性を肯定することには十分な理由があると思われる。このように解するときは，運送委託の有無が重要な意味をもつことから，行為者の計画自体は客観的危険性判断のための直接的な資料とはならない。本判決のいう「機内預託手荷物として搭乗予約済みの航空機に積載させる意図の下」という判示部分は，端的に行為者の故意を示すものと理解すれば足りることになる[39]。

---

　　弾が中って被害者が死亡していた可能性がある時点を未遂の成立時点とする。そして，こうした「仮定的既遂時点」に実行の着手時期を求める場合，結果発生の確実性が問題となり，現実の因果経過における切迫性を資料としなくても確実性を肯定できることがあるとする）。なお，鈴木左斗志「実行の着手」ジュリ増刊『刑法の争点』（2007 年）89 頁参照。

[37]　佐藤拓磨「間接正犯の実行の着手に関する一考察」法研 83 巻 1 号（2010 年）164 頁以下〔同『未遂犯と実行の着手』（慶應義塾大学出版会，2016 年）所収，268 頁以下〕（間接正犯においては，既に実行行為を行っており，処罰範囲をことさらに限定する必要がないことから，時間的切迫性を要求しないとする）。さらに，同「間接正犯・離隔犯の着手時期——着手論における切迫性・確実性の意義——」刑法 50 巻 2 号（2011 年）149 頁以下参照。

[38]　佐伯仁志『刑法総論の考え方・楽しみ方』（有斐閣，2013 年）343 頁は，「未遂結果としての危険には，結果発生の可能性の高さという量的要素と結果発生の切迫性という時間的・場所的要素の両方が含まれている」との立場から，前述のような仮定的既遂時点（仮定的危険の発生時点）を判断基準とする見解（和田・前掲注[36] 219-220 頁参照）においても切迫性を要件にすべきであるとする。また，小林憲太郎『刑法総論』（新世社，2014 年）125 頁は，「既遂到達の具体的・現実的危険」という場合，「具体的」危険は既遂到達の蓋然性（確実性）を，「現実的」危険は既遂到達の時間的切迫性をそれぞれ意味するものと理解し，後者は，ここでいう危険が可能性に尽きるものではなく，かかる可能性が現実化するために必要な事情が存在することに基づくとする。

[39]　秋吉・前掲注[3] 1650 頁は，この「意図」の部分について，平成 16 年決定と同様に行

2 無許可輸出罪における実行の着手について

　なお，現在，成田空港では，新たに手荷物についてインライン・スクリーニング・システムが採用されている[40]。本システムの下では，平成26年判決のいう「一連の手続のうち，無許可輸出が発覚する可能性が最も高い保安検査」が，チェックインカウンターでの手荷物の運送委託後に行われる。この場合は，積載完了という結果発生の切迫性のみならず自動性・確実性も，保安検査通過後に認められることになろう。保安検査で問題があった場合は，委託者に内容物について確認を求めたり，場合によっては職員が手荷物を開封して内容物を除去したりすることとなるため，保安検査が終了しない限りは積載に至る客観的危険性は生じないからである。したがって，平成26年判決の立場を前提としても，保安検査終了時点をもって実行の着手時期とするものと解される[41]。

### (4)　無許可輸入罪における「密接性」判断

　平成26年判決の千葉補足意見は，同決の事案におけるシール貼付という状況は「密輸出に至る客観的な危険性が明らかに認められると同時に，構成要件該当行為である機内への無許可輸出品の運送委託行為に密接な行為が行われたと評価することもできるものである」と述べている。これは，平成26年判決の実質的基準に依拠して導かれた結論が，形式的基準によっても同様に導かれたことを確認的に説明したものであると解されている[42]。ただ，上記補足意見における「構成要件該当行為である機内への無許可輸出品の運送委託」との

---

為者の犯罪計画を「客観的危険性」の判断に際して考慮することを認めた趣旨と理解できるとしつつ，「あくまでも既遂に至る客観的危険性の有無を考慮しているのであって，主観面（計画性）を重視して，未だ客観的危険性が発生していない段階での実行の着手を肯定するものではないことは当然といえよう」とする。なお，松澤・前掲注[35]24頁は，本件の「意図」を基準とすれば，シール貼付よりもさらに早い段階で実行の着手が認められるとする。これに関して橋爪隆「連載のおわりに」法教426号（2016年）100-101頁は，「構成要件該当行為（＝運送委託によって航空機に積載される行為）の直前に位置する行為という形式的な限定を併用するのであれば，着手時期の早期化についても，自ずから限界があることになるだろう」と指摘する。この点については，次に述べる(4)を参照。

(40)　http://www.narita-airport.jp/jp/security/check_in/ 参照。詳細については，永久拓也＝田牧敬司「羽田空港ターミナル2　空港手荷物搬送設備概要」電気設備学会誌25巻8号（2005年）618頁以下参照。

(41)　佐伯和也「判批」刑ジャ44号（2015年）95頁参照。

(42)　秋吉・前掲注(3)1651頁。

〔城下裕二〕

表現は，運送委託自体が構成要件に該当することを前提とするものであるから，「輸出」の意義に関する積載説の理解をすでに離れていることに注意を要する。仮に運送委託行為＝積載行為（輸出行為）の一部，という前提に立つとすれば，シール貼付がそれに密接に関連する行為であることを理由として輸出罪の実行の着手に該当するとの説明は容易になる。しかし，従来の通説的見解が，関税法の趣旨に鑑み，許可を受けずに貨物を船舶等に積載する段階になって初めて税関手続の適正な処理を侵害する客観的危険性が生じるとの立場から積載説を採用してきたことからみて，あえて積載説に依拠しない前提に立つ理由は不明である。換言すれば，ここで問われるべきことは，シール貼付という状況が「構成要件該当行為である機内への無許可輸出品の積載行為に密接な行為が行われたと評価することもできる」かどうかであったのである。

　積載説を前提とすれば，輸出行為は積載行為そのものであるから，無許可輸出行為は，（行為者自身が航空会社の係員でない限りは）行為者が航空会社の係員という「情を知らない他人」を利用することによって実行可能となり，必然的に間接正犯的な形態を採ることになる。間接正犯の着手時期について，判例[43]が採用しているいわゆる被利用者説（到達時説）に立脚するならば，航空会社の積載担当係員が航空機に貨物を積載しようとする時点が，実行の着手ということにもなりうる。しかし，それでは輸出行為の既遂時である積載の完了と実行の着手時期が過度に接近するばかりか，ほぼ一致するということにもなりかねない。このことは，当該事案をあえて間接正犯的（離隔犯的）に構成する必要がないことを示している。こうした観点から，行為者自身が「実行に着手」することが可能な最終段階として，係員が積載しようとする行為に密接に関連する行為，すなわち運送委託の時点に着手時期を求めたのが第2審判決の立場であったと解することが可能である[44]。換言すれば，そこではすでに「密接性」

---

[43]　大判明治43・6・23（刑録16輯1276頁），大判大正3・6・20（刑録20輯1289頁），大判大正5・8・28（刑録22輯1332頁），大判大正7・11・16（刑録24輯1352頁）など。

[44]　これに対して，佐伯・前掲注[41]93頁は，第2審判決は，大麻輸出・輸入罪の各未遂罪の成立を認めた東京高判平成13・10・16（東京刑時報52巻1＝12号77頁）の理論構成を用いているとする。本件は，被告人が営利目的で大麻をタイ国から本邦に輸出するとともに輸入しようと企て，情を知らないAをして，B運輸会社従業員に対し，大麻を詰め込んだ潜水ボンベを別送品としてA宛に発送することを依頼させた行為について，予備罪にとどまるとした原審を破棄自判し，発送依頼の時点で実行の着手があるとしている。本件は明らかに間接正犯的構成により，しかも従来の判例とは異なって利用者説

## 2 無許可輸出罪における実行の着手について

による実行の着手時期の「前倒し」が行われているのであって，平成26年判決のように，そこに重ねて「前倒し」をする必要性に乏しい。仮にそれをするとすれば，「客観的危険性」で補完するほかはないが，既述のように結果発生の切迫性が認められない以上，それは妥当とはいえない。

また，千葉補足意見では，「密接性」の根拠として，被告人らの一連の偽装工作が「保安検査前の専ら被告人らだけの領域内で行われたのではなく，保安検査という，機内への手荷物の運送委託の前提となる一連の手続過程に入り込み，これを利用して検査済みシールを貼付することにより完成している」ことを掲げている。学説においては，間接正犯に関するわが国の判例が「被害者領域——事実的かつ相当強固に被害者が排他的に支配する，攻撃客体を含む領域——への介入」によって，刑法43条の「着手」を限定解釈すべきであるとの主張がなされており[45]，上記の補足意見もそうした視点を意識したものと思われる[46]。しかしながら，関税法上の罰則のように，法益上「被害者領域」を観念できない犯罪にこの根拠が妥当するかは措くとしても[47]，「運送委託の前提となる一連の手続過程」という表現からは，ここでも運送委託自体が構成要件に該当することが前提とされ，そこからさらに「運送委託に密接な行為」へと「前倒し」が検討されている点において，疑問が残る。

---

（発送時説）を採用している。しかし本文で述べたように，第2審判決の立場は（利用行為時＝運送委託時に着手を認める点では共通するものの）これとは異なるように思われる。また，佐藤・前掲注(37)（『未遂犯と実行の着手』）164頁は，間接正犯の実行の着手時期の問題は，本件のように既遂（航空機への貨物の積載）に至るまでの時間的場所的間隔が大きくない場合は想定していないはずであるとして，既に結果発生が近接した状況にあり，シール貼付により障害も克服していることから，シール貼付時点で着手を認めてよいとする。

[45] 塩見・前掲注(16)17頁以下，同『刑法の道しるべ』（有斐閣，2015年）107頁。さらに，小林・前掲注(15)6頁以下参照。ドイツにおいては，すでに，Claus Roxin, Tatentschluß und Anfang der Ausführung beim Versuch, JuS 1979, S. 4ff. が構成要件該当行為との密接した時間的関連性と，「被害者領域ないし構成要件領域への作用」を未終了未遂の着手を認めるための補助概念としていた。

[46] この点につき，金澤真理「判批」平成26年度重判解（2015年）146頁参照。

[47] Vgl. Ulrich Berz, Grundlagen des Versuchsbeginns, Jura 1984, S. 516f. もちろん，被害者領域が観念できない場合には，代替的に「構成要件領域」への作用を考えることになるのであろうが（vgl. Claus Roxin, Strafrecht, Allgemeinen Teil, Band Ⅱ, 2003, §29 Rn. 139.）両領域の互換可能性については別途検討が必要であると思われる。

## (5) 「客観的危険性」と「密接性」の関係

(1)で述べたように，実質的基準すなわち「客観的危険性」が法益保護主義に由来し，また形式的基準すなわち「密接性」が罪刑法定主義に基づくとすれば，実行の着手時期の判断においても，この両基準の充足がともに必要となる。両者が「相互補完的」関係にあるといわれる場合も，基準の一方が充足されるだけでは足りないという趣旨に理解されるべきであり[48]，その意味では相互限定的[49]（ないし相互制約的）という表現が相応しいように思われる。本稿では平成 26 年判決の構成に即して「客観的危険性」を先に論じたが，体系的な整序という視点からは，「密接性」判断が先行し，それが肯定された上で，さらに「客観的危険性」があるかどうかを判断すべきことになると考えられる。

## (6) 結 語

関税法上の「輸出」の意義ないし既遂時期に関する積載説に立脚し，かつ，平成 26 年判決の事実関係における保安検査システムを前提とする限り，航空機搭載の機内預託手荷物内に客体を隠匿する方法による無許可輸出罪に関しては，「密接性」ならびに「客観的危険性」の基準から見て運送委託時に実行の着手を認めるべきである。そして，このことは，同様のシステムを採用する船舶の利用による無許可輸出罪にも妥当するといえよう[50]。

---

(48) 浅田和茂『刑法総論［補正版］』（成文堂，2007 年）371 頁，同「未遂犯の処罰根拠──実質的・形式的客観説の立場から──」現刑 17 号（2000 年）36 頁以下参照。
(49) 松原芳博『刑法総論』（日本評論社，2013 年）288 頁。
(50) なお，平成 26 年判決以降，船舶の利用による本罪の未遂を認めた裁判例として長崎地判平成 27・8・13（LEX/DB 25541289）及び長崎地判平成 27・10・8（LEX/DB 25541484）があるが，いずれも客体を手荷物として携帯し，税関検査場内で発覚したという事案である。

# *3* 万引き事犯と病的窃盗

緒方あゆみ

1　は じ め に　　　　　　3　万引きと精神疾患
2　窃盗，特に万引き事犯の現状　4　お わ り に

## 1　は じ め に

　窃盗事犯は，一般刑法犯認知件数の大半を占めており，国民が最も被害に遭いやすい犯罪であるとともにわが国の犯罪情勢に大きな影響を与えているといえよう。また，窃盗事犯の特徴として，加害者の属性として他の犯罪に比べて若年層，女子や高齢者の比率が高いこと，薬物事犯と同様の傾向として，万引きやスリ等の窃盗行為を繰り返す同種の再犯者が多いことが従来から指摘されており[1]，窃盗事犯に特化した年齢・性別等の属性に応じた一般予防および特別予防対策が求められる。窃盗に至る原因として，長引く経済不況，社会における規範意識の低下，家族的結合の希薄化や教育機能の低下といった様々な事情が複合的に影響しているものと考えられるが[2]，最近は万引き事犯に関して摂食障害や窃盗癖といった精神疾患も原因として指摘されている。本稿では，窃盗事犯，特に万引き事犯を中心に，統計等から現状を概観した上で再犯防止に向けた各種施策や精神疾患との関係について若干の検討を試みたい。

---

(1)　平成 26 年版犯罪白書第 6 編「窃盗事犯者と再犯」。
(2)　平成 26 年版犯罪白書第 6 編第 2 章第 2 節「窃盗事犯の増減要因の考察」。

『変動する社会と格闘する判例・法の動き』渡辺咲子先生古稀記念〔信山社, 2017年 3 月〕　*61*

*3* 万引き事犯と病的窃盗

## 2 窃盗, 特に万引き事犯の現状

### (1) 認知件数

警察庁「平成27年の犯罪」および法務省「平成28年版犯罪白書」によると，平成27年の窃盗の認知件数は戦後最少の807,560件であったが，刑法犯の認知件数1,098,969件中73.5％と大きな割合を占めている。平成27年の窃盗の手口別構成比は，①万引き，車上狙い，置き引き等の非侵入窃盗が411,350件で全体の50.9％，②空き巣等の侵入窃盗が86,373件で10.7％，③自転車，オートバイ，自動車等の乗り物盗が309,837件で38.4％であった。

非侵入窃盗の中で一番多い手口は万引きである。近年は，平成16年の万引きの認知件数156,020件，窃盗の認知件数の総数1,981,574件中の構成比8.0％をピークとして減少傾向にあるが，平成27年の万引きの認知件数は117,333件で，窃盗の認知件数の総数中14.5％と高い割合を占めている（表1）。

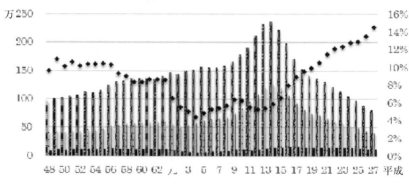

表1 窃盗認知件数の手口別構成比（昭和48年～平成27年）

■ 窃盗の認知件数総数
□ 非侵入窃盗計
■ 非侵入窃盗万引き
◆ 万引きの窃盗の認知件数総数に対する割合（％）

＊平成27年・28年版犯罪白書1-1-2-2図を加工

〔緒方あゆみ〕　　　　　　　　　　　　2　窃盗，特に万引き事犯の現状

## (2)　万引きの被害

　万引き事犯が多い背景事情の一つとして，対面式からセルフ式の販売形態をとる店舗が増加したことにより，犯人が従業員の目を盗んで商品を万引きすることが容易になったことが考えられる[3]。万引きは，一件あたりの被害額は少額でも件数が積み重なれば販売店側にとっては深刻な経営問題となる[4]。近年，万引きの防止に関して全国各地で警察や行政，民間団体等の合同の協議会等が定期的に開催されており，地域の実情に応じた様々な対策が講じられているところである。しかし，万引きは私たちの生活の中で一番身近な犯罪であり，誰でも被害者だけでなく加害者にもなりうる犯罪である。また，万引きは同一犯人が反復・継続して行う可能性の高い犯罪であることから，特定人への再犯抑止のためだけでなく一般市民への予防・啓発のためにも，店側のその場限りの対応ではなく，どのような事案でも犯罪行為として扱い警察への届出の徹底が求められる。

　警察庁「平成26年，27年の犯罪情勢」によると，平成17年以降，万引きの最多被害品は食料品であり，平成27年は被害品数130,744品中，食料品は54,576品と全体の41.7％を占めている。その他，全国万引犯罪防止機構と警視庁・東京万引き防止官民合同会議による実態調査[5]によると，平成27年度の有効回答399社の確保した万引き犯の総人数は18,320人，有効回答365社の総件数は21,465件，有効回答305社の万引き被害総金額は2億56万7,823円であった[6]。同調査によると，万引き犯罪を発見した後の基本的な処理方針

---

(3)　平成26年版犯罪白書第6編第2章第2節2「犯罪抑止に向けた各種施策や民間の取組の実施時期から見た窃盗事犯の増減」(5)万引き対策。

(4)　例えば，警察庁「平成27年の犯罪」の「51 窃盗手口別被害程度別認知件数」によると，平成27年の万引きの認知件数総数117,333件のうち，被害なし・被害額認定困難なものは365件（0.3％），3,000円未満は56,414件（48.1％），1万円未満は24,960件（21.3％），10万円未満は29,683件（25.3％），50万円未満は5,477件（4.7％）であった。

(5)　特定非営利活動法人全国万引犯罪防止機構「第11回全国小売業万引被害実態調査分析報告書」（平成28年6月）。本調査の対象は，日本経済新聞社編『日経小売・卸売企業年鑑』掲載企業のうち主として「セルフ販売」を採用する企業の本部であり，発送総数は1,754，回収数は573，有効回収率は33.0％であった。

(6)　確保人数18,320人の主な内訳は，多い順に，スーパーが8,521人，ホームセンター・カー用品3,163人，コンビニ・ミニスーパー2,529人，書籍・文具1,636人，ドラッグストア1,081人である。同様に，（確保した人数ベースの）総被害件数21,465件の主な内訳は，スーパー11,044件，百貨店2,743件，ホームセンター・カー用品2,633件，

*3* 万引き事犯と病的窃盗

は，「全件警察に届出する」が 317 件（55.3 %），「警察に届出するのはケースバイケース」が 223 件（38.9 %）[7]，「届出しない」が 4 件（0.7 %）であった。また，万引き犯罪の防止策として，ハード（機器等）が「ある」と回答した企業は 121 社（21.1 %）にとどまり，訓練等のソフト対策についても「ある」は 76 社（13.3 %）と低い。万引き対策を講じるためにはそれなりのコストがかかるため，会社・店舗の規模によっては泣き寝入りをせざるを得ない現状が伺える。

## (3) 万引き事犯の特徴 ～検察段階

　万引き事犯の特徴として，①性別は女子の比率が高いこと，②年齢層は少年（14-19 歳）と高齢者（60 歳～70 歳代）が多いこと，③再犯者が多いことがあげられる。以下に，一般刑法犯に占める窃盗および万引きの男女別検挙人員（表 2），年齢層別万引き検挙人員（表 3），窃盗および万引きの検挙人員に占める同一罪種有前科者の比率（表 4），性・前歴の有無別 20 歳以上万引き検挙人員の推移（表 5）をそれぞれ示す。

　表 2 で示すように，近年，窃盗の検挙人員は男女ともに減少傾向にあるが[8]，例年，窃盗は一般刑法犯の検挙人員の罪名別構成比において最も高く，特に万引きは，女子（平成 27 年では 63.1 %）は男子（同 23.2 %）に比べて顕著に比率が高いことが分かる。また，年齢層別の万引きの検挙人員に関しては，一般に，万引きは初発型の犯罪・非行とも言われ，表 3 で示すように，平成 17 年～25 年までは少年（14-19 歳）が最も多かったが，平成 26 年に 60 歳代，平成 27 年に 60 歳代および 70 歳代がこれを上回っている[9]。平成 27 年は，少年

---

　　ドラッグストア 2,486 件，書籍・文具 1,239 件である。（確保した人数ベースの）総被害額 200,567,823 円の主な内訳は，百貨店 85,483,581 円，スーパー 41,937,134 円，ドラッグストア 35,212,405 円，書籍・文具 17,619,288 円，楽器・CD レンタル 6,966,500 円，ホームセンター・カー用品 6,159,178 円である。

(7)　「警察に届ける際の判断基準がある」と回答した 77 社の基準の内容は，「その他」が 47 件（61 %），「被害額の大きさ」24 件（31.2 %），「犯行の回数」4 件（5.2 %）であった。

(8)　なお，窃盗は犯罪の性質から微罪処分として処理される場合が多く，平成 26 年版犯罪白書 6-2-1-11 図「窃盗微罪処分人員・微罪処分率の推移」によると，平成 25 年の万引きの微罪処分率は 42.9 %である。また，65 歳以上の高齢者の起訴猶予率は他の年齢層よりも高く，特に窃盗においてその差が大きい。例えば，平成 28 年度版犯罪白書 4-7-2-1 図「刑法犯 起訴猶予率（罪名別，年齢層別）」によると，窃盗の起訴猶予率は総数の 50.7 %に対し 65 歳以上は 61.3 %であった。

*64*

〔緒方あゆみ〕　　　　　　　　　　　　　　　2　窃盗，特に万引き事犯の現状

表2　一般刑法犯に占める窃盗および万引きの男女別検挙人員

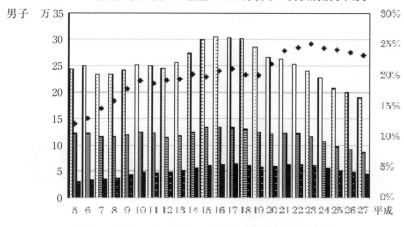

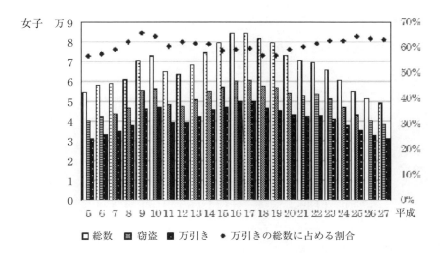

＊平成27年版犯罪白書1−1−1−8表および平成28年版犯罪白書4−6−1−3図を加工

---

(9) 平成26年版犯罪白書6−2−2−2図「窃盗 検挙人員の人口比等の推移（少年・高齢者別）」から，少年の窃盗の検挙人員の減少と高齢者の検挙人員の増加は人口における少子高齢化の進展のみでは説明することができない。

65

*3* 万引き事犯と病的窃盗

表3 年齢層別万引き検挙人員

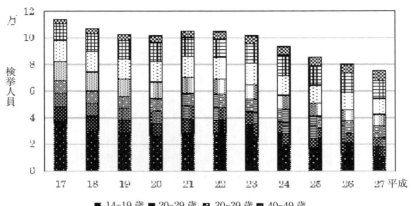

\* 「平成26, 27年の犯罪情勢」1－2－3－2－ウ－4図を加工

表4 窃盗の検挙人員に占める同一罪種有前科者の比率

\*平成27年版犯罪白書4－1－1－3図を加工

〔緒方あゆみ〕　　　　　　　　　　　　　　　　2　窃盗，特に万引き事犯の現状

表5　性・前歴の有無別20歳以上万引き検挙人員の推移

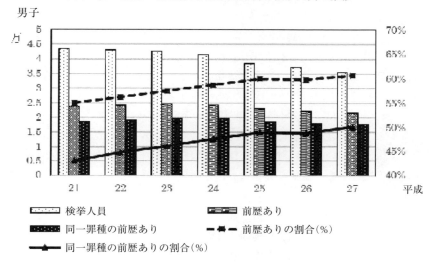

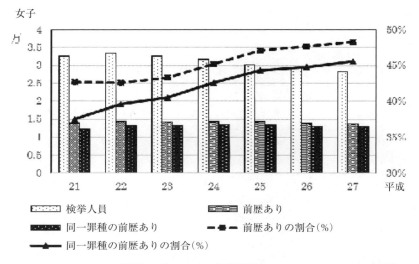

＊「平成26年，27年の犯罪情勢」1－2－3－2－ウ－5図を加工

### 3 万引き事犯と病的窃盗

（14－19歳）および若年者（20－29歳）の検挙人員は全体の24.3％であるのに対して，60歳以上の割合は全体の43.6％であり高年齢化が進んでいることが指摘できよう[10]。高齢者の増加に関しては，無職や年金生活等の経済的要因が理由の一つとして考えられるが[11]，その他の万引きに至る動機や背景事情として，家族と疎遠になっている，身寄りがいない，近親者の病気・死去といった社会からの孤立も原因の一つとしてあげられよう。

再犯に関しては，表4から，5犯以上の者が一定数・比率存在していること，表5から，万引きの前歴について，男子は前歴のある者の比率がない者のそれを常に上回っているのに対し女子は前歴のない者の比率がある者のそれを常に上回っていること，近年，男女ともに「同種の前歴あり」の比率が高まっているがことが分かる[12]。

### (4) 万引き事犯の特徴 ～矯正段階

(3)で示した万引き事犯に関する特徴や傾向は刑事施設においても顕著である。以下は，男女別の入所受刑者人員に占める窃盗の割合（表6）と窃盗の再入者の再犯期間別人員の推移（表7）である。刑事施設において，男女ともに罪種

---

[10]　平成28年版犯罪白書4－7－1－3図「刑法犯高齢者の検挙人員の罪名別構成比（男女別）」によると，全年齢層の検挙人員239,355人のうち万引きが占める割合は31.4％（75,114人）であるが，65歳以上の高齢者（検挙人員47,632人）に限定するとその割合は57.8％（27,539人）となる。男女別では，男性高齢者は（検挙人員31,355人中）45.6％（14,299人）に対し，女性高齢者は（検挙人員16,297人中）81.2％（13,240人）と顕著に高い。高齢の女性が多い理由として，竹村道夫「高齢者の常習窃盗」更生保護平成27年6月号15頁は，男性よりも女性の方が買い物の機会が多く，ストレスの病的解消法として男性は暴力行為や賭け事に向かい，女性は買い物や万引きをする傾向があることなどを指摘している。

[11]　平成26年版犯罪白書6－2－1－9図「窃盗 検挙人員の職業別構成比の推移（主な手口別）」によると，万引きの検挙人員の年金等生活者の占める割合は近年上昇傾向にあり，平成25年は「その他の無職者」（30.0％）に次いで多い19.5％であった。

[12]　平成28年版犯罪白書5－1－1－4図「窃盗成人検挙人員の前科の有無別構成比（主な手口別）」によると，万引きの同一罪名有前科者率は平成27年が20.9％（有前科者17,867人中13,395人，うち同一罪名5犯以上は1,472人で2.3％）であり，平成8年の8.9％と比べて12.0pt上昇している。なお，平成26年版犯罪白書6－2－1－13図「窃盗 同一罪名有前科者の成人検挙人員・同一罪名有前科者率の推移（主な手口別）」によると，平成25年の万引きの同一罪名有前科者14,415人のうち，1犯は6,731人（46.7％），2犯以上は7,684人（53.3％）で半数を超えている。

〔緒方あゆみ〕　　　　　　　　　　　　　　2　窃盗，特に万引き事犯の現状

表6　入所受刑者人員に占める窃盗の割合（男女別）

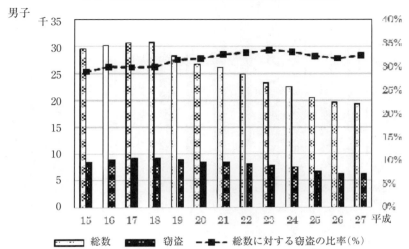

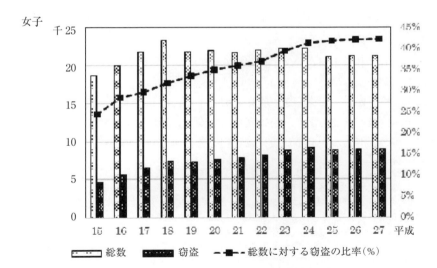

＊平成27年・28年版犯罪白書資料2-6を加工

## 3 万引き事犯と病的窃盗

表7 窃盗の再入者の再犯期間別人員の推移

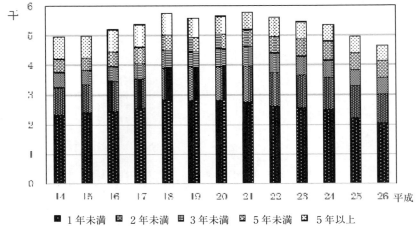

＊平成27年版犯罪白書資料4－3を加工

別では窃盗で入所する者が最も多く，表6で示すように特に女子の比率が高いことがわかる[13]。また，表7からは窃盗再入者は刑務所を出ても比較的短期間（1年未満は全体の44.4％，3年未満は76.9％）のうちに再び犯罪に手を染めていることがわかる[14]。

以上の検討から，窃盗事犯，特に万引き事犯に関しては，一般予防に加えて特別予防施策が重要であり，特に女性と高齢者に特化した再犯防止に関する取り組みが必要である。刑事施設には特別改善指導として窃盗に特化したプログ

---

[13] 既述のように，高齢者は窃盗の割合が特に高く，平成28年版犯罪白書4－7－2－3図「高齢者の入所受刑者の罪名別構成比（男女別）」によると，平成27年の全高齢入所受刑者数2,313人中，窃盗は1,231人（53.2）％であり，男女別では，男性は1,994人中966人（48.4％），女性は319人中265人（83.1％）であった。

[14] 平成26年版犯罪白書6－2－3－4図「窃盗 年齢層別の基礎人員等の推移（男女別）」によると，窃盗罪に罰金刑が導入された平成18年以降，女子の窃盗の起訴人員は増加傾向にあり，このことが窃盗の入所受刑者における女子比の上昇や女子の入所受刑者に占める窃盗の割合の上昇に一定の影響を及ぼしていると考えられる。同6－2－5－9図「窃盗再入者の再犯期間別構成比（男女別）」によると，窃盗再入者は窃盗以外の再入者に比べて男女ともに短期間に再犯に及んでいる者の構成比が高く，男子は全体（3,233人）の28％（906人），女子は全体（385人）の22％（85人）が6月未満で同種の再犯に及んでおり，特性に応じた重点的な指導・支援が必要である。

〔緒方あゆみ〕                                             3　万引きと精神疾患

ラムはないが，それぞれの刑事施設において窃盗受刑者に対する処遇類型別指
導（一般改善指導）として認知行動療法を基盤にしたグループワークを中心と
した再犯防止指導（財産事犯防止指導）が実施されている[15]。また，更生保護の
現場でも窃盗に特化した専門的処遇プログラムは存在しないが，保護観察対象
者に対する類型別処遇等の枠組みの中で生活困窮者やギャンブル・浪費の問題
を有する者など窃盗事犯者の問題性に着目し，就労支援や住居確保・定住支援，
金銭管理指導やギャンブル離脱指導など問題の解消に向けた個別処遇を行って
いる。特に，高齢の対象者については，近年，矯正・更生保護の段階における
高齢化の進行が指摘されているところであるが，本人を再び加害者にしないた
めに，地域生活定着支援センター等，行政や福祉との多機関の連携の下，本人
が住み慣れた地域で周囲から孤立することなく円滑に社会復帰ができるよう包
括的な支援を行うことが必要である。窃盗事犯の多数を占める万引き事犯に関
しては，犯罪傾向の進んでいない初期の段階における再犯防止のための適切
な指導・処遇が重要であり，常習的傾向のある（累犯）窃盗受刑者に対しては，
特別改善指導として認知行動療法等を用いた全国的に統一化された標準的なプ
ログラムの開発・実施が早急に求められる[16]。

## 3　万引きと精神疾患

### (1)　法務総合研究所特別調査

　法務総合研究所の特別調査[17]によると，平成23年6月中に窃盗[18]により（略
式命令を含む）有罪判決が確定した者2,421人のうち，罰金処分者は766人（男
子485人，女子281人）であり，罰金処分者の調査事件における窃盗の事件数
は延べ849件，そのうち734件（86.5％）が万引きを手口とするものであった。

---

[15]　窃盗防止指導の内容は，平成26年版犯罪白書第6編第3章第2節2「各刑事施設で
　実施している窃盗防止指導の概要」で紹介している。特徴的なプログラムの内容として，
　①浪費の問題を有する者に対するプログラム，②家族関係に問題を有する者に対するプ
　ログラム，③精神的な問題を有する者に対するプログラム，④若年者に対するプログラ
　ム，⑤窃盗防止指導を通しての情報の共有と支援の強化をあげている。

[16]　窃盗犯を対象にした科学的根拠に基づいた特別改善指導プログラムの開発に着手すべ
　きとする見解として，渡邉恒雄「収容動向雑感」刑政127巻7号（2016年）11頁。

[17]　平成26年版犯罪白書第6編第4章以下。

[18]　既遂・未遂を問わず，また，常習特殊窃盗若しくは常習累犯窃盗又はこれらの幇助
　罪・教唆罪を含む。

*3* 万引き事犯と病的窃盗

さらに，罰金処分者のうち精神疾患（その疑いがある旨の診断を含む）の既往歴
のある者は 105 人（男子 49 人，女子 56 人）であり，罰金処分者に占める割合
は女子（19.9 %）が男子（10.1 %）を上回っている。精神疾患の既往歴のある
者の診断名別内訳（重複計上）は，鬱病等の気分障害が 52 人と最も多く，次
いでアルコール依存症が 13 人，統合失調症と摂食障害がそれぞれ 12 人，パ
ニック障害が 7 人であった。男女別では，男子は気分障害（22 人）に次いでア
ルコール依存症（11 人）や統合失調症（8 人）が多いのに対し，女子は気分障
害（30 人）に次いで摂食障害（11 人）が多かった。

　このような万引きと精神疾患との関係を指摘する研究は医療従事者・機関側
にも多く存在し[19]，近年，万引きを繰り返す者の中には嗜癖性の一種である窃
盗癖の症状を有する者がいること，窃盗癖と合併する他の精神疾患として，若
い女性を中心に食行動に関する精神疾患である摂食障害との関係が指摘されて
いる[20][21]。また，最近，万引き事案につき被告人の刑事責任能力が争われた判
例がでており，刑法 39 条との関係も注目される。このように，万引き事犯は
精神状態に問題を抱えている者が少なからず存在しており，そうであれば刑事

---

[19]　窃盗癖に特化した治療を実施している医療機関による研究として，竹村道夫「常習
窃盗の治療」精神療法 41 巻 1 号（2015 年）57 頁以下，大石雅之「窃盗，買い物依存，
性的問題に関する嗜癖行動に対する治療の現状と課題」公衆衛生 78 巻 7 号（2014 年）
467 頁以下。その他，窃盗癖に関する海外の研究を紹介するものとして，小畠秀吾「盗
みと窃盗癖」同『犯罪精神医学　拾遺』（時空出版，2015 年）81-96 頁。

[20]　摂食障害と万引きや刑事責任能力との関係について検討するものとして，高木洲一郎
他「摂食障害患者の万引きをめぐる諸問題」アディクションと家族 26 巻 4 号（2010 年）
296 頁以下，高木洲一郎「摂食障害患者の万引きをどう考えるか──精神科の立場から
──」アディクションと家族 29 巻 3 号（2013 年）212 頁以下。その他，摂食障害と窃盗
癖を合併している患者の分析をしているものとして，竹村道夫「窃盗癖を合併する摂食
障害患者と司法への対応──意見書作成にあたって──」アディクションと家族 26 巻 4
号（2010 年）271 頁以下，佐藤伸一郎＝竹村道夫「摂食障害患者における窃盗癖──回復
途上者へのインタビューを通して，その病態と治療の有効性を検討する──」アディク
ションと家族 29 巻 1 号（2013 年）60 頁以下，竹村道夫「摂食障害と窃盗癖」臨床精神
医学 42 巻 5 号（2013 年）567 頁以下。

[21]　摂食障害受刑者の処遇・治療に関して，佐々木彩子「女性と犯罪」こころの科学 188
号（2016 年）50-51 頁，瀧井正人「一般矯正施設における摂食障害患者の処遇・治療に
関する提言──収容中の摂食障害患者の命を守るための対応を中心に──（前・後）」刑
政 126 巻 5 号（2015 年）64 頁以下，同 126 巻 6 号（2015 年）90 頁以下，小島まな美
「女子刑務所における摂食障害受刑者問題の現状と対策について」刑政 126 巻 2 号（2015
年）98 頁以下。

〔緒方あゆみ〕　　　　　　　　　　　　　　　　　　　　3　万引きと精神疾患

処分とは別に，さらには刑事処分に優先して何らかの医療的・福祉的措置や機
関につなげることが必要となる。本稿では，以下に，窃盗癖を中心に疾患の特
徴および治療，刑事責任能力が争われた事例，再犯防止のための取り組みにつ
いて検討する。

## (2)　窃盗癖とは

　窃盗癖（クレプトマニア）は窃盗症や病的窃盗とも呼ばれ，盗みは悪いこと
だと自分ではわかっているのに物を盗みたいという衝動・欲求を制御できずに
窃盗行為を繰り返してしまう症状（嗜癖・アディクション）を有する精神障害
（衝動制御障害）である[22]。いわゆる「盗み癖」とは別のものであり，下記の窃
盗癖の診断基準を満たすのは窃盗常習者のごく一部にすぎない[23]。窃盗癖者は,
盗みが発覚するリスクに比べて割にあわないのに（少額の）万引き行為をやめ
ることができないでいる。したがって，窃盗癖者に対して自身の犯罪行為に刑
罰を科すなどして反省を促しても，その者の有する精神疾患に対する治療がな
されない限り，すなわち，窃盗癖者が専門医の治療を受けて窃盗衝動を抑制す
る術を身につけない限り再犯防止の根本的な解決にはならない[24]。

　窃盗癖は薬物やギャンブル等の依存症と治療のアプローチが近いため，依存
症に対する治療を行うことができる医療機関において入院・通院治療[25]を受け

---

[22]　大野裕他訳『精神疾患診断のエッセンス DSM−5 の上手な使い方』（金剛出版，2014
年）177 頁によると，窃盗症の診断典型例は「窃盗症のある人は，あまり必要のないも
のを盗み，その理由を自分でうまく説明できない。しかし，それをすることでスリルを
感じ，その後，気が晴れた感じになる」としている。

[23]　中谷陽二「摂食障害患者の万引きと司法精神医学」アディクションと家族 26 巻 4 号
（2010 年）292 頁。

[24]　清水direction美他「精神科医療機関を受診した常習的窃盗行為を有する患者群の報告」ア
ディクションと家族 26 巻 4 号（2010 年）330 頁。

[25]　窃盗癖に対する専門治療を実施している赤城高原ホスピタル（http://www2.wind.
ne.jp/Akagi-kohgen-HP/index.htm）では，常習窃盗への対応に当たっては，道徳的指導,
家族による監視，趣味を持たせるなど一般的な対応は無効な場合が多いとして，アディ
クション・アプローチを基本方針とし，治療としては個人精神療法（心理カウンセリン
グ）のほか，認知行動療法，集団療法，自助グループの利用，家族療法などを実施して
いる。同病院で行われている治療の詳細については，河村重美著・竹村道夫監修『彼女
たちはなぜ万引きがやめられないのか？　窃盗癖という病』（飛鳥新社，2013 年）124-
130 頁。

*3 万引き事犯と病的窃盗*

たり，当事者によるグループミーティングに参加したりすることにより社会復帰・回復への道程が見えてくるが，窃盗癖の治療を実施している精神科病院・クリニックは全国的にみてもほとんど存在しないのが現状である。

WHO の『国際疾病分類』（ICD－10）[26]および米国精神医学会の『精神疾患の分類と診断の手引き』（DSM－5）[27]による窃盗癖の記述は以下の通りである[28]。

〈ICD－10　F63.2 病的窃盗（窃盗癖）Pathological stealing（Kleptomania）〉

　　　この障害は物を盗むという衝動に抵抗するのに何度も失敗することで特徴づけられるが，それらの物は個人的な用途や金儲けのために必要とされない。逆に捨ててしまったり，人に与えたり，秘匿したりすることがある。

診断ガイドライン

　　　患者は通常，行為の前には緊張感が高まり，その間や直後には満足感があると述べる。通常，何らかの身を隠す試みがなされるが，そのためにあらゆる機会をとらえようとするわけではない。窃盗はただ一人でなされ，共犯者と一緒に実行されることはない。患者は店（あるいは他の建物）から窃盗を働くというエピソード間には不安，落胆，そして罪悪感を覚えるが，それでも繰り返される。

〈DSM－5　312.32　窃盗症 Kleptomania〉

　A. 個人用に用いるためでもなく，またはその金銭的価値のためでもなく，物を盗もうとする衝動に抵抗できなくなることが繰り返される。

　B. 窃盗に及ぶ直前の緊張の高まり

　C. 窃盗に及ぶときの快感，満足，または解放感

　D. その盗みは，怒りまたは報復を表現するためのものではなく，妄想または幻覚への反応でもない。

---

[26]　融道夫他監訳『ICD-10 精神および行動の障害——臨床記述と診断ガイドライン——』（医学書院，1993 年）。

[27]　髙橋三郎＝大野裕監訳『DSM－5 精神疾患の分類と診断の手引き』（医学書院，2014 年）。

[28]　医療現場ではこれらの診断基準について，特に，DSM－5 の診断基準 A を厳格に解釈する（＝盗品を個人的に使用することがあれば基準を満たさないと理解する）と合致する症例はほぼ皆無になり臨床的応用が困難であるとの指摘がなされており，診断基準 A の意図は窃盗の主たる動機がその物品の用途や経済的価値でなく衝動制御の問題にあるという意味に理解すべきであるとしている。竹村道夫「窃盗癖の治療最前線と刑事弁護」季刊刑事弁護 64 号（2010 年）49 頁。

〔緒方あゆみ〕

E. その盗みは，素行症，躁病エピソード，または反社会性パーソナリ
ティ障害ではうまく説明されない。

### (3) 病的窃盗に関する判例

#### (a) 病的窃盗と刑事責任能力判断

万引き（窃盗）事案において，窃盗癖等に罹患していることを理由に被告人
の刑事責任能力が争われた事案は，判例データベース上では少ないながらも存
在している[29]。

摂食障害者による万引き事案につき刑事責任能力が問題となった公刊された
事例としては初めてである大阪高裁昭和59年3月27日判決[30]は，重度の神経
性食思不振症（摂食障害）に罹患していた被告人が，2回（1回目は同種窃盗事
犯での執行猶予期間中，2回目は1回目の犯行について起訴された後すぐ）にわた
りスーパーストアで多量の食料品を万引きした事件につき，鑑定意見を取り入
れて，「被告人は，……，事理の是非善悪を弁識する能力は一応これを有して
いたものの，食行動に関する限り，その弁識に従って行為する能力を完全に
失っていたもの，すなわち，右にいう食行動の一環たる食物入手行為に該当す
る本件各犯行は，いずれも心神喪失の状態において行なわれたものであると認
定するのが相当である」として，心神耗弱のみを認めて心神喪失の主張を排斥
した原判決を破棄し心神喪失を認めて被告人に無罪を言い渡した。本件に関し
ては，意識障害等弁識能力に影響するところはなく，また，食行為に関する異
常行動も完全に制御能力つまり他行為可能性が欠如した行為でもないとして責
任能力を（一部）肯定すべきとする見解もあり[31]，その後の同種の判例では責
任能力を肯定する傾向にあるため注意が必要である。例えば，東京高裁平成
21年12月10日判決[32]は，摂食障害と強迫性障害に罹患していた被告人が，過

---

[29] 先行研究として，林大悟「窃盗常習者による事件の弁護」アディクションと家族29
巻3号（2013年）220頁以下。

[30] 判時1116号140頁。本件の評釈として，伴義聖「神経性食思不振症（思春期やせ症）
患者による窃盗事犯と責任能力の有無——大阪高判昭59・3・27判時1116・140 ——」研
修434号（1984年）1030頁以下。

[31] 伴・前掲註[30]48-51頁。他方，精神科医の立場から，摂食障害患者の万引きの場合，
弁識能力は保たれていながら行動制御能力が障害されていたために違法行為を行ったと
解釈できるケースがあるとする見解として，中谷・前掲註[23]293頁。

### 3 万引き事犯と病的窃盗

去の多数回の万引き行為で保護観察付執行猶予期間中にさらに万引きに及んでしまった事案につき，鑑定意見を採用して，「被告人の本件各犯行時の責任能力は，健常人と比較すれば障害されていた可能性を否定することができないが，一定程度保たれていたものであって，心神耗弱の程度には至っておらず，被告人は完全責任能力を有していたものと認めるのが相当である」，また，所論において，「被告人の是非弁識能力は保たれていたとしても，行動制御能力は失われていたと主張する。しかしながら，是非弁識能力と行動制御能力は密接に関係しているのであり，本件において，被告人の是非弁識能力と比較して行動制御能力が著しく減退していることをうかがわせる事情は認められ」ないとして実刑を言い渡した。

その後の判例も，大阪高裁平成 26 年 10 月 21 日判決[33]は，窃盗癖等に罹患していた被告人による執行猶予期間中の万引き窃盗事案において，裁判所は，「本件犯行態様は，被告人が行動制御能力を一定程度低下させていることをうかがわせるものも含むが，全体としては，行為の違法性を十分認識した上での，突発的でない，おおむね合理的な行動といえるものであり，……，被告人の是非善悪弁識能力に関わる認知に障害を生じていたことはないし，行動制御能力についても，一定程度障害されていたものであるが，その程度は重大ではなく，著しく障害されていなかったと優に認められるというべきであって，被告人について完全責任能力を認めた原判決に指摘の事実誤認は存在しない」として，実刑を言い渡している。

#### (b) 量刑への影響

上記のように，窃盗癖者等に関して裁判所は原則として完全責任能力が認められるとしているが，量刑面において考慮がなされている場合がある。たとえば，被告人が，スーパーマーケットにおいて飲食料品等 17 点を万引きした窃盗の事案につき，さいたま地裁川越支部平成 25 年 3 月 22 日判決[34]は，「被告人に対する上記クレプトマニアとの診断については，被告人が，本件当時，事理弁識能力において欠けるところがないこと，食糧購入費を節約するために万

---

(32) 判タ 1347 号 74 頁。本件のコメントとして，門野博「刑事裁判ノート：裁判員裁判の架け橋として(11)」判タ 1347 号（2011 年）57 頁。

(33) Lex/DB 文献番号 25447145。

(34) Lex/DB 文献番号 25542996。

*76*

〔緒方あゆみ〕　　　　　　　　　　　　　　　　　3　万引きと精神疾患

引きしたと述べていること，被告人自身や夫及び孫のために必要な飲食料品を対処に万引きしていることなどに徴すると，被告人が病的窃盗者で責任能力が喪失している状態であるとか，責任能力が著しく減弱した状態にあったとまでは認め難いものの（括弧内略），本件当時，被告人が精神的に孤立し，抑圧状態にあったものと窺われることに加え，摂食障害等の上記医師の診断内容をも併せ考慮すると，被告人は，弁識したところに従って行動する能力において相当程度減弱していた疑いが否定できない」として，実刑の求刑に対し保護観察付執行猶予判決を言い渡している。また，嗜癖治療の専門医からも，一般的な窃盗癖患者については，事理弁識能力は正常だが行動制御能力が著しくとまでは言えなくても相当程度減退していると考えられ，窃盗癖者による万引き事犯は病的な精神状態を背景とした犯行であることは間違いなく，刑罰による再犯予防効果はほとんどなきに等しく，専門的治療の継続には時間と根気が必要とはいえ相応の効果が期待できるので情状酌量を求めるべきという見解が示されている(35)。

　また，最近では，犯罪を繰り返す人の立ち直りを重視する観点から，検察庁では更生プログラムの実行を義務づけた上で執行猶予付判決を求刑する事案が増えており，裁判所も刑罰よりも治療を優先すべきであるとして，被告人がすでに専門病院で治療を受けている，治療を受ける意思を示している，自助グループに参加していることなどを考慮して，①実刑ではなく保護観察付執行猶予判決が言い渡す(36)，②実刑判決でも大幅に酌量減軽する(37)，③執行猶予期間中の再犯であっても再度保護観察付執行猶予に付す(38)などしているようである。

---

(35)　河村・前掲註(25) 255-256 頁。他方，捜査機関側から，行為に見合った責任を負うことと治療の必要性は分けて考えるべきであり，治療の必要性を過度に斟酌すべきではないとする見解として，大川晋嗣「クレプトマニアと責任能力の関係が問題となった事例」捜査研究 746 号（2013 年）66 頁。

(36)　東京高判平成 22 年 10 月 28 日判タ 1377 号 249 頁。本件に言及するものとして，安田拓人「責任能力の意義」法学教室 430 号（2016 年）20-21 頁。

(37)「常習万引き　治療意思で酌量」読売新聞 2014 年 10 月 10 日朝刊（静岡版，33 面）。

(38)　さいたま地川越支判平成 25 年 3 月 22 日 Lex/DB 文献番号 25542996，東京高判平成 25 年 7 月 17 日高刑速（平 25）号 94 頁，東京簡判平成 25 年 9 月 10 日 Lex/DB 文献番号 25542997，行橋簡判平成 27 年 7 月 7 日 Lex/DB 文献番号 25542708，名古屋地判平成 27 年 9 月 1 日 Lex/DB 文献番号 25542998，松戸簡判平成 27 年 11 月 25 日 Lex/DB 文献番号 25543000。他方，執行猶予期間経過後に再犯に及んだ事案につき実刑に処した事案として，大阪高判平成 26 年 7 月 8 日 Lex/DB 文献番号 25446763。その他，執行

*3* 万引き事犯と病的窃盗

## (c) 病的窃盗と刑事弁護

それでは，病的窃盗の事案に対して弁護人側はどのような取り組みをしているのか。窃盗癖は「盗みをやめたくてもやめられない」という症状を有する精神障害なので，本人にとっては万引きが犯罪であることが分かっていても簡単にやめられるものではないし，刑事施設に収容しても処遇プログラムの一環として犯罪の原因となった精神障害の治療やカウンセリングをしなければ出所後に再び同種の犯罪に手を染めてしまうだろう。したがって，弁護活動方針としては，被疑者・被告人に接触した段階で本人に万引きがやめられないのは精神疾患が原因である可能性があること，その場合には速やかに専門の医療機関に受診して治療を受ければ万引きをやめることができるかもしれないことを理解してもらい，家族や周囲には本人の回復のために寄り添ってもらいながら医療機関の協力を得て入院・通院の治療環境を整え，医師に意見書を作成してもらうなどして再犯防止のためにも実刑ではなく社会内で引き続き治療に専念できるよう刑事司法機関に働きかけることが求められる[39]。

## (d) 一部執行猶予制度の導入

平成 28 年 6 月から刑の一部執行猶予制度が導入されたが，今後，窃盗癖者も同制度の適用対象となることが考えられる[40]。既述のように，保護観察所に

---

猶予期間中の犯罪行為につき，摂食障害で責任能力が否定される可能性があるとして善行保持義務違反による執行猶予の取消しを否定した事案として，東京高判平成 21 年 11 月 27 日 Lex/DB 文献番号 25463738。本件の評釈として，中島宏・季刊刑事弁護 63 号（2010 年）212 頁以下。本件の弁護活動の詳細については，妹尾孝之・季刊刑事弁護 63 号（2010 年）141 頁以下。

[39] 弁護人の取り組みとして，林大悟「ケース報告クレプトマニア（窃盗癖）再犯でも弁護人ができること」季刊刑事弁護 64 号（2010 年）28 頁以下，同「窃盗癖患者の刑事弁護における諸問題——到達点と今後の課題——」アディクションと家族 30 巻 1 号（2014年）28 頁以下，津波朝日「窃盗癖患者の刑事弁護における基本的対応——更生のための環境整備に向けて——」アディクションと家族 30 巻 1 号（2014 年）26 頁以下。事例報告として，岡直幸「事例報告①行橋簡判平 27・7・7 総力戦の環境調整でつかんだ執行猶予」季刊刑事弁護 87 号（2016 年）19 頁以下，林大悟「クレプトマニア（窃盗癖）の刑事弁護」季刊刑事弁護 87 号（2016 年）66 頁以下，櫻井光政「連載桜丘だより第 56回 クレプトマニア」季刊刑事弁護 87 号（2016 年）134 頁以下。

[40] 窃盗事犯者のうち，生活環境が整っており家族等の監督によって再犯を防止することができる可能性が高い者に対しては，保護観察処遇の対象としなくても再犯防止を期待しうるとして単純一部執行猶予の言い渡しを考慮すべきであるとする見解として，片岡

は窃盗事犯に特化した専門的処遇プログラムは存在しないが，窃盗癖を有する被告人に対し有効な社会内処遇プログラムであるとして依存症の専門病院での入院・通院治療や自助グループ[41]への参加が認められた場合，社会内処遇が施設内処遇に優先される可能性がでてくる[42]。

しかし，嗜癖治療を実施することのできる精神科病院・クリニックは少なく，嗜癖治療は途中でドロップアウトすることも多い。治療が刑罰に優先した司法判断が下された場合には，裁判所や保護観察所が見守りつつ，窃盗癖者本人および家族や医療機関，自助グループ等が密な連携をとり，本人が継続して治療にアクセスできる環境づくりが求められると同時に，刑事施設内においても，罪を償いながら治療が中断しないよう，受刑者が有する嗜癖性に考慮した処遇プログラムの開発・実施が求められる。

## 4　おわりに

以上，本稿において，万引き事犯の現状を統計から明らかにするとともに，精神疾患と万引きの関係について検討した。万引きは比較的軽微な犯罪とはいえ常習化しやすい犯罪であり，女性や高齢者に多いなどの特徴もみられる。警

---

弘「刑の一部の執行猶予における保護観察について」罪と罰211号（2016年）55-56頁。しかし，単純一部執行猶予はそれが取り消された場合に刑務所に戻ることになるという威嚇力で再犯を防止することを前提としているため，法律上は裁判所の裁量であるとしても実際の運用としては保護観察がつくことが原則となるとする見解として，今福章二他「座談会　刑の一部執行猶予制度の施行とその課題」論究ジュリスト17号（2016年）203頁の川出敏裕教授のコメント。他方，生活困窮等が動機であることの多い財産犯について，認知行動療法をベースとしたアプローチが広く有効とは直ちに考えにくく，近い将来に財産犯を広く対象とする専門的処遇プログラムを整備することは難しいこと，また，長期の保護観察処遇のニーズが不鮮明であるにもかかわらず広く保護観察を付することは，財産犯のボリュームの大きさに鑑みると，更生保護官署のキャパシティを圧迫する一方で全体としての再犯の減少には必ずしも寄与しないのではないかと懸念する見解として，今福章二・小長井賀興編著『保護観察とは何か　実務の視点からとらえる』（法律文化社，2016年）新井吐夢担当部分34頁。

(41)　窃盗癖患者の回復支援活動をしている団体として，一般社団法人アミティがある。http://kleptomania-amity.or.jp. その他，全国のKA（クレプトマニアクス・アノニマス）と呼ばれる自助グループの情報に関しては，赤城高原ホスピタルHP内【クレプトマニアの自助グループ，ＫＡの設立と発展】http://www2.gunmanet.or.jp/Akagi-kohgen-HP/Kleptomania_meeting.htm.

(42)　この点を指摘するものとして，宮村啓太「一部執行猶予制度下での弁護活動」自由と正義67巻4号（2016年）21-22頁。

### 3 万引き事犯と病的窃盗

察レベルはもちろんのこと，刑事施設や保護観察所においても窃盗事犯に特化した年齢や性別にも対応したきめ細やかな再犯防止対策および社会復帰支援施策が求められる。また，精神疾患の影響により盗みをやめたくてもやめられないでいる者に対しては，処遇と並行して，または処遇よりも優先して，犯罪の原因である精神疾患の治療につなげるべきであり，窃盗癖等に対応できる治療・見守りの環境整備が求められよう。

〔追　記〕

　脱稿後，城下裕二「窃盗症（クレプトマニア）・摂食障害と刑事責任」『浅田和茂先生古稀祝賀論文集［上巻］』（成文堂，2016 年）299 頁以下に接した。

　本研究は，平成 26－28 年度日本学術振興会科学研究費助成事業（基盤研究（Ｂ））「犯罪予防論の多角的研究」（研究代表者：瀬川晃，課題番号 26285020）を活用して行った成果である。

　本稿の統計データ処理にあたっては，神戸薬科大学奥田健介氏に助言を頂いた。ここに記して謝意を表する。

# 4 同意傷害の違法性

古川原明子

1 は じ め に　　　　　　4 同意傷害の制約
2 同意傷害の諸類型　　　5 お わ り に
3 同意傷害と身体

## 1 は じ め に

被害者の承諾（同意）[1]に関する重要な論点の一つに，同意傷害の違法性がある。同意傷害とは，客観的には傷害罪の構成要件にあたる行為及び結果が生じているが，法益主体が当該行為及び結果に対して同意していた場合をさす。一般的には，被害者の同意に基づく傷害などと表現されるところであるが，行為に同意している者を先んじて「被害者」と呼ぶことは控えたい。同意傷害の法的評価を検討するにあたり，その評価はいまだ確定していないという本稿の前提に鑑みて，被害者の承諾（同意）の語が一般に使われる場面以外では，「傷害罪の法益主体」（もしくは，「法益の帰属主体」「法益主体」）という表現を用いることとしよう[2]。

---

(1)　被害者の承諾と同意の区別，関連してその犯罪論上の位置付けといった論点もあるが，本稿では立ち入らず，被害者の承諾（同意）の語を用いることとする。後掲渡辺・同意傷害 13 頁（注 1），佐伯仁志＝川端博「《対談》被害者の承諾の取扱いをめぐって」現代刑事法 6 巻 3 号（2004 年）7 頁参照。

(2)　この点につき，伊東研祐「『被害者の承諾』論の再検討と犯罪論の再構成」現代刑事法 6 巻 3 号（2004 年）22 頁は，自己の処分可能な法益を積極的に投入・提供するといったように，当該法益の侵害に対して積極的・肯定的態度を採っている利益享受主体を「被害者の承諾」事由の「被害者」の範囲から除外すべきであると解するが，これもまた結論を先取りした区別であり，本稿との関係では妥当とは思われない。他方で，違法性阻却原理において法益性欠如の原理を前提とした場合，行為時においては（見かけ

*4* 同意傷害の違法性

　本稿は，近年，同意傷害の可罰性根拠に鋭い分析を加えた渡辺咲子「同意傷害について」[3]（以下，「渡辺・同意傷害」と呼ぶ）を紐解きながら，同意傷害の違法性について，いわゆる社会的相当性の検討を通じて考えるものである。

## 2　同意傷害の諸類型

　被害者の承諾（同意）をめぐり，同意傷害が注目されてきたことにはいくつかの理由があるが，これは同意傷害と傷害罪の特殊性に起因するといえるだろう。

　まず，同意傷害が刑事事件となることは稀であり，傷害罪の結果的加重犯であるところの傷害致死罪の違法性阻却を争うケースが大半を占める[4]。とはいえ，同意傷害自体は稀ではない。例えば外科手術においては，患者であるところの傷害罪の法益主体が，自己の身体に侵襲が加えられることに同意する。この同意に基づいて医師が患者の身体にメスを入れるのであるから，これはまさに同意傷害である。しかしながら，実務上，医師の行為が起訴されることはめったにない。学説においても，通説は，医師の行為（医行為）をそもそも同意傷害の範疇から除外した上で，医行為に傷害罪は成立しないとしている。この点を整理することから始めてみよう。

### (1)　治療行為の正当化

　通説は，医行為のうち例えば触診，導尿，吸引，与薬[5]，注射，執刀など，患者の身体に侵襲を加えることで暴行罪もしくは傷害罪の構成要件に該当する行為の違法性が，一定の要件のもとに阻却されることを認めている。そこでは，違法性阻却の対象となる行為は治療行為として35条の正当行為の枠内で扱われ，それ以外の同意傷害との間には区別が設けられてきた。この区別の下では，治療行為として行為の違法性が阻却されるために，当該行為が医学的適応

---

　　の）法益主体は存在しえても，厳密な意味での法益主体はもはや認めえないことを理由に，連続した事象の中で法益主体が当該法益を放棄するとの決断を下した以降からその呼称を変えるようなことまで要求することもまた不自然であろう。

(3)　研修796号（2014年）3頁以下。

(4)　渡辺・同意傷害3頁。

(5)　与薬は暴行罪と傷害罪のいずれの構成要件に該当するだろうか。塗布は前者，注射は後者で問題はないだろう。結論は薬剤の副作用を考慮に入れるか否かにも影響されよう。

〔古川原明子〕　　　　　　　　　　　　　　　　　　　2　同意傷害の位置づけ

性，医術的正当性，患者の同意の三つを備えていることが求められ，このうち患者の同意は，被害者の承諾（同意）とは異なるものとして位置付けられている。このような解釈は，特に以下の二点において注目される。

　第一に，患者の同意の存在は，治療行為を 35 条の正当行為に含めるための十分条件ではない。換言すれば，患者の同意さえあれば，治療行為が正当行為になるというわけではない。たとえ患者の同意があったとしても，医学的適応性や医術的正当性を欠いた行為は，正当行為として認められることはない。そこで，患者の同意に認められる意義は，「治療行為の正当性の『柵』としての患者の意思[6]」と例えられるように，治療行為の限界を画すものにすぎない。ただしこのことは，被害者の承諾（同意）による行為の違法性阻却までをも否定するものではない。実験的治療や美容整形術などが，その例として挙げられよう。

　第二に，患者の同意の存在は治療行為を 35 条の正当行為に含めるための必要条件でもない。なぜなら，患者の同意は，被害者の承諾（同意）よりも緩やかな基準で認められている。具体的には，推定的な同意，包括的な同意，さらに行為後の事後的な同意しかない場合であっても，治療行為は正当行為たりうる。このような場合には，厳密な意味での患者の同意を欠いているというべきである。実際，患者の同意なき治療行為，いわゆる専断的治療行為に対してさえ，刑事責任を否定する見解が多い。

　このような性質を与えられた治療行為は，被害者の承諾（同意）が作用する同意傷害とは異なる行為態様であると考えられてきたのであるが，両者を区別することには疑問がある。まず，同意傷害に関する通説は，判例[7]を，たとえ法益主体の同意があったとしても，当該行為に社会的相当性がなければ傷害罪の違法性阻却を認めえないと述べたものと解している[8]。その上で，この社会的相当性は当該行為の動機，目的，手段等によって判断されるというのである。治療行為の正当化において求められる医学的適応性と医術的正当性とは，この

---

(6)　町野朔『患者の自己決定権と法』（東京大学出版会，1986 年）172 頁以下。

(7)　最決昭和 55・11・13 刑集 34 巻 6 号 396 頁。ただしこの事案は再審請求事件であり，原決定及び原々決定の解釈を限定するために最高裁が被害者の承諾以外の要素に言及した可能性に留意する必要がある。渡辺・同意傷害 5 頁。

(8)　福田平『刑法総論〔全訂第 5 版〕』（有斐閣，2011 年）180 頁，大塚仁『刑法概説（総論）〔第 4 版〕』（有斐閣，2008 年）421 頁など。

### *4* 同意傷害の違法性

社会的相当性の医療場面における具体化にほかならない。すなわち，一方の医学的適応性は治療行為の目的を客観面から根拠づけ，他方で医術的正当性は治療行為の手段が適切であったことを裏付けているのである。したがって治療行為とは，同意傷害のうち，類型的に社会的相当性が認められやすい行為が抽出されたものにすぎず，理論的には同意傷害の一類型というべきである。とはいいながら，実務上，医療現場において患者の同意に基づいて行われる身体への侵襲行為をその他の同意傷害と区別することに合理性がないとはいえない。なぜなら，類似の行為を抽出した上で同様の判断が蓄積されることで，あるべき治療行為の判断基準が形成され，一定程度の事前判断が可能となること，そして基準に応じた体制整備が促進されることは医療現場の効率性に資すると思われるからである。類型化により，医療技術や知識の発展を反映した基準のアップデートも可能となろう。ひいては，こうした動向が患者にも利益をもたらすことが予想される。したがって，医療現場において患者の同意に基づいて行われる身体的侵襲行為を，その他の同意傷害と区別して扱うこと自体は不当とは言えない。ただ，治療行為が理論的には同意傷害であることを看過すべきでなく，治療行為における違法性阻却事由とその限界の検討は，同意傷害における法益主体の同意の本質を考える際には欠かせないと思われる。そこで，治療行為の違法性阻却にあたって，患者の同意が必要条件でも十分条件でもないとされている点，すなわち患者の同意の効力がその他の同意傷害に比して相対的に減殺させられていることの意味を考えねばならない。

　患者の同意の効力を減殺させることの根拠としては，当該行為に医学的適応性と医術的正当性があることを前提として，以下の三点が主張されてきた。第一に，スムーズな医療の実現である。裏返せば，患者の同意を一つ一つ懇切丁寧に細部に渡るまで確保する手続きを導入することはあまりに煩雑であり，医療現場の停滞を招く，およそ非現実的な方法である。第二に，患者に決定と責任を押し付けずに済む。医療施設に赴く患者は何らかの苦痛や不安を訴えているものだが，そのような状況下で往々にして難解な医学用語と向き合い，決断を迫られ，その決断の責任を引き受けることを望む者がどれほどいるだろうか。むしろ，行為者が医師であることから生じる信頼を基礎に，その医師の判断に従うことこそ，多くの患者が求めることである。排他的で強力な自己決定権に基づいた患者の同意を求められても，患者にとっては時にありがた迷惑ですら

ある。また，同意を得る過程で詳細に副作用などの危険を伝えたがために，患者に過度の不安が生じるとしたら，治療には逆効果である。第三に，治療行為は生命・身体・健康を回復・維持・増進させる社会的に有用と認められた行為であるから，そこには客観的利益が認められる。したがって，患者が治療行為に同意することは当然であって，詳らかに同意を求める必要はない。そもそも，このような客観的利益が対抗利益として存在する治療行為において，患者は「被害者」ではない。他方で，一般的な「被害者の承諾」の事例では，「敢えて言えば『自己決定の自由』という主観的利益があるにすぎない」[9]。

　上記のうち第一と第二の主張は，医療現場の実情を踏まえた議論の必要性を求めるものと理解しうる。ただし第二は，医療現場を超えて，個人の自己決定のあり方について再検討を促す独立した論点でもあろう[10]。では，第三の主張もまた医療現場の実情を述べたものと受け止めるべきなのだろうか。まず，この主張は，健康を生物学的観点から捉えた場合の帰結としてはありうる。しかし，個人の身体や健康がどのような状態で維持されて促進されるべきかは，その者の価値観を離れて自己決定と無関係に定まるものではないだろう。確かに，健康という言葉自体はもっぱらポジティブな概念として用いられるが，どのような状態を健康と呼ぶのかは千差万別であって，個々人が多様な要素を考慮しながら自己の価値観や人生観，状況に応じて選択するものだと思われる。たとえば同じ人間であっても，青年期・壮年期・老年期で健康の定義が変わることはありうるだろう。むろん，この観点からは，医学的適応性判断の前提となる疾病概念の見直しも求められる[11]。このように考えたならば，一般的な被害者の承諾（同意）による同意傷害の事例であれ治療行為の場合であれ，行為の達成には単なる「『自己決定の自由』という主観的利益があるにすぎない」とまでは言えずとも，両者がそのような性質を共有することを否定はできない。したがって，治療行為が客観的利益を有することを根拠に患者の同意の効力を減殺させることは不当である。生命・身体・健康に関わる事柄であるならば，む

---

(9)　甲斐克則「医療行為と『被害者』の同意」現代刑事法 6 巻 3 号（2004 年）26 頁。

(10)　本稿ではこの点について検討が不十分であるため，自己決定というにとどめ，引用を除いては自己決定権には言及していない。

(11)　例えば美容整形術は疾病に対する治療ではないと言われるが，自己の外見に対する愁訴という精神的苦痛と肉体的苦痛との区別を合理的に説明することは難しい。

*4 同意傷害の違法性*

しろ患者の同意はより優越的で決定的な効力を認められるべきである。

　要点は以下のようにまとめられる。まず，治療行為は同意傷害の一類型として考えられるべきであり，医学的適応性と医術的正当性は，治療行為における社会的相当性の具体化である。次に，治療行為の性質は，患者の同意の効力を減殺させる根拠とはなりえない。つまり，行為の社会的な有用性（社会で役に立つ行為だと認められていること）及び行為の実態（同意を得ることが困難な状況）を根拠に，患者の同意の効力を減殺させることは不合理である。この最後の点を，特殊な同意傷害の類型として治療行為と共通性を有するスポーツと比較する。

## (2)　スポーツ，懲戒

　まず，刑事事件となるケースが稀であるという点では，治療行為もスポーツも同様であり，その限りでその他の同意傷害とは異なっている。しかし，行為の性質に鑑みればスポーツも同意傷害の一類型であることは否定しえない。

　スポーツにおいて同意傷害が生じる典型的場面としては，ボクシング，相撲又はレスリングなど，有形力の行使が当然に予定された格闘技が挙げられる。また，サッカーやバスケットボールのように，身体の（かなり激しい）接触が必然的に伴う競技もある。こうした競技に参加した中で生じた一般的な傷害については，行為者には暴行又は傷害の（未必の）故意が認められるものの，法益主体が当該行為及び結果に対して事前に同意をしていると考えられる。すなわち，同意傷害である。しかし，この同意傷害は，一定のルールの存在に加えて，社会におけるスポーツの有用性，そして被害者の承諾（同意）が認められる場合には違法性が阻却され，正当化されるものと解されてきた[12]。裁判例においても，「スポーツとして行われる格闘技及びその練習が正当行為として違法性を阻却されるためには，スポーツを行う目的で，ルールを守って行われ，かつ相手方の同意の範囲内で行われることを要する」として，退部を思いとどまらせ，見せしめ及び制裁のために，防具を十分に着用せず，ルールも守られずに行われ，さらに被害者の同意が真意に基づくものではないと認められる拳

---

[12]　須之内克彦『刑法における被害者の同意』（成文堂，2004 年）234 頁以下，十河太朗「危険の引受けと過失犯の成否」同志社法学 50 巻 3 号（1999 年）341 頁以下，塩谷毅「同意傷害について」岡山法学 50 巻 2 号（2001 年）341 頁以下，354 頁など。

〔古川原明子〕　　　　　　　　　　　　　　　　　　　　2　同意傷害の位置づけ

闘部内での毆打によって被害者が死亡した事例について，傷害致死罪の成立を認めたものがある[13]。ここで示されたところの，スポーツを行う目的，ルールの遵守，相手方の同意という三つの違法性阻却のための要件は，治療行為の正当化で求められる治療目的，医術的正当性，患者の同意という要件に類似している[14]。ただし，治療目的は治療行為の正当化においては不要であり，医学的適応性と医術的正当性によって外形的に判断されるべきとの見解が近年は支配的である。その見解に従えば，スポーツでの暴行・傷害においても，当該スポーツのルールの枠内で行われる限りは，正当化にあたって別途スポーツの目的は必要ないと考えられる[15]。そこで，要件から目的を除いた上で，社会におけるスポーツの有用性を含めれば，スポーツでの暴行・傷害と治療行為は非常によく似た正当化の枠組みを有することになる。

では，スポーツでの暴行・傷害においても，被害者の承諾（同意）を緩やかに解してよいとの規範を導くことはできるだろうか。前述の通り，治療行為においては，行為の社会的な有用性（社会で役に立つ行為だと認められていること）及び行為の実態（同意を得ることが困難な状況）を根拠に患者の同意の効力の減殺が許されている。スポーツにも，同様の性質を認めることができるだろうか。まず，社会的な有用性については，スポーツは行う側・観戦する側を含めた多くの人々にとって「不可欠」であり，一つの「文化的価値を確固たるものにしている」との指摘がある[16]。他方，行為の実態はどうか。例えばボクシ

---

(13)　大阪地判平成4・7・20判時1456号159頁。

(14)　山中敬一「大学の日本拳法部におけるしごきと傷害致死罪の成否」法セミ468号（1993年）56頁参照。

(15)　例えばボクシングで対戦相手に対して抱く個人的な怨恨を晴らすために殴ることは許されるし，そのような感情を擬制することで闘争心を高めることもあってよい。

(16)　須之内克彦「スポーツと被害者の承諾」現代刑事法6巻3号35頁。この「文化的価値」が具体的に何を示すのかは必ずしも明らかではないが，本稿ではこの表現を用いることとする。なお，文部科学省のスポーツ振興基本計画では，スポーツの意義について「人生をより豊かにし，充実したものとするとともに，人間の身体的・精神的な欲求にこたえる世界共通の人類の文化の一つ」，「明るく豊かで活力に満ちた社会の形成や個々人の心身の健全な発達に必要不可欠なもの」，「体を動かすという人間の本源的な欲求にこたえるとともに，爽快感，達成感，他者との連帯感等の精神的充足や楽しさ，喜びをもたらし，さらには，体力の向上や，精神的なストレスの発散，生活習慣病の予防など，心身の両面にわたる健康の保持増進に資するもの」，「人間の可能性の極限を追求する営みという意義を有しており，競技スポーツに打ち込む競技者のひたむきな姿は，国民

## 4 同意傷害の違法性

ングにおいて，試合中に加える有形力を事前に相互申告し，その一つ一つに同意を得ることはおよそ不可能であり，かりにそれを求めたならば試合が成り立たないに違いない（そのような同意に基づく試合は，いわゆる八百長試合として別の法的問題を生じさせるだろう）。そこで，スポーツは治療行為と同様の性質を有しており，厳格な被害者の承諾（同意）なしで暴行・傷害の正当化を認める背景が揃っていると考えられる。相違点があるとすれば，まずは有用性の程度であり，治療行為もスポーツも健康の維持には役立っているが，治療行為に比してスポーツのそれは目にみえにくい。また，治療行為に比して，スポーツが健康にもたらす利益は緊急性や補充性の面では劣る。ただし，直接に参加しない人々にも有用性を与える点では，スポーツの有用性の方が幅広いとも言える。次に，危険性の数値化に関する相違点として，治療行為であれば合併症や副作用の危険性はデータに基づいた資料が提示されるだろうが，スポーツの場合にはそこまで詳細な資料を用意することは難しいのではないかと思われる[17]。さらに，スポーツは，治療行為における医師患者関係のような上下関係を前提としていない。インフォムード・コンセントを通じた患者の同意の尊重が唱えられ，患者の権利についての意識が高まってきたのは，そもそも医師患者関係が対等ではなかったことに由来する。したがって，医療の場における患者の主体性の回復をめざして，たとえ緩やかであっても患者の同意が行為の正当化要件として求められること自体が大きな前進であったといえよう。このように見てみると，治療行為やスポーツでの暴行・傷害の正当化においては，様々な要因が関係しながら法益主体の同意の必要性とその程度が定まっているように思われる。同意傷害の法的評価において考慮される社会的相当性の資料に何が含まれるべきかは，治療行為やスポーツといった一定の型を有する行為をもってしても不明確な点が多いと言えるだろう。

なお，いわゆる「しごき」と呼ばれる傷害（致死）行為で違法性が認められ

---

のスポーツへの関心を高め，国民に夢や感動を与えるなど，活力ある健全な社会の形成にも貢献するもの」，さらに「青少年の健全育成」，「地域社会の再生」，「国民経済に寄与」「国際的な友好と親善」に資する，といった実に多様な利益が挙げられている。文部科学省スポーツ振興基本計画 1 総論 http://www.mext.go.jp/a_menu/sports/plan/06031014/001.htm（2016 年 9 月 17 日閲覧）。

[17] この点については，暴行・傷害が前提となったスポーツに参加する場合の契約書又は同意書の調査が必要である。

〔古川原明子〕　　　　　　　　　　　　　　　　　　　　　　　　2　同意傷害の位置づけ

た事例は，スポーツでの暴行・傷害とは分けて考えるべきであろう。たとえば近年の裁判例として，相撲部屋でのいわゆるぶつかり稽古により力士が死亡した事例で，被害者の真意に基づく同意が認められないこと，技量体力ともに未熟な被害者に対して長時間の過酷な動きを強制したこと，複数の者による有形力の行使があったことに加えて，制裁の目的があったことを考慮して，正当業務行為にあたらないとしたものがあるが[18]，これはスポーツとして捉えるべきではない。また，スポーツでの暴行・傷害が教育の場で生じたならば，体罰と懲戒行為の限界事例として検討されるべきである[19]。学校教育法 11 条は「校長及び教員は，教育上必要があると認めるときは，文部科学大臣の定めるところにより，児童，生徒及び学生に懲戒を加えることができる。ただし，体罰を加えることはできない。」と定めている[20]。ところが，体罰により重大な結果が発生した場合に違法性を認めた事例[21]がある一方で，正当な懲戒権の行使として暴行罪又は傷害罪の違法性が阻却された事例[22]もあるなど，正当化の要件と限界にいまだ不明確な点が残る[23]。たとえば，近年の二つの裁判例を挙げてみよう。まず，野球部の練習中に部員に平手や拳で殴る等して加えた暴行が懲戒権の行使として正当行為にあたるか否かが争われた事例で，教育上必要な懲戒権の行使とはいえないとして暴行罪の成立を認めたものがある[24]。これに対して，高等学校内で頸部をつかんで押し付ける暴行を加え，頸部挫傷の傷害を負わせた行為について，「できる限り有形力の行使は避けることが望ましい[25]」

---

(18)　名古屋高判平成 22・4・5 高検速報（平 22）号 117 頁。
(19)　体罰は暴行罪もしくは傷害罪以外に，監禁罪，逮捕罪，脅迫罪，強要罪，遺棄罪の構成要件に該当する場合があるが，本稿では暴行罪と傷害罪に限って検討を加える。
(20)　本規定に違反した場合の罰則はない。
(21)　東京地判昭和 41・6・22 判タ 194 号 175 頁，名古屋地判昭和 60・2・18 判タ 549 号 325 頁，大阪地判昭和 62・4・21 判時 1238 号 160 頁，広島高判平成 9・7・15 判時 1624 号 145 頁，名古屋高判平成 9・3・12 判時 1603 号 3 頁。重大な結果が生じない場合であっても，教員の生徒に対する殴打に暴行罪を認めた事例もある。大阪高判昭和 30・5・16 高刑集 8 巻 4 号 545 頁。
(22)　東京高判昭和 56・4・1 判時 1007 号 133 頁。
(23)　内田文昭「体罰と傷害致死罪の成立──いわゆる戸塚ヨットスクール事件──」判タ 553 号（1985 年）47 頁以下参照。
(24)　名古屋高判平成 28・3・23（LEX/DB25542710）。
(25)　その理由として「生徒に肉体的，精神的な苦痛を与えるだけでなく，それが心の傷として長く残り，生徒に屈辱感・自虐感を持たせたり，自尊感情を減退させるなど，心の

と述べつつも、「目的、態様、結果、相手方のそれまでの対応等に照らし、刑法35条にいう正当な業務行為の範囲を逸脱したものとはいえず、違法性が阻却されるものと解するのが相当である」として、被告人に無罪を認めた事例もある[26]。

懲戒における暴行（体罰）が、死刑や逮捕などのように法令行為として認められているわけではないことに加えて、法益主体の真意に基づく同意がないと思われるにも関わらず[27]、正当（業務）行為とされうる根拠はどこにあるのだろうか。少なくとも、実際に学校で体罰が行われてきたこと、そして現在も行われているという実態は、加えられた暴行・傷害と比較衡量しうるような懲戒行為の有用性が広く社会で認められていることを意味しない[28]。したがって、教育・指導のために必要で相当であるとして、暴行・傷害等の行為の違法性が阻却されることの根拠と範囲は明確ではない。

## (3)　小括：同意傷害の法的評価と社会的相当性

通説は、同意傷害は被害者の承諾（同意）だけではなく、社会的相当性がなければ正当化されないとする。他方、治療行為の場合は、医学的適応性、医術的正当性、行為の有用性、行為の実態（医療現場の実情）を根拠に、被害者の承諾（同意）よりも緩やかな、いわゆる患者の同意による正当化を認めている。スポーツでの暴行・傷害の違法性阻却においても、治療行為に類似した枠組みが認められる。

しかし、治療行為及びスポーツでの傷害が刑法35条の正当（業務）行為に位置づけられることは、そこでの傷害が同意傷害であることを否定するもので

---

健全な成長を阻害するおそれがあるとされている上、立場が上の者の暴力であれば容認され、下の者の暴力は禁止されるのは不合理であるとの不満を抱かせたり、目下の者に対しては暴力を振るってもよいなどという誤った価値観を植え付けるおそれもあり、さらには教職員に強く反発して却ってその指導に従わなくなったり、生徒間でも安易に力で解決する風潮を生じさせることもある」と述べている点でも注目される。

[26]　横浜地判平成20・11・12季刊刑事弁護59号207頁。

[27]　行為者が親権者から懲戒権を委託されているという構成を採ったとしても、子が親による暴行・傷害に同意を与えているとは考えがたい。なお塾の講師に親権者からの懲戒権委託があるかについては、熊本地判昭和50・5・27高刑集29巻2号290頁がある。

[28]　一つの可能性として、行為よりも行為者に対する社会的信頼が背後にあったことも考えられる。

〔古川原明子〕 　　　　　　　　　　　　　3　同意傷害の違法性と傷害罪の法益

はない。そこで，通説をもとにすれば，違法性阻却において考慮される各要素は以下のようにまとめることができる。

| | | 法益主体の承諾（同意） | 社会的相当性判断の資料 | | | |
|---|---|---|---|---|---|---|
| | | | 行為の必要性（目的） | 行為の手段 | 行為の有用性 | 行為の実態 |
| 同意傷害 | 同意傷害 | 厳格に求める。 | 主観的 | 多様 | 主観的 | 多様 |
| | 治療行為 | 患者の同意で足りる。 | 医学的適応性 | 医術的正当性 | 社会的に認められている。 | 個別の同意取得には向かない。 |
| | スポーツ | 包括的同意を認める余地がある。 | 文化的価値 | ルール | 社会的に認められている。 | 個別の同意取得には向かない。 |

　ここから，同意傷害の特殊性を読み取ることができるだろう。第一に，同意傷害の実例は多い。人は自己の身体に対して侵襲が及ぶことを甘受してもなお実現したい何かを有するものである。第二に，行為の有用性と行為の実態が，法益主体の承諾（同意）の効力に影響を及ぼすことになる。ごく日常的な表現をすれば，多くの人がよいと考えることであれば，本人も承諾するだろうと判断する傾向がある。しかし，だからといって，治療でもスポーツでもない限り，人は自己の身体に対する侵襲を受け入れることはない（だから本気かどうかを確認しなければならない）と言えるだろうか。同意傷害においては，同意窃盗（自己の財産を他人に譲る），同意侵入（自己の住居へ他人を招く），同意監禁（他人の住居に入る）に比して，法益主体の同意が慎重に判断されるとすれば，そこには，傷害罪の客体である人の身体に対する認識が関係しているだろう。そこで，同意傷害の違法性についての議論を概観した上で，身体処分の特殊性を考える。

## 3　同意傷害と身体

### (1)　同意傷害の違法性に関する学説
　通説は，同意傷害の違法性が阻却されるためには，法益主体の同意（承諾）

*91*

4 同意傷害の違法性

だけではなく，行為が社会的に相当であることを要すると解しているが，同意
傷害の違法性に関しては他に三つの見解がある。

(a)説　いかなる同意傷害であっても，法益主体の同意のみで正当化しうる[29]。

(b)説　生命に危険が及ぶような同意傷害は，正当化しえない[30]。

(c)説　重大な同意傷害は正当化しえない[31]。

正当化される同意傷害の範囲は，(a)説・(b)説・(c)説の順に狭くなる。このう
ち，支持の多い(b)説・(c)説は通説に対して，社会的相当性という概念は不明確
であって違法性判断の資料に含まれるべきではないと批判してきた[32]。しかし，
この批判が妥当性を有するためには，以下の二点を明らかにする必要がある。
(i)正当化される同意傷害の限界として(b)説・(c)説が求める要件（生命に危険が
及ばないこと，重大ではないこと）は正当であり，なおかつ，それは社会的相当
性とは異なるのか。(ii)客体が身体である場合には，法益主体の同意があるにも
関わらず，刑罰をもって制限されるような行為の限界があるのはなぜなのか。


## (2)　正当化される同意傷害の限界

(i)に関して，(b)説が根拠とするのは，202条後段の同意殺人罪規定である。
しかし，生命に危険が及ぶような傷害を加える場合であれば，行為者には生命
侵害について最低限でも未必の故意を認めることができるだろう[33]。また，法
益主体は生命が失われるという危険性も含めて行為及び結果に同意をしている
と考えられる。したがって，行為者が錯誤に陥っている場合を除いて，(b)説が
適用される範囲はないように思われる[34]。加えて，生命に危険が及ぶような傷

---

(29)　浅田和茂『刑法総論〔補正版〕』（成文堂，2007年）206頁，西田典之ほか編『注釈刑
法1巻』（有斐閣，2010年）〔深町晋也〕346頁。

(30)　平野龍一『刑法総論II』（有斐閣，1975年）254頁，西田典之『刑法総論〔第2版〕』
（弘文堂，2010年）189頁，山口厚『刑法総論〔第3版〕』（有斐閣，2016年）175頁，
大谷實『刑法講義総論〔新版第3版〕』（成文堂，2009年）254頁，松宮孝明『刑法総論
講義〔第4版第3刷〕』（有斐閣，2013年）118頁など。

(31)　内藤謙『刑法講義総論（中）』（有斐閣，1986年）588頁，山中敬一『刑法総論講義
〔新版第4版〕』（成文堂，2012年）254頁，佐伯仁志『刑法総論の考え方・楽しみ方』
（有斐閣，2013年）202頁など。

(32)　西田・前掲注(30)189頁，前掲注(29)・注釈刑法1巻〔深町晋也〕346-7頁など。

(33)　浅田・前掲注(29)206頁。

(34)　渡辺・同意傷害7頁。

害の場合には同意が無効となることを主張する場合，当該行為は，殺人罪の構成要件に該当するのだろうかという疑問がある。そうではなく，当該行為を同意殺人罪に問うのであれば，その場合には一度無効とした同意を復活させることになり，これは不自然である。

これに対して，(c)説は生命への危険に限らず，「重大な傷害」をもたらすような同意傷害は正当化されないと主張する。しかし，この「重大な傷害」が何を指すのかは必ずしも明らかではない。例えば，身体の枢要部分に対する回復不可能な傷害[35]といった表現があり，手足の切断が例として挙げられるものの，まず手足が身体の枢要部分といえるかには疑問がある。むしろ身体の枢要部分とは，殺人罪における殺意の認定やそれに応じた量刑判断においてたびたび言及されるように，手足を含まない頭部や胴体を指すのが一般的であろう[36]。そのように枢要部を解したならば，生命に危険の及ぶような傷害と重大な傷害の範囲はほぼ重なるため，(c)説には，(b)説と異なる独自の意味を見出しがたい。さりとて，生命に危険の及ぶような傷害よりも範囲を広げたならば，重大性の基準は明確性に欠けることになるだろう。「傷害の内容・程度は軽微なものから重大なものまで連続的であるから，そのどこかに明確な線を引くということは不可能であり，不合理[37]」なのである。

このような問題を回避するために，重大性を日常生活における制約をもたらすものと解してみよう。障害者基本法2条1号が規定するところの「障害及び社会的障壁により継続的に日常生活又は社会生活に相当な制限を受ける状態」に陥るような傷害を想定するのである。この場合，手足の切断は重大な傷害に含まれうる。ところが，障害を定める法は多様であって，たとえば労働者災害補償保険法施行規則にある障害等級や，身体障害者福祉法施行規則にある身体障害者障害程度等級，障害基礎年金・障害厚生年金の障害認定基準などがあ

(35)　佐伯仁志「被害者の同意とその周辺（二）」法教296号（2005年）86頁。

(36)　たとえば，被告人の強固な殺意を認定するにあたって「頭部，頸部，胸部など身体の枢要部」を突き刺した行為を指摘した最決平成27・5・25判タ1415号77頁がある。下級審判例も，胸部，頸部，頭部等への攻撃を挙げて「被告人は，鋭利な包丁で，被害者の身体の枢要部を多数回突き刺しており，犯行の態様は，強固な殺意に基づく執ようかつ残忍なもの」とした仙台高秋田支判平成28・1・28（LEX/DB25542093），右側胸腹部を深く突き刺した行為が「被害者の身体の枢要部」に対する強い攻撃であるとして確定的殺意を認めた宇都宮地判平成27・11・27（LEX/DB25541869）など数多い。

(37)　渡辺・同意傷害8頁。なお，「重要な部位」（山中），「重要部分」（川端）という表現もある。

## 4 同意傷害の違法性

る[38]。さらに，障害はいまや個人の属性ではなく，社会や環境との相互作用において規定される流動的な定義として認識されつつあり[39]，現代の日本社会においていかなる状態を障害と呼ぶのか（呼ぶべきなのか）については慎重に検討を重ねる必要があろう[40]。

さらに重要と思われるのは，日常生活における制約をもたらすような傷害が生命の危険とは直結しない以上，法益主体の同意があるにも関わらず，同意傷害を刑罰により禁じることができるのはなぜなのかという点である。しかも，(c)説はこの点を社会的相当性とは異なる理論によって説明せねばならない。手足の切断は，大きな外見の変貌であり，一般的には日常生活に少なからぬ制約をもたらしうる。疾病の治療でもスポーツでもない場合には，同意を得て腕を切断する行為が傷害罪で処罰されうるとする(c)説は，通説が求める社会的相当性による判断と同様に（あるいはそれ以上に）不明確な基準によって，行為の違法性を判断しているように思われる。

(b)説と(c)説の問題点を踏まえて，(a)説を検討しよう。(a)説は，個人の身体は財産や自由と同様に，法益主体の一存によって処分しうると主張する。換言すれば，社会的相当性であろうと，生命への危険であろうと，活動の萎縮であろうと，法益主体の意思以外による行為の制約は許されない，したがって，同意傷害を刑罰により制限することは，法益主体に対する不当で過剰な干渉である。このように明快な説が少数説にとどまる理由はどこにあるのだろうか。身体と財産を同列に扱うことへの抵抗を導くような，身体の特殊性とは何なのかを考える必要がある。

---

(38) 渡辺・同意傷害8頁。

(39) 「障害者の権利に関する条約」（日本は2014年に批准書寄託，発効）は，環境や他者の認識が不足することで，他者と同様の社会参加が妨げられるような長期の身体的・精神的・知的・感覚的損傷がdisabilityであり，所属する社会によって同じ損傷が障害となったりならなかったりすると述べている。CONVENTION on the RIGHTS of PERSONS with DISABILITIES (2006), UN: Division for Social Policy and Development Disability "What Is Disability And Who Are Persons With Disabilities?" http://www.un.org/esa/socdev/enable/faqs.htm（2016年9月18日閲覧）。手足の切断が日本では障害になるということは，そのような人々に対しては，物理的・社会的・経済的・文化的な環境整備や認識が日本社会に不足しているという事であろう。

(40) 自己決定の自由を構成する行動の自由を回復不可能な程度に侵害するような傷害を重大な傷害とした場合の問題について，前掲注(29)・注釈刑法1巻〔深町晋也〕363頁。

(41) 渡辺・同意傷害13頁。

〔古川原明子〕　　　　　　　　　　　　　　3　同意傷害の違法性と傷害罪の法益

## (3)　身体の特殊性：生命との連続性

(ii)の検討に先立って，この問いが「客体が身体である場合には，法益主体の同意が無効とされるような限界があるのはなぜか」という形では提起されていないことを強調しておきたい。行為及び結果を正しく理解した上で下された法益主体の同意が無効とされる場合ではなく，そのような同意が存在するにも関わらず（すなわち，同意は有効である），同意傷害の違法性が阻却されない場合を認めるべきか否かを問うのである。明文規定なしに同意傷害を処罰する以上，同意を無効とすることの方が理論的な問題は少ない。しかし，生命との連続性，すなわち202条後段の同意殺人罪との関係も含めて同意傷害を考えるならば，有効な同意が存在するために違法性が減じてもなお，違法性が残るカテゴリーを考えねばならない。もしも同意のある殺人において，（根拠はともかく）殺人に対する同意が無効であるという構成をとるならば，その行為は同意殺人罪ではなく殺人罪の構成要件に該当するといわねばならない。したがって，ここで問題とすべきは，「いかなる場合に同意が無効となるのか」という同意の効力ではなく，「いかなる場合に同意があっても，行為が制約されるのか」という点なのである。

　なお，ここで対象とする身体とは，（暴行罪・）傷害罪の客体としての人の身体を指す。傷害罪の法益は身体の生理的機能と解されているから，傷害罪の客体とは，生理的機能を有する身体ということになろう。

　この身体が単なる有体物とは性質を異にするとの主張をみてみよう。たとえば，身体はその持ち主の精神活動や人格と密接に結びついており，身体がなければ人間の尊厳の前提となる人格も保持しえないから，その不可逆的で回復不可能な放棄が第三者を介して行われる場合には，国家の後見的な介入が認められるといった説明がある[42]。また，胎児や受精卵を含む人体はもとより，人体の一部である臓器や細胞は財産犯の客体とすべきでないとする見解が多数であり[43]，身体は財物と峻別すべきという認識は広く共有されていると言える。しかし，①身体と精神又は人格は結びついているのか，②精神又は人格は人間の

---

[42]　川端博『刑法総論講義〔第2版〕』（成文堂，2006年）311頁，井田良『講義刑法学総論』（有斐閣，2008年）322頁など。

[43]　人体の商品化について。また臓器売買については城下裕二編『生体移植と法』（日本評論社，2009年），倉持武・丸山英二編『シリーズ生命倫理学　脳死・臓器移植』（丸善出版，2012年）など。

### 4 同意傷害の違法性

尊厳の前提なのか，③身体処分に他人の関与が禁止される場合があるのはなぜか，といった点については十分に論証できているとはいいがたい。

①及び②についての検討は本稿の射程と能力を著しく超えるため断念せざるをえないが，身体なき精神の観念が困難であろうとも，少なくとも人格の発露が著しく制限された身体は存在しうる以上，そこに人間の尊厳を認めることはできること，自己決定の基盤となるような人格に着目することは，人間の尊厳よりもむしろ個人の尊厳の問題であろうことを指摘しておきたい。したがって，客体としての身体の重要性は自明と思われながらも，その説明は容易ではないという状況がある。ただし，身体処分が問題となるのは，身体を部分ではなく，有機的な総合体と捉えた場合であると思われる。その背景には，身体を究極に放棄することは生命放棄であるという点で，あるいは身体が継続して存在することが生命の存在につながるという点で，身体と生命との連続性が認められることになる。すると，生命の法益としての特殊性が明らかになれば，それに準じる形で身体の特殊性も明らかになるのだろうか。そこで，刑法の法益として，生命が特別視される根拠はどこにあるのか，また，それは身体にも適用されうるのかを考えてみよう。

人間にとって生命が非常に重要であることについては，身体と同様に，感覚的には異論はない。また，刑法が「人」の生命を手厚く保護していることも否定しえない。「人」の生命に対しては，故意による侵害のみならず過失による侵害も処罰され，さらに未遂の場合に加えて予備の場合，そして遺棄による危険の創出・不解消までもが処罰されるからである。

学説上も，生命の不可侵性又は生命法益の絶対性についての言及は散見される。たとえば，人間の生命は「法秩序の上で最高位を占める法益」であることは自明であり，「人間の生命は，社会の構成員にとって，その存在の根元であると同時に，その頂点に位置づけられる最重要な法的利益」であるとの主張[44]などがある。202 条後段の可罰性につき，法益主体自身による生命処分に可罰的違法性はないが，他人の手による生命処分は違法性を阻却されないと解する支配的見解も[45]，生命法益の特殊性に依拠している。

---

[44]　秋葉悦子「生命に対する罪と被害者の承諾　生命の尊重か自己決定の尊重か──安楽死問題をめぐって──」現代刑事法 6 巻 3 号（2004 年）42 頁以下，43 頁参照。

[45]　渡辺・同意傷害 9 頁。

しかしながら，保護されるのは人間の生命ではなく，「人」の生命である。刑法は胎児や受精卵，死体を「人」とは区別することで処罰範囲を限定しており，保護の対象となるのは連続した生命現象から恣意的に切り取られた一部分でしかない。さらに，生命を奪う行為であっても，その違法性を阻却しうる規定が複数存在している。また，人間の生命が故意により奪われる殺人罪と同じ又はそれ以上の法定刑を有する犯罪も規定されている。したがって，刑法において生命法益が唯一の頂点にあり，その他の法益とは生来的に異なる法益であって，一切の比較衡量を許さないとまでは言えないだろう。

あるいは生命は，自己決定との関係でも特殊性を論じられる。個人の尊厳の前提となる自己決定が重要であればあるほど，自己決定の基盤であるところの生命も重要性を増すことになるのである。ところが，これを裏返せば自己決定の可能性がない生命の意義について深刻な問題を招きかねない。さらに，自己決定と生命が相反した場合の優劣につき議論が生じることになる。この点について，学説上は，自己決定よりも生命に優越的地位があると解するものが支配的であり，202条の可罰性もそのような見解に基づいて解釈されている。たとえば，「根源的」で「絶対的一回性」を有する人間の生命は自己決定権よりも高位に据えられるものであり，「生命という法益の特性」を考慮して規定された同意殺人罪は，自己決定権が無制限ではなく内在的制約を有することのあらわれであるとの主張[46]がある。しかし，この見解は，「一回性」は生命に限られないとの批判に加えて，安楽死や尊厳死の違法性阻却の解決に窮することとなる。これに対して，個人の尊厳と人間の尊厳の二元化により自己決定と生命の優劣の問題を回避しつつ，同意殺人罪の可罰性根拠を，将来における自律的生存の可能性の後見的保護とする解釈がある。すなわち，将来における自律的生存の可能性がある限りで自殺は違法であり，したがって同意殺人も違法であるが，将来における自律的生存の可能性が不可逆的に喪失する段階では，自殺は合法であり，同意殺人も合法となるというのである。しかし，自律的生存が不可逆的に喪失される時点を誰がどのような基準によって判断するのかは不明確であるし，保護すべきは将来ではなく現在の自律であるとの批判も有力である[47]。

---

[46]　甲斐・前掲注(9) 27 頁参照。

[47]　谷直之「〈資料〉自殺関与罪に関する一考察」同志社法学 44 巻 6 号（1993 年）121 頁

### 4 同意傷害の違法性

このような議論を踏まえると，生命法益の特殊性はその効果と射程を画するほどには明らかになっていないように思われる。したがって，生命の特殊性に依拠して身体のそれを説明することにも困難が伴うだろう[48]。

さらに言えば，身体が非常に重要であるという結論のみを認めることができたとしても，③にはなお問題が残る。身体がそれほどまでに重要であることのみでは，自己による処分を許可しつつ他人による介入を禁じる理由にはならないからである。この規範を，「とても大事なものだから，他人任せにせずに，自分一人で処分しなさい」と言い換えてみよう。この指示が守られなかった場合に，まず非難されるべきは処分を任せられた他人ではなく，任せた本人である。そもそも，いらないと本人が決めたのだから，それはすでに「大事なもの」ではない。「大事なもの」であったとしても，一人で処分することが許されるならば，そこに他人が関与することも問題はないはずである[49]。さらに，処分への関与のみを禁じることも不合理である[50]。もしも「とても大事なものだから，他人任せにせずに」と言う理屈から出発するならば，放棄や処分だけではなく，維持や修復において他人を関与させることにも問題があろう。他人の関与を一律に禁ずるのでなければ，他人の関与を原則認めつつも，目的達成のために必要な知識と技術を有する者に委ねることを要請する，という考え方があってもよい。

同意があっても他者の関与行為の違法性が阻却されないことについては，法

---

以下，167 頁参照。

[48]　身体と生命と財産の関係で興味深いのは，動物の愛護及び管理に関する法律の存在である。同法は 44 条で愛護動物をみだりに殺すこと又は傷つけることを犯罪として禁じている（2 年以下の懲役又は 200 万円以下の罰金）。所有権者が自己の財産の取扱いを制限されるのは，その財物に命，脳，苦痛や感情があることが理由だと考えられている。この種の規定は，愛護動物が刑法上は財物であることに注目すれば，所有権者の同意があるにも関わらず処分が制約される特有のケースとなる一方で，愛護動物が生命体であることに注目すれば，その同意なき処分が許されないのは当然ということになろう。

[49]　前掲注[29]・注釈刑法 1 巻〔深町晋也〕347 頁はこの点について，法益の処分権を委ねられた行為者は，法益主体と同様の地位を付与されたことになる，すなわち同意とは，当該法益に関する限り，行為者に法益主体と全く同等の地位を不要するものであり，したがって当該構成要件の主体から除外する効果を有する，とする。

[50]　自己の行為と他人を巻き込むことによる他人の行為との質的な差異を検討すべきとの指摘については，共犯の処罰根拠も踏まえて検討が必要と思われるが，本稿で扱うことはできない。渡辺・同意傷害 10 頁。

〔古川原明子〕　　　　　　　　　　　　　　3　同意傷害の違法性と傷害罪の法益

益が生命の場合には明文規定がある。ところが同意傷害は，解釈によって処罰範囲を拡張しているのであるから，より明確にその根拠を示すことが求められよう[51]。このように考えると，(a)説に対する身体の特殊性を根拠とした批判は，必ずしも成功しているとは言えないだろう。

### (4)　処分行為の特殊性：生命との不連続性

　身体と生命の間にある相違の一つとして，生命が自己決定の前提にとどまるのに対して，身体は自己決定の内容を実現するための具体的手段として用いられることが挙げられる[52]。この点は，同意傷害と同意殺人の不連続性として捉えられよう。同意殺人の場合，その結果は死しかないのであって，「死を受け入れた者は，同意殺の後の人生を考えない[53]」。しかし，同意傷害の場合には，「負傷後に人生が続くことが前提となるから，後の人生に影響を与える傷害への同意にはその動機・目的・態様等に大きな意味がある[54]」。この指摘は重要である。しかし，このことが，違法性判断の際には行為の動機・目的が社会的に容認されるかを考慮せねばならないという結論に結びつくとは一概には言えないように思われる。行為者は，「自己の傷害と引き替えに」「自分の人生に何らかの意味・利益を期待する[55]」のである。だからこそ，当該傷害が他者の感情を超えた何らかの具体的利益を侵害するのでない限り，法益主体の自己決定は制約されるべきではないし，少なくとも刑法の介入は控えられるべきものと思われる。股関節の激痛から解放されるために求められた外科手術も，役作りのために求められた健康な歯を含む全ての歯の抜歯も，性交時の興奮を高めるために求められた首絞めも，自己表現として依頼されたタトゥーの彫り込みも，いずれも同意傷害として同じ法的評価を受けるべきであって，かりに行為の方法が適切さを欠いた場合であっても傷害罪で処罰されるべきではないと思われ

---

[51]　同意殺人罪は動機・目的が問われないのに，同意傷害では動機・目的が問われるのは均衡を失するとの批判があるが，同意殺人罪はいかなる動機・目的であっても許されず，同意傷害は動機・目的によっては許されるのだから，問題はないように思われる。前掲注(29)・注釈刑法 1 巻〔深町晋也〕362 頁。

[52]　そこで，身体の「放棄」「処分」という表現が妥当なのかについても検討の余地があろう。

[53]　渡辺・同意傷害 10 頁。

[54]　渡辺・同意傷害 10 頁。

[55]　渡辺・同意傷害 10 頁。

*4 同意傷害の違法性*

る[56]。

# 4 同意傷害の制約

同意傷害に関する通説及び多数説には，二つの共通する問題点がある。

第一に，法益主体の同意以外の不明確な制約原理を求める点である。ただし，通説が考慮する社会的相当性は，治療行為やスポーツの場面で類型化されることによって，関与者の事前判断や環境整備を促す点に一定の利益が認められる。したがって，通説に対して，それが要求する社会的相当性の不明確さを指摘する批判は，少なくとも治療やスポーツにおいては要件が具体化されていることを看過している点で妥当とはいえない。むしろ通説の問題点は，判断に行為の有用性を持ち込むことにより，法益主体の同意の効力を減殺させる点にある。特に，法益主体の同意があること自体が，社会的相当性を考慮する一要素にすぎないとなれば[57]，同意の意義はますます低いものとなりかねない。他方，通説の社会的相当性判断を批判する(b)説及び(c)説は，法益主体の同意以外の考慮要素を持ち込む点では[58]，通説と実質的に異なるところはない。

第二に，同意傷害の制約原理を身体・生命の特殊性の中で説明する場合には，前提となる生命の特殊性に関してさらなる議論が必要である。かりに身体に何らかの特殊性が認められるならば，身体に対する傷害を甘受することの特殊性は，自己決定との深い関わりを有する点に認められるから，同意傷害に対する法益主体の意思以外による制限をむしろ排除する方向に働くべきである。すなわち，同意傷害の違法性は，法益主体の同意のみによって阻却されるべきことになる。

このような理解に対しては，治療やスポーツ以外であれば同意のみによって正当化されるが，社会的に有用であるはずの治療やスポーツに限って同意以外の事情を要求するのは，整合性を欠くとの反論があろう[59]。しかし，法益主体の同意のみで同意傷害を正当化する見解に立てば，違法性の阻却に同意以外の

---

[56] 近年，タトゥーの彫師が医師法違反で起訴されたが，傷害罪での起訴がなされなかったことは妥当であった。朝日新聞デジタル 2015 年 12 月 8 日。医師法違反に問われることの是非についての検討は他稿に期したい。

[57] 大塚・前掲注(8) 421 頁，福田・前掲注(8) 179 頁。

[58] 渡辺・同意傷害 9 頁，13 頁。

[59] 渡辺・同意傷害 11 頁。

〔古川原明子〕　　　　　　　　　　　　　　　　　　4　同意傷害の制約

事情を要求することはない。治療における医学的適応性と医術的正当性の存在
は，法益主体が情報を得た上で真摯に同意を下したことを裏付ける客観的事情
となるにすぎない。また，美容形成術や臓器摘出といった，医学的適応性と医
術的正当性を備えていない行為も，法益主体であるところの患者が同意を与え
た行為は同様に正当化されることになる。

　さらに，特別法であるところの決闘罪ニ関スル件の存在を根拠とした反論が
ありうるだろう。同法はその2条で決闘行為の処罰を規定し，3条では決闘に
よる殺傷行為が刑法により処罰されることを規定している。これらの規定は確
かに，暴行や傷害については相手の同意があってもなお，その態様によっては，
公序良俗の維持の観点から違法性が大きいと評価されうることを示している⁽⁶⁰⁾。
しかし，同法は決闘それ自体のみならず，暴行の申込みや承諾の時点で犯罪と
なること，立会いといった周辺行為の処罰までをも規定していることから，個
人的法益であるところの身体を保護するのではなく，直接的に社会的法益を保
護するものであると理解することもできる。決闘罪の制定目的は，著名な決闘
申込事件を契機とした決闘の流行に対して，公衆の秩序を維持することにあっ
たことからも，そのような理解が自然であると思われる。制定にあたって，決
闘を他の暴行傷害よりも軽く処罰するというボアソナードの案に反して，方式
の如何を問わずに決闘を幅広く，通常よりも重く処罰するという方針が採用
されたのも，秩序維持の目的ゆえであった。また，決闘罪規定の刑法典への編
入が議論された折には，社会の情勢に合致しないことを理由とした規定不要論，
暴力団取締りの実情を訴えての規定必要論の対立があり，傷害を加えられる個
人ではなく，社会を保護するための規定であることは認識されてきたものと思
われる⁽⁶¹⁾。

　したがって，法益主体の承諾（同意）がある場合には，その動機・目的・方
法の如何に拘わらず，傷害罪の成立は否定されるべきである。ただし，この
結論は社会的相当性に基づく判断の全てを否定することと同じではない。こと
同意殺人に関しては，法益主体の同意がある場合に，他者による侵害が認めら

---

⑹⁰　渡辺・同意傷害 10-11 頁。
⑹¹　ただし決闘罪規定の刑法への編入はもっぱら個人的法益の章を対象に検討されていた。
　制定過程や刑法改正との関係については，古川原明子「決闘罪の現代的意義の考察に向
　けた覚書」龍谷法学 47 巻 3 号（2015 年）487 頁以下参照。

*4* 同意傷害の違法性

れていないことは，生命の特殊性に基づく自明の理のように捉えられているが，これもまた一つのありうる理念的な枠組みに過ぎない点で，社会的相当性と本質的に変わるところはないからである[62]。したがって，少なくとも同意傷害における社会的相当性判断は，社会的相当性という名称を理由にただちに拒絶されるべきものではなく，法益主体の同意以外の要素を考慮すること自体の当否を，法益と処分行為の特殊性を踏まえながら検討する際には参考にされるべきものである。換言すれば，何を制約原理とするかの問題であって，それをどう呼ぶかの問題ではない。

## 5　おわりに

　生命・身体が財産とは異なる重要性を有することは当然であり，少なくとも刑法でこの点に拘泥することは滑稽とも思われようが，生命・身体法益の特殊性という問題と被害者の同意（承諾）という問題が重なり合う同意傷害については，いまだ検討の余地があるだろうというのが本稿の出発点であった。治療行為とスポーツにおける正当化要件の比較は，違法性阻却における社会的相当性判断の射程範囲が相当に広く，考慮される要素が複雑に関与していることを感じさせるが，これは治療行為とスポーツがその他の同意傷害と区別して，正当行為に含まれた結果とも言える。したがって，同意傷害の検討は，治療行為やスポーツ，さらに法益主体の同意のない懲戒の検討をも経て，正当行為の意義を問い直すことにもつながるものと思われる。

---

[62]　個人の自由を制約する原理として支持されてきた他害原理であっても，他とは誰を含むのか，害をいかに定義するかによって，制約される範囲は変わりうる。Franklin E. Zimring, Bernard E. Harcourt, Criminal Law and the Regulation of Vice, 2nd ed. (2014) pp. 1-89. また，個人の自律的成長の観点から自由への干渉を禁じる見解に立てば，自律的成長を害すると考えられる場合には，いわゆる被害者のない犯罪や自殺関与罪も認められよう。

# 5 横領罪における第三者領得について

穴 沢 大 輔

1 はじめに
2 大審院による第三者領得事案
　の基本理解
3 第三者領得の観点から見た最

高裁の2つの判断
4 第三者領得の構造
5 諸判決の検討
6 おわりに

## 1 はじめに

　判例は，横領罪の成立に不法領得の意思を要求する立場を堅持している[1]。
最判昭和24年3月8日[2]は，農業会長が，供出米を保管中，米穀と魚粕とを
交換するため，右保管米を消費組合らに送付して事案で，「横領罪の成立に必
要な不法領得の意志とは，他人の物の占有者が委託の任務に背いて，その物に
つき権限がないのに所有者でなければできないような処分をする意志をいうの
であつて，必ずしも占有者が自己の利益取得を意図することを必要とするもの
ではな……い」とした。この後半部分については，第三者に利益を取得させる
場合をも含むと解され，一般的な第三者領得を処罰するものと解されている。
もちろん，わが国の横領罪[3]の規定からただちにそれが導かれるわけではな
い[4]。

---

(1)　詳しくは，拙稿「不法領得の意思における利用処分意思についての一考察(1)〜(4・
　完)」明治学院大学法学研究93号（2012年）95頁，94号（2013年）39頁，96号（2014
　年）91頁，98号（2015年）253頁。なお，参考文献も詳しくはそちらも参照されたい。
(2)　最判昭和24年3月8日（刑集3巻3号276頁）。
(3)　背任との対比をもふまえて，「横領罪」には委託物横領罪と業務上横領罪の両方の意
　味を持たせることとする。
(4)　この点について，大塚仁「横領罪における不法領得の意思」『刑事判例評釈集第11巻』
　（有斐閣，1954年）91頁は，不法領得は物体又は価値の侵害と財物の自己支配があれば
　よいこと，詐欺罪，強盗罪における2項の存在，ドイツにおいても第三者のためにされ

『変動する社会と格闘する判例・法の動き』渡辺咲子先生古稀記念〔信山社, 2017年3月〕 *103*

*5* 横領罪における第三者領得について

では，これは何らの限定なきものなのであろうか[5]。本稿は，過去の判例を今一度取り上げ，横領罪をめぐる第三者領得（意思）について考察をするものである。横領と背任との区別はこれまで多く議論され，判例の動向は（実務上）「自己の計算・名義によるか本人の名義・計算によるか」によると整理されるのが一般的である[6]。背任罪との区別は当然問題であり，重要であるが，従来，それに傾注していたように思われる。領得意思の外延を画する作業もまた重要であり，その観点から分析をする。

## 2　大審院による第三者領得事案の基本理解

さて，以上の点をふまえて「第三者領得」という視点から判例の状況を概観しておきたい。「横領」概念が現行法で導入された経緯から，現行法施行後の大審院判決でその内容が次第に形成されていったといえる。そして，本稿の観点による場合でも，まずみるべきはそうした大審院における一連の判断である。

旧刑法下では，本人より絹紬604反を1反あたり3円80銭で売却することを依頼された被告人が，そのうちの400反を借金の抵当に入れ，その金銭を遊興費に費消した事案で，「被告に弁済の意なくして委託物件を自己の用に費消したるもの」として委託物費消罪を免れ得ないとした[7]が，その後，本人より材木を約176円で売却することを依頼されたが，その指定価額以下で売却した事案で，「委託者の利益を計る為めにあらずして全く自己の利益の為めに出たる場合ならざるべからず」として，自己の利益のためであるか否かを調べさせるために破棄したものがある[8]。このように旧法下では，自己の利益のために

---

る場合でも自己領得と評価していることを挙げ，最高裁の結論を支持する。この見解が与えた影響は大きかったように思われるが，これらの理由付けが決定的なものとはいえないだろう（拙稿「いわゆる第三者領得について──ドイツにおける刑法改正を手がかりとして──」上智法学論集50巻2号（2006年）103頁）。

[5]　そうした指摘につきすでに，町野朔「横領罪における不法領得の意思」刑法判例百選II（1978年）198頁参照。

[6]　たとえば，渡辺咲子『基礎から学ぶ刑法』（立花書房，2015年）272頁。

[7]　大判明治29年10月6日（刑録2輯9巻23頁）。自己のためと述べるものとして，大判明治31年5月20日（刑録4輯5巻37頁），大判明治31年9月30日（刑録4輯8巻36頁）。なお，以下，片仮名・旧字体表記は改めた。

[8]　大判明治32年2月24日（刑録5輯2巻107頁）。さらに，大判明治33年6月4日（刑録6輯6巻1頁）参照。また，自己の利益のためと評価された事案として，低価交換をした被告人がさらに本人に対して詐称をした事案がある（大判明治36年9月1日

〔穴沢大輔〕　　　　　　　　　　　　2　大審院による第三者領得事案の基本理解

する行為が委託物費消としてとらえられていたといえるが，それが大審院で明
示的に議論されていたともいえないと思われる。

　現行法になり「横領」という文言が採用されたのち，第三者のために処分
しても横領罪が成立すると判示したのは，大判明治42年7月1日及び大判明
治44年4月17日（以下，大判明治44年①とする）である。前者の事案は，他
人のために保管していた米2石を第三者に貸与した事案で，弁護人が「横領犯
は『自己の為めにする経済上用方に従てする処分』たることを要」するとした
のに対し，横領を「犯人が占有する他人の物に付権利なき処分行為を為す」を
いうとし，本件についてこうした貸与は「消費貸借を意味すること勿論」とし
てその成立を肯定した[9]。また，後者の事案は，被告人が，共謀のうえ，差押
物件を他の被告人に帰せしめようと処分したものである。弁護人は自己領得し
ていないと述べたが，「其処分を為すの目的が自己の為にするに在ると他人の
為にするに在るとは横領罪の構成に付何等の影響を及ぼすもの」ではないとし，
本件で横領罪の成立を肯定した[10]。

　もっとも，そのおよそ6か月後に下された大判明治44年10月26日（以下，
大判明治44年②とする）は，その趣旨を次のように理解した。村吏員である被
告人が「自己の用途其他不当に支出し以て何れも右公金を横領した」と原審が
認めた事案で，「横領罪は自己の支配内に在る他人の所有物を不法に自己に領
得する意思実行あるに因りて成立す而して自己に領得すとは他人を排除して其
所有物に対して宛も自己の所有物に対する如く事実上所有権の内容たる権利の
行使を為す」ことであり，その物の経済的価値を利用，収得，処分する行為さ
えあれば自己領得にあたるとし，原審のいう「其他不当に支出」の意義が「『其
他不法なる私の用途に支出したり』との意義」であれば，「被告等自ら物の経
済的価値を利用収得せざるも他人の為めに之を処分したるものなれば其行為は
当然横領罪に該当」すると判示した。もっとも，この事案はどちらか不明であ
るために破棄されたものである[11]。ただし，本判決は，「他人の為め」の支出

---

　　　（刑録9輯19巻1283頁））。
　⑼　大判明治42年7月1日（刑録15輯917頁）。
　⑽　大判明治44年4月17日（刑録17輯605頁）。
　⑾　大判明治44年10月26日（刑録17輯1795頁）。もっとも，背任罪との交錯について
　　はすでに，大判明治43年12月16日（刑録16輯2214頁）が「刑法第247条は他人の
　　事務を処理する者が自己の占有する他人の物を横領したる場合を除き其他の方法を以て

## 5 横領罪における第三者領得について

であっても自己領得となりうることを示し，第三者領得を自己領得の一種とするともみうるものであり[12]，注目に値する。

このように明治44年に出された2つの方向性は，その後の判決でも確認される。たとえば，大判大正12年12月1日は，Aより販売を委託された鰊粕を①売却した代金を被告が代表社員たるB商店の営業資金として費消した，②B商店名義で倉庫に寄託し，倉荷証券に質権を設定し，Bの名で銀行から金を借り受けた事案で，「目的物を第三者の物として其の者に不正の領得を為さしむる場合に於ても」横領罪の成立が認められるとし，B商店のためになした①金銭の費消も，②物件の入質処分も横領になるとした[13]。

他方で，大判昭和6年12月17日は，Aらが渡した国所有の郵便貯金を貯金局に手続き，送付せずに，自己の抽斗内に納めた事案で，「自己の物として領得するとは他人の所有物に対して恰も一般的支配権を有する所有者の如き行動を為すを言ふ従て他人の所有物に対して不法に経済的価値を利用し若は処分したるに於ては其の結果物質的に自己を満足せしめずと雖其の行為は横領の意思の発現にして横領罪を構成する」という[14]。これは，第三者のためにする場合をも自己領得として扱うということであろう。

さらに考察されるべきは，自己領得に限ると述べた判決例である。たとえば，大判大正3年6月27日は，原審が，村長が「指定の支出外にほしいままに流用費消し」としただけでは，「金員を指定外の村の経費に流用したるや又は不正に之を領得するの意思を以て村の経費外の用途に費消したる」かが判別できないとした。その理由は，自己のものとして領得する意思がみられないというものである[15]。とはいえ，弁護人の上告理由でも「自己又は第三者の為めに不正に領得するの意思を以て費消せざる限りは其流用は支出当を失せりとの非難」を免れないと述べているように，村（本人）のための予定外支出の可能性を排除できない事案であったことも重視されるべきである。そうだとするとさらに，自己領得に第三者のために行うものが含まれるとするならば，先の大判

---

本人に財産上の損害を加へたる総ての場合に之を適用すべき」としていた。

(12) 藤木英雄『総合判例研究叢書　刑法(11)』（有斐閣，1958年）10頁。

(13) 大判大正12年12月1日（刑集2巻895頁）。さらに，大判昭和8年7月5日（刑集12巻1101頁）。

(14) 大判昭和6年12月17日（刑集10巻789頁）。

(15) 大判大正3年6月27日（刑録20輯1350頁）。

〔穴沢大輔〕　　　　　　　　　　2　大審院による第三者領得事案の基本理解

明治 44 年②にも近接しうるものであろう。

　これと異なり，背任との関連でこうした自己領得に限るとするものもある。たとえば，大判昭和 8 年 3 月 16 日は，組合長に就任した被告人が，経営難である自己が専務取締役である A 会社に組合資金を流用した事案で，「他人の為め其の事務を処理するに当り自己の占有する本人の物を自ら不正に領得するに非ずして第三者の利益を図る目的を以て其の任務に背きたる行為を為し本人に財産上の損害を加へたるときは背任罪を構成すべきものにして之を横領罪に問擬すべきものに非ず」とした[16]。こうした判決[17]は，自己領得を文字通りの意味としてとらえ，第三者のためにする場合を含まないとし，それを背任罪の領域に委ねるものである。これは，先の大判明治 44 年②の帰結を一歩進めたものと評価することができよう。すなわち，先の判決では，第三者のためにする場合を排除せずに破棄していたのだが，今回はその場合には背任にとどまるとするからである。

　なお，注意を要すべき判決として，村長らが公金を県会議員，軍隊その他の歓迎費に供した事案で，「其目的か私利を営むに在らざりしとするも村有公金を以て支弁すべからざる費用に支出したるものなれば村の為めに村有公金を費用したるもの」とはいえないとして横領罪の成立を肯定した大判大正元年 11 月 11 日がある[18]。上告理由では，先の大判明治 44 年②を指摘したうえで所有者のために処分したと主張している。現在では，専ら所有者のためにする意思は不法領得の意思を否定することが判例上認められているとされるが，村のためでなければ，本稿の観点からすると，この事案は，県会議員等のために公金が用いられたと評価して，それを横領とするという，大判明治 44 年①の事案に引き付けることもなお可能であるように思われる。他方で，類似のケースで自己領得として処理した判決もある。大判昭和 9 年 12 月 12 日（刑集 13 巻 1717 頁）は，公共事務に属さない町会議員慰労への支出を「自己の用途に費消したるものに外ならざるを以て」横領罪を構成するとした。これは，大判明治 44 年②の方向性ともいえるように思われる。

　以上のように，大審院判決における第三者に向けられた他人の物の処分につ

---

⒃　大判昭和 8 年 3 月 16 日（刑集 12 巻 275 頁）。
⒄　大判昭和 9 年 7 月 19 日（刑集 13 巻 983 頁）。
⒅　大判大正元年 11 月 11 日（刑録 18 輯 1366 頁）。

*5 横領罪における第三者領得について*

いては，大まかに見ると，それを単純な第三者領得として扱うのか，自己領得の一部ととらえるか，2つの方向性が示されたことになる。判例の主流は第三者領得肯定といえるものの，自己領得の理解をめぐってその成否には異動がみられた。以上をふまえて，最高裁における重要な2つの判決（決定）を振り返っておくこととする。

## 3　第三者領得の観点から見た最高裁の2つの判断

最高裁も大審院と同様に横領罪にも領得意思を必要とすることから出発し，元来の意味における領得意思に忠実に，そしてそれを限定して事案に対応してきたといえる。とくに，1でみた最判昭和24年は，元来の意味における領得[19]の定義を確認したうえで，「必ずしも占有者が自己の利益取得を意図することは必要とするものではな」いとして，大判明治44年①のように広い処罰範囲を認める説示を行っている。そうすると，判例によれば，所有者のためにする意思による場合は，内容をどう解するかはなお議論の余地あるものの，それを限定する理由づけということになろう。

これを受けて，いわゆる森林組合事件が生じた。A町森林組合長Xとその補佐Yは，所定の使途以外に使用できない旨規正されている政府貸付金175万円を業務上保管中，A町役場に43万円を貸与し，さらに被告人両名の共同事業の元利金返済の為に費消した等の事案で，第1審は，「被告人等両名は組合の利益のためにその権限に基き利用したものである。従つて被告人等に於てこの場合自己に不法領得の意思または不法領得の意思の発現と認めらるべき点はない」として横領罪の成立を否定した。これに対し，控訴審は，「横領罪における不法領得の意思は，必ずしも占有者自己の利益取得を意図することを必要とせず，第三者の利益を図る目的でなされた場合にも成立する。しかして前認定の事実自体に徴し，本件貸付はA町の利益を図るためになされたことも自ら明らかであるから，この点において被告人等に不法領得の意思またはその発現がなかつたことは認められない」とし，その成立を肯定した。最高裁はこれを是認した[20]。A「町に対する貸付は年末に際し諸経費の支払資金に窮していた同

---

(19)　これは，所有者のようにふるまう僭称行為それ自体を意味する（拙稿・前掲注1(3)99頁以下）。

(20)　最判昭和34年2月13日（刑集13巻2号101頁）。第1審判決は，旭川地名寄支判昭

〔穴沢大輔〕 3 第三者領得の観点から見た最高裁の2つの判断

町からの要請に基き専ら同町の利益を図るためになされたものであつて，組合の利益のためにする資金保管の一方法とは到底認め難く」，「借入金元利返済に充てられた本件40万円余りは専ら被告人ら個人の利益を図るために使用されたものと認めるの外な」い，と。第1審は組合の利益のためにしたことを肯定し，控訴審と最高裁はこれを否定した。本稿との関連で着目すべきは，最高裁が専ら町の利益のためである場合には横領になると明示したことにある。先の最判昭和24からは素直であるものの，自己領得と述べていない点は，単純な第三者領得もこれに含みうるということかもしれない。

　もう1つの重要判決（決定）は，國際航業事件である。経理部長及び次長による第三者（Ｆら）への多額の金銭支出につき控訴審は，第1審が不法領得の意思を否定した[21]のに対し，次のように述べてそれを肯定した[22]。Ｆらへの「本件支出行為の内容などについてみると，支出された金員は，合計11億7,500万円であり，1,700万株の買取りが成功した場合の約束の経費合計8億5,000万円をも超えている。しかも，各支出行為の時点において，それぞれの支出に見合った工作が成功するか否かはまったく不明確であった。さらに，被告人らは，社長らに本件支出行為を報告する機会がたびたびあったのに，5億円の使途不明金をＣ専務から質された際にその支出を認めたのみで，その他の支出行為や各支出行為の趣旨などをいっさい報告していない。他方，被告人Ａ〔部長──筆者注〕は，Ｋ側と通じて國際航業の経営権を握ろうと図り，その過程で買い占めた國際航業株の売却益から約2億3,000万円をＫ側から受け取っている。その後，……Ｋ側と國際航業とが全面対決するに至り，Ｋ側から被告人Ａを裏切り者として攻撃する動きが始まり，……〔Ｋ側の──筆者注〕Ｄは，被告人に対し，その管理する200万株の國際航業株を引き渡さないと妻子に危害を加えると脅迫した。……以上のような事情を総合すると，被告人らの意図を専ら國際航業のためであったとして本件支出行為を正当化した原判決の認定

　　和30年5月2日（刑集13巻2号127頁），控訴審判決は，札幌高判昭和31年4月17日（刑集13巻2号130頁）。もっとも，控訴審判決は訴訟法上の問題から破棄されている。なお，さらに河村大助判事の反対意見が付されたが，それは，名義が組合名義であり，所有者のためにする場合には横領にならないことを前提とし，町に貸与しても消費貸借の性質を失わず，法令違反があるに過ぎないというものであった。

(21)　東京地判平成6年6月7日（刑集55巻6号649頁）。

(22)　東京高判平成8年2月26日（刑集55巻6号700頁）。

## 5 横領罪における第三者領得について

は妥当とはいえず，被告人Ａの前記の弱味を隠し又は薄める意図と度重なる本件支出行為の問題化を避ける意図が加わっていたと認定するのが相当である」。

最高裁は，こうした控訴審の判断に加え，「会社のためにこのような金員の交付をする者としては，通常，交付先の素性や背景等を慎重に調査し，各交付に際しても，提案された工作の具体的内容と資金の必要性，成功の見込み等について可能な限り確認し，事後においても，資金の使途やその効果等につき納得し得る報告を求めるはずのものである。しかるに，記録によっても，被告人がそのような調査等をした形跡はほとんどうかがうことができず，また，それをすることができなかったことについての合理的な理由も見いだすことができない」とし，専ら本人のためにする意思はなかったと評価した[23]。

もっとも，部長と次長の判断は異なった。部長については，専ら本人のためでないことから原判決の結論を正当としたが，次長については，部長の「弱み」を知る機会のなかったこと，問題化を避ける意図は「本件交付の当初から認められるものではない」こと，不利益回避の意図を有していたことをふまえると，部長の権限内か，「専ら國際航業のために行う正当な支出であると認識していたのではないかと解する余地がある」として，これを破棄した[24]。

これは最高裁の述べる領得意思の理解からは素直な結論である。仮に第三者のために利用させる意思があったとしても，第三者領得の可罰性は認められると解されるのであり，その成立に異論はないからである。本件で最高裁が，多額の金銭の支払いがなされるということから第三者たる資金の使途の事前・事後調査などに触れた点も，そうした観点から一歩進めて理解できるかもしれない。すなわち，たしかに，本人のためになされるのであれば，本決定の言うように確認すべき事柄であると思われる。ただ，本稿との関連でいえば，それ以上に，第三者が金銭をどのように利用するか，さらに言えば，株の取得さえう

---

(23) 経理部長につき，最決平成 13 年 11 月 5 日（刑集 55 巻 6 号 546 頁）。判例解説は多数あるが，さしあたり，後藤眞理子「業務上横領罪における不法領得の意思が肯定された事例」最高裁判所判例解説刑事篇平成 13 年度 169 頁参照。次長につき，最判平成 14 年 3 月 15 日（裁時 1311 号 7 頁）。

(24) 次長は差戻控訴審で無罪とされた。部長の「不法領得の意思を認識，認容して犯行に加わったと認めるには合理的疑いが残り，また，被告人に自己保身などの固有の利己目的があったことについても合理的疑いが残るというべき」だからである（東京高判平成 15 年 8 月 21 日（判時 1868 号 147 頁））。

まくいけば損失の上で第三者がどれだけ利得してもかまわないというような意思も見て取れるかもしれない。

とはいえ，最高裁が，次長の罪責を検討するにあたり，「被告人に自己保身など，固有の利己目的が存在したことが認められれば，被告人の不法領得の意思の存在を肯定すべき」としている点をふまえると，部長についても同じように考えたとも評価できる。これは，第三者に渡すとしても，それを自己領得ととらえる趣旨にも読める。ただ気を付けるべきは，自己領得における利己目的の範囲が相当広く解される余地がある点である[25]。

こうしてみると，横領罪において最高裁は第三者領得を幅広く肯定するものの，その理由づけはなお明確でないと思われる。

## 4　第三者領得の構造

以上のように，最高裁が横領罪において第三者領得を肯定する余地は広く解されることが示された。そこに限定の余地はなさそうにみえる。これは，理論的にどのように解されるべきなのか。一つの発想は，一部のドイツの学説（ドイツ現行法以前）に依拠することである。すなわち，自己領得にすべての第三者領得が包摂されるとする立場である[26]。これによれば，第三者に渡す事案すべてを自己領得として処罰することが可能となる[27]。たしかに，元来の意味に

---

[25]　なお，下級審ではあるが，秋田地判平成18年7月14日（判タ1236号345頁）は，全国農業協同組合連合会秋田県本部長たる被告人が，売渡委託を受けて保管中の玄米を同連合会の関連会社に生じた不良債権の損失補てんに充てる目的で，不正に米穀卸業者に売却して費消した事案で，「不良債権を隠ぺいすることによって，自らに対する責任追及を免れることができるという利益を有していたのであり，本件行為の動機も，そのような利益を得るためであった」とし，「専ら生産者らの利益を図ることを目的として本件行為に及んだとの主張は採用することができない」とした。もっとも，自らの責任追及を免れることと，玄米の売却とは別個の利益であり，これを自己領得に組み込むことはできないと思われる。そうでなくとも，これまでの最高裁判例の基準に従っても，不法領得の意思は肯定できよう。

[26]　Roxin, Täterschaft und Tatherrschaft, 9. Aufl., 2015, S. 339ff.（初版1963），Rudolphi, GA 1965, S. 33ff. ドイツの議論については，拙稿・前掲注(4)103頁以下参照。また，メリットとしてはさらに，共犯論においても，窃盗において背後者のためだけに奪取した者と背後者を共に正犯とすることが容易に可能となることにある。

[27]　先に述べた，大判大正3年もこれに近いのかもしれない。第三者に領得させるように見える場合をも自己領得として処理するからである。伊達秋雄「横領罪における不法領得の意思と占有者自己の利益取得の意思の要否」最高裁判所判例解説刑事篇昭和30年

*5* 横領罪における第三者領得について

おける領得の意義に従えば，渡す行為自体が領得行為と評価されておかしくはない。この意味では正当な方向性を含んでいる。しかし，第三者領得の中には毀棄的なものもありえ，それを自己領得と同一視することはできなかった[28]。また，我が国の条文上，2項詐欺や2項強盗では第三者の存在を否定していない以上，それをもふまえると，1項でも第三者を前提にまずは考えるべきだろう（なお，ドイツでは，現行法上，第三者領得が規定されているため，この説は採りえないとされる）。

　従来，森林組合事件では横領罪の成立を否定する学説も有力であった。それは，組合名義で町に貸し付けており，本人の事務として行われたと解するところにある[29]。たしかに，それも重要である[30]ものの，判決は，権限なき行為で

────────────

度382頁もこうした理解をする。

[28]　拙稿・前掲注(1)（4・完）265頁以下。

[29]　平野龍一『刑法概説』（東京大学出版会，1977年）232頁，日比幹夫「背任罪に関する一考察——横領罪との限界を中心として——」司法研修所論集80号（1989年）33頁，39頁など。これに対し，藤木英雄『経済取引と犯罪——詐欺，横領，背任を中心として——』（有斐閣，1965年）257頁は，流用が絶対的に禁止されており，理事者の処分権限は制限され，本人の名で行っても「本人に効果が帰属せず」個人の責任になるとする。

[30]　この点，従来，判例における背任との区別基準として，自己の計算または名義による場合には横領罪が，本人の計算または名義による場合には背任罪が成立するとされてきた（大判大正3年6月13日（刑録20輯1174頁），大判昭和10年7月3日（刑集14巻745頁）など）。もっとも，これは領得行為により横領の成否を決めることと対立するものではないとされるのが現在の一般的理解であると思われる（詳しくは，小林充「横領罪と背任罪の関係」『植村立郎判事退官記念論文集第1巻』（立花書房，2011年）230頁以下，大谷實「横領の罪における『横領』について」『宮澤浩一先生古稀祝賀論文集第3巻』（成文堂，2000年）12頁，林幹人「横領行為と不法領得の意思」研修669号（2004年）8頁など。これに対して，内田幸隆「背任罪と横領罪との関係」早稲田法学会誌52巻（2002年）49頁参照）。これは，自己の計算または名義による場合には横領にあたりうることが多いことが示されていると解するのが妥当であろう（判例でも，最判昭和33年10月10日（刑集12巻14号3246頁）は本人名義でも横領を認める）。なお，実務上は，「銀行支店長による不正貸付額が内規を超えている場合……でも帳簿上の処理等が内部手続を採っているときは，実務上背任として処理するのが一般的」とされる（小林・前掲228頁）。支店長の貸付という包括権限者の行為である点から任務違背も導きやすく，損失もとらえられうるのであろうが，それが権限を越え，自己領得又は一定の第三者領得が認められれば，やはり横領として処理すべきように思われる。付言すれば，横領罪における不法領得の意思の判例の定義には「権限がないのに……処分」という言葉があるが，それは所有者からの（一時的）はく奪をも意味する要素として機能するものと理解すべきである。こうした理解によれば，この定義はすべての処分行為を意味するものではないことになろう。

〔穴沢大輔〕　　　　　　　　　　　　　　　　　　5　諸判決の検討

あることをふまえたうえで，「A町の利益を図るため」にした行為が横領とするのであり，後者を第三者領得と理解し，これを広範に認めるべきか，ということもなお検討を要する問題であるように思われる。

　第三者領得に関する我が国の学説は，限定なく第三者領得を肯定する立場と，「特殊な関係」を有する必要があるとする立場に分かれているが，すでに述べたように，第三者領得を自己領得と同視することを重視すべきであり，基本的には後者の見解が妥当であった。さらに，その限定方法は，自己領得のような利用を第三者で追求することにある。それは，自己が，第三者が物を利用，処分するための客観的可能性を提供し，それを実現させる意思を有する場合といえる[31]。

　もっとも，これは自己領得と併存してもよいので，自己領得が認められる場合にはそれで足りる[32]。私見によれば，財物から生ずる何らかの効用を享受する意思が必要とされるが，たとえば，1で述べた最判昭和24年は，たしかに，「必ずしも占有者が自己の利益取得を意図することを必要とするものではな」いと述べているものの，それは，交換された肥料たる魚粕を取得しないことを意味するのであり，送付した供出米については交換され，魚粕に変化しており，その物たる米は被告人自身に効用を与えたといえ，自己領得と評価できる[33]。

　では，節を変えて，こうした基準を軸として諸判決を振り返ることとしよう。

## 5　諸判決の検討

　このように解すると，横領罪において（も，窃盗罪と同様），自己領得とされる範囲は相当広い[34]。それは他人の物を自分のもののように利用する行為があれば，その効果は自己に及ぶことが通例だからである。大判大正12年のように，被告が代表社員たるB商店の営業資金として費消した場合には，自己領得

---

(31)　拙稿・前掲注(1)（4・完）　268頁以下。

(32)　上嶌一高「横領罪（下）」法学教室296号（2005年）93頁は，横領行為の処罰全体をもふまえたうえで，自己の利益を図る処分行為を横領とする見解に好意的である。全体との関連については，さらに検討を要する。

(33)　平野龍一『犯罪論の諸問題（下）各論』（有斐閣，1982年）356頁参照。

(34)　佐伯仁志「横領罪(2)」法学教室376号（2012年）108頁は，同時に自己の利益であることを必要とし，無関係な第三者に寄付する行為も自己の利益になるとし，第三者領得では限定にならない旨述べている。単純な毀棄・隠匿と評しうる第三者領得は除かれるということでは，かろうじて限定がなされるといえる。

5 横領罪における第三者領得について

と評価しうる[35]（この意味で，そうした事案で横領の成立を否定した大判昭和8年3月16日（刑集12巻275頁）は疑問である）。さらに，補填のために第三者に対して直ちにその横領金を支払う場合にも，それは自己領得である。贈与と評価できる場合もそのように言えよう。

　これに対し，大判明治44年①は，事実認定によると自己領得とはいえない。また，あてはめがなされていないので推論にならざるを得ないが，被告人は，第三者が差押物件を得られるように行為し，第三者の利用行為をも想定していたといえるような事案と評することができれば第三者領得として横領罪に問いうる（共犯関係であるため，その可能性は高いと思われる。）。

　注意すべきは，公金を違法に支出した場合の第三者領得の評価である。仮に本人たる行政機関のためといえなくとも，横領罪の成立を否定する余地はあるだろうか。たとえば，先の大判大正元年11月11日のような歓迎会等の場合には，なお事案の詳細は不明ではあるが，自己領得と第三者領得の併存とまでは評価できないように思われる。通常は，自己が金銭を用いることで得た飲食物等を第三者に提供し，それが第三者により費消されることになるからである[36]。さらに，森林組合事件では，その効果は自己には及ばない。町の窮状を知っている被告人が，金銭を（組合から貸与されたとわからずに）使用できるようにし，どのように利用するかを知っている場合には，第三者領得と評価できるであろう[37]。なお，この点につき，町の窮状を救う目的で貸し付けていることから，

---

[35]　西田典之『刑法各論〔第6版〕』（弘文堂，2012年）245頁。

[36]　なお，補足すると，金銭については，物体としては飲食提供業者にわたるため，その利用は第三者たる業者について判断されることになると解することになる。もっとも，金銭は経済的価値として把握するよりほかないため，価値の交換，取得されたものにも及ぶとすべきなのかもしれない。この点については，金銭をどのように扱うべきか，電子マネー等の情報をも含めた総合的考察が必要である（この点についてすでに，樋口亮介「預金に対する委託物横領罪」刑事法ジャーナル38号（2013年）20頁参照）。

[37]　さらに，最決昭和30年12月9日（刑集9巻13号2627頁）は，公金の不当流用につき下級審判決（たとえば，仙台高判昭和26年11月29日（高刑特報22号85頁））が背任の成立を認めていたのに対し，最判昭和24年を引用し，こうした方向を否定した。この判決については，「流用の目的が真に出先官庁の本来必要と解せられる経費に充当するためであったと認められるならば」横領にはならない（藤木英雄「横領罪における不法領得の意思──官庁経費の不当流用と横領罪──」警察研究33巻9号（1962年）90頁），出張旅費の支出については「職員の出張そのものは許されたもの」であり横領にはならない（伊達・前掲注[27]388頁）とするものがある。もっとも，本件は自己等の飲

〔穴沢大輔〕　　　　　　　　　　　　　　　　　　　　　　　　6　おわりに

その動機を考慮するべきとの主張もあるかもしれないが，動機すべてを考慮の対象に入れることはできない[38]。

さいごに，國際航業事件では，事実認定から第三者領得について語ることはできないが，仮に自己領得が否定されるとしても，株の取得さえうまくいけば損失の上で第三者が利得してもかまわず，その金銭の利用に糸目をつけないとして交付していたと評価できるようであれば，第三者領得意思が満たされると思われる。

## 6　お わ り に

以上のように横領罪における第三者領得をめぐる議論は，当事者の争い方の変化もあり，最高裁が正面からそれを扱う事案がなかったため，過去の大審院判決の広い表現に従っていると理解でき，無限定の傾向にある。もっとも，大審院判決では，いくつかの考え方が提示されていたことにはなお注意を要する。本稿は，その部分に関して，利欲犯的側面を重視しつつ領得される物との関連で第三者領得意思をとらえる見地から，一定の結論を導いた。

もちろん，こうした理解を前提としてもなお，（非常に多くの議論のある）横領行為の意義はなお残る[39]。判例は，不法領得の意思を発現する一切の行為を横領行為とし，それを既遂として処罰するといわれるが，果たしてそれが妥当かは別個検討を要する。判例における不法領得の意思の定義には「権限なく」という文言が含まれているが，その内実を検討する必要がある。

---

食費にも流用していた事案といえる。最判昭和 32 年 6 月 27 日（刑集 11 巻 6 号 1751 頁）も参照。
(38)　拙稿・前掲注(1)(3) 103 頁。
(39)　近時のものとして，さしあたり，林・前掲注(30)，上嶌・前掲注(32)，橋爪隆「横領概念について」研修 712 号（2007 年）3 頁。

# *6* 明治 44 年商法改正における特別背任罪及び背任罪の立法経緯

田寺さおり

1　はじめに
2　明治 44 年商法改正における特別背任罪
3　わが国背任罪立法に影響を与えたもの
4　おわりに

## 1　はじめに

　商法に特別背任罪が新設されたのは，昭和 13 年の商法改正の折であるが，最初に同罪の立法が提案されたのは，明治 44 年の商法改正時であった。結果的に流産したものではあるが，明治 44 年改正の過程で，法律取調委員会に原案として提出された特別背任罪（261 条）は，「刑法の 247 条に対しまして特別規定をなす所の一箇条であります」[1]と説明されながら，図利加害目的も損害結果の発生も要件としない構成となっており，つまりは，明治 40 年に成立した刑法典中の背任罪[2]とも，昭和 13 年に新設された特別背任罪[3]とも，まっ

---

(1)　法務大臣官房司法法制調査部監修「第二次法律取調委員会商法中改正法律案議事速記録一」『日本近代立法資料叢書 20』（商事法務研究会，1985 年）371 頁（斉藤十一郎）。なお，資料を引用するにあたり，片仮名を平仮名にし，漢数字を算用数字にしたほか，一部の漢字を平易なものにした。

(2)　刑法 247 条「他人の為め其事務を処理する者自己若くは第三者の利益を図り又は本人に損害を加ふる目的を以て其任務に背きたる行為を為し本人に財産上の損害を加へたるときは 5 年以下の懲役又は千円以下の罰金に処す」
　　刑法 250 条「本章の未遂罪は之を罰す」

(3)　商法 486 条「発起人，取締役，株式合資会社の業務を執行する無限責任社員，監査役又は株式会社若は株式合資会社の第 258 条第 2 項，第 270 条第 1 項，第 272 条第 1 項若は第 280 条の職務代行者若は支配人其他営業に関する或種類若は特定の事項の委任を受けたる使用人自己若は第三者を利し又は会社を害せんことを図りて其任務に背き会社に財産上の損害を加へたるときは 7 年以下の懲役又は 1 万円以下の罰金に処す

*6* 明治44年商法改正における特別背任罪及び背任罪の立法経緯

たく異なる条文であった。そもそも，明治44年改正商法の起草者たちは，どのような意図で，何をイメージして特別背任罪の立法を提案したのであろうか。本稿では，明治44年商法改正の際に，法律取調委員会においてなされた特別背任罪に関する議論をまとめることによって，同罪の萌芽を紹介する。

また，上記の特別背任罪についての議論中にみられた発言を手がかりに，諸外国の刑法以外の法が，わが国背任罪立法に影響を与えた可能性について検討する。明治34年の刑法改正案中に初めて現れたわが国の背任罪は独自の規定ぶりとなっており，これが何に影響を受けて作られたのか，いまだ不明の点が残る。近接した時期に行われた背任罪と特別背任罪の立法経緯を併せてみることにより，試論を提示することとする。

## 2　明治44年商法改正における特別背任罪

### (1)　明治44年商法改正について

明治44年商法改正で出された原案[4]及び政府提出案[5]には，昭和13年改正以降で法定されていく，いくつかの犯罪が含まれていた。特別背任罪や収賄罪などのほか，未遂犯・過失犯の処罰規定がそれである。現在から振り返ってみたならば，当初の明治44年改正案は，正しい方向を見据えて作られたものだったということができよう[6]。

しかしながら，最終的にできあがった明治44年改正商法の罰則は，1箇条にとどまる。政府提出案の文言を一部修正するのみで可決した貴族院と異なり，衆議院では，会社重役に対する刑罰が過酷にすぎるという批判が相次いだため，

---

　　整理委員，監督員，第398条第1項の管理人又は株式会社若は株式合資会社の清算人若は第430条第2項の職務代行者前項に掲ぐる行為を為したるとき亦前項に同じ」
　　商法488条「前2条の未遂罪は之を罰す」
　　奥野健一ほか『株式会社法釈義』（巌松堂書店，1939年）534頁以下参照。
(4)　原案で提案された罰則は，261条，261条の2〜6，262条，262条の2である。詳細は，前掲注(1)の関係個所を参照されたい。なお，ここで原案とは，主査委員会案を指す。
(5)　政府提出案では261条から261条の8まで罰則規定が盛り込まれている。具体的な条文案は，法律新聞社編纂『改正商法〔明治44年〕理由増補四版』日本立法資料全集別巻292（信山社，2004年）241頁以下を参照されたい。
(6)　明治44年商法改正における刑事罰導入の趣旨については，伊東研祐「特別背任罪の解釈視座について——昭和13年商法罰則改正と改正刑法假案——」島大法学56巻4号（2013年）26頁以下参照。

〔田寺さおり〕　　　　　　　　　　　　2　明治44年商法改正における特別背任罪

結局，罰則全体を削除し，現行法を復活させるという結論になったのである。そして，その後開催された両院協議会では，妥協の結果，政府提出案とはまったく内容の異なる261条1箇条[7]のみが置かれることとなり，この案が両院を通過して明治44改正商法成立に至る[8]。

　特別背任罪の原案も，罰則全体と同様，法律取調委員会及び貴族院を通過しながら，衆議院及び両院協議会で廃案とされている。しかし，わが国に現れた最初の特別背任罪が，いかなる意図のもと提案され，どのような内容であったのかを知ることは，今後，同罪を－特に背任罪との関係を－考察するにあたり重要なことと思われる。現在いわれているように，当初から，背任罪と一般法特別法の関係にある特別背任罪だったのであろうか。本稿では，このような問題意識に基づき，法律取調委員会に提出された特別背任罪261条の原案が政府提出案となるまでの議論を確認することで，特別背任罪の起源を明らかにする。

## (2)　法律取調委員会における特別背任罪についての議論

　261条原案は，第9回（明治43年2月2日）及び第10回（明治43年2月9日）法律取調委員会において検討された。その中から，①商法261条原案の提案理由等を確認し，②議論の全体を概観することで，特別背任罪の起源を探る。また，③では，商法に刑罰法規を置くことになった経緯に言及した箇所を紹介する。③は，261条の中身に直接係わる論点ではないものの，なぜ商法に刑罰法規が置かれることとなったのかの一端を知る，重要な発言であると思われるためである。

### ①　商法261条原案の提案理由等

　主査委員会が法律取調委員会に提出した商法261条の原案は，「取締役，株式合資会社の業務を執行する社員，監査役又は株式会社若くは株式合資会社の清算人若くは支配人か其任務に背き会社に財産上の損害を生すへき行為を為したるときは7年以下の懲役又は5千円以下の罰金に処す」[9]という条文であっ

---

(7)　前掲注(5) 239 頁参照。
(8)　明治44年商法改正における罰則の制定過程については，高倉史人「明治44 (1911) 年商法改正の意義――罰則規定の改正を中心に――」法制史研究46巻（1996年）41頁以下に詳しい。
(9)　前掲注(1) 371 頁。

**6** 明治44年商法改正における特別背任罪及び背任罪の立法経緯

た。起草委員の斉藤十一郎は，冒頭で，「刑法の247条に対しまして特別規定をなす所の一箇条であります」[10]と述べたうえで，その提案理由等につき，次のように説明している。

「刑法247条は申上げるまでもなく所謂背信罪背任と申す犯罪の規定でありますが，其中からして会社の機関を除外致しまして，是等のものは特に重く罰する必要がありと認めまして，茲に特別規定を設けました」[11]。そして，この案は，「只其任務に背いて会社に財産上の損害を生ずべき行為であると云ふことを予見を必要とする訳であつて其目的と云ふものは必要でない」[12]，「此案に於きましては加害の結果を要素と致して居りませぬ，只財産上の損害を生ずべき行為をなし終つたならばそれで犯罪が成立する」[13]という，「目的を要せぬと結果を要せぬと此2つの点に於きまして，犯罪行為に属しまする行為の範囲が広つたのであります，此点に於きまして実際に於ては重く罰すると云ふことになるのであります」[14]とし，刑法よりも重く処罰する必要性については，「株式会社，株式合資会社は申上げるまでもなく財産団体でありまするので会社の財産をば減らすと云ふことは会社自己に取りましても一般社会に取りましても甚だ重大の結果を惹起すのでありまして，其会社の財産が大なれば大なる程社会に危害を及ぼす度が多いのでございますから普通の刑法の罰より重く致す必要があらうと思ふのであります，殊に目下の日本の株式会社の状態に付きましては殊に其必要あるかの如く認められましたのであります」[15]と述べる。

また，実例を問うた委員に対し，「会社の役員などが自己の株券を取得する，詰り自己の株券を殊に取引所等に於て取得するのであります，さうして一方会社の信用を高めて会社が如何にも余裕のある会社の如く見せしめる，其目的は会社に損害を加ふる目的ではないであらうと思ふ，会社を善くしやうと云ふ目的でありませうと思ひますが，其為す所の行為と云ふものは投機であります，此投機と云ふものは利益を伴のふ場合には宜しうございますが，結果として不利益を伴のふことが中々多いのでありまして，是が為めに会社の財産上の破綻

---

(10) 前掲注(1) 371頁（斉藤）。
(11) 前掲注(1) 371頁（斉藤）。
(12) 前掲注(1) 371頁（斉藤）。
(13) 前掲注(1) 371頁（斉藤）。
(14) 前掲注(1) 371頁（斉藤）。
(15) 前掲注(1) 371頁以下（斉藤）。

〔田寺さおり〕　　　　　　　　　　2　明治44年商法改正における特別背任罪

と云ふものが度々起るのであります，是等が最も主な例であらうと思ふのであ
ります」[16]と答え，加えて，「会社が自己の株を取得する，自己の株を質に取る，
さう云ふ最も主なる弊害はどうしても刑法の規定では制裁が付かぬのでありま
す，それ故損害を加へる目的を要素と致しませぬで只予見で宜しい，斯ふ云ふ
趣意で此案が出来た次第でございます」[17]とする。

② 　議論の全体──特別背任罪の起源──

商法261条原案は，刑法247条の特別規定とされているものの，当時のドイ
ツ商法312条[18]に依ったものであることが明言されており[19]，実際に刑法との
類似点は少ない。委員会で議論の対象となったのも，概ねこの刑法との差異
に重なる点であった。もっとも，261条の立法自体に反対する者は少数であっ
たため，議論は，修正案[20]への質問や文言の適否，法定刑の妥当性等に終始し，
全体的に立法に前向きな雰囲気で進められたことが窺える。

立法自体に反対する意見は，主に実業家から唱えられた。原案全体に対し，
概要，「会社重役の刑罰を重くしたからといって会社の状態がよくなる訳では
ない。」[21]，「このような法律は会社の発展を阻む。」[22]とするもののほか，「任務
に背き」や「損害を生すへき行為」という文言の範囲が判然とせず不安であ
る[23]，というものである。

---

(16)　前掲注(1)373頁（斉藤）。

(17)　前掲注(1)373頁（斉藤）。

(18)　ドイツ商法312条（1897年）「取締役監査役又は清算人か故意に会社に不利益なる行
為を為したるときは禁錮に処し2万マルク以下の罰金を附加す
前項の場合に於ては同時に公権剥奪の言渡を為すことを得
減軽すべき情状あるときは単に罰金刑のみを言渡すことを得」
「商法罰則立法例」『花井卓蔵文書』（マイクロフィルム版・慶應義塾図書館蔵・雄松
堂書店，1999年）。

(19)　前掲注(1)374頁（斉藤）。

(20)　「法律取調委員会総会ニ提出セラレタル商法中罰則修正案ノ一部」『花井卓蔵文書』
（マイクロフィルム版・慶應義塾図書館蔵・雄松堂書店，1999年）によると，商法罰則
原案に対する修正案は，花井卓蔵・平沼騏一郎・豊島直通・勝本勘三郎らが提出してい
るが，261条に関する修正案を出したのは花井・豊島のみのようである。もちろん，修
正案を文章で提出せず，委員会の場で提案した者も多数いる。

(21)　前掲注(1)395頁（阿部泰蔵）。

(22)　前掲注(1)397頁（磯部四郎）。

(23)　前掲注(1)413頁（志村源太郎）。

*6* 明治 44 年商法改正における特別背任罪及び背任罪の立法経緯

そして，委員会全体で議論されたのも，専ら，「任務に背き」及び「損害を生すへき行為」という文言の明確性についてであった。列挙主義にしてはどうかという意見も出されたが[24]，「どうしても種々様々の場合に対するにはどうも列記主義は私は危険であつて，さうして種々の場合を網羅することを得ないばかりでなく，各種の犯状に応じて刑を科することが出来ないと思ひます」とする富井[25]や平沼[26]らの反対にあい，採用には至らなかった。他方，図利加害目的を不要とする構成や法定刑の妥当性については，主に，双方の点で特徴的な花井修正案[27]と豊島修正案[28]を土台に議論されている。その中でも刑法 247 条との均衡を図ろうとする意見が見られた法定刑に対し，図利加害目的については，正面から刑法との関係があまり論じられていない点が興味深い。

以上で概観したように，委員会で議論された主な論点は，文言の明確性について（「任務に背き」及び「損害を生すへき行為」という文言について），図利加害目的を不要とする点について，法定刑の妥当性について，の 3 点に集約される。最終的に，「損害を生すへき行為」が「損害を加へたるとき」に変更され（この変更に伴って，未遂罪規定が置かれることになった[29]），法定刑も原案の 7 年から 5 年へと引き下げられて，「取締役，株式合資会社の業務を執行する社員，

---

(24) 前掲注(1) 419 頁（江木衷），同・421 頁（長谷川喬），同・446 頁（花井）など。

(25) 前掲注(1) 420 頁（富井政章）。

(26) 前掲注(1) 426 頁（平沼）。

(27) 前掲注⑳花井修正案（明治 43 年 1 月 18 日配布）「取締役株式合資会社の業務を執行する社員監査役又は株式会社若くは株式合資会社の清算人若くは支配人か会社に損害を加ふる目的を以て其任務に背きたる行為を為し会社に財産上の損害を加へたるときは 5 年以下の懲役若くは禁錮又は 5 千円以下の罰金に処す

　　前項の未遂罪は之を罰す」

　　花井は，図利加害目的や損害結果を不要としている原案は，刑法 247 条に比べて犯情が軽いと考えていたことが発言から窺える（前掲注(1) 377 頁）。また，花井修正案が加害目的のみを要件とする点は，ドイツ商法 312 条を参考にしたものと思われる。なお，花井はこれ以外の修正案を委員会の席上で多数提案している。

(28) 前掲注⑳豊島修正案（明治 43 年 2 月 9 日配布）「取締役，株式合資会社の業務を執行する社員，監査役又は株式会社若くは株式合資会社の清算人若くは支配人か其任務に背きたる行為を為し会社に財産上の損害を加へたるときは 2 年以下の懲役又は 5 千円以下の罰金に処す

　　前項に掲くる者自己若くは第三者の利益を図り又は会社に損害を加ふる目的を以て前項の罪を犯したるときは 5 年以下の懲役又は 5 千円以下の罰金に処す

　　前項の未遂罪は之を罰す」

(29) 富井（前掲注(1) 409 頁）や梅謙次郎（同・428 頁）などの提案による。

〔田寺さおり〕 2 明治44年商法改正における特別背任罪

監査役又は株式会社若くは株式合資会社の清算人若くは支配人か其任務に背きたる行為を為し会社に財産上の損害を加へたるときは5年以下の懲役又は5千円以下の罰金に処す　前項の未遂罪は之を罰す」[30]という政府提出案261条ができあがった。

　等しくその明確性が議論の対象となりながら，「任務に背き」という文言が残され，「損害を生すへき行為」が変更されたのは，「損害を生すへき行為」の場合と異なり，積極的に「『任務に背き』という文言は危険ではない」とする意見が複数見られた[31]ためと思われるが，富井の影響によるところも大きいと推測される。富井は，議論の要所要所で，概要，「私は原案に賛成しているが，すべての点が原案の通りでなければいけないと考えているのではない。骨子だけ通れば譲れるところは譲って，この案が可決されることを望む。」とし，譲る点として，「損害を生ずる」ことを要件とすることへの変更と法定刑の引き下げを挙げ，他方，譲れない本案の骨子として，目的要件を外すことを主張しているのである[32]。このような富井の主張の背景には，「加害の目的を以てすると云ふことを要件としないと云ふ点などは甚だ必要な改正ではないかと思ふ，会社を利する目的である損害を加へる所でない，会社を利する目的であると云ふ場合であつて十分に罰しなければならぬ行為は随分あるであらうと思ふ」[33]という思考がある。そして，そのような行為には「刑法247条の文字から言へば現行刑法の規定では或は此規定を適用することが出来ないかも知れぬと思ふ，さう云ふ場合に十分に制裁がないといけないと云ふ所から此規定が出来た訳であります」[34]とし，これは委員会の冒頭で説明された提案理由と合致する[35]。随所で出された修正意見も，基本的には原案の趣旨を認めた上で部分的な修正を求めたものといえ，また，できあがった政府提出案を見ても，「図利加害目

(30)　前掲注(5) 241頁。
(31)　前掲注(1) 398頁（横田國臣），同・429頁（勝本），同・436頁以下（穂積陳重）など。
(32)　前掲注(1) 408頁以下（富井），同・438頁以下（同）。また，梅も，富井のこのような提案に賛成している（前掲注(1) 411頁）。
(33)　前掲注(1) 381頁（富井）。
(34)　前掲注(1) 381頁（富井）。
(35)　このほか，起草委員であった岡野敬次郎は，「私の自分の考へで是が重要なる点と思ふ所は……会社に損害を加ふる目的と云ふことが現行刑法に在るのか，それでは現在の時弊を救ふには或は不適当ではあるまいかと云ふことを私は憂へて居るのであります」と述べている（前掲注(1) 383頁以下）。

**6** 明治44年商法改正における特別背任罪及び背任罪の立法経緯

的を持たない任務違背行為」を処罰できる構成となっている点で，当初の意思が実現したということができる。

このように，委員会のメンバーたちは，「任務に背く行為を処罰する」という意味において刑法247条との共通性を認識し，それゆえ，法定刑の点で刑法との均衡を図ろうとする配慮がなされたものの，それ以外の点については，刑法に倣うことなく，あくまで提案理由で説明されたような事案の処罰を目的とした，商法独自の，まさに「特別な」背任罪の立法を意図したということができる。わが国で最初に提案された特別背任罪は，現在の特別背任罪とは罪質を異にする「特別な背任罪」だったのである[36]。

③ **商法に刑罰法規を置くことになった経緯について**

それまで過料しか置いていなかった現行商法に，なぜ刑罰法規を加えるという提案がなされることになったのかの理由について，法律取調委員会の中では明らかにされていない[37]。しかしながら，その一端を梅謙次郎[38]の発言から知ることができる。261条本体とは直接かかわりはないが，ひとつの資料として，ここで紹介することとする。

先刻までの話によると，「現行商法は会社の重役等の行為を罰するのに単に民事罰たる所の科料（ママ）のみを採つて居る，是は甚だ軽ろきに失する，それだから今度の案のやうな刑法上の罰が必要である，詰り現行商法の欠点を補ふのであると云ふやうに言はれた方がある，又他方に於て……現行商法の儘が宜しいのである，会社の重役などの非行はどんな重いことでも苟も今日の刑法に触れざる限りは科料（ママ）だけで沢山であると云ふ御意見が出て居る，是に対しては私が一言意見を言はなければならぬ責任があると信ずる，商法に於て科料（ママ）のみに処す

---

(36) 保護法益の点からこの違いを指摘するものとして，前掲注(6)29頁。

(37) 鵜沢聡明からの，「特に商法に於て刑法の出張所を設けて，刑法の出張所が商法の上に罰則として現はれて来ると云ふやうな解釈が出来るのでありますが，若しさう云ふことをせぬでも刑法を改正すれば此目的は達せられるのでありませうかどうでありませうか」（前掲注(1)392頁）という質問に，岡野は，明確には答えていない。ただし，併せて問われたドイツ刑法とドイツ商法の関係については，ドイツでは「兎に角刑法に定めたる罰則では弊を救ふに足らぬと云ふ所から株式会社法に罰則を設けたのであると云ふ事実丈は疑ひないのであります」と回答している（前掲注(1)394頁）。

(38) 法典調査会主査委員として，現行民法及び現行商法の立案・起草を行った。

124

〔田寺さおり〕

る規定を設けたのはそれだけで足れりとした訳ではない，実は当時刑法上の罰を置くかと云ふことも考へましたけれども，それは刑法の正さに改正せられむとするに当つて居つて，当時の刑法は近き将来に於て改まる，商法民法などは何時改めるかも知れぬけれども思ふに現行の刑法よりは重くすべきであらう，さうしますと民法商法が施行されますと直ぐに刑法が変ることになつて其特に刑罰の組方其他の規定の定方が甚だいかぬのである，既に生命を失つた所の刑法の規定を基礎として設けた所の規定と云ふことでは不都合になるであらうと云ふので純然たる刑罰に関する規定は民法商法の中には先づ置くまいと云ふ方針であつた[39]，併し刑法に於て定めて是等の場合を罰すべき適当なる規定が出来るであらうと云ふことを信じて疑はなかつた，如何となれば会社の重役の弊害は今日新たに始つたのではない，是は現行商法の施行せらるる以前から苟も会社が出来る当時から生れて居る弊害であります果せるかな新刑法の247条を以て所謂其場合のみではありませぬけれども矢張り其場合をも制裁しやうと努められた，私は刑法学者ではなし一応は読んでも見ましたけれども，一応位では中中分かるものではないから大抵宜いかも知れぬ漠然と仕過ぎて居るかと存じましたが，種々の難関を通つて法律となつたものでありますから，直ちに是に改正を加へやうと云ふことは思ひもよらなかつたことでありましたが，然るに是で働きをしたら宜からうと思つて居つた所が一方に於て商法の改正と云ふ事業が始まりまして其処で他の会社其他の部分に改正を加へやうと云ふことだけは極つた，扨てさうなつて見ると果して此刑法の規定だけで足りるや否や若し足りる(ママ)ならば此際商法の改正として此会社の重役等を罰する規定を条文に設けた方が宜からうと思ふ，斯う云ふことで之を設くるに到つたので」ある[40]。

# 3 わが国背任罪立法に影響を与えたもの

わが国の主要な現行法は，明治後期に立て続けに立法された。明治31年（1898年）に現行民法，翌明治32年（1899年）には現行商法が施行され，明治

---

[39] 一般的に，明治32年に公布された現行商法が過料のみを採用したのは，当時進行中であった刑法の改正作業を待ったためとされている（前掲注(6)26頁，落合誠一編『会社法コンメンタール21 雑則(3)・罰則』54頁〔佐伯仁志〕（商事法務，2011年））。梅のこの発言は，これを裏付けるものである。

[40] 前掲注(1)409頁以下（梅）。

**6** 明治 44 年商法改正における特別背任罪及び背任罪の立法経緯

41 年（1908 年）に現行刑法が施行されたこの時期は，わが国現行法の黎明期ということができよう。

背任罪及び特別背任罪の萌芽がみられたのも同時期であり，前者は明治 34 年刑法改正案に，後者は，前述したように明治 44 年の商法改正過程に，その姿を現している。異なる法典の改正作業であったとはいえ，法典調査会と法律取調委員会には共通するメンバーも多く，また，任務違背行為を処罰するという意味で類似する両罪の立法作業において，互いを意識した議論がなされたことに疑いはない。他方，後に詳述するように，わが国背任罪が何に影響を受けて作られたのか，そのすべてはいまだ明らかにされていない。本章では特にこの点に注目し，近接した時期に行われた刑法と商法の改正作業を併せてみることで，背任罪の立法経緯を探究する。

### (1) 我が国における背任罪の立法経緯

旧刑法（明治 13 年）[41]に現在のような背任罪の規定はなく，また，旧刑法に対する明治 23 年改正案（1890 年）[42]中には「背信の罪」という規定が置かれていたが，内容は現在の委託物横領罪に相当するものであり，現在の背任罪とは異なる犯罪である。これは，類似の内容を「背信の罪」としていたフランス刑法の影響であるとされている[43]。

わが国で，初めて現行刑法に近い背任罪が規定されたのは，明治 34 年改正案（1901 年）[44]においてであった。282 条に，「他人の為め其事務を処理する者本人に損害を加へ又は自己若くは第三者の利益を図る目的を以て権限外の行為を為し本人に財産上の損害を加へたるときは 10 年以下の懲役に処す」と定められ，立案理由は，「他人の為め其事務を処理する者私利を営み又は委任若くは代理の権限を超越し之か為め本人に損害を加ふること往往にして見る所なり此等の場合には民事上損害賠償の道なきにあらすと雖も又民事上救済の目的を達せさること少しとせす加之其行為の治安を害すること本節（筆者注：第 14 章

---

[41] 倉富勇三郎 = 平沼騏一郎 = 花井卓蔵監修『刑法沿革総覧』（清水書店，1923 年）1 頁以下。

[42] 前掲注[41] 72 頁以下。

[43] 江家義男「背任罪の立法的考察」『江家義男教授刑事法論文集』（早稲田大学出版部，1959 年）231 頁。

[44] 前掲注[41] 161 頁以下。

〔田寺さおり〕 3　わが国背任罪立法に影響を与えたもの

「財産に対する罪」第1節「賊盗の罪」）及次節（筆者注：第14章第2節「占有物横領の罪」）に於て規定せらるる他の罪と異なることなし是れ殊に本条を置きて其弊を防止せんとする所以なり」[45]と説明されている。明治34年改正案の背任罪の特徴として，「賊盗の罪」の中[46]に置かれていること，現在の「任務に背く行為」というような文言はなく「権限外の行為」とされていること，目的要件が加害目的図利目的の順であることが挙げられる。現行刑法に近い初めての背任罪規定とはいえ，現行条文とはかなり違いがある。

　翌年の明治35年改正案（1902年）[47]において，「権限外の行為」が外され，「任務に背きたる行為」という文言が加えられことにより，背任罪規定は，現行刑法立法当時とほぼ同じ法文となった。しかし，「賊盗の罪」の節に置かれている点，及び，目的要件が加害目的図利目的の順である点は，明治34年改正案と変わらない。すなわち，281条に，「他人の為め其事務を処理する者本人に損害を加へ又は自己若くは第三者の利益を図る目的を以て其任務に背きたる行為を為し本人に財産上の損害を加へたるときは10年以下の懲役に処す」と規定された。明治35年改正案段階では，本規定について，「之を作る場合に考へましたのは，番頭なり仲買の如きか主人に怨かあり，財産上の損を掛けてやらうと云ふ考を以て買ふへきものを買はすに置いたとか，又は売るへき所も売らすに置いて非常な，財産の損害を被らしむる，それは自己の主人に対する怨若くは主人か他の雇人を庇ふか為に雇人は其主人に対して損害を加へやうとしてやる場合か想像されると思ひます」[48]と説明され，「曾て株式会社の仲買かありまして，其仲買か買手の方の地位に立つて居つた，然るに其番頭か全権を持つて居つた，さうして今度売手の地位に立つ仲買と共謀して自分の見世て総て買ふのみて売ることの出来ない場合に於て故らに共謀して売つて仕舞つた，自分の主人たる本人は全く之を知らなかつた，是は本人に損害を生せしむる目

---

(45)　内田文昭＝山火正則＝吉井蒼生夫編著『刑法〔明治40年〕(3)－Ⅰ』日本立法資料全集22（信山社，1994年）154頁。

(46)　同章には，背任のほか，窃盗・強盗・詐欺・恐喝が定められている。

(47)　松尾浩也増補解題・倉富＝平沼＝花井監修『増補刑法沿革総覧』日本立法資料全集別巻2（信山社，1990年）435頁以下。前掲注(41)『刑法沿革総覧』474頁には，278条から287条までの条文が掲載されていない。『増補刑法沿革総覧』474頁以下で，それらの条文が補充されている。

(48)　前掲注(41)1198頁以下。

*6* 明治44年商法改正における特別背任罪及び背任罪の立法経緯

的を以て，さうして又自分の利益を謀る目的と二つの目的て売つて仕舞つた，それて買占めをして居つた仲買本人は非常に困つた」[49]という事案が，任務違背にあたる具体例として挙げられている。

そして，明治40年改正案（1907年）[50]で現行法と同文の背任罪規定となる。「他人の為め其事務を処理する者自己若くは第三者の利益を図り又は本人に損害を加ふる目的を以て其任務に背きたる行為を為し本人に財産上の損害を加へたるときは5年以下の懲役又は千円以下の罰金に処す」。立法理由は次のように説明されたが，「権限外の行為」が外されて「任務に背きたる行為」が加えられた点以外は，明治34年改正案時のものとほぼ同内容である。「他人の為め其事務を処理する者私利を営み其他任務に背きたる行為を為し本人に損害を加ふること往往にして見る所なり此等の場合に於ては理論上民事訴訟に依り損害賠償を求むる途なきにあらすと雖も事実上は概ね其救済なきと同一に帰す加之其行為の治安を害すること敢て本章（筆者注：第37章「詐欺及ひ恐喝の罪」）及ひ次章（筆者注：第38章「横領の罪」）に於て規定する罪に譲らす是特に本条を置きて其弊を防止せんとする所以なり」[51]。明治35年改正案からの変更点は，位置が改められ「詐欺及ひ恐喝の罪」の章に入ったこと[52]，目的要件が現在と同じ図利目的加害目的の順となったこと，そして，懲役の法定刑が10年から5年に引き下げられ，かつ，罰金刑が入ったことである。

## (2) 明治34年背任罪に影響を与えたもの

一般的に，わが国の現行刑法の背任罪規定はドイツ刑法の影響を受けたものとされているが，これを指摘するものでも，「フランス刑法に示唆されながら，背任罪の構成要件をはじめて規定したのはドイツ刑法（266条）[53]であった。わ

---

(49) 前掲注(41) 1198 頁。

(50) 前掲注(41) 1555 頁以下。

(51) 前掲注(41) 2212 頁。

(52) 窃盗・強盗とは別の章になり，条番号が248条になった。

(53) ドイツ旧刑法266条「左に掲ぐる場合は之を背任の罪と為し軽懲役に処す。仍ほ公権を剥奪することを得

　1. 後見人，財産管理人，係争物保管人，保佐人，破産管財人，遺言執行人又は寄付財団管理人，故意に其の管理を委託せられたる人又は物に損害を加ふ可き行為を為したるとき

〔田寺さおり〕　　　　　　　　　　　　　　　　3　わが国背任罪立法に影響を与えたもの

が刑法が現行法になってはじめてこれを規定するにいたったのも，おそらくドイツ刑法の影響によるものとみてよいであろう。」[54]，あるいは，「日本の現行刑法の背任罪規定は，このようなドイツの動き[55]に影響を受けて，いわばドイツの 1933 年改正を先取りする形[56]で立法されたものである。」[57]とするのみで，意外にも，その指摘に至った具体的な理由を明示した文献は見当たらない[58]。また，明治 34 年背任罪とドイツ刑法の関係に言及するものもあるが，これも，「わが国では明治 34 年の改正刑法草案に始めて背任罪の規定が現はれた。おそらくドイツ刑法を参考にして作られたものであらう。」[59]と述べるにとどまり，そう考える根拠は明らかにされていない[60]。

---

　2.　代理人故意に委任者の債権其の他の財産部分に付き委任者に損害を与ふ可き処分を為したるとき

　3.　土地測量人，競売人，仲立人，貨物鑑定人，労務者供給人，秤量人，測定人，撰査人，荷積人，荷積監査人其の他官庁の命に依り業務を行ふ可き義務ある者其の委託せられたる事務を行ふに当り故意に委託者に損害を加へたるとき

　　　自己に財産上の利益を得又は他人に之を得せしむる為め背任の罪を犯したる者は軽懲役に処する外罰金を併科することを得」

　　　以上の引用は，江家義男「背任罪の研究」『江家義男教授刑事法論文集』（早稲田大学出版部，1959 年）96 頁に拠る。

(54)　団藤重光『刑法綱要各論〔第 3 版〕』（創文社，1990 年）647 頁以下。

(55)　ドイツ刑法旧 266 条成立後，ドイツでは，より一般的・概括的な規定に改めようとする動きが生じて 1933 年改正に至ったことを指す。

(56)　ドイツの背任罪に背信要件が加えられたのが 1933 年であるのに対し，わが国では明治 35 年（1902 年）改正案で既に背信要件が入っているため「先取り」ということになる。

(57)　平川宗信「背任罪」芝原邦爾ほか編『刑法理論の現代的展開各論』（日本評論社・1996 年）234 頁。

(58)　もっとも，日本における背任罪の成立過程を詳細に考察した研究はあまりない。これまでの業績で，日本における背任罪の沿革に言及しているものに，前掲注(53) 83 頁以下，上嶌一高『背任罪理解の再構成』（成文堂，1997 年）116 頁以下，内田幸隆「背任罪の系譜，およびその本質」早稲田法学会誌 51 巻（2001 年）103 頁以下がある。また，戦時中，現行刑法の立法資料の多くを疎開させていたところ，疎開先の甲府で空襲に遭い，焼失してしまったとのお話を古田佑紀先生より伺った。

(59)　前掲注(53) 85 頁。

(60)　明治 34 年改正案全体がドイツ刑法の影響を受けていることを指摘するものとして，佐伯千仭＝小林好信「刑法学史」鵜飼信成ほか編『講座日本近代法発達史 11』（勁草書房，1967 年）237 頁。「現行刑法の原型は，明治 34 年の第二次草案中に見出されるのであるが，この草案は，第一次草案（筆者注：明治 23 年改正案のこと）と異なり，フランス刑法の拘束を脱して，1870 年のドイツ刑法をより多く参照して」いるとする。

**6** 明治 44 年商法改正における特別背任罪及び背任罪の立法経緯

　他方，現行の背任罪規定や明治 34 年背任罪はドイツ刑法の影響を受けているとしながら，「その構成要件[61]は，ドイツと比較しても，より広範で概括的なものにされている。」[62]，「わが刑法における背任罪はドイツ法における背任罪のやうに，単に横領罪に対する補充的なものとして立法せられたものでもない。但し背任罪を『詐欺又ハ恐喝ノ罪』の章下に規定したのは，おそらくドイツ法に倣ったものであらう。」[63]と，双方の違いを指摘するものもある。

　このような状況の中，明治 34 年背任罪は，「ドイツ帝国刑法旧 266 条から直接影響を受けたというよりも，当時にあって最も新しいオーストリアやノルウェーの刑法改正案に影響を受けていたといえるのである。」[64]とするものがある。この見解は，主に，明治 34 年背任罪の主体の書きぶりがドイツ刑法旧 266 条と異なり包括的であることに着目し，一般条項として「その他，財産事務の処理を委託された者」を背任罪の主体とするオーストリア刑法草案[65]，及び，同じく背任罪の主体の規定の仕方が包括的であり，図利加害目的を置くノルウェー刑法草案[66]からの影響を指摘する[67]。確かに，現行刑法の起草者たちが参考にしたとされる外国（刑）法の中で，包括的な背任罪規定を持っていたのはオーストリアとノルウェーのみであること[68]，明治 34 年当時にあって背任罪を目的犯として構成する例がノルウェー刑法草案以外に見当たらないこと[69]に加え，明治 34 年の時点で，当時の両国の刑法草案をわが国の起草者たち

---

[61]　わが国現行刑法の背任罪の構成要件を指す。

[62]　前掲注(57) 234 頁。

[63]　前掲注(53) 110 頁。

[64]　内田・前掲注(58) 114 頁。

[65]　オーストリア刑法草案の中でも，明治 34 年背任罪に直接の影響を与えたのは，オーストリア第 7 政府草案 302 条であろうとする。内田・前掲注(58) 113 頁参照。

[66]　ノルウェー刑法草案 275 条「ある人に不当な利益を得させ，もしくは損害を与える目的で，自己の管理もしくは監督の下にある他人の事務を懈怠し，またはこの点に関して他人の利益に反する行動をとる者は，罰金刑または 3 年以下の自由刑に処する」
　　　内田・前掲注(58) 114 頁参照。

[67]　内田・前掲注(58) 111 頁以下。

[68]　田中正身『改正刑法釋義』（西東書房・1907-1908 年）に，現行刑法立法にあたって参照された外国法が網羅されている（引用は，田中正身『改正刑法釈義下巻』日本立法資料全集別巻 36（信山社・1994 年）1311 頁以下による）。なお，「参照法律」として挙げられているのは，仏蘭西刑法・独乙刑法・墺太利法・那威刑法・和蘭刑法・瑞西刑法典・墺太利刑法草案・羅馬法・唐律・明律・清律である。

[69]　内田・前掲注(58) 114 頁。

〔田寺さおり〕　　　　　　　　　　　　3　わが国背任罪立法に影響を与えたもの

が参照したと推定されること[70]などを受け入れたならば，主体の包括性と図利加害目的のいずれか，あるいは双方を採用している点で，明治 34 年背任罪は，オーストリア刑法草案とノルウェー刑法草案から相当な影響を受けているということができよう。

　以上で参照した文献は，濃淡の差こそあれ，いずれも，明治 34 年背任罪がドイツ刑法旧 266 条から影響を受けたことを前提としている[71]。双方の書きぶりは異なるものの，少なくとも，当時，わが国にドイツ刑法の背任罪のような規定がないことを自覚し，立法化しようとしたという動機づけの点で，ドイツから影響を受けたということはできるであろう。しかしながら，これにオーストリア刑法草案及びノルウェー刑法草案からの影響を加えたとしても，明治 34 年背任罪における目的規定の順番や「権限外の行為」という文言[72]，損害の発生を要件とする構成は何に着想を得たのかなど，不明の点は残る。ここまでの考察から，起草者たちは，背任罪の新設にあたり特定の法にすべてを倣おうとするのではなく，様々な国で当時進行していた（刑）法改正作業に広く目を配りつつ取捨選択し，わが国の状況にもっとも相応しい独自の背任罪規定を立法したことが想像される。では，残されたピースは，何に依拠したものなのであろうか。

　ところで，前章で紹介した「第二次法律取調委員会商法中改正法律案議事速記録」の中に，次のような花井卓蔵の発言がある。「（修正案のようにした場合）原案が憂ふる所のものは救ひ得られぬかと言へば刑法 247 条あるあり十分に救ひ得らるるのである刑法 247 条は原案の憂ふる所を憂へて刑法が立法した条文であると云ふことは疑ひを容れない」[73]。また，これ以外にも，たとえば，「其会社たると私人たるとを問はず苟も他人の為めに働く者が自己の為めに会社若くは他人に損害を加へる如きことがあつたならば，之を処罰しなければならぬ

---

(70)　オーストリア刑法草案につき，内田・前掲注(58) 113 頁，ノルウェー刑法草案については，同・114 頁参照。

(71)　ドイツ刑法の，わが国「現行刑法の背任罪規定」への影響を指摘するものは，数次作られた改正案のいずれに影響を与えたとするか明らかにしていないものの，ドイツ刑法が，わが国背任罪の「立法」に影響を与えたとするのであれば，明治 34 年背任罪への影響も示唆していると考えることができよう。

(72)　内田・前掲注(58) 119 頁以下は，「権限外の行為」については，ビンディングが影響を与えたとする。

(73)　前掲注(1) 446 頁（花井）。

**6** 明治 44 年商法改正における特別背任罪及び背任罪の立法経緯

と云ふ趣旨に於て 247 条は設けられたのである是にて十分である」[74]などとし，後には，政府提出案をほぼそのまま採用した貴族院修正案に対し，「既に新刑法か背任罪を規定したる以上は特に之を設くるの必要なしと信す」[75]という意見を弁護士会意見として提出している。

商法 261 条の立法に賛成の立場から発せられたものにせよ，反対の立場から発せられたものにせよ[76]，花井のこれらの言葉が，商法 261 条の原案が規律しようとするところは，既に刑法 247 条がカバーしているという趣旨を含むことに疑いはない。しかし，今一歩踏み込んでみたならば，花井のこれらの発言は，刑法 247 条の立法趣旨や守備範囲を越えて，その立法経緯をも示唆しているように読める。つまり，商法 261 条原案は当時のドイツ商法 312 条を参考としているという事実[77]に，「刑法 247 条は原案の憂ふる所を憂へて刑法が立法した条文である」ことを加えたならば，刑法 247 条には，ドイツ商法 312 条の趣意が汲み入れられているということになるのではないかということである。少なくとも，刑法 247 条の立法の過程で，ドイツ商法 312 条がなんらかの影響を与えたという可能性はあるのではないだろうか。

ここで注目すべきなのは，明治 34 年背任罪における目的要件の記載順序である。明治 40 年改正で変更が加えられ，現在のように図利目的加害目的の順となったものの，明治 34 年背任罪（及び明治 35 年背任罪）では加害目的図利目的の順とされており，当時のノルウェー刑法草案と異なる。他方，ドイツ商法 312 条は，ドイツ刑法旧 266 条とも書きぶりが異なり，目的犯の構成こそ採用していないものの，「故意に会社に不利益なる行為を為したるとき」のみを

---

(74) 前掲注(1) 376 頁（花井）。

(75) 「日本弁護士協会提出商法修正案延期ニ関スル意見ノ一節」『花井卓蔵文書』（マイクロフィルム版・慶應義塾図書館蔵・雄松堂書店，1999 年）。

(76) 前段落で挙げた法律取調委員会での花井発言は，いずれも，修正案を説明する際になされたものであって，261 条の立法自体を否定する意図のものではない。このように，法律取調委員会において，261 条の立法を前提としていくつもの修正案を出しながら，貴族院修正案に対し，261 条の立法廃止を主張することは矛盾するようにも思われるが，法律取調委員会中にある，次の花井発言が，自身のこのような態度を理解する一助になりそうである。「斯う云ふ修正案であるならば全然刑法に譲つて宜いではないか，無論進んで汝の修正案は刑法之を規定すると云ふことで，それを換刑せられぬが為めに出して居る修正案でございますから……」（前掲注(1) 379 頁）。

(77) 既述の通り，261 条原案が当時のドイツ商法 312 条に依拠していることは明言されている。前掲注(1) 374 頁（斉藤）。

*132*

〔田寺さおり〕　　　　　　　　　　　　　　　　　　　　　　　　　4　おわりに

処罰する，加害の点を強調した規定となっているのである。明治34年背任罪が，目的要件を参考にしたのはノルウェー刑法草案であったとしても，当初，背任罪においては加害の点を強調するという姿勢を採った背景には，ドイツ商法の影響があったと考えられるのではないだろうか。

　前掲の議論がなされたのは明治43年段階であり，現行刑法の成立（明治40年）直後であること，花井は，明治39年に法律取調委員となって刑法改正案の作成に携わった者であり，かつ，後に，旧刑法から現行刑法に至るまでに行われたすべての改正（案）及び主要な会議（録）等を網羅した『刑法沿革総覧』[78]の監修をするなど，当時から明治34年背任罪の立法経緯を熟知していたものと推測されることから，花井のこれらの発言には耳を傾ける価値があるように思われる。また，一般に言われているように，わが国背任罪の立法がドイツ刑法の影響を受けたものであるならば，その制定過程において，ドイツ法中の刑法以外の背任罪類型規定を参照した可能性も否定できないであろう。

## 4　お わ り に

　明治44年商法改正の法律取調委員会の議論から，最初に企図された特別背任罪は，現在一般にいわれているような背任罪の特別規定ではなく，商法独自の「特別な」背任罪であったことが分かった。図利加害目的がなかったのではなく，目的を持たない事案を処罰するために，目的要件のない背任罪を作ろうとしたことが特別背任罪の出発点だったのである。このような意図で提案された特別背任罪が，昭和13年創設時には図利加害目的を有する条文になった経緯については，別途検討する必要があろう。

　また，法律取調委員会における花井の発言をもとに，わが国背任罪立法にドイツ商法が影響を与えた可能性について検討した。ともすると，花井がいわんとしたのは，ドイツ商法が与えた，より根本的かつ大きな影響のことだったのかもしれない。今回得た資料からは，そこまでに至る事実は明らかにできなかったものの，少なくとも，同罪の立法にあたって参照されたのは，（諸外国の）刑法に限らないという可能性を見出すことはできたように思われる。わが国の背任罪の立法経緯にはいまだ不明の点が残されているが，それらを明らか

---

(78)　前掲注(41)。

*6* 明治 44 年商法改正における特別背任罪及び背任罪の立法経緯

にするには，より広い視野からの検討が必要なのかもしれない。従来とは異なる視点から試論を提示することで，背任罪の立法経緯の解明に何らかの示唆を与えることができたならば，幸いである。

# 7 インサイダー取引規制における
# 情報伝達行為について

──東京高裁平成 27 年 9 月 25 日判決（公刊物未登載）を手がかりに──

長 井 長 信

1 はじめに　　　　　　　3 検　　討
2 事案の概要と判決内容　　4 おわりに

## 1　はじめに

　金融商品取引法（以下「金商法」又は「法」という）167 条の 2 は，その 1 項が 166 条に，2 項が 167 条にそれぞれ対応した形で，会社関係者及び公開買付者等関係者（以下。両者をあわせて「会社関係者等」ということがある）による重要事実等に関する情報の伝達行為（以下「情報伝達行為」という）及び取引の推奨行為（以下「取引推奨行為」という）を禁止する。

　刑罰ないし課徴金納付命令の対象となる行為は，①会社関係者等であって，当該上場会社等に係る業務等に関する重要事実を知ったもの（規制対象・主体）は，②他人（情報伝達ないし取引推奨を受けることとなる者。以下「情報受領者等」という）（客体）に対し，③当該上場会社等の特定有価証券等に係る売買等をさせることにより当該他人に利益を得させ，又は当該他人の損失の発生を回避させる目的で（目的要件），④当該業務等に関する重要事実の公表前に，当該業務等に関する重要事実を伝達し又は当該売買等をすることを勧め（実行行為），かつ，⑤情報受領者等が，当該違反行為に係る重要事実の公表前に当該特定有価証券等の売買等を行った場合（取引要件）に限られる（167 条の 2，197 条の 2 第 14 号・15 号，175 条の 2）。

　犯罪としての情報伝達・取引推奨行為（以下「情報伝達罪」及び「取引推奨罪」または両罪を合わせて「本罪」という）に対する刑罰は，自然人につき 5 年以下の懲役若しくは 500 万円以下の罰金またはその併科（197 条の 2 第 14 号・15 号），

『変動する社会と格闘する判例・法の動き』渡辺咲子先生古稀記念〔信山社, 2017年 3 月〕　*135*

*7 インサイダー取引規制における情報伝達行為について*

法人については5億円以下の罰金刑が科される（法207条1項2号）。

　情報伝達や取引推奨行為は，平成25（2013）年改正前は，幇助や教唆に該当しない限り規制対象とはされてこなかったが，今般の法改正により，規制対象が拡大されたのであり，しかも，目的要件及び取引要件による限定が付されている点が特徴的である[1]。

　本稿は，現行のインサイダー取引規制としての情報伝達行為・取引推奨行為の「犯罪」としての成立要件を検討する前提作業として，平成25年改正前において，情報伝達行為について教唆犯の成立が認められた事案（以下「本件」という）を検討することを通じて，法改正の前後における法律状況の違いを明らかにするとともに，現行の情報伝達罪・取引推奨罪の成立要件について若干の検討を試みるものである。

　本件事案は，証券会社の執行役員であった被告人Xがその職務上知り得た公開買付に関する未公開の情報を知人Yに伝達し，この情報に基づきYがインサイダー取引を行ったというものであり，Y（情報受領者）にインサイダー取引罪が認められ（横浜地判平成25・2・28金融法務事情1980号153頁[2]），他方でX（情報伝達者）に教唆犯が認められた（横浜地判平成25・9・30判タ1418号374頁[3]及び東京高判平成27・9・25公刊物未登載[4]）。

## 2　事案の概要と判決内容

### (1)　事案の概要

　原審・横浜地裁が「罪となるべき事実」として認定した事実は，次のとおりである。

---

(1)　目的要件・取引要件による規制対象の限定の問題につき，佐伯仁志「刑法から見たインサイダー取引規制」金融法務事情1980号（2013年）11頁以下，黒沼悦郎『金融商品取引法』（有斐閣，2016年）434頁以下参照。

(2)　平山幹子・平成25年度重要判例解説（ジュリスト臨時増刊1466号）180頁。

(3)　本件評釈・解説として，豊田兼彦・法セミ709号（2014年）123頁，鈴木優典・刑事法ジャーナル40号（2014年）158頁，宮下央＝石原慎一郎・金融法務事情1997号（2014年）96頁，堀口勝・東洋法学58巻1号（2014年）181頁，田川靖紘・判例セレクト2014−1（法学教室別冊附録413号）30頁がある。

(4)　本件評釈・解説として，白井智之・警察学論集69巻3号（2016年）175頁，平山幹子・新・判例解説Watch（Web版）刑法No.98（2016年1月22日掲載），小島陽介・金沢法学59巻1号（2016年）63頁がある。

〔長井長信〕

被告人（X）は，A証券株式会社の執行役員投資銀行本部副本部長であった者であり，Yはその知人であるが，被告人は，平成22年12月13日頃から平成23年4月27日頃までの間に，AがB物流ほか2社との間で締結したアドバイザリー業務委託契約等の締結の交渉又は履行に関しB物流ほか2社の業務執行を決定する機関が，それぞれ東京証券取引所が開設する有価証券市場に株式を上場していたC社ほか2社の株券の公開買付けを行うことについての決定をした旨の公開買付けの実施に関する事実を知り，同年2月22日頃から同年4月28日頃までの間に，Yに「C社株がTOBになる。」などと電話で言って，前記各事実を伝え，その公表前にC社ほか2社の株券を買い付けるように促すなどして唆し，よって，同人にその旨の決意をさせた上，上記各事実の伝達を受けた同人をして，法定の除外事由がないのに，上記各事実の公表前である同年2月22日から同年9月2日までの間，D証券株式会社を介し，東京証券取引所において，Z名義で，C社ほか2社の株券合計6万7,167株を代金合計6,426万7,400円で買い付ける犯罪を実行させ，もって，Yを教唆して金融商品取引法違反の罪を実行させた。

### (2) 横浜地裁平成25年9月30日判決

この事実に対し，検察官は，①主位的訴因として，被告人Xは，Yと共謀の上，被告人Xは金商法167条1項4号（契約締結者・締結交渉者のインサイダー取引禁止）に，Yは同条3項（第一次情報受領者のインサイダー取引禁止）に，それぞれ違反して，重要事実の公表前に本件3銘柄の株券を買い付けたと主張し，さらに，②予備的訴因として，仮に共謀の成立が認められないとしても，被告人Xには，金商法167条3項の教唆犯ないし幇助犯が成立すると主張した[5]。これに対し，弁護人は，被告人XがYに重要事実を伝達したことはなく，また，仮に重要事実の伝達があったとしても，被告人XとYの間に共謀は存在しないばかりか，検察官が主張する上記の主位的訴因は，法論理的に成立し得ない上，

---

(5) この点については，Yに対する裁判（横浜地判平成25・2・28金融法務事情1980号153頁）において，横浜地裁が，本件被告人との共謀が認定できないとして，教唆犯の訴因を追加するよう勧告した経緯があり，本件もこれに連動している（朝日新聞2013年2月1日朝刊〔神奈川版〕33面，毎日新聞2013年2月2日朝刊〔神奈川版〕23面，日本経済新聞2013年2月13日夕刊15面，朝日新聞2013年2月14日朝刊29面など参照）。

#### 7 インサイダー取引規制における情報伝達行為について

金商法 167 条 1 項 4 号の主体となる者について，同条 3 項の教唆犯ないし幇助犯は，法律上不可罰であると解すべきであるから，被告人は無罪であるなどと主張した。

本件において，Y が Z 名義で判示の各取引を行ったことに争いはなく，争点となったのは，(1)被告人 X から Y に対する本件 3 銘柄の重要事実の伝達があったか否か，(2)重要事実の伝達が認められる場合に，被告人 X と Y との共同正犯の成立が認められるか，(3)共同正犯が認められない場合に，被告人 X に金商法 167 条 3 項の教唆犯又は幇助犯が成立するか，という点であった。

横浜地裁は，被告人 X に共同正犯は認められず教唆犯が成立するとして，懲役 2 年 6 月（執行猶予 4 年）及び罰金 150 万円の刑を言い渡した。

横浜地裁は，事実認定の補足説明のうち「第 2　重要事実の伝達について」において，被告人 X が Y に対して，本件 3 銘柄について公開買付等を実施する旨のインサイダー情報を伝達したことを詳細に認定した上で，①被告人 X と Y の間に共謀が認められ共同正犯が成立しうるか（第 3　共謀の有無），あるいは，②教唆犯は成立するか（第 4　教唆犯の成否）につき，以下のように判示している。

(a)　共謀の有無

1　一般に，2 名以上の者について犯罪の共同正犯が成立するためには，犯罪を共同して遂行する意思を通じ合うこと（意思の連絡）に加えて，自己の犯罪を犯したといえる程度に，その遂行に重要な役割を果たすこと（正犯性）が必要である。これを本件についてみると，Y が本件 3 銘柄の買付行為を実行していることは明らかであるところ，被告人について，インサイダー取引の共同正犯が成立するためには，〔1〕Y との間で，インサイダー取引を行うことについての意思の連絡があること，〔2〕被告人が自己の犯罪としてこれらの取引を行ったといえるだけの重要な行為を行ったことが必要である。

2　意思の連絡について

〈中略〉

(3)　個別的意思の連絡について

ア　被告人が Y に対して，本件 3 銘柄に係る重要事実を伝達したと認められることは，先に認定したとおりであって，被告人は，自らが提供する各銘柄に

ついての重要事実を基に，Ｙが各銘柄の買付けをして，インサイダー取引に及ぶであろうことを認識した上，それを伝達したと考えられるから，本件３銘柄について，両名の間でインサイダー取引を行うことについての意思の連絡があったことは明らかである。

(4)　被告人の動機について

〈中略〉

　カ　以上によれば，本件に至る経緯として，被告人は，Ｙに対して，もうかる株としてＵ社株を紹介した上，株価が上がるから持ち続けるように勧めたほか，Ｖ組等の４銘柄のＴＯＢ又はＭＢＯ情報を伝達したこと，Ｙは，被告人から得た情報を信用して，これらの株取引を行った結果，Ｕ社株及びＶ組株で多額の損失を被り，被告人の責任を追及していたこと，Ｙは，被告人から紹介された融資先に対する融資が焦げ付いたことから，被告人に対しても，再三にわたり責任を追及していたことが認められる。そして，被告人は，これらの点に関して，Ｙからの追及の矛先をかわしたいという思惑から，インサイダー取引の重要事実を含むＴＯＢ又はＭＢＯ情報を提供していたと考えられる。したがって，被告人には，情報提供をする動機が十分にあったというべきである。

　したがって，この点に関する弁護人の前記主張は，理由がない。

3　正犯性について

〈中略〉

　確かに，検察官が指摘するように，インサイダー取引の罪は，金商法所定の買付け行為があれば成立するものであり，これにより利益が発生することを要件とするものではないから，インサイダー取引の罪の共同正犯が成立するには，必ずしも，実際に発生した利益の分配を受けたことを要するものではない。

　しかしながら，インサイダー取引が経済的利益の取得を目的として行われるものであることは，金商法が必要的没収・追徴の規定（同法198条の２）を置いていることからも明らかである。それゆえ，被告人がＹから本件３銘柄の取引による利益の分配を受けておらず，その利益の帰属に何ら関心を示していないといったことは，被告人にインサイダー取引の罪を自己の犯罪として遂行する上での直接的な動機が欠けていたことを推認させる事実であり，被告人の正犯性を否定する方向に大きく働くものというべきである。

　イ　検察官は，被告人とＹが，本件各犯行の前から，経済的に共存共栄を図

## 7 インサイダー取引規制における情報伝達行為について

る関係を築いていたこと，被告人が自己の社会的地位を維持し，保身を図る必要があったため，被告人には，Ｙと共にインサイダー取引を行うことについての固有の動機があったことから，正犯意思が認められると主張する。

確かに，前記のとおり，被告人は，Ｅ銀行在職当時から職務上知り得た不動産取引及び株式投資等に関する情報をＹに提供し，Ｙは，資金力を背景に，被告人に紹介されたＷらに融資を行ってきたものであり，これらの融資案件の返済が滞ると，被告人は，Ｙから厳しく責任を追及されてその回収に当たっていたほか，Ｕ社株やＶ組株の株取引でＹが損害を被ったことについても責任を追及されていたのである。

このように，両名の関係は，単なる大手銀行の幹部職員と街の金融業者としては異例なほど，経済的に親密な関係であったといえる。被告人は，このようなＹとの関係を背景に，本件３銘柄についてのインサイダー情報の提供に及んだものであるが，これが，Ｙの株取引や融資の焦げ付きによって生じた損失の穴埋めとしての性質を帯びていたことは否定できないとしても，その主たる動機が融資の焦げ付き案件等に関するＹの責任追及から逃れることにあったことは，既に認定したとおりである。このことは，Ｙが融資案件の焦げ付きや株取引によって被った損失の額が，本件３銘柄を含む一連のインサイダー情報の提供によりＹが得た利益の額をはるかに上回り，両者が対価関係にあったと認められないことからも明らかである。したがって，被告人が上記のような動機を有していたことから，正犯性を認めるのは，困難であるといわなければならない。

ウ　なお，検察官は，被告人が，本件３銘柄のインサイダー取引について，いわゆる模範回答を作成してＹに提供したり，証券取引等監視委員会による強制調査が実施された後に，Ｙらと口裏合わせをしたりしたことも，被告人の正犯性を裏付ける事情であると主張する。

しかしながら，これらは，前記のとおり，被告人とＹとの間にインサイダー取引を行うことについての意思の連絡があったことを推認させる事情ではあるが，被告人の正犯性を裏付けるものとはいえない。

(3)　以上によれば，被告人は，本件３銘柄のインサイダー取引について，Ｙに重要事実を伝達したものの，自己の犯罪を犯したといえる程度に，重要な役割を果たしたとはいえない。よって，被告人とＹとの間で，共同正犯の成立は

認められない。

### (b) 教唆犯の成否

「**1 被告人の行為の教唆への該当性について**

(1) 前記のとおり，Ｙは，被告人がＥ銀行に在籍していた当時から，上場企業のTOB又はMBOに関する情報を提供されては，これらの銘柄の株式を買付けていたものであり，被告人がＡに出向して，公開買付者等関係者の地位を取得した後も，引き続き被告人から当該企業の上記情報の提供を受けて，一般的にインサイダー取引を行う意思を有していたと認められる。しかしながら，前記のとおり，Ｙは，被告人から本件3銘柄に関するTOB又はMBOの情報の提供を受けて初めて，これらのTOB又はMBOが行われることを知り，株取引を開始したものであって，Ｙは，本件3銘柄について，被告人から重要事実を伝達されなければ，およそインサイダー取引を行うことは不可能であったと認められる。

一般に，教唆とは，正犯者に特定の犯罪を実行する決意を生じさせることをいうが，インサイダーの罪については，特定の公開買付等事実ごとに犯罪が成立すると解され，インサイダー取引の罪について教唆犯が成立するためには，特定の銘柄の公開買付等事実に基づく取引について，具体的に決意を発生させることが必要である。

これを本件についてみると，Ｙは，本件3銘柄について被告人から重要事実を伝達される前は，せいぜいインサイダー取引を行う一般的傾向を有していたにすぎず，具体的な犯行を決意し得なかったものであり，被告人から重要事実の伝達を受けて初めて，当該銘柄のインサイダー取引を実行する具体的な決意を固めたものと認められる。

したがって，被告人による本件3銘柄の重要事実の伝達は，金商法167条3項の罪の教唆に該当するというべきである。」

**2 金商法167条3項の罪の教唆犯の可罰性について**

〈中略〉

「 上記のような一般投資家の信頼保護の見地からインサイダー取引の規制の徹底を図ったという同条〔金商法167条—引用者注〕3項の趣旨からすれば，公開買付者等関係者が自己の犯罪を犯したといえる程度に，第一次情報受領者

7　インサイダー取引規制における情報伝達行為について

によるインサイダー取引に重要な役割を果たした場合に至らなくても，公開買付者等関係者が第一次情報受領者によるインサイダー取引の犯行を決意させたり，あるいはその犯行を容易にした場合には，証券市場の公正性と健全性を損なうことになり得るという意味においては，同条3項の教唆犯又は幇助犯として処罰する実質的な理由があり，その教唆又は幇助の手段が，重要事実の伝達の方法によるか，それ以外の方法によるかによって，区別すべき理由はないというべきである。

　さらに，弁護人が引用する2つの判例は，いずれも，特定の行為の相手方について，教唆，幇助はもとより，共同正犯を含むあらゆる共犯形式による処罰を否定したものと解されるから，共同正犯の可罰性に争いのない金商法167条3項の罪について教唆犯の可罰性を論じるには，適切でないというべきである。

　(5)　弁護人は，金商法が公開買付者等関係者から第一次情報受領者に対する情報伝達行為そのものを処罰する規定を置いていないことをとらえて，同法は，これを不可罰とする趣旨であると主張する。しかしながら，同法が情報伝達行為を処罰する規定を置いていないのは，公開買付者等関係者が第一次情報受領者に対して重要事実を伝達した全ての場合において，第一次情報受領者が実際に買付け行為を行うとは限らず，買付け行為が行われなかった場合には，必ずしも証券市場の公正性が害されるとはいえないことを考慮して，重要事実の伝達行為を一律に処罰するまでの必要性はないと判断したことによるものであって，およそ重要事実の伝達行為に可罰性がないということを意味するものではない。それゆえ，本件のように，公開買付者等関係者が第一次情報受領者に対して重要事実を伝達し，これを受けて第一次情報受領者が実際の買付けを行った場合に，公開買付者等関係者の行為を処罰すべきか否かは，解釈に委ねられているというべきである。」

　3　東京高裁平成27年9月25日判決

　これに対して，被告人・弁護人側が①事実誤認，②訴訟手続の法令違反，③法令適用の誤りを主張して控訴したが，東京高裁はいずれも理由がないとしてこれを退け，控訴を棄却した。本稿との関連で重要と思われる③の主張として，弁護人は，本件行為当時，情報伝達行為等を処罰する規定は置かれておらず，必要的共犯に関する最高裁判例の趣旨からも，また，平成25年改正によって初めて情報伝達行為等が処罰化された経緯に照らせば，改正前は不可罰であっ

たなどと主張したが，東京高裁は，次のように判示してこれを退けた。

「　このように，金融商品取引法は，公開買付者等関係者自身が公開買付け等に関する事実を知って自ら取引を行うことを規制しており，それに加えて第一次情報受領者による取引をも規制してインサイダー取引の規制の徹底をはかっているのであって，そのような金融商品取引法のインサイダー取引の規制のあり方に照らせば，同法167条3項違反の罪の教唆行為は十分に可罰的であると解すべきであって，その教唆行為に対して刑法総則の教唆犯の規定を適用することは，同条の立法趣旨に何ら反していないと解される。

〈中略〉

しかし，所論の引用する各判例は，本来の行為者である非弁護士や導入預金者等とは違法性や責任非難の点で相当異なり，それゆえに処罰からは排除されていることが立法の趣旨等から認められる関与者についてのものであって，本件とは事案を異にする。金融商品取引法は，前記のとおり，公開買付者等関係者が公開買付け等に関する事実を知って自ら取引を行うことも規制しているのであるから，所論指摘の判例とは法規制のあり方が異なっていることが明白である。また，一般にインサイダー情報の伝達，漏洩には，目的，相手方等に関し様々な場合があり得るのであって，不正取引に無関係な情報漏洩等を含めて一律に可罰性の有無を論じることは困難であるところ，他人がインサイダー情報を利用して不正な取引をすることを教唆，幇助する目的で情報を提供した場合には，その行為に可罰性があることは明らかであり，その処罰を免れさせる実質的な理由は何もなく，その場合には刑法総則の規定に従い不正取引をした者の共犯として処罰されるのは当然のことである。インサイダー情報の提供自体についてこれを一律に処罰する規定がないことのみから，金融商品取引法がどのような情報提供もおよそ処罰しないという趣旨で立法されているとは到底解されず，所論は採用できない。

〈中略〉

しかし，いわゆるインサイダー取引の教唆・幇助が一般に可罰的であったとしても，インサイダー情報の伝達等についてその処罰の要件や範囲を明確化するために新たな立法をすることはあり得るのであって，同改正時の金融審議会の議論でも，同様の立場から検討がなされて，インサイダー情報の伝達等を受けた者が売買等をしたことを処罰条件にするなどして立法化に至ったのである

*7 インサイダー取引規制における情報伝達行為について*

から，所論は採用できない。」

# 3　検　　討

## (1)　本件の意義

　本件第1審において，検察官は当初，公開買付等関係者である被告人について，主位的訴因として，第一次情報受領者Yの行ったインサイダー取引行為に対する共謀共同正犯が成立すると主張し，予備的訴因として，共同正犯が成立しないとしても教唆犯が成立すると主張した[6]。裁判所では検察の主張に即して判断がなされ，主位的訴因は否定され，予備的訴因が認められた。

　本件は，公開買付等関係者による第一次情報受領者への重要事実（インサイダー情報）の情報伝達行為の可罰性が問題となった事案であり，従前の金商法の規制枠組みでは，内部者による情報伝達行為それ自体が処罰化されていなかったこともあり，実務において参考となる重要判例であったと考えられる。もっとも，この種の行為は，上述のように平成25年改正によって直接的な規制対象とされたこともあり，今後は167条の2の規制対象となるであろうが，現行規制の対象行為の輪郭を明確化する上でも，本件のもつ意義を確認しておく必要があると考える。

## (2)　共同正犯の成否

### (a)　インサイダー取引罪における共同正犯の要件

　共同正犯とは「二人以上共同して犯罪を実行した者」であり，単独では犯罪の一部しか実行していない場合であっても，単独で犯罪全体を実行した場合と同様の法定刑が科され得る（刑法60条）。本件第1審判決は，共同正犯が成立するためには「犯罪を共同して遂行する意思を通じ合うこと（意思の連絡）に加えて，自己の犯罪を犯したといえる程度に，その遂行に重要な役割を果たすこと（正犯性）が必要である。」と判示しており，共同正犯が成立するためには①主観的要件としての「意思の連絡」と②客観的要件としての犯罪の遂行に対する「重要な役割」（正犯性）が必要であるとする。

---

(6)　前注(5)参照。

## (b) 意思の連絡

第1審判決は，意思の連絡については，包括的意思の連絡はないとしつつも，本件3銘柄に係る重要事実を伝達したと認められるとして個別的意思の連絡を肯定し，さらに，動機について，被告人は，融資の焦げ付きに関するYからの追及の矛先をかわしたいという思惑から，インサイダー取引の重要事実を含むTOB又はMBO情報を提供していたと考えられるとして，情報提供をする動機が十分にあったと判断している。

インサイダー取引罪における意思の連絡の内容としては，行為者が公開買付等に係る重要事実を他人に伝達することによって，その者が当該銘柄について「あるいはインサイダー取引を行うであろう」という未必的な認識・認容があれば十分だと考えられる。もっとも，この点については，後に検討するように，平成25年改正金商法167条の2が目的犯として規定されていることとの関係をどのように考えるべきか，留意する必要がある。

なお，共謀は正犯意思と意思連絡から構成されるが，判旨は意思連絡と正犯性に分けて検討していることからすると，主観的要件を意思連絡に限定しているようにも解しうる。この点は必ずしも明確ではないが，弁護人の主張（そもそも被告人に動機がなく，伝達や意思連絡もないとの主張）との関係上，判旨のような構成になったものと理解でき，正犯意思そのものは（要件としても本件における事実認定においても）否定していないものと考えられる。

## (c) 正犯性について

第1審判決はその上で，被告人が本件行為を「自己の犯罪」として行ったといえるだけの重要な行為を行ったかどうかを検討し，「重要事実の伝達行為が，インサイダー取引を行う上で，必要不可欠なものであったことは否定し得ないものの，これを超えて，被告人が重要な役割を果たしたとはいい難い」として共同正犯性を否定した。情報提供行為を必要不可欠なものと位置づけておきながら重要な役割ではない，という判示は，一見矛盾するように見える。

少なくとも，因果性（条件関係）だけを問題にするのであれば，「被告人の本件情報提供行為がなければYのインサイダー取引行為がなかったであろう。」といえることから，被告人の行為はインサイダー取引行為に対して重要かつ決定的な因果的寄与を果たしているといえよう。しかしながら，共同正犯の成立

#### 7 インサイダー取引規制における情報伝達行為について

は，因果的寄与のみでは尽くされない[7]。ここで本件判旨がいうインサイダー取引における正犯性を基礎付ける「重要な役割」とは，どのようなものであろうか。

この点について，インサイダー取引処罰の立法担当者は，インサイダーが「当該事実を知って，その公表の前に当該会社の有価証券の取引を行うことは，一般の投資家と比べて著しく有利となってきわめて不公平であり，（……）このような取引が横行するとすれば資本市場に対する信頼を失い，そのような市場は人々の信頼を失い，健全な投資家はそのような市場から退避することとなり，ひいては証券市場として果たすべき機能を果たし得なくなる」からである[8]と説明しており，最高裁判例（最大判平成14・2・13民集56巻2号331頁）も，証取法164条1項〔現行金商法も同じ〕について「上場会社等の役員又は主要株主は，一般に，当該上場会社等の内部情報を一般投資家より早く，よりよく知ることができる立場にあるところ，これらの者が一般投資家の知り得ない内部情報を不当に利用して当該上場会社等の特定有価証券等の売買取引をすることは，証券取引市場における公平性，公正性を著しく害し，一般投資家の利益と証券取引市場に対する信頼を著しく損なうものである。」としていたところである。

インサイダー取引が処罰されるのは，一般投資家が知り得ない情報をもつ者が市場に参加することによって，市場の公平性・公正性が害される，という点にある。インサイダー取引罪は，インサイダー情報を保持していること自体が処罰されるわけではなく，それを不正に流用して一定の利益を獲得しあるいは損失を免れることにある。ある者が公開買付等の情報の伝達を受けそれを保持しているか否かは，金商法167条3項所定の罪（第一次情報受領者によるインサイダー取引罪）の構成要件における「主体」性の問題である。公開買付者等関係者が情報提供行為を行ったからといって，必ずしもインサイダー取引行為が行われる訳ではない。本件における被告人の情報提供行為は，Yによる金商法

---

(7) 山口厚『刑法総論〔第2版〕』（有斐閣，2007年）324頁は，「教唆は犯意の惹起という意味で極めて『重要な因果的寄与』であるが，だからといって共同正犯となるわけではない」とする。なお，同『刑法総論〔第3版〕』（有斐閣，2016年）341頁は「重要な事実的寄与」と表現を変えている。

(8) 横畠裕介『逐条解説インサイダー取引規制と罰則』（商事法務研究会，1989年）9-10頁。

146

〔長井長信〕 3 検 討

167条3項違反罪の前提条件・必要条件ではあるが，それ自体としてYの実行行為に対して決定的な影響を与えたとはいえない。単なる情報伝達行為は，共同正犯性を基礎づける「重要な役割」とまではいえないであろう。

これに対して，取引推奨行為は，特定銘柄等に関する重要情報を具体的に知らせることなく，当該取引を勧めるものであり，情報の具体性が欠如していることからすれば，インサイダー取引の誘因としては強く働かないようにも思えるが，逆に，「他ならぬその人（会社関係者等）が勧めるから……」という理由で株等の売買へと決意することも十分にあり得ることである。しかしこの場合にも，取引を推奨された者は取引に出るか否かを自由に決定できたのであれば，インサイダー取引罪の正犯性を認めるための十分な寄与があったとまではいえないであろう[9]。

いずれにせよ，単なる情報伝達行為や取引推奨行為は，インサイダー取引行為の大きな誘因となり得るものであり，インサイダー取引防止の観点からは規制の必要性の高いものではあるが，それ自体としてインサイダー取引行為と同等の当罰性をもつものといえるかは，なお議論の余地があるだろう。

### (3) 教唆犯の成否

本件では，弁護人が，第一次情報受領者によるインサイダー取引は処罰されるが，公開買付者等関係者による情報伝達行為はそれ自体として不可罰であるから，被告人に金商法167条3項の罪の教唆犯が成立することはない，として必要的共犯に関わる論拠を主張した。

確かに判例（最判昭和43・12・24刑集22巻13号1625頁）は，「ある犯罪が成立するについて当然予想され，むしろそのために欠くことができない関与行為について，これを処罰する規定がない以上，これを，関与を受けた側の可罰的な行為の教唆もしくは幇助として処罰することは，原則として，法の意図しないところ」としており，特段処罰規定を置いていない場合は，立法者はこれを想定しておらず，原則として共犯規定を適用した処罰をしない[10]。学説においても，立法者意思や被害者的地位，可罰的責任の観点から，あるいは，正犯が

---

(9) この点につき，鈴木優典・刑事法ジャーナル40号（2014年）162頁注(15)も参照。

(10) もっとも，共犯処罰を肯定した判例もある（大判昭和14・7・19刑集18巻417頁，最判平成9・9・30刑集51巻8号671頁）。

7 インサイダー取引規制における情報伝達行為について

不特定の第三者と繰り返し共働する可能性があるかどうかといった観点から共犯規定の適用がない場合があることは認められている[11]。

第1審判決は「公開買付者等関係者が第一次情報受領者によるインサイダー取引の犯行を決意させた……場合には，証券市場の公正性と健全性を損なうことになり得るという意味においては，同条3項の教唆犯又は幇助犯として処罰する実質的な理由があり，その教唆又は幇助の手段が，重要事実の伝達の方法によるか，それ以外の方法によるかによって，区別すべき理由はない」として，明確に共犯の成立しうることを認めた。また，控訴審判決も，情報伝達・取引推奨行為等がインサイダー取引罪の共犯としても十分処罰可能であることに加え，インサイダー取引規制の観点からは，これらの行為を新たに規制対象とすることは，立法政策としても十分あり得るものだと判示したのである。

金商法167条3項の罪の主体は公開買付者等関係者から公開買付等事実の伝達を受けた者（第一次情報受領者）であり，必然的にその前段階としての情報伝達・提供行為が予定されている。この種の行為の可罰性について，立法担当者は明確に「教唆犯，幇助犯として処罰の対象になる」[12]としており，立法者の意思としては，これらの行為は共犯処罰に委ね，独自の処罰規定を設けなかった，と理解することができる。また，実質的に考えても，情報伝達者が被害者であったとか，可罰的責任がない，あるいは第一次情報受領者の行為に増幅不法があったなどとはいえないことから，金商法167条3項の罪の教唆犯の成立を認めたことは正当であろう[13]。

## ⑷　情報伝達行為・取引推奨行為とインサイダー取引罪との関係

### ⒜　問題の所在

先に見たように，平成25年改正により，情報伝達行為と取引推奨行為がそれ自体として禁止されることになったが（法167条の2），情報伝達者・取引推

---

⑾　豊田兼彦『共犯の処罰根拠と客観的帰属』（成文堂，2009年）106頁参照。

⑿　昭和63年5月19日参議院大蔵委員会会議録第15号20頁。なお，鈴木・前掲注⑶163頁注⒆参照。

⒀　横畠『逐条解説インサイダー取引規制と罰則』127頁。さらに，佐伯仁志「刑法から見たインサイダー取引規制」金融法務事情1980号（2013年）8-9頁，同『刑法総論の考え方・楽しみ方』（有斐閣，2013年）423頁，豊田兼彦・法セ709号（2014年）123頁。なお，小島・金沢法学59巻1号71-72頁も参照。

奨者が処罰されるのは，情報受領者・被推奨者が重要情報の公表前にインサイダー取引を行った場合に限られる（同法197条の2第14号・15号）。本罪は，情報伝達行為・取引推奨行為がいわゆる「独立教唆罪」ないし「独立幇助罪」として規定されているわけではなく，常に情報受領者あるいは被推奨者のインサイダー取引行為が要求されているのである。

　本件では，被告人の行為について情報受領者によるインサイダー取引罪に対する教唆犯が認められたわけであるが，現行規定の下では，被告人のような行為はそれ自体として情報伝達罪に該当し，それが同時に，情報受領者のインサイダー取引罪に対する教唆犯として評価しうることになる。情報伝達行為ないし取引推奨行為がそれ自体として「正犯」行為として評価されると同時に，関与の態様に応じて，後に続く情報受領者なし被推奨者のインサイダー取引罪の共同正犯あるいは教唆犯ないし幇助犯としても評価しうることになるのである。

(b)　情報伝達行為等のみが行われた場合

　まず，本件事案と同じように，情報伝達・取引推奨行為のみが行われたにすぎない場合には，情報伝達罪・取引推奨罪のみが成立することになる。この場合，情報伝達・取引推奨行為はそれ自体として，情報受領者・被推奨者のインサイダー取引に対する教唆行為ないし幇助行為として評価されていることに他ならない。この限りにおいて，情報伝達・取引推奨行為が別途同時に教唆犯・幇助犯として成立することはないのである。これは裏を帰せば，情報伝達・取引推奨行為以外の関与行為がある場合には，別異の評価の可能性があるということを意味する。

　情報提供罪・取引推奨罪の構成要件は，インサイダー取引への多様な関与形態のうちの特定の類型を正犯として立法化したにすぎず，その関与形態が別途共同正犯あるいは教唆犯ないし幇助犯としての評価にあたり得る可能性を排除するものではない。

(c)　情報伝達者等を共同正犯と評価しうる場合

　本件第1審の判旨によれば，情報受領者等によるインサイダー取引罪の（共謀）共同正犯が認められるためには，関与者がインサイダー取引に対して「重要な役割」を果たしたことが必要である。単なる情報伝達ないし取引推奨だけでは，通常，共同正犯は成立しないことになる。

## 7 インサイダー取引規制における情報伝達行為について

　まず，会社関係者等が他人に情報伝達ないし取引推奨を行い，同時に情報受領者・被推奨者のインサイダー取引に対して重要な役割を果たしたといえる場合，例えば，XがYに重要情報を伝達した後，さらに当該取引で得た利益の分配に与ったような場合には，Xには情報伝達罪とインサイダー取引罪の（共謀）共同正犯の2罪が成立することになる。この場合に，両罪の罪数関係をどのように解すかが問題となる。

　この場合，いわば「本命」としてのインサイダー取引罪の共同正犯とその「前段階」としての情報伝達罪・取引推奨罪とを比較するなら，インサイダー取引罪（の共同正犯）の方が不法評価としては重いはずだともいえそうであるが，両罪の法定刑はともに，行為者（自然人）については5年以下の懲役若しくは500万円以下の罰金又はこれの併科（197条の2第13号及び14号・15号），法人については5億円以下の罰金（207条1項2号）と同じである[14]。少なくとも，立法者意思としては，そこに違いは見られない[15]。その意味では，情報伝達罪・取引推奨罪のうちの幇助犯的関与にすぎない行為についてはある意味での「格上げ」がなされている，ともいえるであろう。

　情報伝達・取引推奨とインサイダー取引罪とで不法評価に違いはあるかについては暫く措くとしても，関与形態が教唆犯的な関与から共同正犯へと発展した吸収関係として捉えるか，あるいは，同一法益に対する複数の行為として包括的に評価するか，いずれにせよインサイダー取引罪の共同正犯として論ずれば足りるであろう。

---

[14]　ドイツ有価証券取引法（das Wertpapierhandelsgesetz）では，情報伝達行為と取引推奨行為はいずれもインサイダー取引行為のいわゆる「前段階構成要件（Vorfeldtatbestand）」として位置づけられ，これらはいずれも禁止の対象とされ（14条1項），インサイダー取引には刑罰（自由刑と罰金）のみ，情報伝達と取引推奨には刑罰（自由刑と罰金）と秩序違反法上の制裁金（Geldbuße）という二元的な制裁が用意されており，インサイダー取引と情報伝達・取引推奨とで若干異なる対応となっている（vgl. Assmann u.a., in: Assmann/Uwe H. Schneider (Hrsg.), WpHG, 6. Aufl. 2012, § 14 Rz. 1ff. insbes. 63, § 38 und § 39）。

[15]　もっとも，166条及び167条違反に係るインサイダー取引によって得られた財産は必要的没収・追徴の対象であるが（198条の2第1項1号），167条の2違反は没収・追徴の対象とはなっていないという限りで，違いはある。このような違いを不法評価の違いとして理解すべきかについては，なを議論の余地があろう。

### (d)　情報受領者等を狭義の共犯と評価しうる場合

前記(b)で確認したように，情報伝達者・取引推奨者が同時に別途情報受領者・被推奨者のインサイダー取引に対して教唆行為ないし幇助行為を行った場合には，理論的には，情報伝達罪・取引推奨罪とともにインサイダー取引罪の教唆犯ないし幇助犯が成立しうることになるが，結論においては，これらを厳密に分類・認定して罪数関係と論じることの意味は見い出せないだろう。なぜならば，仮にこれらの場合に両罪の成立が実際にも理論的にも認め得たとしても，罪数論としては，同一法益に対する態様の異なる侵害ないし危殆化行為として包括一罪としておけば足りるからである。

### (e)　ま　と　め

以上を要するに，情報伝達罪・取引推奨罪が成立するとともにインサイダー取引罪の共同正犯あるいは教唆犯ないし幇助犯の成立が想定できる場合のいずれにおいても，それはひとしくインサイダー取引罪を中心とする共犯的関与のバリエーションにすぎず，金融商品取引市場の公平性・公正性に対する危険犯と捉えるならば，これらを包括一罪としておけば足りると考えられる。

## 4　おわりに

本件は，被告人ＸとＹとの共謀を否定しつつ，共同正犯と教唆犯の区別基準を明確に示した。第１審判決の指摘するように，インサイダー取引罪の共同正犯が成立するためには，情報伝達者において取引遂行のための「重要な役割」を担っていることが必要であり，情報伝達者たる「主体」性を付与するだけでは「重要な役割」を果たしたとはいえないことを示した点において，重要な意義があると思われる。この点は現行の情報伝達罪・取引推奨罪とインサイダー取引罪の共同正犯との限界を画する意味においても重要な解釈指針，事実認定の判断基準となりうるものであろう。

もっとも，本件のような情報伝達行為あるいは取引推奨行為は課徴金納付命令の対象でもあり，実務的にはむしろ本制度による規制の方が主流となっており，その傾向は今後ますます強くなることであろう[16]。今後は，課徴金と刑罰

---

(16)　証券取引等監視委員会による告発の実施状況につき，同委員会ホームページ「犯則調査」（http://www.fsa.go.jp/sesc/actions/koku_joukyou.htm），また，課徴金納付命令勧告等につき，同「取引調査」（http://www.fsa.go.jp/sesc/actions/torichou.htm）参照。

### 7 インサイダー取引規制における情報伝達行為について

の対象となりうる情報伝達行為及び取引推奨行為の成立要件を具体的事例に則して明確化する[17]とともに，課徴金による対応のみで済む場合と告発を必要とする場合とにどのような違いがあるかも検討する必要があるだろう。これらの課題は他日を期すことにしたい。

---

[17] 課徴金勧告事案につき具体的に検討するものとして，志村聡・美﨑貴子「インサイダー取引規制における「情報伝達・取引推奨規制」の適用」商事法務 2096 号（2016 年）4 頁参照。

# 8 もう一つの背任罪

——フランスの会社財産濫用罪が示唆するもの——

京 藤 哲 久

1 はじめに　　　　　3 フランスの会社財産濫用罪
2 外 国 の 例　　　　4 お わ り に

## 1 は じ め に

（1）　刑法247条の背任罪は，財産犯解釈の難問の一つである。背任罪は何を処罰しようとした犯罪類型なのだろうか。

（a）　背任罪は，主体（他人のためにその事務を処理する者）も，行為（その任務の背く行為）も，また，その行為の目的（自己若しくは第三者の利益を図り又は本人に損害を加える目的）も，広汎かつ一般的で，明確な輪郭を持つ犯罪の像として浮かび上がってこない[1]。そのうえ，背信説という処罰範囲の限定が難しい考え方を基礎とした解釈論が通説的見解となっているため，これが背任罪の構成要件をさらに押し広げる圧力となっている（権限濫用説を支持する見解はごく少数である。）。そのため，背信説に立ちつつ処罰範囲が広くなり過ぎないようこれを限定して行くという考え方が方向感としては支持されているが，このような限定が本当に可能かについて確かな見通しがあるわけではない。

---

[1]　背任罪の構成要件は広すぎないか。戦後の刑法改正をめぐる議論より戦前の刑法改正仮案ができる過程における議論のほうが，背任罪の規定の処罰範囲の広汎さについて問題意識，危機意識が抱かれていた。議論を主導した一人である泉二新熊委員の説明のなかで，横領罪を本人が財産殊に金銭を恣に処置すると云う行為と不正利得の目的を以て自己の占有するものを領得する場合と並べて二つともはっきり書き分けている立法例があることを紹介したうえで（横領罪の成立範囲をここまで拡張しておくなら，という趣旨だろう），「さう云うことを書き分けている外国の立法例では，現行法の247条のように広い規定は一寸見当たらないのであります。」（第28回会議（昭和14年7月18日）「刑法並びに監獄法改正調査委員会議事速記録　法務資料別冊23号」440頁）。

『変動する社会と格闘する判例・法の動き』渡辺咲子先生古稀記念〔信山社, 2017年3月〕　*153*

## *8* もう一つの背任罪

これらの弱点を補う要件がないわけではない。背任罪は他の財産犯（個別財産に対する罪）と異なり，本人に財産上の損害を加えることが要件とされている。この財産上の損害の要件が背任罪の処罰範囲を相当程度限定する役割を果たしている。しかし，財産上の損害を経済的意義，経済的法的意義，法的意義のいずれで考えるとしても，同罪は未遂犯を処罰している。未遂犯については財産上の損害の発生という結果発生は必要でないから，この要件が処罰範囲を限定しその成立範囲を明確にする役割は限られている。

(b) 背任罪にはその適用にあたって，横領罪が成立しない場合に背任罪の成否を検討するという基本指針のようなものが存在する。それによりどのような場合に背任罪が成立するかはある程度明確にされている。しかし，これにも理解に苦しむ部分があり，首尾一貫した指針とまでは言いにくいし，これに対する批判的見解も存在している。

(c) 背任罪の主体，行為を解する際には，同罪はよほど重大な場合に成立する犯罪であると考えて，とくに任務違背行為をどう解するかについては様々の解釈上の提言がなされている[2]。他方で，背任罪については，横領罪が成立しない場合に補充的に背任罪の成立が検討される（成立要件の縛りがあるから，つねに成立するわけではない。）と考えられている。

この二つは矛盾するだろう。前者は，個別財産に対する罪としての財産犯では処罰できない場合でなおかつ処罰に値すると考えられる重大事案に対して背任罪が用意されているという重大な場合を取り出すという考え方である。後者は，個別財産に対する罪としての財産犯（横領罪）の不備を補う軽い犯罪として，いわば個別財産に対する罪から漏れてしまっている軽い場合をカバーするという考え方である。軽い補充的な性質の犯罪がよほど重大な場合にこそ成立する犯罪であるというのは矛盾である。

なるほど刑法典の背任罪の刑罰（5年以下の懲役又は50万円以下の罰金）は，他の財産犯（領得罪）のそれと比較すると軽い。しかし，過去に，刑法典中に

---

(2) 江家義男「背任罪の研究」『江家義男教授刑事法論文集』（早稲田大学出版部，1959年），上嶌一高『背任罪理解の再構成』（成文堂，1997年），内田幸隆「背任罪の系譜，およびその本質」早稲田法学会誌51巻105頁（2001年），品田智史「背任罪における任務違背（背任行為）に関する一考察（一）（二・完）」阪大法学59巻1号101頁，59巻2号265頁（2009年），島田聡一郎「背任罪における任務違背行為」『植村立郎判事退官記念論文集　第一巻』（立花書房，2011年）等。以下，出典の註は最小限にとどめた。

〔京藤哲久〕　　　　　　　　　　　　　　　　　　　　　　　　1　はじめに

業務上背任罪の規定を設けるという提案がなかったわけではない。また，現行法でも，会社法等に特別背任罪のように重い刑罰を科す背任罪の特別規定が存在する。それに，刑罰の重さだけを決め手として背任罪と他の財産犯との軽重を決するのは機械的に過ぎ（違法の大小だけでなく，類型化しうる責任の大小も刑罰の重さに反映している。違法性は重なるが，責任は重ならない。），理論的にも正しいアプローチとはいえない。

　少なくとも，社会的実在としての背任罪の解釈は自家撞着に陥っているように見える。

　(d)　整合的な理解に困難を覚える場合，実はそこに複数の異なる性質のものが混じっていることが多いというのが経験の教えるところである。軽いほうの処罰と重いほうの処罰という二兎を追ってきた背任罪を二つに分け，財産犯としての背任罪（2項横領的な補充的財産犯）と財産犯の外にある背任罪（背任罪の特別法からはみ出す特別背任罪）の二つを切り離して扱ってみるのが（どちらの背任罪にも，原則的な犯罪，軽減的・加重的な犯罪を設けることはありうる），問題を簡明にし，かつ，処罰範囲も明確にできる有望な道筋ではないだろうか。

　本稿は，このうち，財産犯の外にある背任罪規定について検討を加えている[3]。論文に，「もう一つの背任罪」というタイトルを付けたのは，このような理由からである。

---

(3)　本稿で扱わない財産犯としての背任罪について，私はこれも必要と考えているので，ここで簡単に触れておく。刑法上の背任罪が必要とされる今日的な領域というのは存在する。横領罪の物概念を拡張したとしても（取ってしまったら被害者の手元から消えてしまう性質に着目して，移転して被害者の手元から消えるものとして扱われる性質の「利益」（金銭の様々な形態など）を「物」に含めて考えるとしても，それでは説明できないため）横領罪では処罰できない場合がある。このような場合で背任罪の成立を認めてよい事案として，販売店のコンピュータに会社に無断でソフトをインストールした総合コンピュータ事件がある（東京地判昭和60・3・6判時1147号162頁）。インストールしたとしても，情報であるソフトが被害者の手元から消えてなくなるわけではない場合，横領罪の成立を認めることは難しく，この限界を補うものとして背任罪のような補充的規定が必要である。このような規定が必要とされるのは，現代社会が情報を物体から切り離して移転できる技術の発達に伴い情報自体が価値ある財産として存在するようになったことの結果である。なお，処罰時期は少し遅くなるだろうが，横領罪の未遂段階の行為を背任罪で処罰すると考えるなら，処罰不処罰の境界がどんどんあいまいになって行くので，この方向で考えることは適切でない。伝統的な考えの下でも，全体財産に対する罪の成立が個別財産に対する罪の成立に先立つというのは解せない結果であろう。

*8* もう一つの背任罪

　この二つの背任罪では，財産上の損害の発生が必要とされる法解釈上の意味が異なってくる。前者では財産上の損害の発生は財産犯の成否を左右する不可欠の要件である。後者では財産上の損害の発生は，それなくしては処罰範囲が明確にならないことから，犯罪の成立範囲を明確にし，その処罰範囲を限定する要件である。同じ要件でも，その性質，役割が異なる。前者は違法性の実質を解明するのに不可欠の要件だが，後者は，むしろ法治国的要請，罪刑法定主義の要請のために必要とされる要件である。

　これまで背任罪には二つの異なる性質の犯罪が混在していることを看過したまま背任罪を検討してきたのではないか。この問題意識は，渡辺咲子先生が抱き続けてきた疑問である。先生の実務家としての経験に裏付けられた違和感と鋭い直観には理由のあることが多く，私はそこから多くを学んできた。先生の古稀をお祝いする機会に，先生が長年抱いてきた疑問に少しは向き合ってみようと考え，まだ外堀を埋める程度のところまでしか進んでいないが，本稿を思い立った次第である。

## 2　外 国 の 例

　(1)　外国で背任罪周辺の行為がどのように処罰されているのかを検討すると，立法政策として，多様な選択肢があることに気付かされる。

　財産犯のなかに収賄罪の規定を取り込むことには違和感があるだろう（もっとも，過去には，商法の背任罪の規定を刑法に取り込むという問題意識が働いて，収賄罪の規定も置くという立法提案は存在した。）。これに対して，日本の会社法罰則もその例だが，特別背任罪の周辺的な規定として収賄罪の規定を設けることについては違和感を覚えないだろう（会社役員の背任行為を特定して処罰することは難しいが，会社役員が外部から金品を収受する行為は証拠さえあれば証明もしやすいし，こうした行為はその者の背任行為の存在を強く疑わせるから，収賄行為を処罰対象に含めあわせて規定することは不自然ではない。）。このような問題意識から特別背任罪と収賄罪をワンセットの刑罰法規と理解することは不思議ではない。国際的な議論では，汚職の罪（corruption）のなかで，背任罪と収賄罪とが一緒に取り扱われることが多く，これらの犯罪が密接に関連していることを考えると，このような整理にも理由がある。

　日本の商法罰則についても，その歴史的沿革に照らすと，早い時期から，背

*156*

〔京藤哲久〕　　　　　　　　　　　　　　　　　　　　2　外国の例

任罪と収賄罪はセットで規定することが構想されていた。このような商法，会社法の構成には一定の必然性があり，これは比較的新しい犯罪とされる背任罪の本質と関係しているのではないだろうか。

　(2)　ドイツの背任罪規定（濫用構成要件と背信構成要件とがある。背信構成要件のほうは，日本の背任罪の規定に比較的近いが，1930年代（ナチス政権の時代）に条文に取り込まれ，今日に至っている。）は日本の背任罪と比較しやすいこともあり，なじみもあるので，その解釈は参考になることが多い。しかし，ドイツの刑法学者のなかには，背信構成要件について，その要件が漠然かつ広汎であるとして強い批判をする者もおり（日本の背任罪の規定もそうだが，どのような行為であっても背任罪の要件にあたるように見えてしまう，という批判をする者すらいる。），その批判のトーンは強く，背任罪規定に対する憲法上の疑義が提出されるほどである。

　ここでその歴史的沿革に立ち入ることはできないが，ドイツの背任罪の規定は，もともとは後見人のように被後見人のためにその財産を管理する無制約の権限のある者が被後見人の財産を使い込んでしまうような場合を想定して，被後見人を保護するためどうしても刑罰をもって対処すべきことからつくられた犯罪（濫用構成要件だけの背任罪の登場）であった[4]。

　財産を自由に処分できる完全な権限が行為者に認められている場合，財産犯で処罰することは難しい。そうであるなら，背任罪は財産犯による保護に限界がある場面でこそ登場した犯罪ではないだろうか。濫用構成要件の部分はこのような犯罪であった。

　遠慮がちに歴史の舞台に登場した背任罪の処罰根拠について，後見人の権限の濫用に違法性の実体を見いだすか，後見人の背信性に違法性の実体を見いだすか。どちらの考え方も可能であったが，ドイツは背信構成要件を導入することで，背任罪に後者の方向を取り込んだ。そして，背信構成要件が導入されることで，背任罪の処罰範囲も処罰根拠も一挙に拡大することになった。

　後見人は被後見人に対して法定代理の関係にある。本人の意思に基づく任意代理と構成は似ているとしても，法定代理のほうは私的自治を補充するものだ

────────────
(4)　江家・前掲注(2)が詳しい。

## 8 もう一つの背任罪

が，任意代理のほうは代理権の授与を通じて私的自治を拡張するもので，厳密には，その正当化根拠は異なるのではないだろうか。私的自治を補充するものとして法定代理と似ているのが組織法における代表の観念で，法人そのものには意思がないから法人の機関は不可欠になる。後見人の犯罪に必要とされた背任罪と会社の機関の犯罪に必要とされる背任罪とは，この点で共通するものがある。どちらも権限行使の根拠となる代理，代表される者の授権の意思は擬制されている。どこかで，この擬制された意思に基づく権限濫用の実体を，任意代理の場合の授与された代理権の濫用の問題と取り違えてしまったのではないだろうか。性質の異なる対象に同一の技術を用いることはあるが，しかし，同じ技術が用いられるからといって対象の性質が同一ということになるわけではない。

私は，今のところ，行為者がその財産を所有者のように自由に処分できない場合に成立するのが横領罪（また，その周辺類型としての背任罪）で，他方，行為者がその財産を所有者のように自由に処分できる場合には，もはや財産犯は成立しないため，背任罪（特別背任罪。以下では，背任罪をこの意味で用いている。）が登場したものではないかという見通しを立てて問題を考えている（厳密には，会社の機関の場合だけでなく，法定代理の場合にも背任罪が必要である。）。後述するフランスの法制度は，このような見方に近いと考えたので，本稿で紹介を試みている。

ドイツでは，かつては刑法の背任罪の規定のほか，会社法（有限会社法旧81a条，株式法旧294条）にも背任罪の規定があった。1969年の第1次刑法改正法で，刑法266条に背任罪規定が用意されていることから，会社法関係の背任罪規定は屋上屋を重ねるものであるという理由ですべて削除されてしまった。しかし，この大胆な決断については，そのような立法者の決断を支えるだけの十分な根拠はないし，また，刑法典の理由書においても，木で鼻を括ったような説明しかなされていなかったことから，この立法政策上の決断は十分な考慮に基づくものではないとして批判する者もいる[5]。

日本のように刑法典にも会社法にも背任罪の規定がある法制度と較べると，ドイツでは刑法典にしか背任罪の規定がないが，これはどちらかというと，以

---

[5] K. Tiedemann, Kommentar zum GmbH-Strafrecht (1981) Vor §82 Rn. 11.

〔京藤哲久〕　　　　　　　　　　　　　　　　　　　　　2　外 国 の 例

上のような立法の沿革に由来する偶然の所産である。

　ドイツでは，刑法典以外に背任罪の（特別）規定がないことから，刑法典の背任罪の解釈のなかですべての問題を検討せざるをえない。コンメンタールのなかには，背任罪を検討する際，その処罰対象として，とくに機関背任（Organsuntreue）の類型を別に取り出して解釈論を展開しているものがある[6]。こうした取り扱いのなかに，機関背任に関する背任罪の解釈を刑法典の背任罪の個々の要件の解釈のなかに解消することに対する多少の躊躇を見てとることはできないだろうか[7]。刑法典外の背任罪を全廃した立法政策に対する批判をも考え合わせるなら，その背後には，刑法の背任罪ですべてを一刀両断に解決する発想とは異なる発想も存在するのではないだろうか。

　(3)　背任罪について，上記のドイツとは異なる立法政策を採用する国もある。フランスの立法例がその一つである。

　フランスの刑法典には横領罪はあるが背任罪はない。他方，商法典（現在，大商法典と読んでよいほど，関係ある規定は何でも取り込んだ大法典となっている）には，日本の会社法罰則とよく似た詳細な罰則体系が存在し，そのなかに「会社財産濫用罪」（abus des biens sociaux）として，背任罪に相当する規定がある（241条の3，242条の6等）[8]。

　この会社財産濫用罪は，経済犯罪，会社犯罪の代表的な犯罪であり，会社刑法の要石をなす存在として，重要な役割を果たしている（「会社財産濫用罪」（広義）は，厳密には，会社の財産を濫用する罪，会社の信用を濫用する罪，権限を濫用する罪，行使を委任された票（議決権）を濫用する罪の四つからなり，括るなら，財産の濫用（前二者）と機関の権限の濫用（後二者）を犯罪としている（abus des biens sociaux, crédit, pouvoir et voix）。）。

　法人である会社の機関には，法制度上，会社財産を自由に処分できる完全な

---

　(6)　Leipziger Kommentar 12 Aufl. §266（B. Schünemann）.

　(7)　これは背任罪の二つの構成要件に由来する二元説と一元説の対立とは，関係はあるだろうが，さしあたり直接の関係はない（二元説，一元説については，品田・前掲注(2) 59巻1号132以下参照）。刑法の背任罪の本質は何かという問題とこの刑法の背任罪と会社法の特別背任罪は性質が異なり（少なくとも刑法の背任罪に還元できず），両者は別に扱うのが適当ではないかという問題とは異なるからである。

　(8)　内田・前掲注(2)131頁以下。

## 8 もう一つの背任罪

権限がある。そのため，その権限を法律や定款の定めに従って行使する限りでは，これを刑法典の財産犯の対象とはなしえない。しかし，有限会社，株式会社のような有限責任会社の取締役等による権限の濫用が会社の財産に損害を与える行為は考えられるので，商法上の犯罪としてこれに罰則を科している。株式会社のように，法律でしっかりとした統治構造をもつよう義務付けている会社については，機関の責任を問うにとどまっているが，他方，株式会社ほどしっかりした統治構造を持たなくとも設立できる有限会社については，行為主体を法律上の経営者にとどまらず，事実上の経営者にまで拡張している。この規制の仕方の違いも興味深い。

会社財産濫用罪は，刑法典の横領罪によっては処罰できない場合ではあるが当罰性の認められる事案，すなわち，行為者に客体の完全な処分権限が認められているので伝統的な財産犯（個別財産に対する罪）では処罰できないことからこれを犯罪としたもので，伝統的な財産犯の射程外にある問題に対処する犯罪類型である。特定物，代替物のような個々の権利，利益を侵害するものではないため財産犯で処罰できない場合でも，民事法上の解決に委ねるだけでは適当とはいえない当罰性の高い行為というものは存在する。会社財産濫用罪が対象としている行為はこうした当罰性の高い行為の代表的なものの一つである。


(4)　フランスの会社財産濫用罪は，社会を支える重要な存在である会社が経済スキャンダルにまみれた1930年代の経験を背景に導入された。ほぼ同じ時期に日本の特別背任罪も，ドイツの背信構成要件も導入されている。偶然のことではないだろう。

膨大な資金を要する事業のため大衆から資金を集めこれを運用して事業を遂行する株式会社の仕組みは資本主義に適合的なよく工夫された仕組みで，株式会社の発生自体には合理的な理由がある。目的とする事業を効率良く遂行するには有能な経営者が必要で，資金の持ち主が大衆である場合にはもちろん，少数の資産家であった場合でもその資産家が経営の才を兼ね備えているとは限らないから，有能な経営者を採用する必要があり，株式会社制度が所有と経営の分離を経験することになるのは必然である。そして今日，経営に携わる会社の機関には絶大な権限が与えられている。

絶大な権限が認められるところにはカウンターバランスが必要である。会社

の機関として行動する経営者がその絶大な権限を濫用して会社の財産をほしいままに用いて損害を与えることがないよう，会社組織には，会社の機関として経営に携わる経営者を監視する仕組みが組み込まれる。この仕組みの工夫と改善の歴史は，（主として取締役会の構成と役割をめぐる）成功と失敗の積み重ねの歴史で，常に手が加えられ，そして失敗し続けている。監視がうまく機能しないこともあるし，監視者が監視される経営者と共謀することもあるため，会社経営に専門知識を有して携わる経営者が清貧な精神を見失うと，巨万の富を手にすることも可能になる。度を過ぎるなら会社の活力を殺ぎかねないし，会社が破綻して多くの者を巻き込む経済スキャンダルともなれば，大きな社会的混乱を招いてしまう。会社財産濫用罪（背任罪）はこうした不安が醸成される時期に登場したし，また，つねに社会的注目を浴びる犯罪現象である。

背任罪の登場は，無責任な経営者による野放図な経営と会社の破綻が引き起こす経済的混乱に由来するもので，これは伝統的な財産犯が市民社会に由来するのとは異なっている。フランスの法制では，財産犯のなかに背任罪の規定が含まれていないので，このような事情が法制度によく反映されている。

わが国の特別背任罪についても，その沿革を子細に検討して行くと，商法，会社法の背任罪の規定が，当初，ヨーロッパ諸国の会社法の罰則をもとに構想され，それが刑法の背任罪の規定の導入と複雑に絡み合うなかで忘れ去られていったという曲折を経ているのではないだろうか[9]。

## 3　フランスの会社財産濫用罪

(1)　フランスの商法典（Code de commerce）は全体で9部からなる。第2部が商事会社及び経済利益団体に関する規定で，いわゆる会社法部分に相当する部であるが，その第4編に罰則規定がある。

(a)　罰則規定は全9章からなり，詳細である。大別するなら以下の3つに分けられる。

1章から5章には，会社形態に即して，有限会社，株式会社，株式合資会社，略式株式会社，欧州会社に関する罰則が，6章には，共同出資による企業活動に即して，共同出資会社（joint stock company）が発行する譲渡可能証券

---

(9)　花井卓蔵の役割が大きいが，その思想，活動の多彩さのため，この過程はまだよく解明されていない。

## 8 もう一つの背任罪

に関する犯罪が，7章から9章には，その他の罰則規定で，行為主体に即して，様々な共同出資形態の企業活動に共通する犯罪に関する罰則（行為主体の範囲を拡張），株式会社・欧州会社の代表権のある経営責任者に関する規定，自然人に関する追加的な罰則の規定がおかれている。

(b)　フランス法における会社形態と会社財産濫用罪の関係について整理しておこう。

フランス商法典第2部第2編は，様々な企業形態について規定をおいている。

そのうち，第1章，第2章が規定する，無限責任社員が存在する合名会社や合資会社については罰則規定が存在しない（一般法である刑法典の横領罪（Abus de Confiance）等の規定の適用は可能であると理解されている（M. Delmas-Marty）。）。

会社法の罰則は，有限責任会社，すなわち有限会社，株式会社，株式合資会社，略式株式会社，欧州会社について設けられている。この会社法罰則の基本的な規定が，有限会社の会社財産濫用罪（241条の3），株式会社の会社財産濫用罪（242条の6）である。そして，株式合資会社，略式株式会社，欧州会社については，株式会社の会社財産濫用罪（242条の6）の規定が準用されている。

これらの有限責任会社では，当然ながら，機関の設置が不可欠である。会社財産濫用罪は，この機関を有する会社について，会社と機関との関係に着目しておかれた犯罪類型である。

これは，同罪が，所有と経営の分離に伴い，経営に携わる者の統制，監督が必要になったことから設けられた罰則規定であることを意味する。会社制度が発達している先進国では，こうした統制，監督の仕組みは欠かせないものなので，規制の形式は様々であるとしても，必ず同様の機能を果たす制度が存在する。民事法的な解決には限界があると考えられるなら，罰則を用いた規制が行われるか，少なくとも，こうした方向が志向されることになるだろう。

合名会社や合資会社のように無限責任社員が会社を経営する場合には，会社の命運は無限責任を負う社員自身の命運をも左右するから，自ずと自己規制が働き，規制の必要性は相対的に小さいが，他方，所有と経営が分離した会社の場合には，機関である経営者に対する規制は不可欠である。このように考えるなら，後者についてだけ罰則が用意されている事情は理解しやすい。

〔京藤哲久〕

## (2)　会社財産濫用罪⑽

有限会社の会社財産濫用罪も，株式会社の会社財産濫用罪も，その骨格は同じであるが，ほとんど紹介されていない領域であるから，以下では，重複を厭わず紹介したい。

「会社財産濫用罪」（広義）には，以下の4つの犯罪類型が含まれている。

### (a)　有限会社の会社財産濫用罪の成立要件

（i）　フランス商法典241−3条4項には，会社財産濫用の罪（狭義）と会社信用濫用の罪の二つが規定されている。

「経営者（gérants）が，会社の財産（des beins）または信用（du crédit）を，悪意で（du mauvaise foi），会社の利益に反する方法であることを知りながら，自己の利益を図るためまたは自己が直接または間接に関与する他の会社若しくは事業に便宜を図るため，利用したときは，5年以下の自由刑または37.5万ユーロの罰金刑に処する。」

客観要件についてみると，主体は経営者（gérants）で，行為客体は会社の財産，会社の信用である。また，行為は，会社の利益に反してこれらを利用することである（文言上は「会社の利益に反することを知りながら」となっているので，この部分は主観要件と読めるように見えるが，学説・判例は一致して，「会社の利益に反して」利用すること（L'usage contraire á l'intérêt social）を客観要件に位置づけている。）。

主体である経営者については，後述するように（→(5)），有限会社では実質的経営者にも会社財産濫用罪の成立を認めている。

第一の行為客体である「財産（des biens）」には，会社に帰属する動産，不動産はすべて含まれ，また有体物に限らず，権利も含まれている。第二の行為客体である「信用（du crédit）」には，市場価値に基づく会社の信用も含まれ，会社が個人の債務を保証する場合であっても信用を濫用したことになる。信用保証をするだけの段階では未だ会社に損害を発生させてはいないが，財産的損害の発生は同罪の成立要件となっていないから，会社の利益に反して会社として債務保証をした段階で会社信用濫用罪が成立する。

行為である利用には，領得，費消のいずれもが含まれ，行為者が占有を移転

---

⑽　Juris Classeur, Lexis-Nexis のフランス法関係のデータベース，M. Delmas-Marty, Droit Pénal des Affaires 等を参照した。

## 8 もう一つの背任罪

させることは必要とされていない。では，何が「会社の利益に反する」利用にあたるか。これは会社財産濫用罪の成否を左右するもっとも重要な要件で，フランス法においても難問であるとされている。この点は後述する（→(4)）。

次に主観要件についてみると，同罪の成立には，二つの主観要件が必要とされている。一つは，悪意があること（過失の場合を含まないという趣旨で，故意に相当する。），もう一つは，自己の利益を図るため，または，自己が直接または間接に関与する他の会社若しくは事業に便宜を図るためという目的があることである。

(ⅱ) 241-3条5項には，経営者の権限を濫用する罪と経営者に行使を委任された票（議決権）を濫用する罪の二つが規定されている。

「経営者（gérants）が，自己の有する権限（des pouvoires）または自己が行使しうる票（des voix）を，悪意で（du mauvaise foi），会社の利益に反する方法であることを知りながら，自己の利益を図るためまたは自己が直接または間接に関与する他の会社若しくはその他の事業に便宜を図るため，利用したときは，5年以下の自由刑または37.5万ユーロの罰金刑に処する。」

客観要件についてみると，主体は経営者であり，行為客体は，権限または行使を委託された票（議決権）である。また行為は，会社の利益に反して，これらを利用することである（会社の利益に反して，という要件が客観要件に位置づけられていることは，(ⅰ)で触れた）。

主観要件についてみると，悪意であること（故意に相当する。），そして，自己の利益を図るため，または，自己が直接または間接に関与する他の会社若しくは事業に便宜を図るためという目的を有していることの二つが要求されている。

このように，条文の構造は行為の客体が異なるだけで，他は(ⅰ)で見た241-3条4項と同一である。そのため，同条の4項と5項は，まとめて会社財産濫用罪（広義）として扱われている。


### (2) 株式会社の会社財産濫用罪の成立要件

ほぼ(1)の繰り返しであるが，条文については，煩をいとわず紹介しておく。

(a) フランス商法典242-6条3項には，会社財産の濫用の罪（狭義）と会社信用の濫用の罪の二つが規定されている。

「株式会社（une sociéte anonyme）の会長（président），取締役（les administ-

〔京藤哲久〕　　　　　　　　　　　　　　　　　　　3　フランスの会社財産濫用罪

rateurs），または執行役員（les directeurs généraux）が，会社の財産（des beins）
または信用（du crédit）を，悪意で（du mauvaise foi），会社の利益に反する方
法であることを知りながら，自己の利益を図るためまたは自己が直接または間
接に関与する他の会社若しくは事業に便宜を図るため，利用したときは，5年
以下の自由刑または37.5万ユーロの罰金刑に処する。」

　客観要件についてみると，主体は，会長（président），取締役（les administ-
rateurs），執行役員（les directeurs généraux）であり，行為客体は，会社の財産
と会社の信用である。また行為は，これらを，会社の利益に反して利用するこ
とである。

　主観要件についてみると，悪意であること（故意に相当する。），そして，自己
の利益を図るため，または，自己が直接または間接に関与する他の会社若しく
は事業に便宜を図るためという目的を有していることの二つが要求されている。

　(b)　242−6条4項には，会長等の権限を濫用する罪と会長等に行使を委任
された票（議決権）を濫用する罪の二つが規定されている。

　「株式会社（une sociéte anonyme）の会長（président），取締役（les administ-
rateurs），または執行役員（les directeurs généraux）が，自己の有する権限（des
pouvoires）または自己が行使しうる票（des voix）を，悪意で（du mauvaise
foi），会社の利益に反する方法であることを知りながら，自己の利益を図るた
めまたは自己が直接または間接に関与する他の会社若しくはその他の事業に便
宜を図るため，利用したときは，5年以下の自由刑または37.5万ユーロの罰
金刑に処する。」

　客観要件についてみると，行為の主体は株式会社の会長，取締役，または執
行役であり，行為客体は，権限，行使を委託された票（議決権）である。また，
行為は，これらを，会社の利益に反して利用することである。

　主観要件についてみると，悪意であること（故意に相当する。），そして，自
己の利益を図るため又は自己が直接または間接に関与する他の会社若しくは事
業に便宜を図るためという目的を有していること，の二つが要求されている。

　このように条文の構造は，行為の客体が異なるだけで，他(a)で見た242−6
条3項と同一である。そのため，同条の3項と4項は，まとめて会社財産濫用
罪（広義）として扱われている[11]。

*165*

8 もう一つの背任罪

(3)　有限会社の会社財産濫用罪（広義）も株式会社の会社財産濫用罪（広義）も，どちらも行為の主体が異なっているだけで他の要件は全く同一である。また，株式会社の会社財産濫用罪（広義）は，株式合資会社，略式株式会社，欧州会社に準用され，これらの会社についても会社財産濫用罪の適用がある。当然，これらは会社財産濫用罪としてどれも共通の性質をもつ犯罪として検討されている。


(4)　では，どのような行為が「会社の利益に反する利用」にあたるのだろうか。

　一つの会社のなかでの判断の場合とグループ会社内での判断の場合に分けて検討されているが，なかでも，後者が難問とされ判例で興味深い判断が示されている。

(a)　会社が単独の場合には，判例は，単に会社に損失をもたらしたという場合だけでなく，会社にとって破滅的なまたは不利益な結果を招くような「正常なリスクの限界」を超えた場合（un risque anormal）には，「晒される必要のなかったリスクに晒す行為（un risque auquel il ne devait pas être exposé）」[12]があったものとして，会社の利益に反する利用にあたるとされている。

　この点に関するフランスの判例の変遷は，わが国の横領罪の不法領得の意思に関する判例を想起させる。すなわち，国際航業事件（最決平 13・11・5 刑集 55巻 6 号 546 頁）において不法領得の意思の有無をめぐって争われたのとほとんど同じ問題が，フランスでは会社財産濫用罪の会社の利益に反する利用という要件にあたるかをめぐって争われ，そして同様の結論に到達している。

　破毀院判決の変遷を検討した文献によるなら，1990 年代には，違法目的で会社財産を利用した場合にはいかなる場合であっても濫用にあたると解する見解が登場し，賄賂の提供のような違法目的の追求する場合にはただちに会社財産濫用罪が成立するものとされた（1992 年 4 月 22 日破毀院判決（Carpaye 事件））。

----

⑾　241-3 条 5 項は「その他の」事業（une autre entreprise）となっている。242-6 条の表記とも比較するなら，表記の揺れの範囲の問題であって，この表記の違いに特別の意味はないだろう。

⑿　1975 年 12 月 16 日破毀院判決（CHRONIQUE; SOCIÉTÉ N° 04-1030, La Semaine Juridique-Entreprise et affaires, 22 janvier 2015）。

〔京藤哲久〕　　　　　　　　　　　　　　　　3　フランスの会社財産濫用罪

しかし，その後，破毀院は軌道修正した。すなわち，違法目的の追求がその時点における経済的判断に照らして考えた場合に会社財産にとって利益であったと判断されるなら，会社の利益に反することにはならないという見解を採用した（1997年2月7日破毀院判決（Moir-Botton事件））。

　もっとも，その後の破毀院判決は若干の軌道修正をしている。すなわち，費用対効果の衡量をするに際しては賄賂の拠出により会社が制裁を受けることになるというリスクも考慮に入れたうえで会社の利益に反する行為か否かを判断すべきものとしている（1997年10月27日破毀院判決（Carignon事件））。

　賄賂の提供により会社が社会的に指弾されるという不利益を考慮するなら，会社の利益に反すると判断される可能性は高くなるから，このような事情をも考慮にいれるなら，会社財産濫用罪が成立する場合は多くなるだろう。

　(b)　ではグループ会社の場合にはどうなるか。

　グループ会社内の方針に従って行動するある会社の行為が当該会社との関係で会社財産濫用罪にあたらない場合とはどのような場合かという問題に関して，いろいろな文献で紹介され，他の欧州諸国にも影響を与えた有名な判例として，Rosenblum事件がある（1985年2月4日破毀院判決）。この問題について必ず引き合いに出される判例である。

　グループ会社ではグループ内のある会社の経営者が，グループ全体の利益を図るためにグループ内の特定の会社を支援することがあり，これは一見すると，自分が経営する会社の利益には反する行為と見えることがある。このような場合，当該会社の経営者は，会社の利益に反して行為したものとして，会社財産濫用罪は成立することになるのだろうか。

　Rosenblum判決は，当時，グループ会社の法規制が欠けていたという法状況のもとで，学説の影響の下に展開され定式化された次のような判断を示した。すなわち，一定の場合に会社財産濫用罪の成立が否定されるものとして，判例は次のような基準を提示している。

　①（グループ会社該当性）共通の戦略を有するグループ会社であること，すなわち，グループ会社は構造的なまとまりを有していること，②（共通利益の存在）グループ会社全体の発展のために作成された一つの政策に照らし検証されるところの，グループ会社の株主に共通する，経済，社会，財務上の利益が存在すること，要は一貫したグループ会社の政策というものが存在すること，

*167*

*8　もう一つの背任罪*

③（相当性）財産の利用は，費用負担をする会社の不利益になることなくまたその財務的な能力を超えていないこと，すなわち，グループ内における利益と負担のバランスが損なわれていないことが要求される[13]。

①②③のどれか一つでも証明できないなら，会社財産濫用罪が成立することになるが，すべてを証明できたなら，犯罪の成立が否定される。要は，組織に一体性があり，そのなかで一貫した方針が存在し，そしてその方針の実現のために採用される手段が相当であることが要求されている。その内容を考えるなら，これは，犯罪論上は会社財産濫用罪の（超法規的）違法阻却事由にあたる要件ということになるだろう。

　(c)　フランスでは，株主の利益と会社の利益との関係について，どのような考え方を出発点として考えているのだろうか。

株主は多様な利益を有することから，株主の利益と会社の利益とは同一のものではないと解されているようで，フランスでは，一貫して，株主の同意は，それがいかなる態様のものであっても（全株主によるものであれ，事前の承認がある場合であれ），経営者等の会社の利益に反する行為の違法性を阻却する効果はもたないと解されている（Anders S. 145（注[15]））。

株主の同意が違法性を阻却する効果をもたないということは，会社財産濫用罪の法益は会社の所有者である株主の利益に還元されるものではないことを意味するだろう。この問題は，会社財産濫用罪の法益をどう考えるかという問題と深く関係する問題で，とても興味深い。

民事法上は株主が被った損害について経営者を免責するということはありうるだろうが，しかし，このことは，経営者に会社財産濫用罪が成立しないということを意味しない。会社の利益と株主の利益が同一ものでないと考えるなら，株主は，たとえ全員が事前にであったとしても，会社にかわって，会社財産を濫用した行為の違法性を阻却させ経営者を免責することはできない。

このことは，会社財産濫用罪は個人法益に対する罪では説明しきれない性質を有していること，日本の問題に引きつけていうなら，特別背任罪は個人的法益に対する罪である刑法の背任罪によってカバーされない性質を有していることを示唆している[14]。

---

[13]　L. Foffani, Untreuestrafbarkeit im französischen und italienischen Strafrecht ZStW122（2010）S. 374ff.（384），Anders a. a. O. S. 150.

すなわち，会社法上の特別背任罪がこのような性質をもつなら，これは刑法の背任罪とは異なるものと理解されるべきことを意味する。刑法の背任罪であるなら，財産上の損害について事前に本人の同意があるなら，背任罪が個人法益に対する罪である財産犯である以上，背任罪の成立は否定されることになるはずである。

こうして見ると，フランスの会社財産濫用罪の運用は，日本法の問題を考える際に大きな示唆を与えるものではないだろうか。

### (5) 会社財産濫用罪の行為主体の拡張

会社財産濫用罪の構成要件は以上に概説したような内容であるが，フランス商法典は，さらに，同罪の行為主体を拡張している。

有限会社の場合と株式会社の場合とでは，会社の統治構造に差があることを踏まえ，異なった規定の仕方をしている。この点も興味深いので，簡単に紹介しておきたい。

有限会社については処罰対象を事実上の経営者にまで拡張している。他方，株式会社については，株式会社の統治構造の変更に合わせて行為主体を若干拡張するにとどめており，有限会社の場合のように事実上の経営者まで含むような規定は置かれていない。

すなわち，241－9条は，有限会社の会社財産濫用罪（241－3条4，5項）を「法律上の経営者のためにまたはこれにかわって現実に経営した者」にも拡張して適用している（241－9条「241－2条から241－6条までの規定は，直接であると間接であるとを問わず，有限責任会社を法律上の経営者のためにまたはこれにかわって現実に経営した者にも適用される。」）。

どのような者が実質的経営者（「法律上の経営者のためにまたはこれにかわって現実に経営した者」）にあたり，会社財産濫用罪で処罰されているのだろうか。

破毀院の判例は，会社を自分の好きなように経営し，自ら納入業者，顧客及び銀行とも取引を行い，そして，会社の業務や決定についても自ら行っている

---

(14) 株式会社を Anstalt, Institution ととらえるドイツの企業自体の理論は，Anstalt は，公共の福祉に適うように利用しなければならないという発想につながるので，このような考え方をより一般化した考え方だろう。

*8* もう一つの背任罪

ような者は同条の実質的経営者にあたるとしている（破毀院判決 1969/11/25）[15]。

この規定の適用場面として面白いのは，同罪の趣旨にもかかわるが，休眠会社についても会社財産濫用罪の成立を認めていることである（2005 年 10 月 19 日破毀院判決）[16]。休眠会社は経済犯罪に利用されることが多いが，こうした問題を解決するための実務による工夫の所産だろう。

他方，248－1 条は，株式会社の会社財産濫用罪を担当執行役員[17]に適用しているにとどまる（248－1 条「株式会社または欧州会社の執行役員［注 執行役員は，242－6 条 3，4 項の主体として規定されている。］に関するこの章［注 罰則の章で，242－6 条 3，4 項を含む。］の規定は，担当執行役員にも適用される。」）。

### ⑹　自然人行為者に対する職業禁止等の保安処分

⒜　会社財産濫用罪について，これをした自然人行為者には，249－1 条により，公職就任の有期または無期の禁止，職業禁止の保安処分を課すことができる

商法典 249－1 条「本編第 1 章から 8 章までに規定する犯罪により有罪となった自然人には，あわせて以下の付加刑も科す。刑法典 131－27 条に規定

---

⒂　R. P. Anders, Untreue zum Nachteil der GmbH（2012）S. 143.

⒃　Anders a. a. O. S. 144.

⒄　フランスでは 2001 年改正前には，「取締役会会長（Président）」が同時に業務全般を指揮する「執行役員（derecteur général）」を兼ねていたことから，取締役会会長は PDG（president directeur générale）と呼ばれ，大きな権限と責任を有していた。この仕組みは，業務執行者である執行役員が，同時に，これを監督する取締役会の長でもあることになり，監督者と被監督者が同一人物では会社の統治はうまく行かないということが問題とされていた。2001 年改正では，この点を少し改め，会社の業務は取締役会会長または執行役員（こちらの選択肢を加えた）が行うこととし，どちらにするかは定款の定めに従い取締役会が決定することとした。これに伴い，業務執行についての規定は執行役員に即して規定し，この規定を取締役会会長に適用するという規定振りになった。そうすることで取締役会は監督する機関となり，監督者と被監督者が同一人物にならないという仕組みの導入を可能にした。そして，取締役会会長の行う会社業務を補佐する者は，「執行役員（derecteur général）」ではなく，「担当執行役員（derecteur général délégué）」と呼ばれるようになった。規定の文言は，この点に対応したものである。鳥山恭一「フランス会社法とコーポレート・ガヴァナンス論」『比較会社法研究　奥島孝康教授還暦記念　第一巻』（成文堂，1999 年）479 頁以下，白石智則「フランスにおけるコーポレートガバナンス」奥島孝康編『企業の統治と社会的責任』（金融財政事情研究会，2007 年）443 頁以下等参照。

する条件に従って，①公職に就くことの禁止，②当該犯罪が行われた職務の遂
行若しくはこれに伴う専門職若しくは社会的活動の遂行の禁止，③いかなる名
目によるものであれ，直接的であれまたは間接であれ，自己の計算でまたは第
三者の計算であれ，商業上，産業上の専門職への就任，商業上，産業上の取引
若しくは商事会社の指揮，管理，経営，支配の禁止。これらの諸禁止事項は併
科できる。」(2008 年 8 月 4 日新設　2008-776 法。なお，読みやすくするため，①
②③を補ってある。)」

　有限会社の会社財産濫用罪 (241-3 条 4，5 項) はこの条文中の「本編第 1 章」
に，また，株式会社の会社財産濫用罪 (241-6 条 3，4 項) は「本編第 2 章」に
規定されている。

　(b)　この商法典 249-1 条は，刑法典 131-27 条の特別法である。

　刑法典 131-27 条の 1 項，2 項は次のように規定している。

　　「1 項　重罪，軽罪に対する付加刑を科す場合，公職，専門職，または社会的活
　動の遂行の禁止は，無期限または期限付である。期限付の場合には，禁止の期間
　は 5 年を超えることはできない。
　　2 項　①商業上，産業上の専門職の遂行の禁止，②いかなる名目によるもので
　あれ，直接的であれまたは間接であれ，自己の計算でまたは第三者の計算であれ，
　商業上，産業上の事業若しくは商事会社の指揮，管理，経営，支配の禁止は，無
　期限または期限付である。期限付の場合には 15 年を越えてはならない。(2013 年
　12 月 6 日改正　2013-1117 法　なお，条文を読みやすくするため，①②を補って
　ある。)」

　商法典 249-1 条は，この刑法 131-27 条の特別法として，刑法典の規定に
加えて，公職に就くことの禁止を追加している。商法典 249-1 条のような規
定がなかったとしても刑法 131-27 条は適用できるはずであるが，このような
規定が新設されたのは，特別規定がないと実際には適用しにくいという事情も
関係したようである。任意規定であるから必ずこのような保安処分が課される
ことになるわけではないが，会社犯罪の防止にとって一定の効果はあるだろう。
会社に対して一定の業務を禁止する行政的処分では，関与した自然人が別会社
を立ち上げて類似の事業を継続することができるから，司法処分としての慎重
な抑制のもとでの採用であるなら，わが国でも一考に値するかもしれない。

　(c)　専門知を備えた者が人格高潔であるとは限らないし，知は力であって，

*8* もう一つの背任罪

専門知は悪用されると社会に大きな損失を招くことがあるから，その行使の仕方に問題がある者を専門知が活用される場面から排斥することが必要とされることは，功利的な観点からはありうる選択肢である。アメリカのエンロン事件でも問題になったが[18]，スキリング被告のように，最高の頭脳で，最高の教育機関で，最高の教育を受けたと評価され，しかも活躍の場も与えられながら，その専門知の使い方を誤って社会に想像を絶する巨大損失を招いたという例が教訓として教えていることは，たとえどんなに優れた逸材であるとしても，専門知を備えた者に全幅の信頼を寄せてしまうことのあやうさである。

## 4 お わ り に

日本の会社法の特別背任罪の構成要件とフランスの会社財産濫用罪の構成要件とは，どのような点が違っているか。最後にこの点について，私の関心に即して，簡単にまとめておこう。

第一に，フランスの会社財産濫用罪では，会社の財産，信用，権限，委任された議決権の会社の利益に反する利用が会社機関の濫用という観点から犯罪化されているので，会社機関の任務に違背した財産犯と理解されている日本の特別背任罪の任務違背行為とは重ならない部分がある。財産や信用の濫用の部分は重なるが，権限の濫用はつねに財産や信用の濫用に結びつくわけではないし，また委任された議決権の濫用は，ただちに財産や信用の濫用につながるわけではない。

これは機関による濫用行為に着目した犯罪類型と財産上の損害の発生という結果に着目した犯罪類型との違いだろう。フランス法では，濫用行為に着目しているが，重要なものだけを取り出して処罰の対象としており，4つの濫用行為に絞り込まれている。日本法では，財産上の損害の発生という結果に着目しているが，その任務違背行為については限定が付されていない。

この問題は，背任罪の設計思想に影響する論点で，会社法制の問題として背任罪を位置づけて考えるのがよいか，あるいは会社法制のなかの財産犯の特別

---

[18] アメリカの honest services fraud は背任罪に相当する（違憲と背中合わせの）犯罪で，興味深い論点をめぐる議論が判例で蓄積されている（18 U.S.C. §1346）。会社の機関（私人）は，公務員同様，fiduciary duty に基づく honest services を提供するものとされ，その違反は一定の絞り込みをしたうえで，連邦法の電信詐欺として処罰されている。

〔京藤哲久〕 4 おわりに

規定として設けるのがよいか（現行法はこちらの発想である）という問題と関係する。会社法制のなかに財産犯としての背任罪と会社法制に固有の罰則としての背任罪の両方の規定を設けるという選択肢も考えられるから（刑罰の重さは違ってくる。），この問題は，会社法制固有の背任罪規定は必要かという問題に収斂する。

第二に，犯罪構成要件上の大きな相違点は，会社に不利益を与えるという要件の取り扱い方にある。

フランスの会社財産濫用罪では，行為の属性として，行為が会社の利益に反するものであることが要求されるだけで，財産上の損害の発生までは要求されていない。これに対し，日本の特別背任罪では，財産上の損害の発生という結果の発生が要求されている（もっとも，未遂犯が処罰されているため，また，財産上の損害について経済的観点を考慮に入れて考えられているため，財産上の損害の発生という要件は相当に水増しされている）。この違いは犯罪の成立範囲に影響する。

この問題は，どちらが背任罪の処罰対象の明確化に資するかという問題と関係する。なお，社会倫理違反か法益侵害かの対立が問題となっているわけではないから，行為に着目するか結果に着目するかという刑法の基本姿勢の対立の問題に解消するのは単純化のし過ぎだろう。

日本の背任罪と似た規定をもつドイツの背任罪について，フランス法のような規定なら処罰対象が明確になり人々の予測可能性に資するという主張があるのは興味を引く。もっともフランス法でも，何が会社の利益に反する利用にあたるかは難問なのだから，これは程度の問題かもしれない。何をやってはいけないかが具体的に特定されるなら，会社経営者にとっては，これを回避して処罰を免れることができるので，予測可能性に資するとはいえる。フランスの会社財産濫用罪は，濫用行為一般を罰しているのではなく，濫用にあたるとされる一定の行為を絞り込んで特定したうえで，これを罰している。処罰価値が認められないわけではないとしても，明確性を重視して，軽いものは落としている。こうしたアプローチにも耳を傾け，立法政策として検討してみる価値はある。

フランス法の会社財産濫用罪の検討を通して，日本の会社法の特別背任罪のあり方を立法論も視野にいれながら考えてきた。十分に論じることができたわ

## 8 もう一つの背任罪

けではないが，問題提起程度の意味はあるだろう。

# II

# 刑事訴訟法

# *9* 昭和 23 年の刑訴法改正

古 田 佑 紀

1 始 め に    4 憲法に関する諸問題
2 捜査に関する諸問題  5 その他の問題
3 公判に関する諸問題  6 終 わ り に

## 1 始 め に

　現行刑訴法が制定されてから 70 年に近い歳月が経過した。刑訴法の歴史を見ると，最初の近代刑事手続法である治罪法は施行期間 9 年（明治 15 年〜明治 23 年），明治刑訴法は 35 年（明治 23 年〜大正 13 年），大正刑訴法は 25 年（大正 13 年〜昭和 23 年）となっており，最も施行期間が長くなっている。現行刑訴法の制定は GHQ の強い関与の下で行われ，刑事手続のそれまでの基本的なイメージとは大きく異なるものであったが，内容の大部分が GHQ との協議，折衝を経て固められていったものであるため，その過程が必ずしも明らかになっていない。もちろん，当時の国会審議からその一端が窺われるところもあるほか，団藤重光教授らによる詳細な研究を始めとして，複数の優れた研究論文も発表されているし，当時の関与者による回顧なども公刊されている。これらの資料により，現行刑訴法の大きな枠組みがどのような議論を経て定まっていったかはおおむね明らかになっている。しかしながら，そのような枠組みを採用するに当たって，それから生じる問題点がどのように意識され，それをめぐってどのような議論がされたかは必ずしも明らかではないし，また，現行刑訴法の特徴として挙げられるようになった点が実際に制定過程でそのような主張がなされたかどうかも不明なところがある。

　現行刑訴法は刑事手続の大幅な英米法化が行われたとされる。確かに，その

### *9* 昭和 23 年の刑訴法改正

ことは否定できない。しかしながら，当時（あるいは現在も）米国においても
採用されていたとは思われない厳格な仕組みを取り入れる一方で，犯罪の的確
な解明という刑事手続の最も基本的な使命の実現を現実に支えている仕組み，
更には基本的な考え方のような部分の導入についてはどのような議論がなされ
たか明らかになっていないところが少なくない。筆者は，これらの点について
漠然とではあるが長年疑問を感じ，折に触れて，当時の資料に目を通し，諸先
輩のお話を伺うように努め，その過程で自分なりに理解したことや自分にとっ
ては思いがけない発見があったものの，集中的に手を付けるには至らなかった。
現在も網羅的な調査をしたといえる状態では全くないが，近年，井上正仁・渡
辺咲子・田中開各教授を始めとする多くの方々の多大な努力により信山社から
現行刑訴法の制定過程における GHQ との議論の詳細を含めた資料を網羅した
文献が発行されたので[1]，渡辺教授の古稀記念にちなみ，上記のような点につ
いてとりあえず纏めてみることとした。したがって，本稿は，網羅的，体系的
に刑訴法改正の過程について研究したものではなく，私の断片的な問題意識に
関連することを取り上げたいわば落ち穂拾いにとどまるもので，その多くはこ
れまでも何らかの形で紹介されているものであることをあらかじめお断りして
おく。

## 2 捜査に関する諸問題

### (1) 昭和 23 年改正時における捜査の程度，犯罪事実の解明の要請につ いての考え方

筆者の疑問は，現行刑訴法制定当時，捜査の程度及び犯罪事実の解明の要請
について具体的にどのような議論がされたかを知りたいということから始ま
る。現行刑訴法は捜査における事実解明に与える比重が小さくするという考え
に立って制定されたということはしばしば指摘されていることである。それ
は，現行刑訴法の国会審議の段階における政府委員の答弁にも現れている。例
えば，野木新一政府委員は，昭和 23 年 6 月 22 日の衆議院司法委員会において，
「検察官が被疑者の身柄を留置して取調べるということは，事実上は従来より
も限られてきておりますので，捜査の段階において，全部の証拠を百パーセン

---

(1) 『日本立法資料全集 121 ～ 134 刑事訴訟法制定資料全集昭和刑事訴訟法編(1)～(14)』（信
山社，2001 ～ 2016 年）。GHQ との議論については特に(5)，(11)。

〔古田佑紀〕 2 捜査に関する諸問題

ト固めて公訴を提起するというようなことはできがたい場合も相当あるように
なるものと思います。……犯罪の嫌疑があればそれで公訴を提起する。そして
あとは公判でいろいろの証拠を出して黒白を決するように，だんだんとなって
いくと思います。……この訴訟法においては，おそらく今までよりも無罪の率
なども多くなるのではないかと思います。」旨を(2)，また同月 23 日の同委員会
において「今まで日本では起訴前に警察や検事が万事みな調べ過ぎた。……こ
の法案のようになりますと，警察官も時間その他の関係で，今までのように長
く被疑者を留置して，徹底的にこれを調べ上げるということもできなくなりま
すので，いきおい審理の中心がほんとうに公判に移っていき，従って無罪の率
なども今までに比べてはるかに多くなるのではないかと思います。」旨を答弁
している(3)。立案過程においても，勾留期間をめぐっての議論であるが，公訴
提起前の捜査の徹底が必要であるとする日本側と一応の証拠があれば起訴する
こととすべきであるという GHQ(4)との間で激しい議論がなされており，その
結果を踏まえて前記の各答弁がされたことが明らかである。問題は，その当時，
捜査の具体的内容としてどのようなことが想定されていたのか，公判で提出す
る「いろいろな証拠」とはどのようなもので，どのようにして収集すると考え
ていたのかである。これらの点が具体的なものでなければ，実際の刑事手続と
しては目的を達することができない観念的なものになってしまうことは容易に
想像できることである。なお，この点に関連して，GHQ 側は，一応の嫌疑が
あれば起訴して，その後引き続き捜査をすればよく，被疑者にとっても，裁判
で判断を受けることが利益ではないかという考えを一貫して示していた。日本
側は，捜査がある程度長くなっても，十分捜査して，無罪となるような事件は，
そもそも起訴しないことが利益であると主張している(5)。それぞれの主張の当

(2) 第 2 回国会衆議院司法委員会会議録 38 号（昭和 23 年 6 月 22 日）10 頁。
(3) 前同会議録 39 号（昭和 23 年 6 月 23 日）7 頁。
(4) GHQ とは，特に記載しない限り，オプラー氏（Alfred C. Oppler）をキャップとする
   アップルトン氏（Richard B. Appleton），ブレークモア氏（Thomas Breakmore），マ
   イヤーズ氏（Howard Myers）の民政局法律班グループを指す。
(5) この間の日本側と GHQ 側との感覚の相違を端的に表すのが，被告人にとって有利
   な事情の捜査であり，日本側はそれも含めて捜査の徹底が必要と主張するのに対して
   GHQ 側はそのようなことは弁護人に任せればよいと主張している。松尾浩也教授は，
   当事者主義の問題として，リンカーンの弁護人としての著名な反対尋問について弁護人
   が月出時間の問題に気がつかなかった場合を危惧しておられる。松尾浩也『刑事訴訟法

## *9* 昭和 23 年の刑訴法改正

否，それに対する社会の支持という問題は別として，無罪になる可能性が相応にあることを前提としつつ，捜査を続けることを一般的に予定してまずは起訴するという考えには強い違和感が持たれたようであり，また，起訴後にどのような捜査をするのかのイメージも明確なものではなかった。

捜査の内容については，GHQ とのやりとりからは今ひとつ明らかではないが，上記の国会答弁からみると，当時のイメージにあったのは被疑者の取調を中心とする関係人の取調であったと思われる。応急措置法における勾留期間は 10 日であり，現行刑訴法制定の際にその期間を延ばすことが日本側の重要な一つの眼目であったと考えられ，GHQ とのやりとりもこれを念頭においていたと思われる[6]。被疑者の取調以外の捜査手段，証拠収集方法が具体的に論じられたかどうかをみると，ほとんどその形跡は認められない。供述拒否権との関係であるが，供述拒否権を認めると，知識階級等はがんばり通すということになってそのような知識がない下層階級との間に不公平が生じることにならないかという国会における質問に対して，野木政府委員は，選挙違反などについては捜査が難しくなると思うが，いろいろ捜査方法を研究して対応すると述べるに止まり，具体的な手段を示していない。立案段階で，GHQ 側に対し，日本側から，選挙違反を例にして，立証の困難性が指摘されているが，GHQ 側から具体的な捜査手段，立証手段が示唆された形跡はない。このような経緯は

---

講演集』（有斐閣，2004 年）166 頁。この指摘は，日本であれば当然捜査される事項であって，そもそも起訴されず，リンカーンが活躍する機会もなかった可能性があるということを示唆するもので，当事者主義が無条件に妥当であるとはいえないということを意味するものであろう。上記のような GHQ の主張は，刑事訴訟であっても実質的には立証責任の分配を考える英米法の感覚を背景にするものかもしれない。しかし，検察官が当事者として文字通りにすべてにわたって立証責任を負うことを前提にした場合，検察官としては無罪の可能性を含めて捜査を十分行い，立証責任を客観的に尽くせる十分な見込みのある場合に限って公訴を提起するべきであると考えるのがむしろ自然な流れである。犯罪事実解明に対する要求，責任を大幅に軽減しない限り，検察官に当事者としてすべての立証責任を負わせることと「あっさりした捜査」とは根本において相容れないところがある。日本で同様のことが起これば，弁護人に対する賞賛よりも，捜査機関に対する非難が強いであろう。

(6) これからすれば，逮捕・勾留は被疑者の取調べを目的とするものであることが当然の前提とされていたのであろう。もっとも，立案当局においても，被告人の供述だけに頼るのは問題があるという意識が見受けられる。また，当時は，長時間の取調をするのに必要な時間を確保するという要請よりも，事件数が極めて多いため，そもそも取調をする時間が取れないという現実があったように窺われる。

〔古田佑紀〕　　　　　　　　　　　　　　　　　2　捜査に関する諸問題

その具体的なイメージを持つことが容易でなく，また当時の財政状態が客観的証拠の収集に役立つような方策を検討することを困難にさせたところもあろうが，現行刑訴法の成り立ちを考える上で極めて象徴的なことと思われるのである。

　以下，上記の諸点について，更に見てみることとする。

　まず，犯罪事実解明についてである。先に引用した無罪率が高まるであろうという政府委員の答弁は，内容としては，刑事手続全体としてみた場合に犯罪事実の解明の程度が低くなるということを直ちに意味しているものではなく，一応の嫌疑で起訴すればこれまでより多くの者を起訴することとなり，その中には無罪となる者も含まれるということではあろう。しかしながら，公判に提出すべき証拠の収集が必要かつ十分になされなければ，犯罪事実の解明が的確になされないことになることは明らかである。証拠の収集，提出の責任をもっぱら捜査機関，検察官に負わせる制度の下では，そのことは一層顕著であろう。GHQとの議論においては，犯罪事実の解明に対する要求をどの程度重視すべきか，またそれに応ずるためにはどのような方法があるかという観点からの具体的な検討がされたようには見受けられない。犯罪解明の目的が実際上どの程度実現できるかを具体的に議論することは難しく，またそれまでの制度がより的確に犯罪解明を実現していたということもいえないとは思われる。しかし，刑事司法制度を大きく変えようとする場合，犯罪事実の解明のための様々なコストを考慮して，どの程度犯罪事実の解明が実現すれば社会として是とするかということが基本的な問題であるはずである。

　捜査及び立証方法のイメージについても，GHQとの議論の過程で具体的な捜査の手段の具体的な提案や示唆は，GHQ側からも日本側からも見当たらないため，双方がそれぞれどのようなイメージを持っていたのか明らかでないが，前記のとおり，日本側は取調を中心とする捜査を基本的にイメージしていたであろうことは供述録取書の証拠としての利用が大きな問題となっていたことから推認できよう。これに対して，GHQ側から米国における捜査の実際がどのようなものであるかが詳しく紹介されている記録は見あたらない。当時の米国における捜査その他の刑事手続の運用の詳細は明らかではないが，プリーバーゲイニングは既に広く活用されるに至っていた[7]。しかし，このような方法が紹介されたことはなかった。この点に関し，オプラー氏は，後にその回顧

録 "Legal Reformation in Occupied Japan A Participant Looks Back"[8]（以下「オプラー回顧録」という）中で，アレインメントの導入に消極的であった理由に関連して，その導入はプリーバーゲイニングの導入につながる可能性があるところ，自分はプリーバーゲイニングが法の下の平等を害するものであり，また，司法において取引はなされるべきではなく，基本的に反倫理的であると考えていたと述べている[9]。アレインメントの採用に消極的であったことからしてプリーバーゲイニングが話題とならなかったのは当然ともいえるが，いずれにせよこの点については当時 GHQ 側は話題にするつもりはなかったと思われる。先に述べたように日本側から立証に困難がある事件の例として選挙違反の例が挙げられ，議論がなされている。この議論は供述書の取扱をめぐってではあるが，これに関連して話題になりそうなプリーバーゲイニングについての言及は一切ない。同様のことはイミュニティの付与についてもいえる。当時，日本側には米国の刑事手続はほとんど知られておらず[10],[11]，GHQ 側が積極的に紹介しなければ，議論の俎上に上ることはまずなかったのではなかろうか。米国の刑事手続の実情が十分紹介されなかったことは，バーゲイニングだけの問題ではない。米国の犯罪には所持罪などいわばある状態を犯罪とするものや手

---

(7) 1950 年代の米国の実情の一部の紹介として，佐藤欣子『取引の社会──アメリカの刑事司法』（中央公論社，1974 年）92 頁以下。

(8) Princeton University Press, 1976. 日本語訳として内藤頼博監訳『日本占領と法制改革── GHQ 担当者の回顧』（日本評論社，1990 年）がある。

(9) オプラー回顧録 147 頁。なお，アレインメントの導入に消極的であった理由は，日本においては検察官が自白を得ることを偏重しており，公判を避けようとする日本人の性向とあいまって多数の者が有罪答弁をする結果になることを恐れたとする。
　団藤教授も，アレインメントの導入がプリーバーゲイニングの導入につながるであろうという認識及びプリーバーゲイニングの導入に消極的なニュアンスを示しているが，プリーバーゲイニングが紹介され，議論されたという説明はない（団藤重光「刑事訴訟法の四〇年」ジュリスト 930 号（1989 年）5 頁）。

(10) 馬場義続「占領下における刑訴法制定雑感」ジュリスト 551 号（1974 年）21 頁。実際のところ，日本側だけではなく，GHQ 担当者も，米国の刑事手続の実情～それを支えているもの～について十分な知識を持っていなかったのではないかという疑問がある。少なくとも，オプラー氏以下の担当者が米国において刑事手続に深く関与した経験があることを示す資料は見当たらない。

(11) もっとも，当時プリーバーゲイニングの採用が検討されたとしても，司法省を含めて日本側が受け入れることは，そのような制度は刑事手続の本質に反するとして，おそらくあり得なかったと思われる。馬場・前掲注(10) 22 頁参照。

〔古田佑紀〕　　　　　　　　　　　　　　　　　　　　　2　捜査に関する諸問題

段自体を犯罪化するものが少なくなく，現行犯逮捕が可能となる範囲が広いなど取締が容易な仕組みになっている。また，捜査方法に直接関係するものではないが，CONSPIRACY など現実の結果発生をもたらす行為の実行以前でも広汎な介入が可能となっており，捜査機関が犯罪に切り込んでゆく機会が豊富に設けられている。しかし，このような実体法の相違はほとんど意識されていない⑿。警察制度も多くの点で違いがあり，それが捜査にもいろいろな面で影響するにもかかわらず，GHQ とのやりとりの中で米国の警察活動の十分な紹介と議論がなされた様子はなく，米国の法執行の観念やその実質的な意味合いを的確に理解するために必要な情報が提供されなかったのではないかという疑いがある。捜査方法についても，米国の場合，日本に比べて，おとり捜査など，直接的な強制を伴わなければ，いろいろな「術策（maneuver, tactic）」を用いることに比較的寛容であるが，このような違いも意識されていたとは思えない。

　昭和 21 年 8 月に GHQ に提出された刑訴法改正に関する中間報告においては，憲法草案に従った改正を行うためには英米の刑事手続について法律及び運用を知ることが必要であるが，ほとんど時間がないということが述べられている。そして，そのような問題は，結局，ほとんど解決されないまま，言い換えればそれぞれのよって立つ背景を十分理解しないまま，制定に至った印象がある。団藤教授は，当時を振り返って，「新法は GHQ の示唆によって立案した部分ばかりではなく，当方で自主的に立案した部分をも含めて，正直のところ机上論によってできた規定が少なくない。」⒀と述べておられる。具体的にどの規定を指すのかは明らかではないが，団藤教授がこのような感想を漏らされる

---

⑿　日本法は主観面を重視しており，その点で新刑訴法は実体法とマッチしないという議論は当時からあった。しかし，これが日本法が故意を重視するという意味で問題にしているのであれば，英米法においても，故意の有無や謀殺と故殺の区別など主観面が強く影響する問題が多く，必ずしも大きな相違があるとは思えない。この問題意識は，動機などの主観的な量刑事情の解明を含めた取調の必要性を意識したものかもしれないが，そのことは，観点を変えれば客観的な状況から主観面を推認することの可否という事実認定の在り方～事実認定法則～の問題である。むしろ，捜査手法に大きな影響をもたらす実体法の相違は本文記載のような点であると思われる。もっとも，事実認定の在り方・ルールについての議論はほとんど見られない。陪審制度がないことや事実誤認を理由とする上訴が広汎に認められていることから，米国のように事実認定法則が議論される契機に乏しいことが影響していると思われる。

⒀　団藤・前掲注⑼「刑事訴訟法の 40 年」7 頁。

*9* 昭和 23 年の刑訴法改正

こととなる一つの背景事情として具体的な刑事手続のイメージの形成が可能
となるほどの米国の情報が得られなかったことがあるように思われるのである。
その背景はいろいろあろうが，オプラー氏を始め GHQ の担当者に米国の刑事
手続に精通した者がいなかったと思われ，そのことも大きな原因の一つでない
かと思われる。

　もっとも，より根本的には，衆議院における説明からすると[14]，立証の中心
は証人であると考えられていたことが窺え，傍証の収集がより重要になったと
されているとはいえ，人証以外の客観的な証拠の収集をどのようにすべきかに
ついては必ずしも関心が寄せられておらず，本格的な議論・検討がされた形跡
はない。供述が事案解明，立証のために重要な役割を占めることは間違いなく，
捜査に利用できる手段も必ずしも多くなかった当時においては，やむを得な
かったのかもしれない。一つの可能性として，それまで捜査機関に原則認めら
れていなかった捜索・差押等の強制処分が捜査機関の権限とされたことにより，
予審判事による場合より広汎に証拠を集めやすくなるという可能性はあったか
もしれないが，少なくとも記録に残っている範囲ではそのような考えは見当た
らない。捜索・差押などの実効性が予審判事がする場合に比べて上がるという
考えはなかったと思われる。


## (2)　逮捕・勾留

　逮捕に関しては，緊急逮捕が最も激しく議論された問題であるが，後に憲法
との関係で触れることとする。勾留については，応急措置法では 10 日までで
あった。それが更に 10 日までの延長が可能とされたが，事件数が極めて多い
こともあり，十分な捜査をするには 10 日では到底足りないとする日本側の主
張が認められたものであった。その過程では，捜査を徹底する必要があるとい
う日本側と被告人にとって有利となることまで捜査機関が調べる必要はなく，
一応の嫌疑があれば起訴して裁判に委ねるべきであるという GHQ 側の間の激
しいやりとりがあったことは前述のとおりである。このような経緯を背景とし
たものと思われるが，当時の感覚は延長は例外的なもの受け止められており，
また，被疑者の取調べも必ずしも綿密には行われなかったようである。新刑訴

---

[14]　第 2 回国会衆議院司法委員会議録第 23 号（昭和 23 年 5 月 31 日）3 頁。

*184*

〔古田佑紀〕　　　　　　　　　　　　　　　　　　　　　　2　捜査に関する諸問題

法施行後間もなく検挙され，再審で無罪となったある死刑事件では，勾留期間の延長もされず，被疑者の検察官調書も簡略なものしかないという例もある[15]。

　勾留に関して興味深いことは，23年改正の原案では罪を犯したことを疑うに足りる相当の理由があることのみが要件であり，旧刑訴法の勾引の要件にあった住居不定や罪証隠滅・逃亡のおそれという要件が規定されていないことである。日本側の初期の案にはこれらの要件が取り込まれていたが，GHQとの折衝の過程で姿を消しており，応急措置法の段階で既に法律から消えている。その理由について，政府委員の説明は，犯罪の嫌疑が認められるときはいったん身柄を拘束してその後に保釈をするという英米法系の考え方を取り入れたというものであった[16]。これが現在の姿になったのは，その後参議院においておおむね現行法と同様の形に修正され，衆議院もこれを受け入れたことによる。なお被告人の勾留期間も原案には制限がなく，国会修正により期間が定められたものである。英米法においては，少なくともフェロニーに関してはまず逮捕（arrest）手続が取られ，その後に保釈手続を取るというのが原則であり，日本的な在宅捜査の原則という観念とはかなり違っていて，原案はそのような考え方を基本的に取り入れたもののように見える。また，やはり被告人についてであるが，保釈については，GHQ側から一定の重大犯罪については裁量保釈も認めるべきではないという意見や保釈中に再犯のおそれがあるときは保釈を認めないようにすべきであるとする意見が出されている。前者については一律にそのような制限を設けることは適当ではないとして日本側が反対し，採用されなかった。後者については，現行60条3号の規定でカバーできるとする考えがあったようでもあるが，導入されなかった理由は必ずしも明らかではない。しかし，再犯の防止は勾留の目的ではないから，再犯防止を保釈の条件とすることはできない，あるいはそのおそれがあることを理由に保釈を許さないことには問題があるというような考えは，少なくとも当時のGHQとの間の議論からは発見されない。

---

[15]　このようなことからすると，ある時期一部ではいわゆる「あっさりした捜査」が実現していた可能性はある。しかし，それが，社会一般はもとより法曹界においても真の意味のコンセンサスが得られず，綿密な捜査が求められるようになっていったものと思われる。

[16]　第2回国会衆議院司法委員会議録第40号（昭和23年6月24日）1頁。

## 3　公判に関する諸問題

### (1)　いわゆる公判中心主義と当事者主義

　現行刑訴法は，捜査の比重を低くして公判を中心とする考え，すなわち公判中心主義を採用しているといわれる。前記の国会における政府委員の説明やGHQとの議論からすれば，そのような考えであったことは疑いないが，その意味するところは分かりにくい。罪責があることを公判における証拠の吟味により定めるべきであるという趣旨であるならば理解できる。罪責がないことを同様に公判で決めるべきであるということも含むものであれば，公訴の意義や被告人の手続負担，公訴の提起に当たって必要な程度の証拠の収集，吟味がどうあるべきかなどの観点から直ちに賛成しがたいが，それも相応の合理性がないとはいえないであろう。しかしながら，証拠の発見・収集活動も主として公判においてすべきであるという意味を持つのであれば，極めて疑問である。公判廷は，提出された証拠を吟味する場[17]，検察官，被告人の主張を明らかにする場としては適当とはいえようが，証拠を発見，収集する場としてはほとんど期待できないことは明らかである。丹念に犯人の足取りを追うことや目撃者を探すようなことは，公判では不可能である。公判を捜査に代替させることには無理があり，前記の政府委員の説明がそのようなことを想定しているのであれば，非現実的な構想といわざるを得ない。更に，当事者主義により裁判所の役割を事実の発見者から審判者に変更すれば，証拠は，検察官・被告人が発見・収集して公判廷に提出すべきものとなる。捜査の比重を軽くするということは，結局，有罪の立証に必要かつ十分な証拠を収集しないまま起訴することを求めるものであり，犯人が処罰から免れる可能性を高めるものである。政府委員が無罪が相当増えると予測されると述べていることは，犯人でない者を起訴する確率が増える可能性とともに，十分な証拠が集められないために犯人が

---

[17]　もっとも，証拠を吟味する場としても常に適切とは限らない。目撃者の証人尋問などであれば適切な場といえる可能性があるが，高度に技術的・専門的な事項を含む証拠については，公判廷で詳細に吟味することは実際上困難な場合が多く，結局は公判廷外で吟味した結果を明らかにすることに止まることが少なくないであろう。また，証拠を吟味するために他の証拠と照らし合わせることも重要であるが，照らし合わせる証拠の発見・収集も公判に多くを期待することは困難である。公判における証拠の吟味には，公判に内在するある種の儀式性からの制約による限界があるといわざるを得ない。

〔古田佑紀〕 3 公判に関する諸問題

処罰を免れる事態も想定しているものと考えられる。また，それに比べれば可能性が低いであろうが，無実の者を処罰する事態が増加することも想定される。GHQ側は，身柄拘束の長期化を避けるという観点からはそのような事態が生じてもやむを得ないと考えたように一応理解されるが，その当時それが日本における社会制度としてのコンセンサスが得られたとは考えられないし，現在においても社会の要求はその反対である。また，当時の議論としても公判中心主義が犯罪事実の解明により有効であるという議論は見当たらない。結局，公判中心主義というのは，主として捜査（予審を含む）段階における被疑者・被告人の取調の長期化による弊害を除去することを目的として主張されたもので，人証の取調の方法を大きく変えることに主眼が置かれたといってよい[18]。公判廷における供述がより信用性が高いという意識はあったと思われるものの，無実の者の処罰を防止することを含めて事実認定の的確さを図ることやなるべく供述に頼らない客観的な証拠による立証を実現することとは観点が違うものであったといえよう。

公判中心主義と併せて語られるのが当事者主義である。現行刑訴法が基本的に裁判所を事実の発見者の立場から解放して検察官・被告人による主張・立証の結果を判断するという構成を取ったことは事実であろう。その理由としては，裁判所に事実発見の責任を負わせると，有罪となる方向で審理をする傾向になるということであった。それでは，事実解明という点からはどう考えられていたかというと，当事者主義が真実発見にも有用であるという説明もあることからすれば[19]，立案過程で何らかの機会にそのような議論がされたのかもしれない。しかし，見た限りの当時の資料からはその形跡は見当たらず，またそのよ

---

[18] GHQが当時問題としたことの一つに日本では "secret inqusition" が行われているという点がある。しかし，予審を念頭においているとすればそれは単に非公開ということで取調自体を秘密にするという意味ではないであろう。断言はできないが，当時の日本の予審がドイツやフランスのそれに比べて特に秘密性が高かったとは思われない。また予審段階での拘束期間についても，ドイツ，フランスでも制限はなかった。予審に対する疑問があったことは事実であろうが，憲法起草に当たった米国関係者には日本の制度に対するかなり大きな誤解があった疑いがある（勾留理由の開示制度の導入は，一つにはこのような背景があったのではないかと思われる）。行政検束や違警罪即決令などの警察権を乱用して行われた身体の拘束やこれを利用した取調などにおけるいわゆる人権蹂躪が主たる問題であったことについての正確な理解が不足していた可能性がある。

[19] 団藤・前掲注(9)「刑事訴訟法の四〇年」6頁。

*9* 昭和 23 年の刑訴法改正

うな仕組みの導入する積極的な理由としてそれが真実発見に有効であるという説明はない。オプラー回顧録によれば，占領当局のロイヤーの中には徹底した"adversary system" の採用を主張する者もあり，それには裁判官が事実発見に直接に関与することから思い込みを持つ可能性を回避するという長所はあるが，一方で訴訟が実体的真実から離れて訴訟技術の優劣が大きく影響し，ボクシングの試合のようになるおそれがあるなどそれなりに問題点があることから中間的な選択をし，一定程度裁判所の積極的な介入の余地を残したという趣旨のことが述べられている[20]。少なくとも，これからすれば，オプラー氏は当事者主義を真実発見の観点からは高い評価をしていなかったように見える。おそらく，当時の認識は，せいぜい当事者主義は必ずしも真実発見を妨げるものとはいえず，有用である面もないわけではないという程度のものであったのではなかろうか。オプラー氏がいう「積極的な裁判所の介入」を認める端的な例は，訴因変更命令の規定であろうが，訴訟の追行を当事者に任せきりにすると余り

---

[20] オプラー回顧録 141 頁。この点に関し，オプラー氏は，日本に陪審制度がないことを当事者主義の採用に関して考慮した背景としてあげている。その意味は必ずしも明らかではないが，当事者主義は特に陪審裁判で問題が起こりやすい趣旨の指摘がされていることからすれば，陪審制度がないために当事者主義を採用しても弊害が少ないと考えたということかもしれない。なお当事者主義が真実発見に有用であるという考えについては相当に疑問がある。商取引などに関する民事裁判であれば，それぞれが実際の当事者であって，有用な証拠資料を持っている場合も多く，それをつきあわせることによって事案の的確な解明が期待できることが多いのは確かであろう。しかし，刑事手続においては，元々が異常な活動であるので，その記録を残すことは一般的にはない。また，検察官はもちろん実際の当事者ではなく，事件について現実の体験，知識もないし，当然証拠資料を持っているはずということもあり得ない。被告人については，真犯人であれば現実の知識があり，証拠資料を保有し，あるいはその所在を知っていることもあるが，それを提供する必要はなく，反対にそのような状態を罪責を免れるために利用することも可能で，検察官に対して有利な立場に立つこととなる。一方，真犯人でないとすれば，ある特定の日時，場所などでの自己の行動に関する証拠資料を保持しているようなケースは一般的には多くなく，自己の行動を証明することが困難であるのに対して，検察官は相当程度の状況証拠を収集できる可能性などがあって，被告人の不利益が大きい。民事訴訟と異なり，それぞれが証拠を提出して争うという姿は刑事訴訟では多くの場合非現実的であり，検察官にすべての立証責任を負担させる構造ともそぐわない。確かに，証拠の吟味を検察官，被告人に一次的に委ねることは，判断の客観性を担保する上で重要である。しかし，事実解明のための制度として当事者主義が一般的に効果的で優れているとはいえない。真実発見のために有用なのは，むしろ，供述以外の証拠資料の収集を充実するとともに，被疑者・被告人や証人の十分な供述を得て，それから得られる情報も手掛かりとして更に資料を集め，その信憑性を確かめることを徹底することであろう。

にも真実から乖離した結果になる可能性があることを防ぐものであって，当事者主義を無条件に是としているものではないことが示されている。それは，単に弁護士の力量が未だ不十分ということだけの問題意識ではないと思われる[21]。

## (2) 訴因制度

訴因制度の導入は，当初は特に議論されておらず，立案過程の最終段階で，起訴された犯罪と違う犯罪により裁判所が有罪にできるかという問題と関連してにわかに浮上したものである。GHQ 側の主張は，検察官はいかなる犯罪として処罰されるかをあらかじめ明示しなければならないということであった。これに対して，日本側は，日本においては起訴は事実についてするもので，それがどのような犯罪に当たるかは裁判所が判断するものである旨主張した。そして，事件によってはいかなる犯罪に該当するか直ちに決めることができないものもあり，審理の結果裁判所が判断することが妥当であるとした。GHQ 側の主張のポイントは，被告人が予期しない犯罪事実によって処罰されることは不当であるという点にあり，検察官は，いかなる犯罪に該当するかを網羅的に記載して起訴すべきであるとした。これに対して日本側の主張は，ある特定の事実が存在するかどうかが問題で，その事実が存在すると認定された以上，それがどのような犯罪を構成するかは裁判所が判断する法的な問題ということであったと考えられる[22, 23]。

[21] 松尾教授は，「公判中心主義」あるいは「起訴状一本主義」という言葉について，外国語に的確に翻訳することが困難なもので，そのような概念は不健全であるとしておられる（前掲注(5)『刑事訴訟法講演集』87 頁）。その趣旨は，安易に概念が不明確な言葉を用いると正確な議論が成り立たたないことを指摘するものと考えられる。概念が不明確な言葉はマジックワード的に使われることが少なくないという問題もあろう。前掲ジュリスト 930 号所収『学説の形成と発展』27 頁以下の鈴木茂嗣教授の指摘も同様の問題を示唆するものと思われる。

[22] もっとも旧刑訴法においても，起訴する場合は犯罪事実のほか罪名を示すことが必要であった。

[23] このような議論の背景には，罪数論を持たず，社会的な事実は１個であっても法律上複数の犯罪に該当すればすべて別個に処罰され，一事不再理効が及ぶ範囲も証拠の共通性という手続的な原理で決められる英米法系の感覚と，同一事実に対する処罰の１回性を前提とし既判力の及ぶ範囲が事実の同一性という実体法的な観点から決定される大陸法系の感覚の相違があったように思われる。GHQ 側が問題が起こる例として挙げていたものの多くは公訴事実の同一性を欠くことが明らかなものであったことは，これを窺わせるものであろう。

## *9* 昭和 23 年の刑訴法改正

　訴因制度は，当事者主義の象徴のようにいわれる。当事者主義との間に密接な関連を求めることが誤りとはいえないが，当事者主義を援用しなくてもその説明は十分可能である。現に訴因制度の導入の経過からは当事者主義と関連して議論されたわけではなく，犯罪として検察官の起訴に明示されていない犯罪事実で処罰することは刑も重いものに変わることもあるので被告人の利益保護の観点から許されず，検察官は複数の犯罪のいずれか又はすべてで処罰しようとするときはすべての罪名を明示しておくべきであるというプラクティカルな理由によるものであった。したがって被告人の防御の必要性も事実の変化自体ではなく，主として法的な評価の変化が問題として議論されている。日本側からは，被告人が予期しない犯罪事実により処罰されるということが問題であるならば，弁論の機会を与えればよいのではないかという意見も出されたが，GHQ は公判の記録を作る体制が不十分でどのような手続が行われたのか上訴審に行って分からなくなるおそれがあるとして，明示的に記載を変更することに固執した[24]。

　このような経過からすると，訴因の記載は法律上どのような犯罪に当たるかがむしろ重要であることになり，法律構成説になじむものであるように思われる。実際，米国における訴因に相当する記載は，日本のそれに比べると，かなり抽象的な法律構成的記載であるように見受けられる[25]。現在の通説である事実記載説は，訴因制度の導入の契機から若干離れて，法的評価以前の社会的事実を基礎に考える日本の感覚を取り入れてモディファイした考え方という見方もできよう。

---

[24]　起訴状における訴因の択一的及び予備的記載が明示的に規定されたのは，一つにはこのような事情によるものと思われる。しかし，実際には公訴提起段階におけるこのような記載の例はほとんど見られない。当初から択一的又は予備的な記載をするのは捜査が不十分なことの現れと受け止められることがほぼ必然で，新刑訴においては捜査が不十分になることを前提としたとしても，現実においては，検察官だけではなく，弁護人や裁判所にも感覚的に受け入れられがたいものがあろう。

[25]　国会審議において，政府委員は，「訴因とは社会的事実としての犯罪を法律的に構成した起訴の理由」という説明をしている。第 2 回国会参議院司法委員会会議録 44 号（昭和 23 年 6 月 22 日）3 頁。

## (3) 公訴提起手続及び関連する手続

　戦後改正の一つの大きな柱は，裁判所から予審の廃止を含む事実発見者としての機能を取り除くことであったということができる。その一つの表れが，公訴提起の手続の改正であり，公訴提起の手続を裁判所に対して審判を求める犯罪事実の提示に厳格にとどめること～いわゆる起訴状一本主義の採用～である。その採用について問題となったことは，起訴状だけでは事案の詳細を知ることが困難であることであった。弁護士の立場からも，請求予定証拠の開示はあっても，それまでと違い，記録全部を見ることができなくなることに対する戸惑いがあったことは想像に難くない。しかし，それに止まらず，この問題は，いわゆる交互尋問の採用とも関連する。弁護士を中心に，交互尋問の方式を導入すべきであるという主張が強くなされた。しかし，GHQ はこの主張に消極的であった。その理由は，交互尋問方式を導入するには未だ弁護士の力量が不十分であるということであったという[26]。そして，刑訴法上は裁判所がまず証人尋問をすべきこととされた。しかしながら，起訴状一本主義の下では，裁判所にとっては事件の内容の詳細が明らかにならないため，どのように審理を進めるか，どのように証拠調べをするかといった点が把握できないまま審理に臨むことにならざるを得ないことになる。このような問題点を解決するために採用された措置が冒頭陳述制度の採用，証人尋問事項書の提出であった[27]。裁判所は，特に証人尋問を裁判所が的確に実施できるかについて強い懸念を示し，検察官からは証人尋問事項書を作成する負担が大きくなることを憂慮する意見が出されていた。これに対して，GHQ は要点を記載した簡略なもので足りると述べており，ここにも荒い立証で足りるとする考えが現れているように思われる。もっとも，日本の公訴事実の記載は米国と比べてもかなり簡略なものになっており，当時 GHQ として現在のような特定の犯罪の構成要件に該当する事実だけに絞った起訴状の記載を想定していたかは疑問である。なお交互尋問

---

[26]　団藤・前掲注(9)「刑事訴訟法の 40 年」6 頁。なお，第 2 回国会参議院司法委員会会議録 45 号（昭和 23 年 6 月 23 日）4 頁宮下政府委員の 304 条に関する説明参照。

[27]　裁判所が記録を引き継いで事件の取調を行う大陸法系の制度の下ではこのような問題は起きないし，また，英米法の制度においても，陪審制度があって裁判官の主たる役割は事実認定者ではなく手続の主催者であることから，日本とは大きな違いがある。冒頭陳述などの制度は他国の例を見ても類例に乏しいと思われるが，現実の制度としての調整を図る方策であったといえよう。

*9* 昭和 23 年の刑訴法改正

方式の導入はその後の国会審議においても最大の論点の一つとなり，参議院においてこれを導入する修正がなされて両院協議会に付され，参議院側は最も重要な修正であるとして修正を強く求めたが，衆議院はこれに同調せず，否決されている[28]。

なお公訴の提起手続については，旧刑訴法においては，書面によらない起訴も一部例外的に認められていたが，すべて書面によることとされた。このような要式行為化や手続実施方法の細目を規定しているのは現行刑訴法の一つの特徴であって，その多くが GHQ からの要求によるものである。一種のマニュアル的な発想であり，いかにも米国的な印象がある。

## 4　憲法に関する諸問題

現行憲法は，刑事手続に関する規定を多数置いており，世界的にもいささか異色なものであるが，23 年改正は，それに応じた改正を実現することが最大の眼目であった。大きな流れとしての人権の保障は日本側も戦前からの懸案であったため，抵抗感はなかったといわれる。しかし，それまで日本側（司法省）の考えと GHQ の考えには大きな違いがあり[29]，多くの調整が必要とされた。憲法との関係で最も激しく議論されたのは，周知のとおり，令状主義の理解を背景とする「司法官憲」の解釈であった。当時の日本側の考えとしては，大陸法系に属する国として，検察官は裁判官と同じ資格を有するもので司法官であるという感覚が自然であったことはおそらく疑いはないと思われるし，また「Court Officer」という原案を検察官等を含める目的で「司法官憲（judicial

---

[28]　第 2 回国会国家行政組織法案・刑事訴訟法を改正する法律案両院協議会会議録第 1 号（昭和 23 年 7 月 5 日）。

[29]　既に昭和 10 年頃から警察による行政検束や違警罪即決決を乱用したいわゆる「人権蹂躙」が帝国議会で問題にされており，その対策が懸案であった。司法省は，戦前からいわば捜査法律主義を進めようとしており，行政警察組織から独立した司法警察組織を作り強制権限を含む法的権限を付与して，これを検察官の指揮下において捜査活動を適正化することを目指していた。もっとも司法警察組織を司法省又は検察組織の一部とすることがどの程度現実性があったかは疑問であるし，「司法官憲」に警察官まで含めることには相当無理がある感がある。一方，GHQ は，中央集権的な行政権力を弱体化することを目的としており，その大きな柱として警察の極端な地方分権化（自治体警察）を推進するとともに，検察官の権限の抑制を図った。その意図の当否はともかく，その時に生じた歪みが現在になお影響している。

〔古田佑紀〕　　　　　　　　　　　　　　　　　　4　憲法に関する諸問題

officer)」に変えたいきさつからして，当然の理解であった。この問題は，検察官の法的な位置付けが大きく変更されたことによっても生じたものであるとともに，戦前からの懸案であった警察による多くの人権侵害をどのように防止についての司法省と GHQ 側の基本的な考えの違いが本質的な問題である。この点については，多くの詳しい研究，紹介がされているので，詳細は割愛するが，議論の過程で興味が引かれることを 1 点だけ触れると，米国における無令状逮捕を参考にしたと思われる現在よりも緩やかな緊急逮捕の規定を設けることが GHQ 側から提示され（この案に対しては日本側が乱用のおそれを指摘している），現行犯以外は無令状逮捕を認めないことについて，GHQ 内部においても，硬直的に過ぎ，現実的ではないとする考えがあり，憲法草案の修正を図る動きもあったことである。緊急逮捕の規定の憲法適合性の問題はむしろ日本側から強い疑問が示され（「司法官憲」の意義についての日本側の主張を通す目的が背景にあったとは思われるが），GHQ 側が，そのような疑問があり得ることは認めるが現実の必要性で許容されるであろうとする経過であった。また，GHQ 内部に，緊急の場合の無捜索・差押の可否について米国では無令状の捜索・差押が認められていることが紹介されていることや，憲法の規定上やむを得ないとしても不利益再審の廃止は適当と思われないとする考えを持つ者もあったことが注目される。米国においても無令状逮捕が広汎に行われている現実があり，刑事手続の現実からすればある程度無令状による余地を認めなければ現実的な仕組みとならないことは米国においても体験されていたはずである。前述のとおり，憲法制定に携わった占領直後の GHQ 関係者の中には刑事手続についての豊富な知識，経験を持っていた者がいなかった疑いが強い[30]。その他にも，刑事補償を認める範囲が広すぎるという感想も GHQ 側から述べられていることも興味が引かれることである。

---

(30)　松尾教授は，刑事手続に関する憲法の諸規定は米連邦憲法と類似する規定が多く取り入れられているが十分な検討や深い思索が伴っていなかったと指摘されている。前掲注(5)『刑事訴訟法講演集』89 頁。松尾教授が具体的にどのような点を考えておられるか定かでないが，前記のように GHQ 内部においても憲法の規定を疑問視する向きがあったことは松尾教授の指摘を裏付けるものであろう。

## 5 その他の問題

その他，GHQ が当時強くこだわった問題を挙げると次のようなものがある。
(1) 法曹資格のない特別弁護人を制限すること
　　資格のない者に弁護人をさせることに強く反対。簡裁及び地裁においてのみ，認めることとされた。
(2) 証言拒絶権の範囲を制限すること
　　身分関係などを理由とする証言拒絶権が大幅に削除された。
(3) 予備審問制度を設け，証拠の乏しい起訴を排除すること
　　米国の制度を念頭においたものと思われるが，審問手続と公判手続，再起訴との関係などから手続を複雑にするもので，乱用され，裁判所の負担を増すおそれがあるとして，日本側，特に裁判所・司法省の反対が強く，導入されなかった。
(4) 裁判所に自己がした裁判の訂正させる制度を設けること
　　訂正申立が乱用されることが必至であり，また控訴と重複してかえって裁判所の負担となるとして日本側が強く反対し，結局，最高裁の判決に対する訂正申立のみが導入された。
(5) 法定代理人等に独立上訴権を認めるべきでないこと
　　法定代理人が被告人本人の意思に反して上訴することを認めないこととした。
(6) 上訴権の放棄を認めないこと
　　憲法上の権利は放棄できないというのが GHQ 側の主張であったが，供述拒否権を含め，手続的な権利が放棄できることはむしろ原則であるので，実際は軽率に放棄してしまったり，事実上放棄を強制されるような事態が起こることを懸念したものと思われる。23 年段階では放棄できないこととされたが，28 年改正により放棄が可能とされるようになった。
(7) 略式手続の合憲性
　　略式手続については，公判を開かないことの合憲性に終盤まで疑問が提起された。被告人においていつでも通常の公判手続に移すことができる仕組みであるにもかかわらず，GHQ がこだわったのはおそらくアレインメントの導入に消極であった理由と同じく，押しつけを警戒したものと推測

〔古田佑紀〕　　　　　　　　　　　　　　　　　　　　　　　　6　終わりに

される。

　これらの点についてもいろいろな問題があり，また占領終了後の当時の犯罪
情勢も踏まえた28年改正についても考えてみたい点が多々あるが，既にかな
りの分量になっているので，別な機会に譲ることとする。

## 6　終わりに

　最後に，昭和23年当時の改正に関する議論，経過を通観して受ける印象と
して次の3点を挙げておきたい。

　（1）　23年の刑訴法改正の目的が，主として公権力，特に警察権力の恣意的
な行使からの保護と拘束して取り調べる場合の制限，裁判所の事実発見者から
立証がされたかどうかの判断者への役割の変更であって，犯罪事実の有無，そ
の内容の的確な解明という観点は大きなテーマとはならなかったということ
である。そのことは，当時の状況からやむを得ないものであったと思われる
が，刑訴法の本来の機能である犯罪に対応する仕組みとしての観点から見た場
合，検討が十分なされなかったといわざるを得ない。適正手続の保障という点
からも，なお不十分という見方もあり得るが，刑訴法の議論としては，犯罪に
効果的に対応する方策と国民の権利・利益の保障との調和点を見出し，どのよ
うに両立させるかが本来必要なことである。そのような目で見たとき，23年
改正は後者の観点からは大きな意義があるものの，犯罪に対応する仕組みとい
う観点からの検討は将来の問題として残されたという印象を受ける。あるいは，
真実は人間が知ることができないものであるから，刑事手続は適正手続の保障
が最重要であり，適正手続が保障されていれば客観的な真実から見れば誤った
裁判が発生しても容認されるべきであるという米国的な基本的な感覚があった
かもしれないが，私としては，当時のGHQ関係者は，事案の的確な解明のた
めの方策がほとんど議論されていないことは十分承知しており，占領に伴う基
本的な彼らの使命は一応果たしたものの，なお多くの課題が残っていると考え
ていたと思うのである（もっとも，この点だけではなく，現行刑訴法は，限られた
時間の中でGHQの力を背景に纏められたものでいわば急ごしらえの暫定的なもので
あり，広い範囲にわたり将来における更なる整備が想定されていたものと思われる。
しかし，現行刑訴法はGHQの強い力を背景に辛うじて纏まったものであり，そのよ
うな想定が非現実的なものであったことはその後の経緯が示しているといわざるを

### 9 昭和23年の刑訴法改正

得ない）。しかしながら，このような観点からの刑事手続に関する議論は，その後中々具体的なものとはならなかった。28年改正は，一部少数の罪についての勾留期間の延長などを含めた若干の改正がされているが，犯罪事実の的確な解明の方策という観点からはさほど重要なものは含まれていない。結局，犯罪事実の的確な解明という課題を焦点にした改正の議論は，通信傍受の導入を含む組織犯罪対策の議論まで具体化，現実化したものはなかった。その理由は，おおむね，以下のようなものではないかと思われる。

①　23年改正の経緯やその後の社会情勢から，あたかも捜査手段はなるべく制限することが善であり，その拡充・強化は基本的に悪というバランスを欠いた感覚が広がったこと

②　捜査手段は不定型なものが多く，様々な方法が工夫され，また技術の進歩などによって多様な手段が取り得るようになることもあって，捜査機関の裁量に委ねることが適当なものが多く，法改正による整備になじむ程度に至らないものが少なくないこと

③　取調を中心とする捜査が重大犯罪についても相応の効果を持ち続けていた一方で，これに代わる費用の観点も含めた効率的，効果的な捜査手段が容易には見当たらないこと

　このような状況の中で，比較的治安のよい状態が続いたこともあいまって捜査手続の整備が進まず[31]，その間に犯罪事実解明機能を強化してきた他の国との間で大きな差が生じるに至ったといえよう。

　(2)　23年改正の際の議論は，本来は米国的なプラグマティックな発想に由来するものが少なくないが，その後に主として学説により理念化（ある理念を立ててそれを純化し，それに従っていろいろな問題を演繹的に説明しようとすること）され，当初考えられていたことを越えて影響が広げられていったということである。典型的には訴因制度の理解であろう。前記のように，訴因制度は当事者主義と関連づけて導入されたものではなく，処罰の可能性がある犯罪については被告人に不意打ちにならないようにあらかじめ明示することが必要ということから出発したものであり，現在行われているような議論の展開は当時と

---

[31]　これは，捜査手段の拡充のみならず，適正手続の保障の充実という面についても同様の問題をもたらす。捜査手段の合理的な拡充を伴わなければ，証拠の収集を困難にすることへの懸念から適正手続の保障の充実もかえって妨げられる面がある。

〔古田佑紀〕                                          6 終わりに

して予想しているものではなかったと思われる。公判中心主義及び当事者主義という言葉は，確かに当時もキーワードであった。しかし，公判中心主義も，当初の射程を超えた議論になり，その意義が曖昧になっているように思われるし，当事者主義も一層マジックワード化している感がある[32]。総じて現行刑訴法に関する議論は，立案過程でその萌芽を見出すことが可能であるものが少なくないにしても，後付けの理念化が多い印象があり，そのため本来は優れて実践的な instrument で状況に応じた具体的妥当性が重要である刑訴法，特に捜査法の議論が観念的なものとなり，そのことがまた刑事手続の整備の現実的な議論を妨げているという印象がある[33]。

 (3)  GHQ は，被告人の当事者的な性格，活動を強調しながら，その一方で，権利意識の未成熟や弁護人の力量不足を懸念して，過保護的な対応をしていることである。言葉を換えていえば，改正の基調とされたのは被疑者・被告人の主体性・人格の尊重であるが，実際の制度はその判断に信をおかず国親的な発想を優先するという両価性があることである。類似の例は他の法律分野でも少なからず見られるが，刑訴法では，例えば上訴権放棄の問題であり，また交互尋問の問題である[34]。

---

[32]  もっとも当事者主義などの言葉は，立法当時からかなりマジックワード的な用い方がされていた感はある。例えば，現行刑訴法は，以前要急処分として検察官に認められていた証人尋問権などを廃止したが，その理由の一つとして当時の立法担当者の述べている中に，捜査官側に認めて弁護人に認めないのは当事者対等主義の観点から適当でないという記載が見られる（宮下明義『新刑事訴訟法逐条解説Ⅱ捜査・公判』（司法研修所，1948 年）。当時，被告人の当事者的な地位を強化するならば，弁護人にも調査権が与えられるべきであるという意見が主張され，弁護人などによる証拠保全請求の制度は，このような意見を考慮したものである。また，衆議院の賛同が得られず，実現していないが，参議院において弁護人の調査権を認める修正が加えられた。弁護人に強制調査権を認めることはできず，任意の調査であれば可能なことは当然であるので，この修正は実質的には意義に乏しいものであるが，当時の感覚としては観念的な当事者としての地位の強化の理念もさることながら，旧刑訴法と違って弁護人が捜査記録を見ることができない仕組みになった上，捜査が綿密に行われなくなり，従前は捜査されていたような事柄でも弁護人が証拠を集めて立証しなければならなくなる場合が増えるのではないかという懸念があって，このような主張につながったように思われる。

[33]  「適正手続」という言葉も，原語である "due process" とは微妙な違いがあるように思われる。「適正手続」は廉潔性にやや重きが置かれるのに対して，"due process" は実質的妥当性に重きが置かれる印象がある。

[34]  弁護人の役割についても，同じような印象がある。かつて，ある弁護士から外国人被

*9* 昭和 23 年の刑訴法改正

　GHQ との議論も含めた昭和 23 年当時の制定過程に関する資料がほぼ網羅的に刊行されたことの意義は大きい。我々はこれによって，23 年改正の意義とその限界を改めて考えることができる。昭和 23 年から既に 70 年近くの年月が経過し，その間に社会の状況は大きく変化した。昭和 23 年改正の意義を踏まえつつも，当時の状況を前提とした議論の枠組みを脱した議論が必要と考える。

---

　告人の訴訟費用の問題に関して，訴訟費用免除の制度があることを裁判所が告知すべきであるという意見を聞いたことがある。しかし，弁護人が付いていないような特別な場合は別として，このような被告人の利益を保護するために弁護人が存在するのであって，自らの責務を理解していないのではないかという印象を受けた。更に考えると，弁護人がいる場合の上訴権の告知も同様であろう。このような傾向は，GHQ の置き土産の面もあるが，過保護状態を既得権としてとらえるような「お上頼り」を裏返しにした感覚ともいえ，そろそろ脱却する必要があるのではなかろうか。

# *10* 勾留の必要について

渡 辺 咲 子

1 問題の所在
2 現行法 60 条をはじめとする
   勾留の規定の制定過程
3 旧法及び現行法制定過程から

みた勾留の理由と必要
4 勾留の要件についての検討
5 おわりに

## 1 問題の所在

通常逮捕について，刑事訴訟法（以下，法律名を略す）199 条 2 項は，「裁判官は，被疑者が罪を犯したことを疑うに足りる相当な理由があると認めるときは，検察官……の請求により，前項の逮捕状を発する。但し，明らかに逮捕の必要がないと認めるときは，この限りでない。」旨，逮捕状発付の要件を定める。このうち，「罪を犯したと疑うに足りる相当な理由」が「逮捕の理由」であり，「逮捕の必要」は，明らかにこれが存しない場合という消極的な要件とされているが，その内容は，刑事訴訟規則（以下，「規則」と略す）143 条の 3 が「逮捕状の請求を受けた裁判官は，逮捕の理由があると認める場合においても，被疑者の年齢及び境遇並びに犯罪の軽重及び態様その他諸般の事情に照らし，被疑者が逃亡する虞がなく，かつ，罪証を隠滅する虞がない等明らかに逮捕の必要がないと認めるときは，逮捕状の請求を却下しなければならない。」と示すところである。ここでは，「逮捕の理由」と「逮捕の必要」の意義は，条文上明らかとなっている。

ところが，勾留については，60 条 1 項に定める，「被告人が罪を犯したことを疑うに足りる相当な理由がある場合」及び，「『被告人が定まった住居を有しないとき』（1 号），『被告人が罪証を隠滅すると疑うに足りる相当な理由があるとき』（2 号），『被告人が逃亡し又は逃亡すると疑うに足りる相当な理由が

『変動する社会と格闘する判例・法の動き』渡辺咲子先生古稀記念〔信山社，2017 年 3 月〕 *199*

## *10* 勾留の必要について

あるとき』（3号）のいずれか1つ以上にあたるとき」を勾留の理由とし，これとは別に87条1項を根拠に「勾留の必要」が勾留の要件であるとする説明が多い[1]。

このような逮捕と勾留の「理由」と「必要」の概念が異なる[2]ことについては，条文の文言を超えた十分な説明がなされておらず，刑事訴訟法を学ぶ初学者が戸惑うところである上，法解釈としても，決して適切とはいえないように思える。

60条1項に掲げる事由を「勾留の理由」とするならば，87条「勾留の理由又は勾留の必要がなくなつたとき」にいう「必要」は，60条1項1号ないし3号掲記の事由以外の「勾留を必要とする事由」であることになる。そして，必要がなくなったときに勾留が取り消されるのであれば，当初から必要がないときには勾留は認められないとするのが有力な解釈である[3]。しかし，60条1項が1号ないし3号の1つ以上に該当する場合には，「これを勾留することができる」として，裁判所（官）になお裁量の余地を認めるのに対して，87条は，「取り消さなければならない」のであって，裁判所（官）の裁量を認めない。そうすると，87条の規定が勾留後だけではなく勾留裁判時にまで適用があるとするのは，明らかに矛盾である。1号ないし3号の1つ以上に該当する事由が存するのになお，他の「勾留の必要」がなければ勾留できないとする，すなわち，条文にない「要件」を付け加えるのは，文理解釈上も無理があるように思える。

本稿では，このような問題意識を踏まえ，改めて，勾留の必要とは何かを考

---

(1)　三井誠『刑事手続法(1)（新版）』（有斐閣，1997年）18頁，田宮裕『刑事訴訟法（新版）』（有斐閣，1996年）83頁，酒巻匡『刑事訴訟法』（有斐閣，2015年）64頁など。

(2)　平野龍一『刑事訴訟法』（有斐閣，1958年）99頁は，罪を犯したことを疑うに足りる相当な理由を狭義の逮捕の理由，60条1項1号ないし3号の逃亡のおそれ等を逮捕の必要とし，これを合わせて広義の逮捕の理由とするが，勾留理由開示において告知すべき勾留の理由や勾留取消事由に定める勾留の理由・必要との関係は必ずしも明らかにされていない。同様の分類をするものとして，篠田省二「勾留の要件」熊谷弘ほか編『捜査法大系Ⅱ』（日本評論社，1972年）36頁。なお，勾留の理由・必要の多義性について，多田辰也「被疑者勾留の理由と必要性」椎橋隆幸先生古稀記念『新時代の刑事法学（上）』（信山社，2016年）112頁参照。

(3)　例えば，田宮・前掲注(1)同頁，佐々木史朗「逮捕・勾留の必要性」新関雅夫ほか『増補令状基本問題（上）』（一粒社，1996年）104頁。

〔渡辺咲子〕　　　　　　　2　現行法 60 条をはじめとする勾留の規定の制定過程

えていきたい。

## 2　現行法 60 条をはじめとする勾留の規定の制定過程

勾留の要件をどのように解すべきかを考えるため，まず，現行法の勾留の規定の制定過程をたどる（以下，文献・条文の引用は，ローマ数字，ひらがな書き，現代字体とする）。検討に必要な主な条文は，別表のとおりである。

### (1)　旧法（大正刑事訴訟法）

旧刑事訴訟法の勾留の要件は，90 条 1 項「第 87 条の規定に依り被告人を勾引することを得べき原由あるときはこれを勾留することを得」であり，87 条の勾引の原由は，「1 被告人定りたる住居を有せざるとき，2 被告人罪証を隠滅する虞あるとき，3 被告人逃亡したる時又は逃亡する虞あるとき」であった。ここでは，嫌疑犯罪の特定は求められるものの，被告人に対する嫌疑の存在・程度が勾留の要件となっていない。なお，同条 2 項本文は，「500 円以下の罰金，拘留又は科料に該る事件に付ては前項第 1 号の場合を除くの外被告人を勾引することを得ず」であり，この規定は，勾留について現行法まで一貫して採用されている（以下，改正案等の紹介に当たっては，これを省略することがある）。

### (2)　憲法草案発表まで

第二次大戦終戦後直ちに開始された刑事訴訟法の改正作業においては，被告人の勾留の要件は，当面の改正の課題ではなかった。被疑者の勾留については，「犯罪捜査に関して人権を擁護すべき具体的方策」という諮問事項の検討の中で，その在り方を検討することとなった。同諮問事項に関しては，司法法制度改正審議会[4]の答申を経て，昭和 21 年 1 月 26 日，「刑事訴訟法中改正要綱案」[5]

---

(4)　司法法制度改正審議会については，『刑事訴訟法制定資料全集昭和刑事訴訟法編（以下，「資料集」と略称する）1 巻』（信山社，2001 年）39 頁資料 10 解題参照。答申は，同資料 20「犯罪捜査に関する人権擁護の具体的方策」（昭和 20 年 12 月 18 日）である。答申案を提案した司法省佐藤刑事局長の説明では，行政検束利用を廃絶し，又予審制度を廃止することを前提として予審判事に認められていたと同様の権限を検事に認めると同時に，司法警察官にも 10 日間の勾留の権限を認める必要がある旨が述べられている（資料集 1 巻資料 15）。

(5)　資料集 1 巻資料 61。

*10* 勾留の必要について

が作成されるに至った。同要綱案では，検事に，被疑者の勾留（1月，最大3月）の権限を認め，司法警察官にも急速を要し，検事の命令を受けることのできない場合に10日の勾留の権限を認めた。勾留は，旧刑訴法の勾留理由に加えて「常習として強盗又は窃盗の罪を犯したとき」に認められることになっていた。

### (3) 改正案1，2次案まで

　この後，憲法改正草案が発表されたことから，刑訴法の改正方針についても，それに沿った変更が必要となり，昭和21年4月30日，「刑事訴訟法改正方針試案」[6]が作成され，捜査について強制の処分を必要とするときは，現行犯事件及び要急事件の場合を除いて，常に裁判所の令状を求めなければならないという原則が明らかにされた。その後，昭和21年7月に発足した臨時法制調査会[7]の第3部会（司法法制審議会を兼ねる）において，刑事訴訟法の改正方針が検討され，同年8月8日，「刑事訴訟法改正要綱試案」[8]がまとまり，これに基づいて刑事訴訟法改正案の作成が始まった。勾留の要件については，旧法の勾引の要件に加えて，「死刑又は無期若しくは短期3年以上の懲役若しくは禁錮にあたる罪を犯したことを疑ふに足るとき」，「再び罪を犯すおそれがあるとき」が加えられている。この試案では，勾留の要件として，「勾留の必要」を考えていたようであり，「勾留状には勾留を必要とする理由をも記載しなければならないものとすること」があるが，この内容は明らかではない。同要綱試案は，最終的に，同年10月23日，臨時法制調査会において承認された[9]。

　一方，法改正を監督するGHQの体制が整ったこともあり，同年8月ころから，頻繁に刑訴法改正に関する会談が行われているが，そこでは，強制捜査権，特に，勾留制度についてのやりとりが多い[10]。司法省とGHQの担当者の会談

---

　　これに至るまでに，昭和21年1月4日「検事及司法警察官の強制捜査権に関する規定」（同資料25），同日「検事及司法警察官に強制捜査権を認むるに付整理を要する規定」（同資料26），同月8日司法警察官の強制捜査権に関する無題の資料（同資料33），同月9日「検事及司法警察官の強制捜査権に関する規定」（同資料37），同月17日「刑事訴訟法中改正要綱案（局議用）」（同資料54）がある。

(6)　資料集2巻資料11。
(7)　臨時法制調査会，司法制審議会の内容等は，資料集3巻参照。
(8)　資料集3巻資料91。
(9)　資料中5巻資料14。

〔渡辺咲子〕 2 現行法 60 条をはじめとする勾留の規定の制定過程

（同年 10 月 10 日）のために司法省が用意した書面には，「勾留の理由」として上記要綱案の内容がある[11]。

もっとも，GHQ との会談では，「司法官憲」が裁判官に限られるかどうかについての見解の相違による議論[12]が中心であり，勾留の要件についての検討は行われなかった。一連の会談の結果を踏まえた同月 23 日の「勾引・勾留について」[13]では，勾留・仮勾留の理由は，現行法 60 条 1 項各号掲記の事由，及び，「死刑又は無期若しくは一年以上の懲役若しくは禁錮にあたる罪を犯したことを疑ふに足りる相当な理由があるとき」となり，これが，改正案 1 次案・2 次案に盛り込まれた。

## (4) 勾留の要件の転換── 3 次案

この内容が大きく転換したのは，昭和 21 年 10 月 30 日の案文であった[14]。勾引の理由を「罪を犯したことを疑ふに足る合理的な理由のある者は勾引することができる。」とし，被疑者の勾留を仮勾留として，「検事は勾引，仮勾引又は逮捕された被疑者について前項に規定する 24 時間以内に起訴，不起訴を決定することはできないが，尚捜査を続ければ公訴を提起することができるかもしれないと云うことが予想せられ，然もそのためには被疑者の拘禁を必要とする事情がある場合には，裁判官に対し被疑者の仮勾留を請求することができる。裁判官は前項の請求を理由があるものと認めるときは，仮勾留状を発して被疑者を勾留することができる。」，被告人の勾留については，「勾留の理由は，公判に附するに足る犯罪の嫌疑があることである。」とするものである。ここではじめて身体拘束の理由を嫌疑の存在とすることとなったが，これは，勾引（逮捕）・勾留等についての GHQ 側の見解（いわゆる「ブレークモア私案」。いかなる罪を犯したことも，令状により勾引する理由となる，重罪の場合は令状なく勾引

---

(10) 資料集 4 巻資料 17 昭和 21 年 8 月 16 日「捜査機関及びその権限について」，同資料 28 同月 30 日「刑事訴訟法の改正に関する 2，3 の点について」，同資料 52「改正案による検事及び司法警察官の強制捜査権について（三）」参照。

(11) 資料集 5 巻資料 3「被告人及び被疑者の召喚，勾引，勾留及び逮捕」。

(12) 資料集 3 巻資料 89-2，同 5 巻資料 23-2 参照。

(13) 資料集 5 巻資料 16。

(14) 資料集 5 巻資料 20「被告人及び被疑者の召喚，勾引，勾留及び逮捕」，この案文についての GHQ との会談録は資料 21。

*203*

*10* 勾留の必要について

できる）[15]に沿ったもので，嫌疑があれば，勾引（逮捕）し，勾留できるが，勾留後は保釈を認めるという枠組みが採用されたことがうかがわれる。これが，同年 11 月 18 日の 3 次案 92 条となった。もっとも，5 次案，6 次案では，裁判長が必要があると認めるときに勾留ができる旨の案文となっているが，被疑者の勾留（仮勾留）は，逮捕に引き続いて取られる処分とされ，逮捕状による逮捕の要件は，被疑者た罪を犯したと疑うに足りる相当な理由があるときであり，仮勾留は，24 時間以内に公訴を提起すべきかどうかを決することができず，なお引き続き被疑者を留置して捜査をする必要があると思料するときとされていたから，現行法の考え方に近い[16]。

### (5) 応急措置法から 9 次案まで

日本国憲法の施行に伴う刑事訴訟法の應急的措置に関する法律（応急措置法）8 条は，被疑者の逮捕・勾留について，勾留状は裁判官が発すること，勾留の期間は 10 日であることを定めたが，勾留の理由・必要については，特に定めはない。

もっとも，応急措置法の解説においては，勾留理由開示において裁判長が告げる「勾留の理由」について，犯罪事実の要旨のみならず勾留を必要とする理由をも含むとの解釈を示している[17]から，「勾留の必要」が求められていることを当然の前提としているようである。

応急措置法の実施を踏まえて，昭和 22 年 8 月から 10 月にかけて 7 次案から 9 次案[18]が起案されたが，ここでは，勾留は，「裁判所は，被告人が罪を犯したことを疑うに足りる相当な理由があるときは，これを勾留することができる。」として，嫌疑の存在を要件とすることが明示された。

この方針については，7 次案起案の準備段階であった同年 7 月の「勾留に関

---

(15) 「ブレイクモア私案」資料集 5 巻資料 4。

(16) 1 次案から 6 次案は資料集 6 巻。5 次案に対する昭和 22 年 2 月 3 日「刑事訴訟法改正法律案の要点」（資料集 5 巻資料 66）に要約されている。

(17) 資料集 7 巻資料 33「日本國憲法の施行に伴う刑事訴訟法の応急的措置に関する法律の解説」。大審院検事局による刑訴応急措置法の解釈及び運用に関する研究会報告（資料 48）も，「開示とは，犯罪事実の要旨と勾留を必要とする事由を公開法廷で告知することであ（る）」としている。

(18) 7 次案は資料集 10 巻資料 1，8 次案は同巻資料 12，9 次案は同巻資料 14。

〔渡辺咲子〕　　　　　　　2　現行法60条をはじめとする勾留の規定の制定過程

する規定要領」に，「勾留の条件は，罪を犯したことを疑うに足りる相当な理由があるときとし，勾留の必要の有無の標準については，従来のように逃亡の虞，証憑湮滅の虞等を列挙する方法と採らず，裁判所の裁量によるものとすること」と明記されている[19]。7次案には，条文ごとに検討された問題についての注記があるが，勾留の要件については，「『相当な』を『充分な』と修正する意見あり。」との注記があり[20]，このことからも，勾留の条件については，専ら嫌疑の程度が問題となっていたことがうかがわれる。

7次案133条は，「勾留の必要がなくなったときは，裁判所は，決定で勾留を取り消さなければならない。」であるが，「勾留の原由が前記のようになったことと関連し問題あり。」との注記[21]があるので（同様の指摘は勾留理由開示についてもある），勾留の理由と必要についての問題意識があり，これが，8次案に至り，「勾留の理由又は必要がなくなつたときは，裁判所は，決定で勾留を取り消さなければならない。」と修正され，現行法まで引き継がれている。

この修正によれば，当時は，勾留の理由を「嫌疑の存在」と捉え，これとは別に「勾留の必要」を取消理由として考えていることになる。「勾留の必要」とは何かについては，後述のとおり，保釈取消事由についての規定が参考となろう。

### (6)　GHQとの協議を経て国会提出案が完成するまで

9次案に対するGHQの意見は，担当者のプロブレムシートという形で示されたが，この中に勾留の要件に関する意見は存しない。

このプロブレムシートをもとにして，日米の関係者が集まって刑事訴訟法改正協議会が開かれたが，勾留の理由に関連する協議は，わずかに，昭和23年5月4日の第15回刑事訴訟法改正協議会[22]で，勾留理由開示手続において裁判長が告げるのは，嫌疑のみであることを前提として，嫌疑を根拠づける理由を述べるべきかどうかが論議されただけであった。そうすると，国会提出案[23]の

---

[19]　資料集8巻資料90。
[20]　資料集10巻14頁。
[21]　資料集10巻18頁。
[22]　資料集11巻資料118。発言を引用したオ氏は，GHQ側の担当責任者オプラー，アはGHQ担当官のアップルトン，国宗は国宗栄，団藤は団藤重光，兼子は兼子一の各氏である。

*10* 勾留の必要について

完成時の勾留の要件については，勾留の理由を嫌疑の存在（罪を犯したと疑う
に足りる相当な理由）とし，勾留の必要，すなわち，勾留を相当とする理由は
勾留の要件ではあるが，条文に明記せず，裁判所(官)の裁量に委ねるという解
釈であったといえる[24]。

### (7)　国会における審議と修正

勾留の要件に関する法案 60 条は，衆参両議院の司法委員会において激しい
批判にさらされた。勾留に「罪を犯したと疑うに足りる相当な理由」以外に
勾留を必要とする事情を要するかについて，立案当局が勾留の要件については，
英米法の考え方を採り入れており，勾留の必要は勾留の要件ではなく，ただ，
事後に必要がない場合には取消ができる（87 条）と繰り返し説明した[25]のに対
して，勾留は，必要がある場合に限定するため，勾留の必要も要件に盛り込む
べきではないかとの質問が多く出された。参議院司法委員会における公聴会で
も，その旨の意見が多かった[26]。

もっとも，犯罪の嫌疑のみで勾留が認められるかどうかについては，政府委
員の説明のニュアンスは一定とはいえない。勾留の裁判に当たって，勾留の要
否も調べるのかとの質問に対しては，被疑者勾留は，検察官が必要な場合に請
求するから，裁判官は必要についての審査をすべきではないが，被告人勾留
は，裁判所が必要について判断できる旨を答弁している[27]。この，被疑者勾留

[23]　資料集 12 巻資料 185。

[24]　もっとも，法案提出時の検務長官の説明によれば，勾留の必要は，勾留の要件ではな
　　く，勾留後の取消事由にすぎないと考えているようにも見える。資料集 12 巻資料 191
　　「刑事訴訟法を改正する法律案に関する検務長官説明」（参議院司法委員会では 5 月 29 日，
　　衆議院司法委員会では，5 月 31 日に行われた。資料集 13 巻資料 2，3）。

[25]　「勾留につきましては，現行法のいわゆる勾留理由というものを改めまして，罪を犯
　　したことを疑うに足りる相当な理由がある場合には被告人を勾留することができると，
　　ただ単に犯罪の嫌疑のみを勾留理由といたしまして，その反面，実質的に勾留された被
　　告人の保護を計る意味におきまして，保釈或いは勾留の取消，その他の制度を設けまし
　　た」（昭和 23 年 6 月 10 日参議院司法委員会における宮下明義法務庁検務局刑事課長に
　　よる逐条解説，資料集 13 巻資料 22），昭和 23 年 6 月 24 日衆議院司法委員会における
　　鍛冶良作委員の質問に対する野木政府委員の回答，資料集 14 巻資料 5 など。

[26]　資料集 13 巻資料 23。宮城實，青柳盛雄，島保，坂本英雄各公述人の意見がある。

[27]　資料集 14 巻資料 5。なお，起訴前の勾留については，この前に，保釈が認められな
　　い趣旨について逐条説明。資料集 13 巻資料 34 で，「207 条の規定は，前 3 条の規定に
　　よって勾留の請求を受けた裁判官に，総則の勾留の規定を準用いたしたわけでございま

［渡辺咲子］　　　　　　　　　3　旧法及び現行法制定過程からみた勾留の理由と必要

における必要性の判断は，その後，通常逮捕状の発付の要件を巡って問題となり，結局，昭和28年の法改正によって決着をみたところである。一方，被告人の勾留の必要については，60条が勾留することが「できる」としているのを根拠に，勾留するか否かは裁判所の裁量によるとの答弁があり[28]，具体的には，89条各号に定められた事情が勾留するかしないかの裁判所の判断の資料になる旨，勾留の必要についての具体的言及もある[29]。

　結局，60条の勾留の要件を「罪を犯したと疑うに足りる相当な理由」のみとして，嫌疑のある者のうち，逃亡のおそれ等勾留を要する者を絞り込む要件を条文に明記しないという政府側の提案は支持されなかった。衆参両議院は法案についてそれぞれかなり広範囲の修正を行った。この結果，会期末の7月5日，両院協議会協議が開催され，修正部分を大幅に絞り込むことになったが，60条については，参議院の修正案が採用され，これが可決成立するに至った[30]。

## 3　旧法及び現行法制定過程からみた勾留の理由と必要

　以上に見たように，逃亡のおそれ等の勾留の必要を要件としない理由について，政府は，嫌疑の存在を客観的に行うことが人権の保障になり，勾留を要しない場合については，勾留後の保釈等によって救済するという説明を行っていたから，法案提出時の政府は，勾留の必要は勾留の要件ではないという見解の

---

す。併しながら起訴前の勾留につきましては，保釈に関する規定はこれを準用しないことにいたしまして，起訴前においては保釈ということを考えなかったわけでございます。これは起訴前の勾留即ち捜査のための勾留という特質を考えまして，特にこの勾留には保釈ということを考えなかったわけでございます。」（同月18日参議院司法委員会における宮下政府委員の答弁）がある。国会では，起訴前の勾留と起訴後の勾留の性質の違いについて，論議が深まることはなかったが，立法当時の考え方を知る上で参考となる。

[28]　資料集14巻資料5。続く木内政府委員の答弁も，「なるほど仰せのように現行法とは勾留原由が変つておりますけれども，ただ犯罪を犯したことを疑うに足る相当な理由のあるときはこれを勾留することができるとなっておりまして，当然かような場合において勾留するというのではないのであります。私どもの考えとしても，その趣旨で解釈しておるのでありまして，こういう理由があつたら当然勾留するというのではなくして，勾留するか否かは裁判所の裁量権に任してあるわけであります。」

[29]　同上，木内政府委員の答弁。

[30]　衆議院の修正案は，資料集14巻資料15。同修正案は，7月1日の衆議院本会議で可決された（同巻資料17）。参議院の修正案は，資料集14巻資料23。同修正案は，7月5日の参議院本会議で可決された（同巻資料25）。
　　両院協議会は，資料集14巻資料26。

*10* 勾留の必要について

ように見える[31]が，一方で，政府答弁には，被告人の勾留については，裁判所が必要性（相当性）を判断できる旨の答弁もある。

　通常は，法案を提出する際には，立案当局において見解の統一が図られた上で，あらかじめ詳細な議会答弁資料が作成されるが，本改正の審議のためにまとめられた答弁資料は残されていない。法案が完成したのは，国会の議案提出期限の直前であり，国会審議用の準備は十分でなく，踏み込んだ答弁は困難であったことが窺われる。

　勾留の要件が，「罪証隠滅の虞」，「逃亡の虞」から「罪を犯したと疑うに足りる相当な理由」に転換した3次案がGHQ側から示された「ブレークモア私案」によることについては前述した。旧法がドイツ法の影響を受けて嫌疑の存在を当然の前提としながら，罪証隠滅の虞等を要件とした[32]のに対し，3次案以降は，英米法を基礎とする考え方に転換したといえよう。これについて，国会における立案当局の答弁は，勾留には「必要」を要件としないとの原則を固持しているように見える。しかし，国会における政府答弁は，「条文中に勾留の要件として，『勾留の必要』を根拠づける事由を定めるべきか否か」という観点によってなされたものであり，立法過程を辿る限り，条文に明記するかどうかはともかく，逃亡の虞等の「勾留の必要」が認められなければ，勾留ができないことについては，旧法から一貫していたといえよう。これを勾留の要件に関連する条文案からみることとする。

## (1) 軽微な罪についての勾留の要件

旧法は，500円以下の罰金，拘留又は科料にあたる事件については，被告人

---

(31)　例えば，瀧川幸辰ら編『新刑事訴訟法解説』（大学書房，1948年）の60条の解説（126頁）は，国会における修正を重要な修正であったと評価している。同書は，国会における政府説明を「変な理くつ」であるとし，さらに，原案のままであれば，勾留理由開示においては，嫌疑だけを述べればよいことになり，開示制度はほとんど意味をなさなくなると指摘している。国会修正が，勾留に関する他の条文の解釈に影響を及ぼすことを指摘している点は重要である。

(32)　前記参議院司法委員会公聴会においても，宮城實公述人がこれを指摘し，罪証隠滅等の大陸法で一般に認められる勾留原因こそが，勾留理由開示制度において開示すべき事実である旨を述べている。なお，ドイツの刑事訴訟法では，本来の条文では逃亡の虞及び罪証隠滅の虞の2つを勾留理由として認めていたにすぎないという（ロクシン著，新矢悦二・吉田宣之共訳『ドイツ刑事手続法』（第一法規，1992年）304頁）。

に定まった住居がない場合でなければ勾留できないとしていたが，この規定は，現行法に至るまで，変更されることはなかった。ごく軽微な犯罪についても，刑事手続の目的を達するためには，被告人（被疑者）が現在していなければならない。住居不定は，勾留の必要の最も典型的な事情であるが，3次案以降もこの要件が維持されたということは，勾留の要件（理由）を嫌疑のみに変更した3次案以降も「勾留の必要」が考えられていたことを示す。

### (2) 接見禁止

勾留してもなお，その目的を達し得ない場合の措置が接見禁止である。旧法112条1項本文「裁判所は罪証を湮滅し又は逃亡を図る虞あるときは勾留せられたる被告人と他人との接見を禁じ又は他人と授受すべき書類其の他の物を検閲し，其の授受を禁じ若は之を差押ふることを得」であるが，請求権者や弁護人の取扱いについての修正はあるものの，「罪証隠滅のおそれ」と「逃亡のおそれ」を理由に接見禁止ができるという構造に変わるところはない。

### (3) 保釈及び保釈取消

保釈制度は，大きく変わった。勾留の理由を「罪を犯したと疑うに足りる相当な理由」とした3次案から，保釈も原則として認めることになったが，保釈の取消事由は，旧法からほとんど変わりがない。旧法119条1項に定める取消事由は，「被告人逃亡したる時，逃亡する虞あるとき，召喚を受け正当の事由なくして出頭せざるとき，罪証を湮滅する虞あるとき又は住居の制限に違反したるとき」であり，これに3次案以降「その他裁判所の定めた条件に違反したとき」が加えられたのみである。そもそも，保釈制度は，逃亡を保釈保証金で担保するものであるから，その前提として，逃亡の虞がある場合に勾留されることを前提としているといえる。そして，保釈を取り消すのは，保釈保証金を納めさせてなお，刑事手続の目的を達し得ない場合であるから，これが，裏返せば，勾留を必要とする事由であることに他ならない。そうすると，勾留を必要とする事由の考え方は，旧法以来変化がないことが分かるであろう[33]。

---

(33) 職権保釈（90条）の平成28年改正については，4(3)。

*10 勾留の必要について*

### 勾留の理由に関連する条文の変遷

| | | | |
|---|---|---|---|
| 勾留の理由 | 旧法90条1項　第87條の規定に依り被告人を勾引することを得べき原由あるときはこれを勾留することを得 | 1次案総9第7条1項　総9第4条の規定によって被告人を勾引することができる理由があるとき又は被告人が監獄にあるときは，検事の請求により，これを勾留することができる。（2次案も同じ） | 3次案92条1項本文　被告人が罪を犯したことを疑ふに足る相当な理由があるときは，職権で又は検事の請求により，被告人を勾留することができる。 |
| （勾留の理由に引用された勾引の理由） | 旧法87条　左の場合に於ては直に被告人を勾引することを得<br>一　被告人定りたる住居を有せざるとき<br>二　被告人罪証を隠滅する虞あるとき<br>三　被告人逃亡したる時又は逃亡する虞あるとき | 1次案総9第4条1項　左の場合には，直ちに被告人を勾引することができる。<br>一　被告人に定まつた住居がないとき。<br>二　被告人が罪証を隠滅する虞があるとき。<br>三　被告人が逃亡したとき又は逃亡する虞があるとき。<br>四　被告人が死刑又は無期若しくは短期三年以上の懲役若しくは禁錮にあたる罪を犯したことを疑うに足るとき。<br>五　被告人が再び罪を犯す虞があるとき。 | |
| 勾留取消 | 旧法114条　勾留の原由消滅したるときは裁判所は決定を以て勾留を取消すべし | 3次案122条　勾留の理由が消滅し又は勾留の理由がなくなったときは，裁判所は，決定で，勾留を取消さなければならない。 | 4次案122条　勾留の必要がなくなったときは，裁判所は，決定で，勾留を取消さなければならない。 |

| 4次案91条1項本文　裁判長は，必要があると認めるときは，職権で又は検察官の請求により，被告人を勾留することができる。但し，被告人が罪を犯したことを疑うに足りる相当な理由がないときは，この限りでない。 | 7次案94条本文　裁判所は，被告人が罪を犯したことを疑うに足りる相当な理由があるときは，これを勾留することができる。（国会提出案まで同じ） | 現行法60条1項　裁判所は，被告人が罪を犯したことを疑うに足りる相当な理由がある場合で，左の各号の一にあたるときは，これを勾留することができる。<br>一　被告人が定まつた住居を有しないとき。<br>二　被告人が罪証を隠滅すると疑うに足りる相当な理由があるとき。<br>三　被告人が逃亡し又は逃亡すると疑うに足りる相当な理由があるとき。 |
|---|---|---|
| | | |
| 7次案　同じだが，「勾留の原由が前記のようになつたことと関連し問題がある。」との注記がある。 | 8次案79条　勾留の理由又は必要がなくなつたときは，裁判所は，決定で勾留を取り消さなければならない。（国会提出案で現行法のとおり請求権者・職権が加えられた） | 現行法87条　勾留の理由又は勾留の必要がなくなつたときは，裁判所は，検察官，勾留されている被告人若しくはその弁護人，法定代理人，保佐人，配偶者，直系の親族若しくは兄弟姉妹の請求により，又は職権で，決定を以て勾留を取り消さなければならない。 |

10 勾留の必要について

| | | | |
|---|---|---|---|
| 接見禁止 | 旧法112条1項本文　裁判所は罪証を湮滅し又は逃亡を図る虞あるときは勾留せられたる被告人と他人との接見を禁じ又は他人と授受すべき書類其の他の物を検閲し，其の授受を禁じ若は之を差押ふることを得 | （現行法までほぼ同じ） | |
| 保釈取消 | 旧法119条1項　被告人逃亡したるとき，逃亡する虞あるとき，召喚を受け正当の事由なくして出頭せざるとき，罪証を湮滅する虞あるとき又は住居の制限に違反したるときは裁判所は検事の意見を聴き決定を以て保釈，責付又は勾留の執行停止を取消すことを得 | 1次案総9第40条　被告人が逃亡したとき，逃亡する虞があるとき，召喚を受け正当な理由がなく出頭しないとき，罪証を隠滅する虞があるとき又は住居の制限に違反したときは，裁判所は，検事の請求により，訴訟関係人の意見をきき，決定で，勾留の停止を取り消すことができる。 | 3次案で「その他裁判所の定めた条件に違反したとき」，「職権により」が加えられ，7次案で「職権で又は検察官の請求により」が削られた。以後現行法までほぼ同じ。 |

### （4）　勾留取消事由

　もっとも注目すべきなのが，勾留取消事由に関する現行87条に相当する規定である。

　この規定も，旧法114条「勾留の原由消滅したるときは裁判所は決定を以て勾留を取消すべし」に修正を重ねたものである。勾留の理由に関する規定が旧法とほぼ同趣旨である2次案までに大きな修正がないのは当然といえるが，3次案では「勾留の理由が消滅し又は勾留の理由がなくなったとき」，第4次案〜第7次案では「勾留の必要がなくなったとき」であった。7次案に至って，「勾留の原由が前記のようになつたことと関連し問題がある。」との注記があり，その結果，8次案から，「勾留の理由又は必要がなくなったとき」と修正されたのである。

| | | |
|---|---|---|
| | | 現行法 81 条　裁判所は，逃亡し又は罪証を隠滅すると疑うに足りる相当な理由があるときは，検察官の請求により又は職権で，勾留されている被告人と第 39 条第 1 項に規定する者以外の者との接見を禁じ，又はこれと授受すべき書類その他の物を検閲し，その授受を禁じ，若しくはこれを差し押えることができる。但し，糧食の授受を禁じ，又はこれを差し押えることはできない。 |
| | | 現行法 96 条　被告人が逃亡したとき，逃亡し又は罪証を隠滅すると疑うに足りる相当な理由があるとき，召喚を受け正当な理由がなく出頭しないとき，又は住居の制限その他裁判所の定めた条件に違反したときは，裁判所は，決定で保釈又は勾留の執行停止を取り消すことができる。（その後，昭和 28 年及び昭和 33 年に改正があった） |

　このように，勾留の要件を定める旧法 90 条から現行法 60 条までの修正と，取消事由の修正は，必ずしもパラレルになされていない。7 次案で初めて勾留の理由，すなわち勾留の要件が旧法と異なることに気づいたことが窺われ，ここまでの「勾留の理由がなくなった」とは，旧法の勾留の理由，すなわち，罪証隠滅のおそれ又は逃亡のおそれを指していたと解される。7 次案の注記に見られる検討の結果，8 次案「勾留の理由又は必要」に改められたわけで，そうすると，ここにいう勾留の理由は嫌疑の存在，必要は，罪証隠滅・逃亡のおそれをいうことになる。

　前述のとおり，国会において，勾留の要件に住居不定・逃亡のおそれ・罪証隠滅のおそれが加えられたのであるが，勾留に関しては，60 条以外を修正することがなかった。会期最終日に至り，衆参両院の異なる修正案のほとんどを

*10*　勾留の必要について

次回以降の国会の検討課題とすることとして，最小限の修正で妥協を図ったのである。60条1項に定められた勾留の要件を「勾留の理由」と解するのであれば，勾留取消の要件（87条），勾留理由開示の内容（84条1項）も国会提出案とは異なってくるはずであるが，国会における修正の経緯から明らかなように，これを検討する余裕はなかった。結局，87条は，国会提出案までの勾留の理由を嫌疑の存在に限る60条を前提とした規定のまま残されたわけである。

　勾留の要件に関する60条1項の修正に伴い必要と思われる関係条文の検討がなされなかったことは，勾留更新の回数制限に関する同条2項但し書にも明らかである。勾留更新を1回に限る場合について，権利保釈除外事由である89条の1号等を掲げたのは，「罪を犯したことを疑うに足りる相当の理由があれば，勾留を認める。その後，勾留の必要がない場合は，保釈を認める。したがって，勾留を継続するのは，保釈のできない場合である。」という立案者の考えに沿った案文であったから，60条1項に1〜3号を加えた場合には，2項但し書のあり方も再検討すべきであったであろう。

## 4　勾留の要件についての検討

### (1)　立法経緯を踏まえた勾留の理由・必要の理解

　もし，60条1項が，通常逮捕に関する199条のように，勾留の理由と必要を書き分けていれば，解釈上の問題は生じなかった。例えば，「裁判所は，被告人が罪を犯したことを疑うに足りる相当な理由がある場合には，これを勾留することができる。ただし，被告人を勾留するには，左の各号の一にあたる事由がなければならない。（1〜3号略）」となっていれば，本文を「勾留の理由」，但し書を「勾留の必要」と解するのに躊躇はなかったであろう。国会における修正の趣旨も，相当な嫌疑だけで勾留を認めるのは人身の保護のために適切ではなく，勾留を必要とする場合に限定すべきであるというものであったから，勾留の理由を嫌疑の存在，勾留の必要を1号ないし3号とする方が適切であろう[34]。そうすれば，理由と必要は，逮捕の場合とパラレルに考えることができるし，87条等，修正がなされなかった勾留に関する各規定との整合性も得ら

---

[34]　瀧川ら・前掲注[31]『新刑事訴訟法解説』140頁は，87条の勾留の理由を「罪を犯したと疑うに足りる相当な理由」，勾留の必要を60条1項1号ないし3号の事実の存在であるとしている。現行法成立時の一般的な理解であったのではなかろうかと思われる。

〔渡辺咲子〕　　　　　　　　　　　　　　　　4　勾留の要件についての検討

れる。

　ところが，60条1項は，「裁判所は，被告人が罪を犯したことを疑うに足りる相当な理由がある場合で，左の各号の一にあたるとき」と，嫌疑の存在と逃亡のおそれ等を並列的に定めたことから，文理解釈上，これらをまとめて「勾留の理由」とするのが通説となった。これが，他の規定との整合性を検討しないままに成立したものであることは前述のとおりである。修正を必要とした国会（司法委員会）の質疑，修正案が議員[35]により急ぎ作られたものであること，可決成立までに個々の案文を検討する暇がなかったことなどを踏まえれば，60条1項の文言に拘わらず，勾留の理由と必要の意義は，前述のとおり，逮捕と同様に，嫌疑の存在を理由，逃亡のおそれ等を必要と解するのが妥当である（もっとも，このように解した場合に，84条による勾留理由の開示を，罪を犯したことを疑うに足りる相当な理由があることの告知で足りるかについては，なお検討の余地があろう）。

## (2)　60条1項掲記の事由を「勾留の理由」とした場合，「勾留の必要」をどのようにとらえるか

### (a)　勾留の相当性

　とはいえ，立法の経緯や立法者の意思は，法解釈の一資料に過ぎない。これを離れて60条1項の文理を素直に見れば，現在の通説のように，60条1項掲記の事由を「勾留の理由」と解することが不当な解釈とはいえない。

　この場合には，同条1項1号ないし3号以外に勾留を必要とする事由があり，これが勾留の要件であるかどうかを考えなければならない。これを肯定し，その根拠を87条に求める見解が多いことは前述の問題の所在で触れたとおりである。

　しかし，60条1項は，「被告人（被疑者）を勾留することができる」旨定めるので，裁判所(官)には，同項の要件を満たす場合になお，勾留を認めるか否かの判断に裁量の余地があるわけである。これが「勾留の必要性ないし相当性」であり，勾留すべきか否かの判断の根拠を87条に求める必要はない[36]。

---

(35)　60条の修正は，参議院司法委員会小委員会による。

(36)　最高裁判所刑事裁判資料259号「勾留及び保釈に関する(準)抗告審裁判例集」（1992年）は，平成2年及び平成3年の裁判例の分析資料であるが，勾留の裁判に関する準抗

*10* 勾留の必要について

実務上は，60条1項各号は勾留理由と呼び，「勾留の必要なし」として勾留を却下する場合を認める[37]。勾留請求を却下する場合として例示されるのは，「被疑事実が非常に軽微で，これ以上被疑者の身柄を拘束して苦痛を与えるのは権衡上相当でないという場合」，「検察官において逮捕中に終局処分を済ませることが明らかに可能であり，被疑者を勾留する必要はないという場合」，「刑訴60条1項各号に該当するとしても，被疑者に確実な身柄引受人が居るとか，被疑者が病気で勾留すれば著しく健康を害するとか，被疑者を勾留すればその家族が路頭に迷うという場合等，被疑者の年齢及び境遇並びに犯罪の軽重及びたいようその他諸般の事情に照らし，身柄拘束の必要性，ないし相当性を欠く場合」である[38]。

このほかに挙げられるのは，上の事例と重複する面もあるが，訴訟条件を欠き公訴提起の可能性がない場合[39]，逃亡または罪証隠滅のおそれがないとはいえないものの，事案が比較的軽微で起訴相当とはいえない場合[40]などである。

これらの事例において勾留を認めなくてもよい，ないしは，勾留を認めるべきでないという結論は妥当を欠くものではないと思われるが，なお，いくつかの点を考えなければならない。

第1に，これらは，いずれも「60条1項に定める勾留の理由は認められる

---

告審裁判例を，第1勾留理由（罪証隠滅のおそれ，逃亡のおそれ），第2勾留の必要性に分類して分析するが，両者に共通して判断に当たり考慮された事由として，①事案の性質・内容・軽重，②逮捕の態様／逮捕時の態度／犯行直後の状況，③被疑者（被告人）の供述内容／態度，④立証方法／被疑者（被告人）と証拠との関係／共犯者の状況，⑤被疑者（被告人）の供述と関係証拠との一致・不一致等，⑥捜査／公判審理の進展状況等，⑦罪証隠滅行為の存在・不存在，⑧家族関係・年齢等の身上関係／被疑者（被告人）の健康状態，⑨暴力団関係等の存在・不存在，⑩身柄引受人の存在／同人との関係，⑪前科・前歴の存在・不存在／執行猶予中／保釈中等の犯行，⑫余罪の存在・不存在，⑬示談の成立・不成立／損害賠償／宥恕等を挙げており，勾留の理由とは独立別個の要件として勾留の必要を考えているわけではなく，むしろ，被疑事実の内容・逃亡のおそれ・罪証隠滅のおそれなどを総合評価するのが適当な場合に「勾留の必要」としているように見える。

(37) 熊谷弘＝泉徳治＝柴田保幸「勾留及び保釈実務の実証的研究㈠」司法研修所論集 1968-Ⅰ86頁。

(38) 同上。勾留の必要の根拠を87条に求める見解でも，同様の例が挙げられる。三井・前掲注(1)同頁，田宮・前掲注(1)同頁，酒巻・前掲注(1)同頁。

(39) 田宮・前掲注(1)同頁。

(40) 三井・前掲注(1)同頁，酒巻・前掲注(1)同頁。

〔渡辺咲子〕 　　　　　　　　　　　　　　　4　勾留の要件についての検討

ものの，なお勾留を相当としない場合」，すなわち，勾留の消極的要件（ない
し，裁判所(官)の「勾留できる」という裁量の基準）を示すものと解すべきである。
裁判所(官)は，60条1項に定める勾留の理由があることを認めた場合に，さ
らに「積極的に勾留を必要とする事由」がなければ勾留することが許されない
というのではなく，勾留の理由がある場合であっても，なお，勾留が相当でな
い場合には勾留しなくてもよいというのにすぎない。

　相当性を欠く場合に勾留すべきではなく，その判断は裁判所(官)の裁量に委
ねられるということであれば，相当性を欠くとして勾留が違法となるのは，裁
量の著しい逸脱があった場合であると解すべきであろう。60条1項を根拠に
「勾留を相当としない場合」を考えるのであれば，法87条1項の「必要」を根
拠として，60条1項1号ないし3号に加えた「必要」を勾留の積極的な要件
とするのは論理的ではあるまい(41)。

　第2に，病気，家族が困窮する等の事由が，勾留を相当としない事由となる
であろうか。病者や老齢で介護が必要な者についても，適切な処遇を行える身
柄拘束の方法を考えることができようし，残された家族の問題は，むしろ社会
保障の問題であろう。また，病気等の程度によっては勾留の執行停止によって
拘束の不利益・不都合を避けることができる。逃亡のおそれや罪証隠滅のおそ
れが認められるのにこれらの事情を理由に勾留を認めるべきでないとするには，
勾留を認めた上でこれらの方策を講ずることができない場合に限られるのでは
なかろうか(42)。

　第3の，もっとも重要な問題は，これらの事例がすべて起訴前の，すなわち，
被疑者の勾留について考えられているという点である。

　これは，さらに被疑者の勾留には被告人の勾留と異なった考慮が必要ではな

----

(41)　例えば，三井・前掲注(1)同頁は，ここにいう勾留の必要とは，勾留の「相当性」のこ
とである，とされるが，87条の「必要」を根拠に，60条1項1号所定の要件以外に「必
要」を要件とし，さらにこれを「相当」と読み替えるというのは，必ずしも正当な解釈
とはいえないように思う。

(42)　「刑訴規則28年改正理由書」74頁は，規則143条の3の「等」について，「小学校の
教師が懲戒行為の行き過ぎで生徒に傷害を加えたとか，かたわの子を産んだ婦人が精神
的ショックからその場で子供を殺害したとか，貧しい学生が一時の出来心から友人の本
を盗んだとか，という場合で他にも酌量すべき事情があるとき」を例示している。適切
でない表現もあるが，例示された事情は，当時の社会事情をもとにして考えれば，その
趣旨は是認できよう。

*10* 勾留の必要について

いかという問題につながるので，次に検討する。

(b) 被疑者の勾留の要件

被告人の勾留の目的は，被告人による罪証隠滅を防止し，さらに公判への出頭（最終的には実刑判決の場合の刑の執行）の確保にある[43]。これについては，特に異論はない。

それでは，被疑者の勾留はどうか。被疑者の勾留は逮捕前置が要件となるが，これ以外は，60 条によるから，罪証隠滅を防止し，さらに起訴した場合の公判への出頭（最終的には実刑判決の場合の刑の執行）を目的とすることに異論はなかろう。

問題は，被告人の勾留の要件以外の要件が考えられるか，である。

205 条は，検察官に留置の必要があると思料するとき（1 項）であって，制限時間内に公訴が提起できないとき（3 項，4 項）に勾留の請求をすることを認める。そうすると，被疑者の勾留は，直ちにその処分を決することができないが，被疑者による罪証隠滅を防止し，さらに起訴した場合の公判への出頭（略式命令の送達を含む。最終的には実刑判決の場合の刑の執行）を確保しつつ，捜査を尽くすことにより起訴・不起訴を決することができる見込みがある場合に認められることになる[44]。

このことは，被疑者の勾留の期間が 10 日間であって，検察官が起訴・不起訴を決するのにこの程度の期間は必要であろうと考えられるから，通常は意識されない。これが明確に意識されるのは，勾留延長（208 条 2 項）の裁判であろう。法文上は「やむを得ない事由があるとき」であるが，これは，勾留期間中に起訴・不起訴を決することができなかったこと，これがやむを得なかったこと，延長によって起訴・不起訴を決する程度に捜査を遂げる見込みがあるこ

---

[43]　例えば，河上和雄ほか編『大コンメンタール刑事訴訟法〔第 2 版〕第 2 巻』（青林書院，2010 年）〔川上拓一〕22 頁。

[44]　立案段階で，これを充分に議論した形跡はないが，国会審議における政府答弁によれば，そのような考え方をとっていたと思われる。「……捜査段階における勾留と，公訴を提起と同時の勾留と区別して考えたいと思います。検察官が警察から逮捕された被疑者を受取って，24 時間以内に取調べをして，一応勾留の請求をするときに，なお起訴するか起訴しないかを決定するだけの調べができていない場合には，起訴しないでただ勾留の請求だけをいたすことになるわけであります。」（昭和 23 年 6 月 24 日衆議院司法委員会における野木政府委員の答弁。資料集 14 巻資料 5）。

とを意味すると解されている[45]。

このように，被疑者の勾留の要件として207条を根拠に，「現時点では起訴・不起訴を決することができないが，勾留期間中にこれができる程度に捜査を遂げる見込みがある」ことを付け加えるのであれば，先に例示された「必要がない」若しくは「相当性を欠く」とされた事例の多くは，この要件の問題として解決すべきであろう。これを否定してなお，「公訴提起の可能性がない」あるいは，「起訴相当とはいえない」というのを令状裁判官が積極的に判断しなければならないというのは，検察官に起訴権限を独占させる刑事訴訟法の基本的な構造に反する。

### (3)　勾留取消事由としての「必要」

勾留の裁判時に「勾留を相当としない」事情を考慮することができるのは，60条1項から導かれるものであって，87条を根拠とすべきものでないことをこれまでに述べた。そうすると，87条の「勾留の必要」は何を意味するのであろうか。ここで留意しなければならないのは，同条が「勾留を取り消さなければならない」旨，裁判所(官)の裁量の余地を残さないことである。

「勾留の理由がなくなったとき」は，「①嫌疑がなくなり，かつ，②60条1項ないし3号のいずれにも該当しなくなったとき」と解することもできよう。60条1項に定める事由をすべてフラットな「勾留の理由」と解するとすれば，これらのすべてがなくなったとときと考えるべきである。しかし，60条1項にいう勾留の理由は，嫌疑のあることを前提として，なお勾留すべき場合を絞り込む要素として1号ないし3号の事由があると考えられるから，

①　嫌疑がない……取り消す。

②　嫌疑はあるが，60条1項1号ないし3号の要件に該当する事実がない……3つの全部に該当しない場合に取り消す。1つでもあれば，取り消さない。

---

[45]　河上和雄ほか編『大コンメンタール刑事訴訟法〔第2版〕第4巻』（青林書院，2012年）〔渡辺〕436頁。勾留に当たって，これが問題となる例の1つに，略式手続が相当な比較的軽微な事案が週末に送致された場合がある。平日であれば，勾留請求をせずに直ちに略式起訴することができるが，週末には，これを釈放して後日略式起訴するか，週明けに略式起訴するために，勾留請求をするかの選択を迫られ，勾留請求を受けた裁判官は，事実上「早期処理」を求めて勾留を認めるという例が少なくない。

*10* 勾留の必要について

とすべきである(46)。この取消の要件はかなり厳格である。

　それでは「勾留の必要がなくなった」とは何か。住居不定で勾留されていたが，その後確実な身柄引受人が現れた場合，軽微な事案で，その後の示談の成立や被害者の宥恕等で明らかに起訴価値がなくなった場合を例示する見解がある(47)。しかし，前者は，身柄引受人が現れ，被告人（被疑者）がこれに応じる意思を示せば，もはや住居不定とはいえなくなったと解することも可能であるし，この場合に，罪証隠滅の虞が未だ存するのであれば，勾留を取り消さなければならないとするのは正しくない。また，後者の「起訴価値がなくなった」ことを裁判官が直ちに被疑者の勾留を取り消さなければならない事由とするのは，裁判官に起訴・不起訴の判断を委ねることになり，刑事訴訟法の基本構造に反することは前述のとおりである。示談成立や被害者宥恕があった事情は，むしろ，「罪証隠滅のおそれ」がなくなったことを示す事情といえよう。病気等によって，勾留が相当でなくなった場合は，勾留執行停止によることができる。

　結局，「勾留の必要がなくなった」として勾留を取り消さなければならない場合は，実際にはあまり想定しがたい(48)ものの，実務において60条1項各号のほかに「必要」の有無の判断を行うことが支持されているのは，60条1項各号の不存在を認定するのに慎重な姿勢を保ちつつ，「必要」を判断することによって具体的事案において妥当な結論を得ようとするものと思われる(49)。すなわち，60条1項各号以外の「勾留の必要」を，87条が「取り消さなければならない」として，裁判所（官）の裁量を否定する規定であることの不都合を解消し，裁判所（官）の裁量によって取消ができるという実質を確保していると考えられるのである。

---

(46)　前掲注(43)〔川上拓一〕154頁。

(47)　同上。

(48)　実際に「勾留取消」が問題になった例は少ない。被告人の場合は，多くは保釈制度によっている。

(49)　このような裁判所の姿勢が窺われる比較的最近の例として，60条1項2号及び3号の事由が一応認められるとしながら，勾留の必要性がないとして被告人の勾留取消を認めた事例（東京高決平22・4・15東高時報61巻1〜12号68頁）がある。この事案は，必要のないことを，軽微な事案であり，罪証隠滅のおそれや逃亡のおそれの程度が極めて低いことを根拠として認めている。

〔渡辺咲子〕　　　　　　　　　　　　　　　　　　　　4　勾留の要件についての検討

　87条の文理解釈をあくまで貫く場合，同条は，勾留の理由「又は」勾留の必要がなくなった場合の取消を義務的とするから，「勾留の理由」があっても，60条1項1号ないし3号以外の「勾留の必要（相当性）」がなければ，勾留を取り消さなければならないということになる。これは，「勾留の理由がなくなった」場合と，著しくバランスを失するように見える。先に検討したとおり，国会提出案87条は，勾留の理由（前記①）勾留の必要（前記②）を取消事由としていたのであるから，「又は」とされていることは妥当であったが，勾留の理由に勾留の必要を示す事由のうちもっとも重要な1号ないし3号が取り込まれたにもかかわらず，「必要」を削除するなど，60条の修正に応じた修正がなされなかったことが問題を生じているのである[50]。

　87条にいう勾留の理由・必要を解釈するに当たって立案当時の解釈に拘束されるものではないことは始めに述べたとおりである。しかし，国会は，法案60条を大きく修正したのであるから，これに関連する84条，87条等についても，60条の修正に整合する修正がなされるべきであったにも拘わらず，84条，87条等については何らの検討もなされずに原案のまま成立させてしまった。このような制定経過に鑑みれば，87条にいう勾留の理由・必要の意義について，不合理・矛盾があってもなお文理解釈に拘泥するのは適当とはいえず，勾留制度全体を見通して，合理的な解釈を行うべきであろう[51]。

　2016年第91回国会で成立した刑事訴訟法の一部改正の中に，90条の「裁判所は」の下に「，保釈された場合に被告人が逃亡し又は罪証を隠滅するおそれの程度のほか，身体の拘束の継続により被告人が受ける健康上，経済上，社会生活上又は防御の準備上の不利益の程度その他の事情を考慮し」を加えるという改正がある。職権保釈における裁判所（官）の裁量に関する判断基準を示した

---

(50)　例えば，嫌疑があり，60条1項1，2，3号に該当する事由があるとして勾留された者に確実な身柄引受人が現れた場合，これによって「住居不定」でなくなったと解すれば，なお勾留の理由があるから，勾留取消は認められないが，住居不定であることに変わりはないと解すると，逃亡や罪証隠滅の虞があっても勾留を取り消さなければならないということになる。

(51)　同じ語を多義的に用いる例としては，「取調べ」がある。197条にいう「取調べ」は捜査活動一般を指すのに対して，198条にいう「取調べ」は，対面して話を聞くことを指すことに異論はなく，これについて抱懐錫杖の不都合を指摘する議論は見当たらない。なお，84条は，勾留理由開示手続において裁判長が告げるべき勾留の理由の範囲を広げるだけであるから，解釈上矛盾を生じるような問題はない。

*10* 勾留の必要について

ものである。「保釈を許さなければならない」(89条) 場合の除外事由として罪証隠滅の虞等をおき，罪証隠滅の虞等があってもなお「保釈を許すことができる」(90条) 場合の考慮要素として，「身体の拘束の継続により被告人が受ける健康上，経済上，社会生活上又は防御の準備上の不利益」が挙げられるという構造と整合的に考えれば，「取り消さなければならない」という87条の要件は，国会提出時の解釈のとおり「勾留の理由」を罪を犯したと疑うに足りる相当な理由，「勾留の必要」を60条1項各号に該当する事由と考えるべきであろう。なお，立法論としては，60条1項に該当する事由があってもなお，相当性を欠くときには勾留を取り消すことができる旨の規定を加えることも考えられる。

## 5　お わ り に

　勾留の理由・勾留の必要については，用語の混乱があると指摘[52]されながら，それが，勾留に関する規定の制定時の混乱に由来することについて，十分に認識・検討されてこなかったように思える。被疑者の勾留については，勾留取消の裁判をまつまでもなく，検察官が釈放でき，釈放すべきであると考えられており，被告人の勾留については，保釈が認められる。また，緊急に被疑者・被告人を釈放すべき場合には，勾留の執行を停止すべきであるから，結果として，勾留取消によるべき場合は決して多くはない。しかも，勾留実務に関しては，大筋において，長く安定した運用が行われていることから，解釈上の問題に焦点が当てられることはなかった。

　しかし，「勾留の必要」と「勾留の相当性」を同義とし，87条を根拠にして勾留に60条1項に定める要件以外に「勾留の必要」が要件となるとするのが正しくないことは，これまで検討したとおりである。条文の矛盾が立法経緯によることを理解すれば，より柔軟で合理的な解釈が得られるであろう。

---

(52)　熊谷ほか・前掲注(37)86頁

# Ⅲ

# 実務における法

# *11* 監督義務者の責任の変容と不変

三 木 千 穂

1  は じ め に
2  2つの最高裁判決
3  責任能力制度の趣旨
4  行為者の責任と監督義務者の
　　責任の関係
5  監督義務者の責任の根拠と法
　　的性質
6  サッカーボール事件上告審判
　　決の意義
7  法定監督義務者をめぐる近時
　　の法改正
8  準監督義務者という概念
9  JR東海事件上告審判決の意義
10  お わ り に

## 1  は じ め に

　民法は，712条及び713条に責任能力がない者を定め，714条が，それらの者の行った不法行為の責任は，原則として監督義務者にあるとする。この民法714条の監督義務者の責任については，条文のうえでは免責事由が定められているものの，監督義務の広範さゆえ，ほぼ免責は認められないものと考えられてきた。しかし，最高裁は，平成27年および平成28年に2つの免責を認める判断を示した。本稿は，起草時からの714条をめぐる議論，及び714条の基礎となる他制度の変化，さらにはその背景にある社会の変化などを追うことによって，714条の現代的意義を探り，2つの判決の意義を検討することを目的とする。

## 2  2つの最高裁判決

### (1)  サッカーボール事件

### (a)  事　　案

　自動二輪車を運転して小学校の校庭横の道路を進行していたBが，その校庭から転がり出てきたサッカーボールを避けようとして転倒して負傷し，その後

死亡したことにつき，同人の権利義務を承継したＸらが，上記サッカーボールを蹴ったＡ及びＡ（当時11歳）の父母であるＹらに対し，民法709条又は714条1項に基づく損害賠償を請求した。なお，Ａの責任能力が否定された点は第一審の判断で確定している。Ｙらについて，第一審・控訴審とも714条1項に基づく責任を肯定した。

(b) **上告審判決**（最判平成27年4月9日民集69巻3号455頁）**要旨**

　責任能力のない未成年者の親権者は，その直接的な監視下にない子の行動について，人身に危険が及ばないよう注意して行動するよう日頃から指導監督する義務があると解されるが，本件ゴールに向けたフリーキックの練習は，各事実に照らすと，通常は人身に危険が及ぶような行為であるとはいえない。また，親権者の直接的な監視下にない子の行動についての日頃の指導監督は，ある程度一般的なものとならざるを得ないから，通常は人身に危険が及ぶものとはみられない行為によってたまたま人身に損害を生じさせた場合は，当該行為について具体的に予見可能であるなど特別の事情が認められない限り，子に対する監督義務を尽くしていなかったとすべきではない。

　Ａの父母であるＹらは，危険な行為に及ばないよう日頃からＡに通常のしつけをしていたというのであり，Ａの本件における行為について具体的に予見可能であったなどの特別の事情があったこともうかがわれない。そうすると，本件の事実関係に照らせば，Ｙらは，民法714条1項の監督義務者としての義務を怠らなかったというべきである。

## (2) **JR東海事件**

### (a) **事　案**

　旅行輸送等を目的とするＸ鉄道会社が，その運行する路線の駅構内を列車が通過する際に，高齢（当時91歳）で認知症患者の男性Ａが線路内に立ち入り列車に撥ねられ死亡した事故により，列車に遅れが生じる等の損害を被ったとして，Ａの妻Ｙ₁（当時85歳），長男Ｙ₂，次女，次男，三女らに対して，Ａに対する監督義務違反を理由として民法709条，714条1項に基づき連帯して損害賠償を求め，予備的請求として，Ａに対する民法709条に基づき発生した損害賠償請求権をＹらが相続したとして，その相続分に応じた金額の支払いを求

〔三木千穂〕　　　　　　　　　　　　　　　　　　　　　　　　2　2つの最高裁判決

めた。Y₁，Y₂以外の者に対する請求部分は第一審で否定され確定した。Y₁，Y₂への請求については，第一審は，Y₁に709条責任，Y₂に714条責任を肯定したが，控訴審では，Y₁について714条責任を肯定し，Y₂については714条・709条の両責任とも否定した。

(b)　上告審判決（最判平成28年3月1日民集70巻3号681頁）要旨

　平成19年当時において，精神保健福祉法上の保護者や成年後見人であることだけで直ちに714条1項の法定の監督義務者に該当するということはできない。また，精神障害者と同居する配偶者であるからといって，その者が法定監督義務者にあたるとすることはできないというべきである。よって，Y₁，Y₂を法定監督義務者に当たるとする法令の根拠はない。

　もっとも，法定の監督義務者に該当しない者であっても，責任無能力者との身分関係や日常生活における接触状況に照らし，第三者に対する加害行為の防止に向けてその者が当該責任無能力者の監督を現に行いその態様が単なる事実上の監督を超えているなどその監督義務を引き受けたとみるべき特段の事情が認められる場合には，衡平の見地から法定の監督義務を負う者と同視してその者に対し民法714条に基づく損害賠償責任を問うことができるとするのが相当であり，このような者については，法定の監督義務者に準ずべき者として，同条1項が類推適用されると解すべきである（最判昭和58年2月24日集民138号217頁参照）。その上で，ある者が，精神障害者に関し，このような法定の監督義務者に準ずべき者に当たるか否かは，その者自身の生活状況や心身の状況などとともに，精神障害者との親族関係の有無・濃淡，同居の有無その他の日常的な接触の程度，精神障害者の財産管理への関与の状況などその者と精神障害者との関わりの実情，精神障害者の心身の状況や日常生活における問題行動の有無・内容，これらに対応して行われている監護や介護の実態など諸般の事情を総合考慮して，その者が精神障害者を現に監督しているかあるいは監督することが可能かつ容易であるなど衡平の見地からその者に対し精神障害者の行為に係る責任を問うのが相当といえる客観的状況が認められるか否かという観点から判断すべきである。

　これを本件についてみると……Y₁は，Aの第三者に対する加害行為を防止するためにAを監督することが現実的に可能な状況にあったということはで

*11* 監督義務者の責任の変容と不変

きず，その監督を引き受けていたとみるべき特段の事情があったとはいえない。また……Y₂は，Aの第三者に対する加害行為を防止するためにAを監督することが可能な状況にあったということはできず，その監督を引き受けていたとみるべき特段の事情があったとはいえない。したがって，Y₁，Y₂ともに法定の監督義務者に準ずべき者に当たるということはできない。

## 3　責任能力制度の趣旨

⑴　まずは，714条の前提となる責任能力の制度趣旨を検討する。法典調査会での発言を見ると[1]，起草を担当した穂積陳重委員は「行為ノ責任ヲ辯識スルニ足ルヘキ知能」について，「其行為ガ宜イトカ悪ルイトカ云フコトヲ識ル」というだけの意味であると述べ[2]，責任を認めない根拠としては，「少シモ責任ノ根據ト云フモノガナイ」と述べる[3]。一方，同じく起草を担当した梅謙次郎委員は，その著書の中で「唯行為ハ必ス意思ヲ要スルカ故ニ意思ナキ行為ハ眞ノ行為ニ非ス」と述べて[4]，責任無能力者の行為には意思が伴っておらず，意思が伴っていない行為は不法行為とならないことを免責の根拠としている。

これに対し鳩山秀夫博士は，意思に基づく身体の挙動があり，それによる外界的結果が生ずるときは「行為」があるとして，梅説を否定し，「一般不法行為ハ故意又ハ過失ヲ缺クベカラザル要素ト為スモノナルガ故ニ之ヲ作ルニ適スベキ意思能力ヲ具ヘタル者ノ行為ニアラザレバ不法行為ト為ルコトナシ」[5]として，故意過失を作るのに適した意思能力として，責任能力が必要であると説明している。

我妻榮博士は，「自己の行為の結果を辯識するに足るだけの精神能力」を責任能力とし，これがなければ賠償責任を負わないから，その者の加害行為は不法行為とならないとする。その理由について「その者の意思活動に因る行為と

---

⑴　法典調査会で議論が始められた当初の改正案では，現民法709条に当たるものが719条，現民法712条に当たるものが720条，現民法713条に当たるものが721条，現民法714条に当たるものが722条におかれていたが，本稿では，現民法の条文番号で表記をすることとする。

⑵　『法典調査会民法議事速記録五』（商事法務，1984年）319頁。

⑶　速記録・前掲注⑵324頁。

⑷　梅謙次郎『民法要義　巻之三債権編（大正元年版復刻版）』（有斐閣，1984年）888頁。

⑸　鳩山秀夫『増訂日本債権法各論（下巻）』（岩波書店，1924年）896頁。

*228*

〔三木千穂〕 3 責任能力制度の趣旨

謂うことを得ないものであるから，これによって私法上の義務を負擔せしむる
ことは現代法の根本理論に反する」のみならず，「不法行為の要件として故意
過失を必要とすることと根本に於て矛盾を生ずる」[6]と説明する。

　これらの過失責任の前提として責任能力を捉える考え方は，過失を主観的な
概念と捉える。すなわち，過失とは，信義則上必要とされる程度の注意を欠い
たため行為の結果を予見しなかった心理状態と観念し，そもそも自己の行為の
結果を弁識する能力を有しないのであれば，過失責任を問うことはできないと
論理的に考えるものである[7]。

　(2)　しかし，周知のとおり，現在，過失は客観的な概念として捉えられ，結
果回避義務違反の有無によって判断する立場が通説となっている。過失は，心
理状態という当事者の主観的な事実によって判断されるのではなく，社会通念
上要求される結果発生を回避するための義務を果たしたか否かという客観的な
行為義務違反の有無によって判断されるものとするから，この立場によると，
自己の行為の結果を弁識する能力が論理必然的に必要とならない。

　そこで，現在の通説は，判断能力が劣る者を保護するための政策的なものと
する。過失を主観的な心理状態と考える見解であっても，過失の有無の判断基
準は，平均人を基準とする（抽象的過失）。すなわち，平均人なら結果が発生す
ると予見できたにも関わらず不注意でこれをできなかったことが過失と考える
が，責任能力の有無は平均人を基準とするものではなく，自己の行為の結果を
弁識することができる能力をいうものであり，いわば次元が異なるものである
といえる[8]。他方，過失を客観的な概念として捉える通説の立場に立ち，結果
回避義務違反の前提として予見可能性を要求しても，同様の指摘ができるので
あり，そう考えれば，過失と責任能力には，理論的なつながりはないことにな
る。そうであれば，責任能力については，過失とは切り離してその存在意義を

---

(6)　我妻榮『事務管理・不当利得・不法行為』（日本評論社，1937 年）117 頁。

(7)　我妻・前掲注(6) 117 頁は「過失なくしては責任なしといふ原理は正常なる精神能力あ
　るものの不注意なくしては責任を生ぜずといふ思想を本體とするもの」と述べる。加藤
　一郎『不法行為［増補版］』（有斐閣，1974 年）140 頁も同趣旨であるが，同 142 頁では，
　「無過失責任を認めていくような客観的な考え方は……一般に，責任能力を論理的必然
　と見ることはやめて，それを政策的に検討し直す方向に向かわせることになる」と述べ
　る。

(8)　責任能力と過失の関係を論じるものとして，潮見佳男「民事責任における責任能力と
　過失」阪大法学 149・150 号（1989 年）263 頁以下。

考慮するべきである。責任能力は，判断能力が劣る者を保護するために，政策的に損害賠償責任を免れさせる制度と考えるべきである。立法者の見解とは異なるが，現在の責任能力制度[9]はこのように捉えられるべきであろう。

(3) もっとも，最高裁は，責任無能力者の行為による火災について失火責任法と，民法714条の関係が問題となった事案に関して，714条1項の「規定の趣旨は，責任を弁識する能力のない未成年者の行為については過失に相当するものの有無を考慮することができず，そのため不法行為の責任を負う者がなければ被害者の救済に欠けるところから，その監督義務者に損害の賠償を義務づけるとともに監督義務者に過失がなかったときはその責任を免れさせることにしたものである」（最判平成7年1月24日民集49巻1号25頁。以下，「平成7年判決」という）と述べ，未成年者に故意又は重過失に相当するものがあると認められる場合には失火責任法の適用があるから714条の監督義務者の責任が認められるとした原判決（東京高判平成3年9月11日民集49巻1号45頁）を破棄した。しかし，この平成7年判決は，最後に「未成年者の行為の態様ごときは，これを監督義務者の責任の有無の判断に際して斟酌することは格別として」未成年者の重過失を考慮することは相当でないとも述べており，未成年者の行為の態様が監督義務者の責任の有無に影響を与えることは認めている。

## 4 行為者の責任と監督義務者の責任の関係

(1) では，責任無能力者の監督義務者はなぜ714条の責任を負うのか。この点を検討するためには，加害行為者の責任と監督義務者の責任の関係を明らかにする必要がある。

これについて大きく2通りの考え方ができる。1つの考え方は，不法行為については直接加害行為を加えた者が責任を負うのであって，その者の監督義務ある者に不法行為責任は成立しないとする考え方である。そのように考えれば，責任無能力制度により，加害行為者である被監督者が責任を負わない場合には，誰も責任を負わないことになる。そこで，監督義務者に責任を課したのが714

---

(9) 藤岡康宏『不法行為法 民法講義V』（信山社，2013年）140頁は，過失と責任能力の論理的なつながりを否定すると，責任能力は免責要件の1つではなく，「1つの制度」として論じられるべきであるとする。本稿でも，判断能力の劣る者を保護する政策的な制度として責任能力制度という用語を用いることとする。

〔三木千穂〕                              4 行為者の責任と監督義務者の責任の関係

条であり，これによると714条は，加害行為者が責任を負わない場合の補充的
責任であり，加害行為者である被監督者の代わりに責任を負う代位責任である
と考えることができる。

　もう1つの考え方は，監督義務者は，被監督者が不法行為によって損害を与
えた場合に，民法709条の過失に相当する監督義務違反があれば，監督すべき
者も同条の不法行為責任を負うが，被監督者に責任能力がない場合には，714
条による責任を負うという考え方である。この考え方においても，714条の捉
え方には幅がある。まずは，714条も709条と同様に監督義務者自身の過失に
基づく責任であると考え，監督義務違反の内容も709条と同じものであると考
えれば，714条は単に709条の立証責任を転換したものということになる。他
方，714条は709条と同様，監督義務者の過失に基づく責任ではあるが，監督
義務違反の内容が709条の過失と異なると考えることもできる。これに対し，
監督すべき者に709条の責任が成立することは肯定しながらも，被監督者が責
任無能力者の場合に限っては，監督すべき者は代位責任を負うと考えることも
可能であろう。714条はそのことを規定したものであると捉えるのである。

　(2)　立法者は，監督義務者の責任は被監督者が責任を負わない場合にのみ負
う補充的責任であることを強調する。すなわち，法典調査会で穂積起草委員は，
「未成年者若クハ心神喪失者ニ責任ガアリマス場合ハ固ヨリ本條ガアリマシテ
モ後見人ニハ掛ラナイ方ガ適當デアル」と述べ，714条を削ると，無能力者に
責任があるないということを問わず監督者が義務を怠った場合を問うことにな
り，責任の範囲が広くなるため補充的責任になっていると述べている[10]。これ
に対し，土方寧委員が，例えば，責任能力ある未成年者が他人に害を与えた
場合に，後見人にも過失があった場合には双方に責任が認められるべきだが，
714条があると未成年者に責任があれば後見人は無責任ということになり，そ
うすると，未成年者が無資力である場合には，その責任を全うすることができ
ず，差し支えを生ずるからこの条文は削除するべきだと反論している。これに
対し，穂積委員は，両者に責任がある場合に，どのように償わせるか実際上む
ずかしいと述べるにとどまり，714条は維持されることとなる。これらの議論
からは，穂積委員も土方委員も，714条がなければ，監督義務者が709条の責

----

[10]　速記録・前掲注(2) 335頁。

*11* 監督義務者の責任の変容と不変

任を負うことはあることを前提としながらも，714条を置くことで，被監督者に責任能力がある場合には監督義務者の709条の責任も否定されると考えていることがわかる。

この点は，民法施行後，議論の的となる。鳩山博士は「無能力者ニ責任ナキコトヲ要件トスルガ故ニ被害者ハ無能力者又ハ監督義務者ノ孰レニ對シテ賠償請求ヲ為スベキカ明ナラザルガ為メニ損失ヲ蒙ルコトアリ」として，「立法論トシテハ無能力者ニ賠償責任ノ有ルト否トヲ問ハズシテ監督義務者ノ責任ヲ認ムルヲ可トスベシ」[11]と述べている。我妻博士も，行為者自身に責任能力があるか否かは必ずしも明らかでないことが多いから，行為者と監督義務者のいずれを訴えるべきか迷うことになること，また，責任無能力者は自己の財産を所有しないことが多いからこれに対する賠償請求は実行を収めない恐れがあるので，被害者は実際上監督義務者を訴えることになるが，無能力であることの挙証責任が被害者にあるため被害者に不利益であることを理由に，監督義務者の責任を補充的なものとせず，被監督者の責任と併存的なものとするのが至当であるとしている[12]。しかし，我妻博士も，あくまでも立法論としてそうあるべきであるとの主張であった。

(3) これに対し，解釈論として，併存的責任であると解すべきであると主張したのが松坂佐一博士である。松坂博士は，鳩山博士や我妻博士と同じく，被害者保護のために，無能力者に法律上の責任がある場合でも，監督義務者に責任を負わしめるのが至当であるとする[13]。その根拠として，「監督義務者は，無能力者が外部に対して加害行為をしないように監督すべき義務を負担しているのであるから，監督義務懈怠の結果無能力者の加害行為が発生した場合に，その責任を免れしむべき理由は存しない」，「第七一四条は，『前二条ノ規定ニ依リ無能力者ニ責任ナキ場合ニ於テ』といっているが，これは但書との関連において読まるべきで，かかる場合には過失の推定があるという意味に過ぎず，監督義務者の責任についてまで第七〇九条の一般原則を制限する趣旨ではない」ことを挙げている。そして，709条による責任であるから，監督義務者

----

(11)　鳩山・前掲注(5) 906頁。

(12)　我妻・前掲注(6) 158頁。

(13)　松坂佐一「責任無能力者を監督する者の責任」我妻先生還暦記念『損害賠償責任の研究（上）』（有斐閣，1957年）164頁。

〔三木千穂〕　　　　　　　　　　4　行為者の責任と監督義務者の責任の関係

の過失と無能力者の行為との因果関係を立証しなければならないが，「無能力者との法律関係および監督義務の範囲の広狭から客観的に過失が認められる場合が多いであろう」としている[14]。

（4）　この松坂博士の見解が採用されたのが，最判昭和49年3月22日民集28巻2号347頁（以下，「昭和49年判決」という。）である[15]。15歳11ヶ月の中学生による強盗殺人について，被害者の母親が加害者の両親に対して，親権者としての監督義務違反を理由として損害賠償を請求した事案について，最高裁は「未成年者が責任能力を有する場合であつても監督義務者の義務違反と当該未成年者の不法行為によつて生じた結果との間に相当因果関係を認めうるときは，監督義務者につき民法709条に基づく不法行為が成立するものと解するのが相当」と述べ，709条に基づく責任能力者の監督義務者の責任を肯定した。

昭和49年判決が支持した原審の判断を見ると，加害者について「中学二年生の頃から不良交友を生じ，次第に非行性が深まつてきたことに対し適切な措置をとらないで全くこれを放任し」，加害者の「さほど無理ともいえない物質的欲望をかなえてやらなかつたのみならず，家庭的情愛の欠如に対する欲求不満をもつのらせ，その結果同人をして本件犯行に走らせたものということができるから」，両親の加害者に対する監督義務の懈怠と死亡の結果との間における因果関係はこれを否定することができないとして709条による責任を認めている。この部分を見ると，従来の709条責任とは少し異なる判断をしているようにも読める。すなわち，709条の要件たる過失は，当該加害行為に関する具体的過失をいうが，昭和49年判決で認定された監督義務者の過失は，親としての日常的，一般的な監督義務懈怠である[16]。また，709条による不法行為

---

(14)　松坂・前掲注(13) 165頁。

(15)　下級審判決ではそれまでにも松坂説を採用したものがあった。大阪地判昭和37年5月26日判時310号37頁，大阪地判昭和42年2月15日判タ205号175頁，岡山地笠岡支判昭和44年8月25日下民20巻7・8号604頁，宇都宮地判昭和45年3月3日下民21巻3・4号374頁等。

(16)　石黒一憲「判批」法協92巻10号（1975年）159頁は「裁判所が，親の責任を広く認めるべしという社会的要請に答えるために，714条で問題となる監督義務の懈怠程度のことがあれば709条の過失を認める，という態度をとったものと思われる。判旨が『過失』と明言せず，『監督義務者の義務違反』という表現をとっているのもこれによるものと思われる」と述べる。四宮和夫『不法行為（事務管理・不当利得・不法行為　中巻・下巻）』（青林書院，1987年）372頁も同趣旨。

*11* 監督義務者の責任の変容と不変

に基づく損害賠償請求の対象となる行為と因果関係ある損害の範囲については民法 416 条が類推適用されるというのが判例（大連判大正 15 年 5 月 22 日民集 5 巻 386 頁，最判昭和 48 年 6 月 7 日民集 27 巻 6 号 681 頁）・通説の立場であるところ，昭和 49 年判決は，親権者の監督義務違反と，被監督者の強盗殺人行為による損害という「通常生ずべき損害」（民法 416 条 1 項）とは言い切れないであろう損害について予見可能性を問わずに認めている[17]。このような判断構造は，「714 条的な考え方によっている」が，監督義務違反の事実については被害者側に立証責任があるとしている点を踏まえ，昭和 49 年判決が示した規範は，709 条と 714 条との合体した特殊な規範であるとする見解がある[18]。

　しかし，この昭和 49 年判決の調査官解説は，709 条について伝統的に捉えられている枠内での判示をしているにすぎないとして，監督義務者の責任を広く認めるために 714 条の解釈論を 709 条の中で実現しようとする点についてどのような解釈態度をとるかは明らかではないと述べている[19]。また，監督義務者の過失が問われる場合にも，その内容となるのは，権利侵害（もしくは損害の発生）という結果発生の予見可能性であり，かつ回避のために採るべき具体的な監督措置であるとする見解もある[20]。

　(5)　近時，最判平成 18 年 2 月 24 日集民 219 号 541 頁（以下，「平成 18 年判

---

[17]　川口冨男「判解」『最高裁判所判例解説民事篇昭和 49 年度』（1977 年）166 頁は，「本件の場合は，故意行為，それも強盗殺人行為という思いがけない行為であり通常は予見の困難な場合といえる」と述べているが，同 166 頁以下の脚注では，「強盗殺人行為は，窃盗行為の延長線上にある行為であって……単なる殺人行為と異なることからすると予見不可能というべきものではないと思われる」とも述べる。石黒・前掲注[16] 161 頁は，両親の監督義務の懈怠と損害の因果関係の判断については「何等か格別の考慮が働いたものと見る方が自然なように思われる」とし，「親の責任を認めてゆく際の根拠条文を 709 条としながら，因果関係の存否を 714 条的な損害負担の公平という見地から合目的的に判断してゆく，という姿勢が，本件最高裁判決によってかなりはっきりと示されたように思われるのである」と述べている。

[18]　四宮・前掲注[16] 672 頁。平井宜雄『債権各論 II　不法行為』（弘文堂，1992 年）216 頁も同じ。この見解について，前田達明「判批」『民法判例百選 II　債権〔第 3 版〕』（1989 年）169 頁は「法の欠缺を埋めるものであるという事態を素直に把握した見解で立法論としては優れているが，解釈論としては大胆に過ぎる（できる限り既存の条文に依拠すべきである）」と述べている。同「判批」『民法判例百選 II　債権〔第 5 版〕』（2001 年）171 頁も同じ。

[19]　川口・前掲注[17] 165 頁。

[20]　潮見佳男『基本講義債権各論 II 不法行為法』（新世社，2005 年）93 頁。

決」という）は，少年院を仮退院した後に保護観察の遵守事項を守らないで，遊び歩いていたり暴力団事務所に出入りするなどしていた未成年者（事件当時19歳6ヶ月）が強盗傷人事件を犯したことについて親権者の709条に基づく損害賠償責任を否定した。判決では，未成年者らがまもなく成年に達する年齢にあることなどから，親権者らが未成年者らに及ぼし得る影響力は限定的なものとなっており，親権者らが保護観察の遵守事項を確実に守らせることのできる適切な手段を有していたとは言い難いこと，親権者らにおいて未成年者らが本件事件のような凶悪な犯罪を犯すことを予測できる事情があったということはできないこと，未成年者らは就労しており，その生活状態が直ちに少年院に再入院させるための手続等を執るべき状態にあったといえるまでに劣悪なものであったともいえないことなどの事情から，監督義務違反を否定した。ここで最高裁が709条に基づく監督義務としてその違反の有無を判断したのは，本件事件の予見可能性を前提として，本件事件の発生という結果を回避するために保護観察の遵守事項を守らせること及び少年院への再入院手続を執ることであり，これは具体的な結果に対する注意義務，すなわち従来の709条における注意義務と同じものといえる。平成18年判決は事例判断ではあるものの，709条に基づく未成年者の監督義務者の監督義務について，一般的包括的な監督義務とされる714条に基づく監督義務者の監督義務とは異なり，具体的な注意義務をいうと示唆したものと評価されている[21]。

## 5 監督義務者の責任の根拠と法的性質

⑴　以上のとおり，現在では，責任能力者の監督義務者が709条に基づく責任を負うことは判例・通説の認めるところとなっている。では，714条が定める監督義務者の責任はどのような責任か。4⑴で述べたように，714条は責任無能力者の責任を監督義務者が代わって負う責任，すなわち代位責任であると解する余地もある。

---

[21]　判タ1206号178頁の匿名解説，青野博之「判批」民商135巻2号（2006年）146頁など。なお，平成18年判決の前に，責任能力ある精神障害者の殺人行為について，東京高判平成15年10月29日判時1844号66頁は母の709条に基づく監督責任について「隣人を殺害することを事前に具体的に予見することはできなかった」として否定している。

## *11*  監督義務者の責任の変容と不変

代位責任とする構成は，その可能性は指摘されていたものの[22]，意識的に議論され始めたのは最近であるといえる。潮見佳男教授は，714 条 1 項本文の監督義務者の責任について，責任無能力者の生活全般についてその身上を監護し，教育をすべき地位に在ることに由来する危険源の支配・管理に結びつけられた責任と理解すれば，危険責任の原理に基づいて不法行為者に代わって監督義務者が責任を負う代位責任であると構成することが可能であるとする[23]。そして，この代位責任構成をとれば，714 条の責任は，自己責任性が否定されることから，単に 709 条の過失についての立証責任を転換したものではなく，免責事由は不可抗力的なものに限られることとなり，また，714 条は補充的責任となり，監督義務者の自己過失の責任（709 条による）とは関係のないことがらとなる，とする。

　(2)　これに対し，起草者は 714 条の責任を自己過失による責任であると説明する。法典調査会での議論を見てみると，旧民法 371 条（明治 23 年法律第 28 號）は「何人ヲ問ハス自己ノ所爲又ハ懈怠ヨリ生スル損害ニ付キ其責任ニ任スルノミナラス尚ホ自己ノ威權ノ下ニ在ル者ノ所爲又ハ懈怠及ヒ自己ニ屬スル物ヨリ生スル損害ニ付キ下ノ區別ニ從ヒテ其責ニ任ス」と規定していた。穂積委員は，この旧民法 371 条の原則をとらず，過失責任主義とすると説明している[24]。そして，監督義務者については列記することはせず，親族法及び他の特別法に監督者の義務が規定されるから，一般的な規定を置いたとし[25]，旧民法

---

[22]　星野英一「責任能力」ジュリ 893 号（1987 年）92 頁。

[23]　潮見佳男『不法行為 I 〔第 2 版〕』（信山社，2009 年）410，418 頁。確かに，714 条と同様，条文上は中間責任であるように読める 715 条の使用者責任は，代位責任と考えるのが通説である。しかも，民法起草者は，使用者自身の過失による責任と考えていたが（速記録・前掲注(2) 340 頁以下の穂積委員の説明。梅・前掲注(4) 895 頁参照），現在では，報償責任（あるいは危険責任。もしくはその両者）を根拠に代位責任と捉えるのが通説となったものである（我妻・前掲注(6) 162 頁，窪田充見『不法行為法』（有斐閣，2007 年）182 頁以下など）。

[24]　穂積委員のこの発言について，林誠司「監督者責任の再構成(1)」北法 55 巻 6 号（2005 年）70 頁は「誤解を生じていたか或いはこの発言は誤解を生じさせるものと思われる」と述べる。すなわち「ボアソナードの注釈書や立法理由書によれば，旧民法財産編 371 条及び 372 条による責任は『他人の所為についての責任』と呼ばれるものの，『事の本質を探るとき』この責任は，監督義務者の『懈怠』に基づく責任であり，草案 722 条による責任とは監督義務者の『怠り』に基づく責任という点で共通性を有していたのである」と説明する。同 64 頁以下にボアソナードの見解が詳しく紹介されている。

[25]　速記録・前掲注(2) 331 頁

〔三木千穂〕 5 監督義務者の責任の根拠と法的性質

372条に挙げられていた教師，師匠，工場長[26]は法定義務者に含まれないのかという長谷川喬委員の質問に対して，「法定義務者ト云フノハ親族編──或ハ瘋癲白痴拯ハ特別法ガ出來ルカモ知リマセヌガ既成法典ニ所謂後見人看守者其他ノ者ハ當然ニ斯ウ云フ責ヲ負ハセルノハ不都合ト思ヒマス教師師匠及ビ工場長トカソン者ハ法定義務者カラ託サレマシタ時ニ其義務ヲ負フト云フコトニナル是等ハ第二項ニ嵌ル積リデアリマス」と答えている[27]。さらに，井上正一委員からの代理監督者に監督を頼んだ場合に法定監督義務者が監督を怠ったことになるのかという質問に対し，梅委員は「監督スベキ義務ト云フノハ餘程廣イノデアリマス此事柄ハ範圍ハ此父抔デ言ヒマスレバ親權ノ本體迄モ含ンデ居ルヤウニ私共ハ讀ンデ居リマスソレデアリマスカラ監督義務ノ履行トシテ自分自ラ見張ルコトモ出來ル人ヲシテ見張ラシムルコトモ出來ル……」[28]と答えており，親族法の内容はまだ決まっていない時点でも，親権の内容に監督義務が含まれると考えていることがわかる。

(3) 民法施行後は，起草者と同様の説明をするものもある[29]なか，714条による責任とは別に，家団法に由来する責任を認める見解が現れる。末弘嚴太郎博士は，まず「家團が現に社會に存在して他の社會構成分子と交渉し關係する以上，之に關聯して他人に加へたる損害を賠償する責任を負擔すべきは寧ろ當然であると言はねばならない。家團に人格なきの故を以て其責任を否定すべき理由は少しもない」[30]とする。そして，「民法は……家團の存在を無視して專ら無能力者と監督義務者とこの個人的關係のみを眼中に置いて居る。無能力者が家團の一部として直接家團の責任を生ぜしむる所以を理解せずして，監督義務者の責任は卽ち無能力者の對する監督義務懈怠に基く個人的責任に過ぎざる

---

[26] 旧民法372条は，父権を行う尊属親・後見人・後見人・瘋癲白痴者の看守者と並列に，教師・師匠・工場長は未成年の生徒・習業者・職工が自己の監督下に在る間に加えた損害について責任を負い，損害の所為を防止することが出来なかったことを証明すれば責任を負わないことを規定していた。

[27] 速記録・前掲注(2) 335頁。なお714条2項については「約定義務者ニシテ親カラ頼マレタ後見人カラ頼マレタト云フ場合ハ約定義務者トシテ即チ此法定義務者ニ代ルノデアリマシテ本條第二項ニ此規定ガ丁度當ルノデアリマス」と説明する。

[28] 速記録・前掲(2) 338頁。

[29] 岡松参太郎『民法理由債権編（第七版）』（有斐閣，1899年）478頁。

[30] 末弘嚴太郎「私法関係の当事者としての家団」同『民法雑考』（日本評論社，1932年）74頁。

## 11 監督義務者の責任の変容と不変

ものと考えて居る。」[31]と述べ，714 条の解釈では事実的監護者の責任を説明することはできないとして，「無能力者即ち自己の行爲に對して責任を負ひ得ない者を包含してゐる家團は，偶々其内に無能力者に對する法定監督義務者若くは之に『代ハリテ無能力者ヲ監督スル者』を包含すると否とに關係なく，家團として外部に對する監督上の責任を負擔すべきである。家團が社會關係の單位として存在し活動する以上其中に包含する——自らの行爲に對して責任を負ひ得ざるが如き——『危險物』より生ずる危險に對して絶對の責任を負ふべきは寧ろ當然である」[32]と述べた。戒能通孝博士は，「共同の生活を營んで居る一の家團構成者が第三者に加えた損害は家長自身の行為に準ぜらるべきものであり，之を特に他人の行爲に対する責任と解すべき理由はない」[33]として，「その結果，民法第 714 条の存在を以て，此の當然の理を排斥することは當らざるものと言ふべきであり」，714 条はまた別個の意味があると解するのが当然であると述べる。そして，家団法に由来する責任は，損害全部に及び，家長の無過失責任である一方，714 条の責任は無能力者の責任とは別の関係から責任を負うものであり，監督をなした程度において，咎むべきものがない場合には無責任となるとしている[34]。

　これに対し，我妻博士は，民法 714 条の沿革について，家長は家族団体の統率者として家族団体に属する者の不法行為について絶対責任を負うべきものとしたゲルマン法の団体主義的な責任を，ローマ法を継受した近代法の個人主義的な責任の形態に修正したものであると説明した[35]。そして，714 条に基づく責任は，普通の不法行為における責任とは，①監督義務者の過失が責任無能力者の行為についての一般的な監督行為を怠ることを意味する点，②監督義務を怠らなかったことの挙証責任が監督義務者にある点において異なるとし[36]，立法論的に見れば「家族協同生活體は一團として社會協同生活の一員を構成するものであり，無能力者はその團體の責任に於て社會から利益を享受して生活するのであるから，この責任無能力者が外部に對して加害行爲を爲したる場合

---

(31)　末広・前掲注(30) 81 頁。

(32)　末広・前掲注(30) 83 頁。

(33)　戒能通孝『債権各論』（嚴松堂書店，1946 年）476 頁。

(34)　戒能・前掲注(33) 479 頁。

(35)　我妻・前掲注(6) 155 頁。

(36)　我妻・前掲注(6) 156 頁。

には，その團體の代表者が絶對の責任を負ふことを妥當とする」から，解釈に
あたってはこれを念頭に置くべきであると述べる[37]。家団法に基づく家長の絶
対的責任については，近世の個人主義的理論とは相容れないとして，監督義務
者の責任は監督義務者の過失による責任であるとしながらも，立法論としては，
絶対責任を負わすべきであるという考えを示している。

　(4)　松坂博士は，我妻博士の考えを解釈論として認める。松坂博士は，まず
末弘博士及び戒能博士の見解について「714条の規定を離れて家団法上の責任
を認めることには，まだ現行法の解釈として多くの疑問が残されている」と述
べ，解釈論としては否定するものの，「714条の規定は，すでに末弘博士や戒
能博士の主張せられるように，『家団法上の関係を否定するものでなく，当然
之を前提とするもの』であり，ただ家団法上の責任を監督義務者の責任という
形態に改鋳したものと解すべきである」[38]と述べる。そして，民法714条の責
任の根拠について「この責任の実際の根拠は，家族的協同体が生活協同体とし
て社会生活における一単位として活動し，未成年の子の監護教育，禁治産者の
療養看護等の機能を営みつつあるので，かかる責任無能力者が外部に対して加
害行為をなした場合には，団体自らの行為としてその代表者がその賠償責任を
負うのが至当とされることにあると思われる。しかし，わが民法もまた近代法
における個人主義的責任理論をとったので，この責任を団体の代表者の責任と
して捉えず，これら無能力者を監督する義務ある者の責任として構成した」と
説明した[39]。

　松坂博士の見解は，前述の709条に基づく監督義務者の責任を肯定する点の
みならず，714条の監督義務者の責任の根拠を，家族共同生活体としての実態
の求めた点についても，論者により「家族関係の特殊性」[40]，「家族的な共同生
活」[41]などの言葉に置き換わっているものの，その後の学説・判例に支持され
てきた。しかし，家族生活協同体の実態があればなぜ監督義務者が責任無能力

(37)　我妻・前掲注(6) 157 頁。一方で「幼稚園主，小學校長の如く特定の生活關係に於ての
　　み無能力者を監督する者は，その無能力の行爲について絶對責任を負ふべしとする根據
　　は乏しい」とする。
(38)　松坂・前掲注(13) 164 頁。『　』内は戒能・前掲注(33) 478 頁からの引用。
(39)　松坂・前掲注(13) 161 頁。
(40)　平井・前掲注(18) 214 頁。ただし，平井博士は「本条の立法趣旨は，主として家族関係
　　の特殊性（とくに父母の義務）にこれを求むべきである」としている（傍点は筆者）。

*11* 監督義務者の責任の変容と不変

者による加害行為の責任を負うのかは明らかにされていない。さらに，監督義務者の責任について監督義務者の自己過失による責任と考えているのか，責任無能力者の責任の代位責任と考えているのかも明らかでない[42]。709条による責任を714条の責任と同じものとして認めていることからすれば，監督義務者の自己過失による責任であると考えていると思われるが，「第714条は，個人主義的過失責任の形態をとっているけれども，その過失は，当該の違法行為自体についての過失ではなく，一般的に監督を怠ることを意味し，さらに遡って，教育を怠った場合にも存在することができる。監督義務者の過失は，損害の遠いかつ間接の原因に過ぎない。なお，同条は，被害者のために過失の推定を設け，監督を怠らなかったことを監督義務者において挙証すべきものとする。しかし，この挙証は，実際上殆ど不可能であるから，結果においてこの責任は，無過失責任であるといってもよい。したがって，この責任は，その実質において危険責任たる性格を有するものである」[43]と述べており，形式上は監督義務者の自己過失に基づく責任だが，実質的には代位責任であると考えているとも思われる。また，714条1項ただし書による免責はほとんど認められないとされ，最高裁でもこれを明示的に認めた判例は存在しなかった。このような判例の状況は，確かに代位責任と構成すれば理解しやすいといえる。

(5) では，714条は代位責任と解すべきか。代位責任であるとするならば，なぜ責任無能力者の加害行為について，監督義務者が代わりに責任を負うのかという点が問題となる。この点について，前述のとおり潮見教授は，危険責任の原理に基づくと説明する。そして，同様の説明は，家団の責任を肯定する末弘博士の記述にも見られる。しかし，この説明については，被監督者を危険源であるとする点で違和感があるのみならず[44]，仮にそれを認めたとしても危険責任の法理と言い切れるかという点に疑問がある。なぜなら，責任無能力者が

(41) 加藤（一）・前掲注(7) 158頁。寺田正春「監督義務者の責任について」法時48巻12号（1976年）71頁も同じ。

(42) 林・前掲注(24) 86頁は，松坂博士が709条責任と714条責任の性質を同視していることを指摘し，「だとすると，両者の監督者責任の帰責根拠は過失責任原則にあるとも，団体主義的責任理論にあるとも解されるのであり，いずれにしろこの松坂説においては，714条責任，ひいては監督者責任全体の帰責根拠に対する理解が極めて曖昧になっていると言うことができよう」と述べる。

(43) 松坂・前掲注(13) 161頁。

(44) 平井・前掲注(18) 214頁。

精神障害者の場合には，監督義務者が危険源を生み出したとはいえないし，加えて，危険責任によって代位責任を肯定できるのは，715条の使用者責任のように，危険源を生み出すこと，すなわち被監督者の存在・活動によって監督義務者の活動目的が実現できるという前提があることが必要だと考えるからである[45]。そのような前提があるからこそ，被監督者という危険が現実化した場合には監督義務者が代わりに責任を負うべきであるといえるのであって，危険源を支配・管理する地位のあることのみからそれに代わる責任を負うというのは説明がつかないように思われる。

714条の監督義務者の責任は，起草者の考えたとおり，監督義務者の自己過失による責任であると解するべきである[46]。

(6) 監督義務者の責任を自己過失による責任と解した場合には，その過失，すなわち監督義務の内容が問題となるが，その監督義務は広範な一般的な監督義務であるとされる[47]。

もっとも，714条の監督義務の範囲については，全生活関係にわたって監督すべき義務ある者（以下，「身上監護型」という）と，幼稚園主，小学校長などの限られた生活関係についてのみ監督すべき義務ある者（以下，「特定生活監護型」という）に分けて考えるのが現在の通説である。身上監護型は，包括的な一般的注意義務，すなわち生活全般にわたって監護し，監督する義務を内容とするとされる[48]。一方，特定生活監護型の監督義務については，その特定化さ

---

[45] 中原太郎「『代位責任』の意義と諸相——監督義務者責任・使用者責任・国家賠償責任」論ジュリ16号（2016年）47頁。

[46] 大村敦志『もうひとつの基本民法II』（有斐閣，2007年）48頁。

[47] なお，現行の条文は，ただし書は「監督義務者がその義務を怠らなかったとき」のみならず，「その義務を怠らなくても損害が生ずべきであったとき」にも免責を認めるが，この後段部分が明文化されたのは，平成16年法律第147号による改正による。そのため，改正前には，監督を怠らなくても損害が発生した場合，すなわち監督義務の懈怠と加害行為との間に因果関係がない場合にも免責されるかが議論されたが，我妻博士は，代理監督者も含むことを理由に免責を認めるものの，「親権者の如く全生活関係に亘る重き義務を負う者についてはこの免責事由を認め得る場合は稀であろう」と述べている。我妻・前掲注(6)159頁。

[48] 沢井裕『テキストブック事務管理・不当利得・不法行為〔第3版〕』（有斐閣，2001年）285頁。平井・前掲注[18]218頁は「危険をもたらさないような行動をするよう教育し，しつけをする義務」も含むとする。しかし，このような義務を負うのは親権者のみであろう。精神障害者の監督義務者については，性質上「教育やしつけ」によって監督

*11* 監督義務者の責任の変容と不変

れた生活場面およびそれと密接に関連する生活関係において，損害発生の危険をもつ，ある程度特定化された行為をすることを予見し，かつその危険を回避または防止するよう監督すべき義務を内容とするとされる[49]。親権者，後見人などの法定監督義務者は身上監護型とされてきたが[50]，小学校・幼稚園の校長や教諭などの代理監督義務者[51]は，委託された範囲での監督義務を負うにすぎないことから，特定生活監護型となることが多いだろう[52]。いずれも一般的な監督義務ではあるが，特定生活監護型の場合は特定された場面で，ある程度特定化された行為に対する監督義務であるから，714条ただし書による免責が認められた裁判例は存在する[53]。一方の身上監護型の監督義務を負う法定監督義務者は，具体的な注意義務も必然的に要求され[54]，特定の加害行為を予見でき

が可能か疑問だからである。その意味で，身上監護型のなかでも監督義務の内容は幅があると考える。なお，親権者であっても，714条では責任能力のない未成年者に対する監督義務違反に基づく責任しか負わないのであるから，人格形成に関する結果責任を負うものでもない。

[49] 我妻・前掲注(6)159頁，平井・前掲注(18)218頁，沢井・前掲注(48)284頁。

[50] 加藤(一)・前掲注(7)161頁は，身上監護型として一般的な監督義務を負うためには，原則として家族的な共同生活を営んでいる場合に限られるとする。例外として，共同生活を営まない場合に，責任無能力者を放置しておいたこと，ないしは，不適当な者に預けたことが，監督上の過失になると認められるときには，責任を負うとする。

[51] 小学校の教諭などが個人として代理監督義務者となるのかという点についても議論があるが，監督を委託されたあるいは引き受けた主体を基準とすべきであると考える。個人として委託され，または引き受けた場合には，個人が代理監督義務者となる。

[52] 加藤雅信『新民法大系Ⅴ事務管理・不当利得・不法行為〔第2版〕』(有斐閣，2005年) 332頁，潮見・前掲注(23)425頁は，代理監督義務者は特定の場において監督義務を負うにすぎないから，1項ただし書による免責の幅は広いとしている。

[53] 高松高判昭和49年11月27日判タ318号255頁。福岡高判昭和49年12月2日判タ322号150頁，福岡地小倉支判昭和56年8月28日判タ449号284頁は国家賠償請求事件だが，国家賠償法1条1項の公務員の過失の要件としての監督義務懈怠を否定している。

[54] 平井・前掲注(18)218頁。四宮・前掲注(16)675頁は「714条による責任の実質的根拠としての監督義務の怠りは，被監督者の特定の加害行為の防止に関するものである必要はないが，監督者が免責を受けるためには，当然訴訟で問題となるあらゆるレベルの監督義務を尽くしたことを証明しなければならないから」加害行為のおそれが感知される場合に適切な監督をしなかったことを問題とする「大審院の判例は，いまも生きている」とする。菊池絵理「判批」ひろば68巻7号(2015年)61頁も，従前の判例の指摘を念頭にすれば「監督義務者においては(a)の一般的監督義務及び(b)の具体的監督義務の双方の観点から具体的に検討される内容の監督義務について，これを履行したことを主張立証する必要があるものと考えられる」と述べる。

〔三 木 千 穂〕　　　　　　　　　　6　サッカーボール事件上告審判決の意義

る場合にそれを回避・防止しなかった場合にも責任を負う（大判昭和14年3月22日新聞4402号3頁，大判昭和16年9月4日新聞4728号7頁など）が，そのような監督義務懈怠がなかったとしても，生活場面すべてで一般的監督義務違反が認められれば責任を負うことになる。

　しかし，監督義務者の監督義務が，当該加害行為に関する具体的な注意義務ではなく，生活関係にわたる一般的な注意義務であるからといって，監督義務者に結果回避可能性のない加害行為についてまで責任を負うものではない。監督義務者の責任は自己過失に基づく責任であると解されるからである。714条1項ただし書はこれを定めているものであり，立証責任の所在が709条と異なることは明らかであるものの，監督義務者と被監督者の関係を考慮し，そのような関係において標準とされるような一般的な監督義務を果していた場合及び結果回避可能性のない場合には，714条1項ただし書に基づいて免責すべきであると考える[55]。

## 6　サッカーボール事件上告審判決の意義

　(1)　法定監督義務者の監督義務は一般的包括的なものであるがゆえに，理論的にもその免責が認められるのはほとんどないとされ，最高裁において714条1項ただし書の免責を明示的に認めた事例は存在しなかった。そんな中で，親権者について免責を認めたのがサッカーボール事件の上告審判決である。

　判決は，親権者の監督義務について，直接的な監視下にない子が通常人身に危険が及ぶものとはみられない行為によってたまたま人身に損害を生じさせた場合には，当該行為について具体的に予見可能であるなど特別の事情が認められないかぎり，免責されると述べる。

　このサッカーボール事件上告審判決は，親権者は，その監督義務の対象となる責任無能力者がその行為により損害を与えた場合，「教育，しつけをする義務を果たしていた」として免責されることはまずないと考えられていたのに対

---

[55]　潮見・前掲注(23) 409頁脚注46は，「今日では……監督義務・監督義務違反その他組織過失などが民法709条にいう「過失」にあたることは疑いはない」として，714条の監督義務者の過失は一般的な監督行為を怠ることであるのに対して，709条の過失は違法行為が為されることに対する過失である点を709条の責任と714条の責任との異質性を示す論拠として示すことは「今では適切でない」と述べる。

*243*

*11* 監督義務者の責任の変容と不変

し，「直接的な監督下にない」場合，「通常人身に危険が及ぶものとはみられない行為」による損害については原則として責任を負わないと判断したものであり，「『通常は人身に危険が及ぶものとはみられない行為』をしないよう指導する義務まではないことを示した」[56]判決としての意義がある。

　そして，このように監督義務者による結果回避可能性を前提として監督義務が尽くされたかを判断対象としている点は，714条の監督義務者の責任を代位責任と解するのではなく，監督者自身の過失に基づく責任と解していることが前提となっていると考えられる[57]。

　(2)　また，親権者の監督者責任を否定した過去唯一の判例である最判昭和37年2月27日民集16巻2号407頁（以下，「昭和37年判決」という）は，学校2年生の女子児童が鬼ごっこをしていた際にたまたま居合わせた一学年下の女子児童に背負って逃げるように頼み，頼まれたとおり背負った女子児童が走ろうとしたところ転倒し，その背負った女子児童が傷害を負ったという事案において，鬼ごっこのような一般に容認される遊戯中に他人に加えた傷害行為は，特段の事情の認められない限り，違法性を阻却すべき事由あるものと解するのが相当であるから，本件不法行為はその客観的成立要件である違法性を欠き成立しないとした原判決の判断を正当とした。ここでは，責任無能力者の加害行為に違法性がないことを根拠としており，監督義務者の監督義務が果たされたかどうかについては触れていない。直接的な監視下にない子の加害行為に関する両親の監督責任に関する下級審裁判例で参照できるものはいくつかあるが，いずれも親権者の監督義務違反を認めている。これらの事案は，未成年者のいたずらや悪ふざけと見られるものが多く（福岡地裁小倉支判昭和56年8月28日判タ449号284頁，神戸地判昭和51年9月30日判タ352号283頁，東京高判平成19年4月11日判例地方自治306号86頁），いずれも未成年者の行為自体の違法性を認めたうえで，親権者の監督義務違反を認めている。そして，本件の第一審判決（大阪地判平成23年6月27日民集69巻3号464頁）控訴審判決（大阪高判平成24年6月7日民集69巻3号488頁）も，Aがボールを校庭外に飛び出させた行為に過失があったと認めたうえで，両親の監督義務違反を認めている。

---

⑸⑹　久保野恵美子「判批」法教420号（2015年）53頁。

⑸⑺　窪田充見「サッカーボール事件——未成年の責任無能力者をめぐる問題の検討の素材として——」論ジュリ16号（2016年）14頁。

〔三 木 千 穂〕　　　　　　　　　　　　6　サッカーボール事件上告審判決の意義

（3）　これに対し，上告審判決は，Aの過失には触れずに，Aの行為の態様を
「通常は人身に危険が及ぶような行為であるとはいえない」として，監督義務
者の責任を否定しており，3(3)で紹介した平成7年判決の判示を前提としてい
るように読める[58]。しかし，Aによる加害行為の違法性についても触れておら
ず，昭和37年判決や下級審裁判例のように，未成年者の行為自体の違法性を
認めた上で，親権者の監督義務違反の有無を判断するという判断構造をとって
いない。民法714条1項は「前二条の規定により責任能力者がその責任を負わ
ない場合において」としており，「前二条」とは，誰が責任無能力者であるか
を定める712条・713条であるから，加害行為者に責任能力がない場合に714
条の責任が問題となる，逆に言えば，714条が適用されるためには，加害行為
は責任能力（判例の立場では，加えてその前提となる過失）以外の不法行為の要
件を満たしていることは当然に必要であると読めるし，そのように解されてき
た[59]。

　上告審判決も，昭和37年判決の存在を踏まえれば，特に否定していない以
上，Aの行為が客観的に違法であることを前提としていると読むのが自然であ
ろう。しかし，「Aの行為自体は，本件ゴールの後方に本件道路があることを
考慮に入れても，本件校庭の日常的な使用方法として通常の行為である」とす
る部分は，あくまでもAの行為が「通常は人身に危険が及ぶような行為である
とはいえない」ことを認定するための事実評価であるものの，Aに違法性が
ないことを前提としているようにも読める。そこで，上告審判決について「被
監督者である未成年者の行為が客観的に不法行為に該当するか否かを問題とせ
ずに，民法714条を適用することが可能であり，監督義務違反の有無を判断す
るという判断枠組みを採用している」可能性を指摘するものもある[60]。確かに，
可能性としては否定できず，監督義務者の責任を自己過失に基づく責任と解す
れば，理論的に採りうる判断枠組みではあるものの，判示からは明らかではな

---

[58]　JR東海事件上告審判決に付されている大谷剛彦裁判官の意見には，714条の趣旨を説
　　明するために，平成7年判決が引用されている。
[59]　我妻・前掲注(6)158頁，四宮・前掲(16)674頁，吉村良一『不法行為法〔第4版〕』（有
　　斐閣，2010年）194頁など。もっとも，そもそも違法性概念を不要とする立場によれば，
　　当然，問題とはならないが，この立場も違法性に相当する内容を過失の有無における判
　　断要素とする（平井・前掲注(18)217頁）。
[60]　窪田・前掲注(57)13頁。

*11* 監督義務者の責任の変容と不変

い。

# 7  法定監督義務者をめぐる近時の法改正

　(1)　次に，誰が監督義務者となるのかという点であるが，5(1)で紹介した立法時の法典調査会における議論でも明らかなように，民法制定当初より，親権者に加えて，禁治産者の後見人は民法714条1項の法定監督者にあたるという解釈が当然のようになされてきた。その民法上の法的根拠は平成11年法律第149号による改正（以下，「平成11年民法改正」という）。前の民法858条が挙げられる[61]。同1項は「禁治産者の後見人は，禁治産者の資力に應じて，その療養看護に努めなければならない」と療養看護義務を定めていたため，これに監督義務が含まれるということである。しかし，平成11年民法改正により，民法制定時から続いた禁治産制度は新しく創設された成年後見制度として生まれ変わり，現行民法858条は身上配慮義務及び本人の意思尊重義務に関する一般的な規定となった。

　さらに，精神障害による責任無能力者については，精神保健福祉法上の保護者[62]が法定監督義務者であるとされてきた。その法的根拠は，平成11年法律第65号による改正（以下，「平成11年精神保健福祉法改正」という）前の精神保健福祉法22条である。同条は「保護者は，精神障害者に治療を受けさせるとともに，精神障害者が自身を傷つけ又は他人に害を及ぼさないように監督し，かつ，精神障害者の財産上の利益を保護しなければならない」と規定していた。この保護者となるのは，同法20条2項により，後見人，配偶者，親権者，これら以外の扶養義務者のうちから家庭裁判所が選任した者が，その順位に従ってなるものとされていた。しかし，平成11年精神保健福祉法改正により，22条1項は「保護者は，精神障害者（中略）に治療を受けさせ，及び，精神障害者の財産上の利益を保護しなければならない」と改正され，平成25年法律第47号により保護者制度そのものが廃止されている。

---

[61]　加藤（一）・前掲注(7)161頁，四宮・前掲注(16)678頁，平井・前掲注(18)219頁など。

[62]　制定当時の法律名は，「精神衛生法」（昭和25年法律123号）であったが，昭和62年法律第98号の改正で「精神保健法」となり，平成7年法律94号の改正で「精神保健及び精神障害者福祉に関する法律」（本稿では，略称である「精神保健福祉法」を用いている。）となった。保護者についても，平成5年法律74号による精神保健法改正までは「保護義務者」という名称であった。

246

〔三 木 千 穂〕　　　　　　　　　　　7　法定監督義務者をめぐる近時の法改正

　JR 東海事件の上告審判決は，これらの法改正を受けて，「平成 19 年当時において保護者や成年後見人であることだけでは直ちに法定の監督義務者に該当するということはできない」と述べている。民法制定当初から認められてきた両者の法定監督義務者性が否定されたことになる。

　確かに，平成 11 年民法改正および平成 11 年精神保健福祉法改正を受けて，法定監督義務者をめぐる解釈の変化については議論がなされ，少なくとも保護者については平成 11 年精神保健福祉法改正にともなって法定監督義務者ではなくなったという見解が示されていた[63]。しかし，成年後見人については，いまだ法定監督義務者であるという見解が大勢であったようにも思われる[64]。JR 東海事件の上告審判決に付されている大谷剛彦裁判官の意見も，平成 11 年民法改正後も成年後見人は法定監督義務者であると解すべきであると述べている。

　⑵　これに対し多数意見は，現行民法 858 条上の身上配慮義務は，「成年被後見人の身上について配慮すべきことを求めるものであって，成年後見人に対し事実行為として成年被後見人の現実の介護を行うことや成年被後見人の行動を監視することを求めるものと解することはできない」として，「成年後見人であることだけで直ちに法定の監督義務者に該当するということはできない」と判示している。

　しかし，この 858 条の改正について，その立法担当者は「この身上配慮義務等は，生活，療養監護又は財産の管理に関する法律行為の遂行にあたって成年後見人等の善管注意義務を敷衍し，かつ，明確にしたものであり，従来の「療養看護義務」とは異なり，①その対象が療養看護以外の後見事務全般（生活又

---

[63]　辻伸行「自傷他害防止監督義務の廃止と保護者の損害賠償責任」町野朔ほか編『触法精神障害者の処遇』（信山社，2005 年）67 頁。平成 11 年精神保健福祉法改正前に，自傷他害防止監督義務が削除された場合には法定監督義務者性がなくなることを指摘するものとして，前田泰「精神障害者の不法行為と保護義務者の責任」徳島大学社会科学研究 2 号（1989 年）62 頁，町野朔「保護義務者の権利と義務──同意入院と監督義務をめぐって」法と精神医療 3 号（1989 年）29 頁。なお，改正前から保護者は，法定監督義務者ではないとする見解として，吉本俊雄「保護義務者の精神障害者に対する監督責任」判タ 599 号（1986 年）10 頁，山口純夫「判批」判評 293 号（1983 年）205 頁。

[64]　潮見・前掲注⑵⑶ 420 頁，沢井・前掲注⒀ 285 頁，窪田・前掲注⑵⑶ 176 頁，吉村・前掲注⒀ 198 頁など。法定監督義務者性を否定するものとして，上山泰「成年後見人等と民法 714 条の監督者責任──精神保健福祉法との関連も含めて──」家族（社会と法）20 号（2004 年）72 頁。

## *11* 監督義務者の責任の変容と不変

は財産管理を含む）に及ぶこと，②介護労働等の事実行為は含まれないことが明確にされている点に，重要な意義がある。そのため，後見人の療養看護義務に関する旧法の規定は全面的に改正され，右の身上配慮義務等に関する一般的な規定に置き換えられている」[65]と説明している。この説明によれば，それまで課されていた義務をなくしたというわけではない。そうであれば，改正前の858条を根拠に法定監督義務者性を認めていたのであれば，改正後も維持されるべきとも思われる[66]。そうでなければ，そもそも改正前の858条からも監督義務は導き出せないのではないか，という疑問も生まれる。

（3）　もっとも，平成11年改正前の民法840条は，「夫婦の一方が禁治産の宣告を受けたときは，他の一方は，その後見人となる」と規定を設けていたが，平成11年改正では，この規定を削除し，複数の成年後見人，法人による成年後見人などを認める。これは，そもそも平成11年民法改正が，高齢社会に備えて，これまで家族と施設に依存してきた福祉施策を開放化・社会化するという大きな制度転換の過程で行われたものであることに由来する。立法担当者は「痴呆性高齢者・知的障害者・精神障害等の多様なニーズに応えるため，配偶者以外の親族・知人や，法律実務家・福祉の専門家等を成年後見人に選任したり，複数成年後見人・法人成年後見人の制度を利用するなど，選択肢を広げて後見等の態勢を充実させるための前提として，旧法の規制を緩和する趣旨」[67]と説明しているが，改正後15年を経た現在，その成果は明らかである。改正直後の平成12年の司法統計によると親族以外の第三者が成年後見人等になったのは10％に過ぎなかったが，平成27年では70.1％が親族以外の第三者が成年後見人等に選任されている[68]。JR東海事件の上告審判決の木内道祥裁判官の補足意見も民法858条の改正に加えて，このような選任の実情をも踏まえ，平成11年民法改正は「成年後見制度を親族に基盤を置く制度とは異なるものとしたのであり……成年後見人に選任されてしかるべき者として親族が優先的に取り扱われる理由はない」ことを理由として挙げ，「改正後の法定監督義務者の解釈を改正前と連続性をもって行うことはその前提を欠く」とする。成

---

[65]　岩井伸晃「成年後見制度の改正及び公正証書遺言等の方式の改正に関する平成11年改正民法及び関連法律の概要」金法1565号（1999年）17頁。

[66]　潮見・前掲注(23) 420頁は同趣旨の指摘をしている。

[67]　小林明彦・原司『平成11年民法一部改正法等の解説』（法曹会，2002年）203頁。

[68]　最高裁判所事務総局家庭局「成年後見関係の事件の概況――平成27年1月～12月――」。

〔三木千穂〕　　　　　　　　　　　　　　　　　　　8　準監督義務者という概念

年後見人の立場そのものが，制度的にも実態としても変化したことにより，その義務の内容も変化し（858条の改正はそれも含むとして），法定監督義務者性がなくなったと考えることは可能であろう。これは，監督義務者の責任の根拠を「家族の特殊性」に求める立場からすれば，親和性のある結論である。

　しかし，家族は監督義務者であることを前提として，成年後見人が家族でなくなったから法定監督義務者でないと解することは，平成11年度民法改正の目的である，介護や福祉の社会化，開放化と矛盾するようにも思われる。また，平成11年精神保健福祉法改正に際し，旧厚生省の担当者はその目的について，精神障害者の家族の高齢化，あるいは単身者の増加傾向を踏まえ，精神障害者の生活支援を家族に依存することが難しくなってきたため，地域社会全体で精神障害者の生活を支援する体制づくりをすると説明している[69]。精神障害者の保護者についても，家族の負担を軽減することがその目的であるにも関わらず，家族ならば法定監督義務者となるというのであれば，精神障害者の家族の強い希望であった保護者制度の撤廃が意味をなさないものになる。

　一方で，成年後見人および保護者が法定監督義務者でないとすれば，精神上の障害により責任無能力となった者の法定監督義務者が存在しないということになる。

## 8　準監督義務者という概念

　(1)　714条の監督義務者は，条文上は，法定監督義務者と，その法定監督義務者から託された代理監督義務者の二者であるが，学説はそこに含まれない者についても監督義務者として認める余地を残してきた。しかし，その内容については論者それぞれであった。

　法典調査会では親族法の内容がまだ決まっていないこともあり，特に議論されることはなかったが，起草委員の梅博士は，特別法が制定されて瘋癲病院の患者について院長が法定監督義務者となった場合には，その院長の命を受けて実際無能力者を監督する者には714条2項を適用すべきであるとする[70]。

　また，当初から，法定監督者から託された場合以外でも，事務管理により監

---

[69]　第145回国会参議院国民福祉委員会会議録第8号3頁（平成11年4月15日）今田寛睦厚生大臣官房障害保健福祉部長の発言。

[70]　梅・前掲注(4)893頁。

## *11* 監督義務者の責任の変容と不変

督すべき場合には 714 条 2 項の代理監督者としての監督義務を認めるものが多い[71]。一方，加藤一郎博士は，法律の規定も契約もない場合に，事務管理が成立する場合も含めて，事実上，責任無能力者を監督している者を「事実上の監督者」として，同じく 714 条 2 項の代理監督者の責任を認める[72]。すなわち，社会的に法律上ないし契約上で監督義務を負う者と同視しうるような監督義務を負う者は代理監督者として 714 条 2 項を適用すべきであるとし，「また，たまたま後見人選任の手続を怠っていたために責任を免れることになってはおかしい」と述べる[73]。

(2) 法律の規定も契約もない場合に誰が監督義務者となるか，という問題は，精神障害者の監督義務者に関して起こることが多い。なぜなら，これまで精神障害者の監督義務者は，成年後見人あるいは精神保健福祉法上の保護者であるとされてきたが，これらは選任されて初めて就任するものであるし，そもそも精神障害であるとの診断を受けなければその選任の必要性すら周囲は気づかないため，誰も選任されていないという状況が起こりやすいからである[74]。下級

---

[71] 岡松・前掲注(29) 480 頁，鳩山・前掲注(5) 905 頁，我妻・前掲注(6) 160 頁，四宮・前掲注(16) 679 頁，平井・前掲注(18) 220 頁など。これに対して末弘博士は，事実上孤児を引き取って監護する場合には，孤児を憐れむ同情の念や将来，利益を得ようとする意思から監護することもあるから，常に監督義務者のために代わって監督する意思があると解するのは無理であるとしている（末弘・前掲注(30) 82 頁）が，同情の念や利益を得ようという動機から監護をしたとしても，監督義務者に代わって監督する意思はあるといえるのではないだろうか。また，代理監督者として監督義務を負うのは，ある程度継続した監護を引き受けた場合に限るべきであって，一時的に預かったような場合については代理監督者とはならないという見解がある（四宮・前掲注(16) 679 頁）。しかし，福岡地小倉支判昭和 59 年 2 月 23 日判時 1120 号 87 頁は，ボランティアで子どもを川遊びに引率した者に代理監督者としての監督義務違反を認めている。

[72] 松坂・前掲注(13) 166 頁は，「事実上監護する者──慣習上監督すべき地位にあると認められる場合には──例えば，世帯主・事務管理的に監督する者をも含むと解すべきである」と述べる。なお，公刊されている裁判例において，事務管理を根拠として監督義務を認めた裁判例は，調査した限りでは見当たらなかった。

[73] 加藤（一）・前掲注(7) 162 頁は，「事実上の監督者」を「法定の監督義務者でもなく，それと契約上の関係もない事実上の監督者」としており，事務管理者も事実上の監督者であるとしているようである。

[74] もちろん，未成年者の監督義務者についても問題となることはある。例えば，名古屋地判昭和 62 年 8 月 14 日判タ 661 号 198 頁は，未成年者の親権者でない実父について，「条理に基づき監督義務者として，いずれも A の生活関係の全般にわたりこれを監督すべき義務を負うものといわなければならない」（A は加害行為を行った未成年）として，

〔三木千穂〕　　　　　　　　　　　　　　　　8　準監督義務者という概念

審では，高知地判昭和47年10月13日下民23巻9－12号551頁が統合失調症[75]患者の父親について「監督すべき法定の義務者と同一視すべき地位にあった」とし，福岡地判昭和57年3月12日判タ471号163頁は「社会通念上法定の監督義務者と同視し得る程度の実質を備え，従って選任手続が履践されれば……保護義務者として選任されるであろう事実上の監督者は，民法714条2項により，責任無能力者の代理監督者」として法定監督義務者と同一の責任を負うと一般論を述べ，保護義務者に選任されていない父親について，実質上保護義務者と同視できる程度に達していたとして714条2項の代理監督者に該当するとしていた。

　最高裁は，法定監督義務者に準ずべき者（以下，「準監督義務者」という）という概念を用いる。最判昭和58年2月24日判時1076号58頁（以下，「昭和58年判決」という。）は，37歳の精神障害者[76]が路上で突然，被害者に襲いかかり傷害を負わせた事件について同居していた両親の監督義務違反が問われたものであるが，判決では，本件傷害事件が発生するまでは他人に暴行を加えたことがなく，その行動にさし迫った危険があったわけでないこと，および父親が当時76歳で視覚障害者であり，母親が65歳で日雇い労働者であること，本件事件発生前に娘とともに警察や保健所に本人の処置について相談に行ったりしていたことなどから「精神衛生法上の保護義務者になるべくしてこれを避けて選任を免れたものともいえない」として，「民法714条の法定の監督者又はこれに準ずべき者として同条所定の責任を問うことはできない」とした原審を維持した。この昭和58年判決は，精神障害者の監督義務者の責任に関して，準監督義務者の概念を認めたものであるが，その準監督義務者が714条1項の法定監督義務者とされるのか，同条2項の代理監督者とされるのかは明らかにされていない。また，前述の福岡地判の判示のように，精神障害者の保護者でなくとも，選任手続をとれば保護者となる者が準監督義務者であるという考えを前提としているのであれば[77]，平成11年精神保健福祉法改正により保護者は

　　　条理に基づき監督者の責任を認めた。
　(75)　事件当時は精神分裂病と呼ばれていたが，平成14年8月より呼称が変更されているため，変更後の呼称を使用する。
　(76)　事件後に病院で初めて診断されたものである。病名は不明。
　(77)　昭和58年判決の原審大阪高判昭和56年8月28日判例集未登載は，「法律上義務者になるべき者がその選任手続を怠っていたために責任を免れることあるは不当」であるこ

## *11* 監督義務者の責任の変容と不変

法定監督義務者でなくなったと考えると，その前提を欠くことになり，精神障害者の準監督義務者は存在しなくなるが，最高裁がそのような考えを前提としているかも明らかでない[78]。

　（3）　学説では，ⅰ）精神障害者との関係で家族協同体の統率者たるべき立場及び続柄であること，ⅱ）監督者とされる者が現実に行使しうる権威と勢力を持っていること，ⅲ）精神障害者の病状が他人に害を与える危険性があるため保護監督権を行使しなければならない状況であったことの3要件が満たされれば，事実上の監督者として監督義務を負うとする見解がある。この見解は，714条の沿革から，家族協同体の統率者は構成員に精神障害者が出た場合には社会通念上これを保護，監督する義務を負うとみなすことができ，また，右統率者は通常家族協同体の財政権も掌握しているから，右解釈は精神障害者によって生じた損害の公平な分担という観点からも妥当な結果をもたらすが，今日の家族関係のもとでは，個々の構成員の人権が最大限尊重され，統率者の権限も，かつての家長権とは異なり，限定された事実上のものにすぎないから，統率者が構成員の生活に対し，保護，監督という干渉をする必要が具体的にあったかどうかという点が問題となるとするものである[79]。平成11年精神保健福祉法改正後に発生した事案について，福岡高判平成18年10月19日判タ1241号131頁は，選任手続をとれば保護者となったかどうかを判断基準とせずに，上記見解が示した3要件によって準監督義務者性を判断すべきであるとする原判決を引用し，父親は法定監督者または代理監督者に準じる地位にあるものとして監督義務を負うとし，監督義務を尽くしたとの主張を否定した[80]。

---

　　とを理由に事実上の監督者に714条2項の適用を認めている。
[78]　新関輝夫「判批」判評297号（1983年）45頁。
[79]　山田知司「精神障害者の第三者に対する殺傷行為と不法行為責任」山田和男編『裁判実務大系16　不法行為訴訟法(2)』（青林書院，1987年）283頁。同「精神障害者の第三者に対する殺傷行為──責任能力──」山田和男編『現代民事裁判の課題⑦』（新日本法規，1989年）491頁も同じ。
[80]　辻伸行「心神喪失者による殺人と父親の監督義務」私法判例リマークス37号（2008年度下）58頁は，この判決が上記学説でいうⅲ）の要件について，何らかの他害行為の予見性でよいとする点について，監督義務を負うかどうかを他害行為の予見可能性で決するというのは論理が混乱しているのみならず，近親者が実際保護監督していたという視点から他害行為全般の防止監督義務を負うとするならば，精神保健福祉法の改正の趣旨を没却させると批判する。

# 9　JR東海事件上告審判決の意義

（1）　JR東海事件は，認知症を患った91歳の男性が徘徊行為ののち，列車にはねられて亡くなるという事故の痛ましさも然ることながら，その遺族に対して鉄道会社が損害賠償請求をしたということから，社会的な注目を浴びることとなった。さらに，第一審，控訴審ともに事故当時85歳であった妻の損害賠償責任を肯定したことから，様々な議論がされることになる。JR東海という大企業が，認知症の男性を介護してきた家族を被告として損害賠償を求めることについては，「かわいそう」という感情論による批判があるのは理解できるが，昨今，認知症患者が自動車を運転し暴走させたり，あるいは高速道路を逆走したりする事件も起こっているところ，一般市民がその行為により損害を被ることも十分考えられる。認知症患者による不法行為の責任を誰が負うのかという問題は，すべての人が，被害者としても加害者としても直面する可能性のある問題である。

　一方，これまで見てきたように，民法714条の監督者責任に関しては，責任能力のない未成年者については親権者の監督義務が問題となり，責任能力のない精神障害者についても精神障害者の両親の監督義務が問題となってきた。身体的には活動可能な高齢者が認知症となった場合に誰が監督義務者となるのか，その者と同じような年齢で，場合によっては介護が必要な配偶者に監督義務があるか，あるいは，子に親の監督義務があるかというこの事件で提示された問題は，民法起草時には存在しなかった問題である。なお，樋口範雄教授は，この事件を「誰か責任者（加害者）を見いだして損害賠償させるのが法の正義である」との前提を問い直す契機とするべきであると主張する[81]。この主張には全面的に賛成する。そもそも，過失責任主義も，責任能力制度も誰かの行為によって損害を被っても，その誰かに損害賠償を請求できない場合を認めるものである。わが国の不法行為制度は，被害者救済のために，必ず誰かが被害者に賠償しなければならないというものではない。これを前提に，上告審判決が準監督義務者の可能性を示した部分を中心に検討する。

（2）　最高裁はまず，成年後見人と精神保健福祉法上の保護者の法定監督義務

---

[81]　樋口範雄「『被害者救済と賠償責任追及』という病——認知症患者徘徊事件をめぐる最高裁判決について」曹時68巻11号（2016年）3頁。

*11* 監督義務者の責任の変容と不変

者性を否定したが，加えて，民法752条を根拠とする妻の法定監督義務者性も否定している。控訴審判決（名古屋高判平成26年4月24日判時2223号25頁）は，752条による配偶者の同居義務及び協力扶助義務を根拠として精神障害者の配偶者に対する監督義務を認めたが，最高裁は，752条は，第三者との関係で夫婦の一方に何らかの作為義務を課するものでないとして714条の監督義務の根拠とはならず，「他に夫婦の一方が相手の法定の監督義務者であるとする実定法上の根拠は見当たらない」として，精神障害者と同居する配偶者であるからといって，その者が法定監督義務者に当たるとすることはできないと判示している。

これにより精神障害者の法定監督義務者が存在しないことになるが，最高裁は責任無能力者の「監督義務を引き受けたとみるべき特段の事情」が認められる場合には，衡平の見地から準監督義務者として714条1項が類推適用されるとする。そして，その該当性の判断に際しては，その者の状況や精神障害者との関わりの実情，精神障害者の状況など諸般の事情を総合考慮して，「その者が精神障害者を現に監督しているかあるいは監督することが可能かつ容易であるなど衡平の見地からその者に対し精神障害者の行為に係る責任を問うのが相当といえる客観的状況が認められるか否か」の観点から判断すべきであるとしている。

この判示によれば，準監督義務者が監督責任を負う要件であり，かつ責任の根拠となるのは，「監督義務を引き受けたこと」である。あくまで「監督」義務の引受けが要件であり，「介護」の引受けとは区別される[82]。そして，その引受けの事実は「第三者に対する加害行為の防止に向けて」「監督を現に行いその態様が単なる事実上の監督を超えているなど」の客観的事実により判断されることになる。

しかし，なぜ引き受けの事実によって714条の広範な一般的な監督義務を負うことになるのか。この点に，疑問が残る。監督義務は被監督者に対する義務ではなく，第三者に対する義務である。事務管理は，契約や法律上の地位に基

---

[82] この点は，木内道祥裁判官の補足意見及び岡部喜代子裁判官の意見でも指摘されている。しかし，岡部裁判官は，同居ないし身近にいないが環境形成，体制作りをすることも監督義務を引き受けたと見るべき特段の事情に該当し得るとするが，木内裁判官はこれに反対する。

〔三木千穂〕　　　　　　　　　　　　　　　　　9　JR 東海事件上告審判決の意義

づかない他人へ干渉を法的に是認し，これにふさわしい法律関係を設定するものである以上，この場合に適用されるものではないだろう[83][84]。調査官は，監督義務を引き受けたとみるべき特段の事情の具体的な内容については，「判文全体の趣旨に照らせば，監督者の引受意思のみならず，広く監督可能性等も含むものと解される」に[85]，と述べ，引受意思が監督義務の発生原因であると考えているようにも見えるが，判決文からは明らかではない。仮に，準監督義務者の責任が，意思に基づく責任であるとしても，714 条で求められる一般的な監督義務を負う意思が認められるのはかなり限定された場合であると思われる。

（3）　一方で，これまで見てきたように，714 条の監督義務者の責任の沿革は，家族団体の統率者としての家長の責任を個人主義的な責任の形態にアレンジしたものであると説明され，監督義務者の責任の根拠を家族関係の特殊性に求める見解が通説的な地位を占めてきた。しかし，そもそも家族関係の特殊性を理由になぜ監督義務者が責任を負うのか，そして，現代の多様な家族観・家族の実態のなかで，家族関係の特殊性という根拠によって監督義務者の責任を正当化できるかという点もやはり疑問である[86]。

---

[83]　すでに見たように事務管理により監督義務が認められる場合について，これまでの学説は契約によって監督を委託された場合と同視して 714 条 2 項の代理監督者として認められるとしてきたが，上告審判決は，監督義務を引き受けた準監督義務者は 714 条 1 項が類推適用されるとしている。

[84]　判決が認めた準監督義務者の要件を見ていると，似たものとして，刑法上の不真正不作為犯における「保障人的地位」の概念が思い浮かぶ。しかし，この場合も，引き受けた被害者に対する作為義務が問題となるのみであり，第三者に対する義務が問題となるわけではない。

[85]　山地修「判批」ジュリ 1495 号（2016 年）103 頁。

[86]　近時，フランス法における家族団体論の影響を受け，わが国においても法解釈において，家族を団体的に構成しようとする試みがなされている。「家族」という概念は民法上は存在しないが，現実の社会には経済的共同生活体としての家族が存在するとして，その団体的現実とそれを個人として扱う民法の規定との間の原理的差異から生ずる諸問題と解決しようとするものである。末弘博士による家団論と共通する視点ではあるが，家族団体論に関する代表的な研究者である高橋朋子教授は，「今日の経済社会において，末弘説が維持される面があるとすれば，それは第三者の利益保護という目的ではないか」としながら，「筆者は，家族の団体性をいかに構成するかという問題を考えるにあたっては，家族員を家族団体に没入させることにつながる第三者保護の目的ではなしに，個人の尊厳をより発展させるための家族団体の形成につながる，家族員の利益の保護を第一に尊重したいと考える」と述べる。高橋朋子「わが国における家族団体論の特質——フランスとの比較において——」鈴木禄弥先生古稀記念『民事法学の新展開』

*11* 監督義務者の責任の変容と不変

　JR 東海事件上告審判決は，介護や福祉の家族依存からの脱却，その社会化，開放化という目的に沿った法改正によって成年被後見人や精神福祉法上の保護者が法定監督義務者ではなくなったことを認めつつ，監督義務の引受けによる準監督義務者を認めることによって精神障害者の監督義務を負う者が存在する場合を認めている。もっとも，家族関係如何について全く考慮していないわけではない。上告審判決は，準監督義務者となるかどうかの判断要素に「精神障害者との親族関係の有無・濃淡，同居の有無その他の日常的な接触の程度」が含まれるとする。これらの要素は「現に監督しているかあるいは監督することが可能かつ容易であるなど衡平の見地からその者に対し精神障害者の行為に係る責任を問うのが相当といえるか客観的状況が認められるか否か」の判断要素とされる。ここでは，家族だから監督義務を負う，あるいは家族だから監督義務者としての責任を負うというのではなく，親族関係の有無・濃淡，同居の有無などは監督可能性に繋がる一つの判断要素として考慮されることを示している。この部分に対しては，親族関係にない者の 714 条責任を認めることになるとする批判も見られる[87]。しかし，実際に親族関係にない者に監督者責任を認めることの是非はともかく，現在の家族観とは必ずしも一致しない家族観に基づく沿革を根拠に，親族関係にない者は 714 条責任を負わないとするよりも，714 条が自己過失に基づく責任であることを前提とすれば，監督可能性の否定要素の一つとして，親族関係にないことを考慮するほうが説得的であると思われる。

　(4)　上告審判決に対しては上記の点以外にも様々な批判がある[88]。準法定監

---

　　（有斐閣，1993 年）484 頁。また，星野英一「家族法は個人関係の法律か，団体の法律か」同『民法論集第 10 巻』（有斐閣，2015 年）381 頁以下も参照。

[87]　米村滋人「責任能力のない精神障害者の事故に関する近親者等の損害賠償責任」法教 429 号（2016 年）56 頁は「714 条の沿革に加え，714 条 1 項の監督義務の範囲には不明確性が大きく，従来親権者が負うとされてきた人格形成責任をも含みうる抽象的な監督義務違反の責任を人的関係のない事業者に課すことを正当化しうるかには，疑問が大きい」とする。

[88]　青野博之「判批」新判例解説 Watch 民法（財産法）No. 108（TKC ローライブラリー，2016 年）3 頁は，監督という作為義務を法律ではなく，意思によって引き受けた場合であるから，民法 709 条によって考えるべきであるとする。また，上告審判決の前の論文であるが，前田陽一「認知症高齢者による鉄道事故と近親者の責任（JR 東海事件）──精神障害による責任無能力をめぐる解釈論・立法論の検討の素材として」論ジュリ 16 号（2016 年）24 頁も成年後見人ではない近親者の責任は民法 709 条によるべきものと

〔三木千穂〕　　　　　　　　　　　　　　　　　　　　　　　10　おわりに

督義務者という重い責任を負う者についての判断基準が曖昧であること[89]や，それゆえに健康な近親者が同居して介護を行っていた場合には，容易に「準監督義務者」と認定される余地があるとの批判もなされている[90]。介護と監督は区別すべきであるが，では監督とはどのようなものを指すのか，判決では明らかでない。さらに，上告審判決は準監督義務者性を否定したが，単なる事実上の監督を超えていることから「監督義務を引き受けたとみるべき特段の事情」があったとして準監督義務者とされた者が，「監督義務者がその義務を怠らなかった」とされるためには，さらにどのような事実を主張立証すればよいのか，すなわちどのような場合に714条1項ただし書の適用があるのかも大きな問題である。

## 10　お わ り に

　民法が起草された明治時代には，家族のなかに精神障害者が存在する場合には，治療をするという観念もないため，家族がその世話をするしかなく，精神障害者が他人に迷惑をかけたときには，家族の代表が責任を負うのが当然と受けとめられていたと思われる[91]。その時代に比べ，日本人の平均寿命ははるかに上昇し，認知症という新たな精神障害が生まれた。平均寿命が上昇するということは高齢者の世話が介護に変わり，その介護が必要な高齢者も増えることを意味するが，家族は当然のように——もちろん愛情による面は否定しないが，逃げられないという点からすれば——その介護を強いられてきた。さらに，高齢者が他人に迷惑をかけた場合には，家族が損害賠償責任を負うということも

---

している。

[89]　窪田充見「最判平成28年3月1日——JR東海事件上告審判決が投げかけるわが国の制度の問題」ジュリ1491号（2016年）67頁。

[90]　米村准教授は「法律判断の『作法』と法律家の役割——認知症鉄道事故の最高裁判決に寄せて」法時88巻5号（2016年）2頁でも「監督義務者の責任の責任主体の範囲を曖昧な要件によって著しく拡大させた。加えて『準監督義務者』構成を採用した結果，献身的に介護を行う者ほど法的責任リスクを負う結果をもたらしかねないルールが形成されることになった」と述べる。

[91]　明治33年に制定された精神病者監護法は，社会防衛を目的とした法律であり，監護義務者（後見人，配偶者，親権者等から選任される）のみが精神病者を監置することができるとしていた（同法2条）。また，水野紀子「精神障害者の家族の監督者責任」岩瀬徹・中森喜彦・西田典之編『町野朔先生古稀記念・刑事法・医事法の新たな展開（下巻）』（信山社，2014年）249頁以下も参照。

### *11* 監督義務者の責任の変容と不変

当然というのだろうか。

　現在では，障害のある人も家庭や地域で通常の生活をすることができるような社会を作るというノーマライゼーションの理念のもと，必要な場合には治療を行い，生活や就労の訓練について施設・専門家などの援助を受けながら，本人が主体的にできるかぎり自立した生活を送ることを目指すという福祉施策が進められている。また，高齢社会に向けて，高齢者の残存能力の活用と本人の意思を尊重することを重視しつつ，高齢者福祉の開放化・社会化を目指した新しい成年後見制度も生まれ，活用されている。このような転換に際し，実際上，人的・物的環境が不足していることは否めないが，高齢者をその家族が介護することは，少なとも当然ではなくなったのである。そうなった今だからこそ，認知症患者を含む精神障害者の監督義務者の責任については，精神障害者の世話や介護をすることと，その者を監督することとは区別したうえで，そもそも監督義務者は存在するのか，あるいは存在させるべきなのか，という点から改めて考え直す必要があるだろう。そして，仮にこれを認めるとしても，その監督可能性を充分に考慮するべきである[92]。

　一方で，子を教育し，しつけるのが親の責務であることは民法が起草された時代と変わらず，親権者の監督義務についてもそれほど変化はないと思われる[93]。もっとも，昨今，親による児童虐待が社会問題化したこともあり，親権の行使には子の利益を尊重しなければならないことが明文化（民法820条）され，懲戒権の行使の範囲も明確化され（同822条），親権停止の制度も創設された[94]。親権者の監督義務についても，このような変化を踏まえたうえで，自己過失による責任であることを前提とした個別の判断をするべきであると考える。

　最後に，渡辺咲子先生には，専門分野が異なるにも関わらず，私などよりは

---

[92]　責任能力制度について，判断能力が劣る者を保護するための政策的な制度だと捉えた場合には，立法論としては，精神障害者本人に損害賠償責任を負わせることも可能となろう。むしろ，このような政策転換は，ノーマライゼーションの理念にも合致すると思われる。もっとも，被害者保護の点も考慮するのであれば，現実的には，このような立法を検討する際には，賠償責任保険等の賠償資金確保の手段を併せて検討する必要があろう。

[93]　窪田・前掲注(57)15頁脚注17)。

[94]　平成23年法律61号による民法改正。

〔三木千穂〕　　　　　　　　　　　　　　　　10　おわりに

るかに多い民事法に関する知識とその実務経験から様々なご指導をいただいた
だけでなく，プライベートでも様々なことに相談に乗っていただき，感謝の念
に堪えない。にもかかわらず，古稀に際し，拙い論稿しか献呈できないことを
お詫びしつつ，先生のますますのご活躍とご健勝をお祈りして，筆を擱く。

# *12* 決済カード（クレジットカード，デビットカード，プリペイドカード）における法律関係の比較

髙 平 大 輔

| | |
|---|---|
| 1　はじめに | 4　プリペイドカード |
| 2　クレジットカード | 5　むすび |
| 3　デビットカード | |

## 1　はじめに

　クレジットカード，デビットカード，プリペイドカード等の「決済カード」は，商品の購入やサービスの提供を受けることの対価の支払い（以下「ショッピング」という），金銭の借入（以下「キャッシング」という），現金の引出し，またはこれらの取引を国内ではなく海外で行う場合若しくはインターネット上の非対面取引として行う場合等に広く利用されている。そして，上記の取引の中には，「国際ブランド」を介する取引であること等により，国内の法令に基づいて法律構成を整理することが困難な場合がある。

　本稿では，上記のような決済カードを利用した場合に，取引当事者間で実務上行われている取扱いについて法律関係を考察し，各場面での法律構成にどのような異同があるかを明らかにすることを目的とする。

## 2　クレジットカード

### ⑴　定　義　等

　クレジットカード及びクレジットカードによるショッピングに関しては，割賦販売法2条3項1号が「包括信用購入あっせん」の定義を概要次のように定めている。

　クレジットカードの利用者がカード等を提示して，特定の販売業者等から商品や権利を購入しまたは役務の提供を受ける際に，包括信用購入あっせん業者

が，販売業者等に対し利用者に代わって商品等の代金に相当する額を支払い，利用者から代金等に相当する額を一定の方法で受領すること（利用者が販売業者等との間で契約を締結してから，包括信用購入あっせん業者が利用者から代金等に相当する額を受領するまでの期間が2か月を超えない場合は除く。）。

「カード等」とは，現在広く使用されているプラスチック製のカードの他，物理的なカードを発行せずにインターネット上の非対面取引等に使用することができるカード番号，パスワード等を通知するいわゆる「バーチャルカード」を含むが，本稿ではこれらの区別をせずに「クレジットカード」や「カード」とする。

また，クレジットカード取引の当事者について，クレジットカードの利用者を「カード会員」，特定の販売業者等を「加盟店」，包括信用購入あっせん業者を「カード会社」とする。

上記の包括信用購入あっせんの定義では，カード会社がカード会員に代わって加盟店に対して代金等を支払い，その後カード会社はカード会員から代金等の相当額を受領することが定められているので，このカード会社による支払から受領までの間，カード会社によってカード会員に対する与信が行われることになるが，割賦販売法が適用されるのはこの与信期間が2か月を超えるものとされており，いわゆる翌月1回払い（マンスリークリア）は適用対象外とされている。

割賦販売法では，カード会社が，カード会員に代わって加盟店への代金等の支払いをして（以下「立替払い」という），カード会員からその代金等の相当額を受領することを，どのような契約形態で行うかについては定められていないため，後述するとおりカード会社によって異なる契約形態で行われている。

## (2)　クレジットカード決済の前提となる契約関係

カード会員が加盟店との間で商品の購入等を行い，その際にクレジットカードを提示して決済する場合においては，前提として下記の契約関係が結ばれている（図1及び図2）。

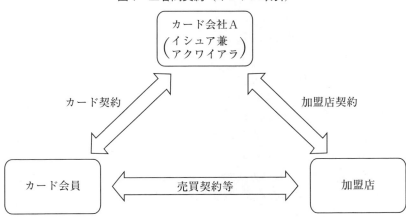

図1 三者間契約（オンアス取引）

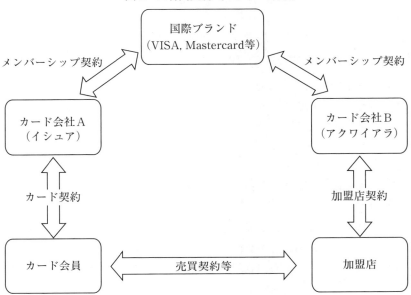

図2 四者間契約（オフアス取引）

*12* 決済カード(クレジットカード, デビットカード, プリペイドカード)における法律関係の比較

## (a) カード会社とカード会員の関係

カード会社は, クレジットカード契約（以下「カード契約」という）を申し込んだ者に対して一定の審査をした上でカード契約を締結し, 申込者はカード契約締結時にカードの貸与を受けて「カード会員」となる。このようなカード発行等のカード会員に対する業務を行う者としてのカード会社のことを「イシュア」という。

カード契約においては, イシュアからカード会員に対してカードが貸与され, 加盟店でカードを提示することでカード会社（後述するアクワイアラとしてのカード会社を指す）による立替払いを受けられること, カードを利用した場合のカード利用代金の支払い方法として分割払いやリボ払いを選択できること等が定められる。カードを利用した場合には選択した支払い方法に従って, 後日イシュアから会員に対してカード利用代金を支払うように請求される。

なお, カードにキャッシング枠を設定し, キャッシングの利用も可能にする場合は, カード契約は, 極度方式の金銭消費貸借契約（貸金業法第2条第7項の「極度方式基本契約」）にも該当する。

イシュアとカード会員との間のカード契約の内容は, 通常, 会員規約によって画一的に定められている。

## (b) カード会社と加盟店の関係

顧客に対して商品の販売やサービスの提供を行う小売店等が, 顧客がその代金を支払う手段としてクレジットカードによる支払いを選択できるようにするためには, カード会社との間で「加盟店契約」を締結し, 「加盟店」となる必要がある。

加盟店契約を締結する等の加盟店に対する業務を行う者としてのカード会社のことを「アクワイアラ」という。

加盟店契約を締結する際は, 通常, アクワイアラから加盟店に対して決済処理端末の貸与が行われる。加盟店は, カード会員が代金の支払のためにカードを提示した場合, カードを決済処理端末に通す等して, 当該カードによる取引の承認を求める。この時, 決済処理端末が接続している決済ネットワークを通じてデータがイシュアまで伝送され, イシュアはカードの有効期限や, 盗難や偽造されたカードではないか等を確認した上で, 取引の承認または不承認の回

〔高 平 大 輔〕                                          2  クレジットカード

答を行う。この取引承認の可否を確認することを「オーソリゼーション」とい
う。

　加盟店は，カード会員が代金をカード決済した場合，加盟店契約に基づいて
アクワイアラから立替払いを受ける。他方で，加盟店は，カード会社に対し，
カード決済サービスの提供を受ける対価として，立替払いを受けた金額の中か
ら一定割合の加盟店手数料を支払うが，アクワイアラが立替払いをする際にあ
らかじめ加盟店手数料部分を差し引く方法で清算されている。

　その他，加盟店契約においては，加盟店が立替払いを受けるためには，一定
の期限までにカード会員に対する売上を集計し，紙の売上票または売上データ
をアクワイアラに送付または伝送しなければならないことや，加盟店契約上の
義務に違反した場合は立替払いを受けられない，または既に支払われている場
合は立替払い金を返還しなければならないこと等が定められている。

　なお，加盟店契約では，次に述べる国際ブランドのうちどのブランドの加盟
店となるのかを定めるので，それによって加盟店で使用可能なブランドが決定
されることになる。加盟店は，加盟店契約においてブランドのロゴを店頭に掲
示する等して，そのブランドが搭載されたカードを提示された場合は例外なく
受け入れなければならないという義務を負う。

### (c)　カード会社と国際ブランドの関係

　国際ブランドとは，各国のカード会社や金融機関との間でメンバーシップ契
約を締結し，クレジットカード決済を行う際のルールの策定や，当該ブランド
が登載されたカードの利用によってメンバー間で発生した債権債務の清算（以
下「インターチェンジ清算」という）をする仕組みを提供している組織である。
代表的な国際ブランドとしては，VISA，Mastercard，JCB 等がある。

　前述のとおり，アクワイアラは加盟店に対する立替払いを行い，その立替払
い金をイシュアに請求して，最終的にイシュアはカード会員からカード利用代
金として支払いを受ける。この際のアクワイアラとイシュアとの間の清算につ
いては，国際ブランドの決済ネットワークを通じてデータの授受が行われ，国
際ブランドがメンバーであるアクワイアラとイシュア間の一定期間に発生した
複数の債権債務を定期的に相殺することでインターチェンジ清算を行っている。

　国際ブランドが世界中のアクワイアラ，イシュア及び加盟店を決済ネット

*265*

*12* 決済カード(クレジットカード, デビットカード, プリペイドカード)における法律関係の比較

ワークで結びつけていることによって, 図3のように国内で発行されたカードを海外の加盟店で利用すること, または海外で発行されたカードを国内の加盟店で利用することが可能になっている。

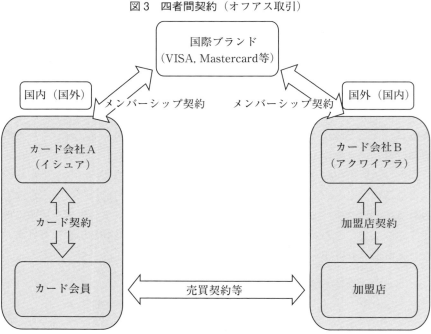

図3 四者間契約（オフアス取引）

(d) カード会員と加盟店の関係

カード会員は, 加盟店との間で継続的な契約関係があるわけではなく, 個別の売買契約等を締結し, その代金等の支払い方法としてクレジットカードによる支払いを選択すると, アクワイアラによって立替払いがされることによって加盟店に対する債務が消滅するかまたは移転して, イシュアに対してカード利用代金債務を負うという関係にある。

(e) 三者間契約

図1のように, イシュアとアクワイアラが同一のカード会社である場合はカード会員及び加盟店との間の三者間契約となり, カード会社から見ると, 自

社が発行したカードが自社加盟店で利用された場合である。この場合に行われる取引のことを「オンアス取引」という。

オンアス取引の場合は，国際ブランドの決済ネットワークを経由しない取引となる。

### (f) 四者間契約

図2のように，イシュアとアクワイアラが別個のカード会社である場合は，カード会員及び加盟店との間の四者間契約となり，アクワイアラから見ると，他社が発行したカードが自社加盟店で利用された場合である。この場合に行われる取引のことを「オフアス取引」という。以下ではオフアス取引であることを前提として論じる。

## (3) クレジットカード決済される個々の取引の法律構成

前述のとおり，割賦販売法では，カード会社が，立替払いをして会員から立替払い金を受領することを，どのような契約形態で行うかについては定められていない。この契約形態については，多くのカード会社によって次の2通りの法律構成のいずれかがとられている。

### (a) 債権譲渡形式

加盟店契約において，カードが利用された場合，加盟店がカード会員に対して有する債権をアクワイアラに譲渡することを定め，アクワイアラから加盟店への立替払いを債権譲渡の代金の支払いと構成する契約形態である。

一方，カード契約においては，カード会員はあらかじめ包括的に上記の債権譲渡について異議をとどめないで承諾すること（民法468条1項）が定められ，加盟店に対抗することができる事由をもってイシュアに対抗することができないようにされるとともに，債権譲渡の債務者に対する対抗要件の具備（民法467条1項）がされている。

具体的には次の手順で取引が行われる（図4）。

① カード会員が加盟店との間で売買契約を締結した場合，加盟店はカード会員に対して売買契約に基づく代金債権を取得する。

② 加盟店は，加盟店契約に従ってアクワイアラに対し，カード会員に対する代金債権を譲渡する。これに対して，アクワイアラは，譲り受けた債権

*12* 決済カード(クレジットカード，デビットカード，プリペイドカード)における法律関係の比較

の代金を加盟店に支払う。
③ アクワイアラは，加盟店から譲り受けた債権をさらにイシュアに譲渡し，イシュアは，アクワイアラに対して債権譲渡の代金を支払う。この債権譲渡の代金の支払いは，前述のインターチェンジ清算の仕組みを通じて行われる。
④ イシュアは，アクワイアラから譲り受けた債権をカード会員に対して行使する。

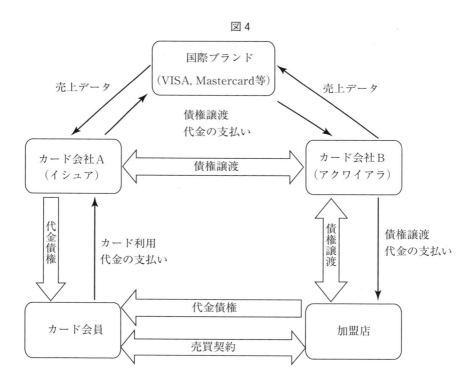

(b) 準委任契約形式

カードが利用された場合，加盟店がカード会員に対して有する債権の支払について，会員がイシュアに対し立替払いを委託し，さらにイシュアから加盟店の支払いの再委託を受けたアクワイアラが加盟店に対して，委任契約に基づく

*268*

〔髙 平 大 輔〕　　　　　　　　　　　　　　　　　2　クレジットカード

事務処理として立替払いをすると構成する契約形態である。

　この場合，加盟店契約においては，加盟店はカード会員に対して有する債権について，アクワイアラから立替払いを受けることができる旨が定められる。カード契約においては，カード会員は，アクワイアラが加盟店に対し立替払いをすること及びイシュアが当該アクワイアラに対し立替払いをすることについて，あらかじめ包括的に承諾する旨が定められることで，アクワイアラによる個々の立替払いがカード会員からの再委託によるといえることになる。

　イシュアからアクワイアラに対する再委託と構成するのは，カード会員とカード契約を締結しているのはイシュアであって，アクワイアラとの間には直接の契約関係はないからである。

　具体的には次の手順で取引が行われる（図5）。

①　カード会員が加盟店との間で売買契約を締結した場合，加盟店はカード会員に対して売買契約に基づく代金債権を取得する。

②　加盟店は，加盟店契約に従ってアクワイアラに対し，カード会員に対する債権の弁済を求める。この弁済についてはイシュアがカード会員から支払の委託を受けており，さらにアクワイアラはイシュアから再委託を受けているので，アクワイアラは委任事務の処理としてイシュアに代わって代金債務を弁済する。

　　この弁済によってアクワイアラは，イシュアに対して求償権（委任事務処理費用の償還請求権。民法650条1項）を取得する。

③　アクワイアラがイシュアに対する求償権を行使し，イシュアは会員からの委託に基づき，委任事務の処理として会員に代わってアクワイアラに弁済する。

　　この弁済によってイシュアはカード会員に対する求償権を取得し，会員に対して求償権を行使する。

(c)　立替払いの法律構成の違いによる影響

（i）　アクワイアラが加盟店との間で締結する加盟店契約と，イシュアがカード会員との間で締結するカード契約は別個の契約である。そのため，立替払いの法律構成が，加盟店契約において，債権譲渡形式と準委任契約形式のいずれと構成されていても，イシュアのカード会員に対するカード利用代金債権が発

*269*

*12* 決済カード(クレジットカード, デビットカード, プリペイドカード)における法律関係の比較

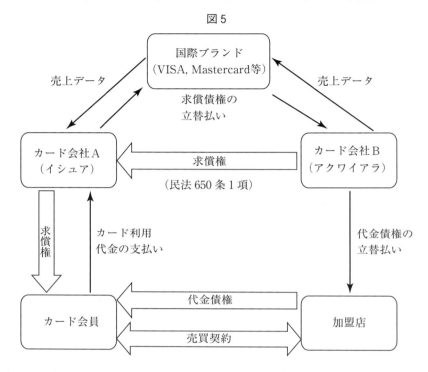

図 5

生するように，イシュアは会員規約において，債権譲渡に対する異議をとどめない承諾及び立替払いの再委託への承諾の両方を定める必要がある。

(ⅱ) 立替払いについて上記の2通りの法律構成のいずれを採用しても，カード会員がクレジットカード決済をした場合に，アクワイアラが加盟店に対し立替払いをすることで，カード会員は加盟店に対して債務を負うのではなくイシュアに対してカード利用代金債務を負うことになるという基本的な構造は変わらない。

もっとも，準委任契約形式の場合，アクワイアラが立替払いをすることで加盟店のカード会員に対する代金債権が消滅し，イシュアはカード会員に対して求償権を行使するので債権の性質が変わるのに対して，債権譲渡形式の場合は加盟店の代金債権がイシュアまで譲渡されるため債権の性質が変わらないという違いから，債権に付着している抗弁に関して次に述べるような相違点がある。

〔高 平 大 輔〕　　　　　　　　　　　　　　　　　　　　2　クレジットカード

## (4)　抗弁の接続と異議をとどめない承諾

(a)　抗弁の接続に関して，民法の規定からは，債権譲渡形式及び準委任契約形式のそれぞれについて下記のように考えられる。

債権譲渡の効果は，債権が同一性を維持したまま譲渡人から譲受人へと債権が移転することであるから，債権に付着した抗弁も同様に移転するのが原則である。ただし，債務者が異議をとどめない承諾をした場合は，抗弁が切断される（民法468条1項）。

一方，立替払いの委任を受けた受任者が立替払いをすると，当初の債権が消滅し求償権という別の債権が発生するのであるから，当初の債権の抗弁は求償権に接続されることはない。

(b)　これに対して，割賦販売法においては，カード会員は，包括信用購入あっせんの方法で購入した商品等についてイシュアから請求を受けたときは，当該商品等を販売等した加盟店に対して生じている事由をもつて，当該支払の請求をするイシュアに対抗することができることが定められている（同法30条の4第1項）。この抗弁の接続は，その他の要件を満たせば，カード会員が包括信用購入あっせんの方法で購入等をした場合に適用されるものである。

したがって，特別法である割賦販売法の規定が民法の規定に優先するので，クレジットカード決済をした場合は，カード会員は，立替払いの法律構成が債権譲渡形式であるか準委任契約形式であるかにかかわらず，イシュアに対して抗弁の接続を主張することができる。

(c)　もっとも，前述のとおり包括信用購入あっせんとは与信期間が2か月を超えるものと定義されており，いわゆる翌月1回払いは割賦販売法が適用されず，また，割賦販売法35条の3の60は「本邦外に在る者に対して行う包括信用購入あっせん及び包括信用購入あっせんに係る販売又は提供の方法による販売又は提供」等を，抗弁の接続等の規定の適用除外として定めている。

すなわち，カード会員が，カードを利用した際に翌月1回払いを選択した場合や，海外においてカードを利用した場合には，割賦販売法の抗弁の接続が適用されず民法上の原則が適用されることになる。

そのため，割賦販売法が適用されない場合においては，立替払いの法律構成について準委任契約形式をとる場合には，イシュアは，カード会員の加盟店に対する抗弁によって対抗されることはない。また，債権譲渡形式をとる場合で

**12** 決済カード(クレジットカード, デビットカード, プリペイドカード)における法律関係の比較

あっても, イシュアは会員規約においてカード会員が異議をとどめない承諾を
する旨を定めておけば, 同様に加盟店に対する抗弁は切断される。

　このことから, イシュアは通常, アクワイアラが加盟店契約において債権譲
渡形式をとっている場合に備えて, カード契約の会員規約において, カード会
員が異議をとどめない承諾をする旨を定めている。これによって, イシュアは,
割賦販売法の適用がない翌月1回払い等の場合には, カード会員の加盟店に対
する抗弁によって対抗されることはないのである。

　(d)　しかし, 本稿執筆時点(2017年2月)で現在国会に提出されている債権
法改正法案においては, 上記の異議をとどめない承諾を廃止することが予定さ
れている。これにより, イシュアが会員規約において異議をとどめない承諾を
定めていても無効となり, アクワイアラが加盟店契約において債権譲渡形式を
とっている場合であり, かつ, 翌月1回払い等の割賦販売法の適用がない利用
の場合には, イシュアはカード会員から抗弁の接続を主張される可能性がある。

　これに対するイシュアの対応方法の1つとしては, 自社がアクワイアラとし
て締結している加盟店契約が債権譲渡形式である場合は, 準委任形式に変更す
ることが考えられる。そうすると, 少なくともオンアス取引については, イ
シュアの立場ではカード会員の抗弁の接続を回避することができる。

　もっとも, この対応では, オフアス取引については, 他社がアクワイアラと
して債権譲渡形式をとるか準委任形式をとるかをコントロールすることは不可
能であることから, カード会員から抗弁の接続を主張される可能性は残るし,
また, 自社の既存の加盟店契約を締結し直すことに多大なコストがかかる。

　次に考えられるイシュアの対応方法としては, 会員規約において, カード会
員の抗弁放棄の意思表示を定めることである。債権法改正の議論の中で, 債務
者が抗弁を放棄する旨の意思表示をしていれば抗弁が切断されるという規定を
設けることが議論され, 最終的に見送られ解釈に委ねられることになったもの
の, 今後の議論の動向によっては会員規約において, 異議をとどめない承諾の
代わりに抗弁放棄の意思表示を定めることも検討されると思われる。

## 3 デビットカード

### (1) 概　　要

　デビットカードとは，銀行等が発行するカードで，1回の取引毎にカード会員の銀行口座から即時に取引額が引き落とされる決済手段のことである。

　デビットカードは，クレジットカード及び後述するプリペイドカードがそれぞれ割賦販売法及び資金決済法において定義等が定められているのとは異なり，デビットカードの定義等を定める法令はない。

　もっとも，デビットカードによる決済については，カードを発行した銀行等の行為が「為替取引」（銀行法2条2項2号）に該当すると考えられている。

　為替取引とは，顧客から，隔地者間で直接現金を輸送せずに資金を移動する仕組みを利用して資金を移動することを内容とする依頼を受けて，これを引き受けること，又はこれを引き受けて遂行することをいう（最決平成13・3・12刑集第55巻2号97頁）。

　後述するように，カード会員はデビットカードを発行した銀行等に対して，加盟店に対する売買代金等の支払いをするために，自己の預金口座から預金を引き落とすよう指図し，かつ，当該引き落としにかかる預金により代金債務等の弁済をすることを委託する。このことから，カードを発行した銀行等は，カード会員から，カード会員の預金口座から加盟店の預金口座へ資金を移動することを内容とする依頼を受け，これを引き受けて遂行していると評価できるため，為替取引を行っているといえるのである。

　為替取引は，銀行法において銀行業の一つとされているため銀行業の免許を受けた者以外は行うことができない（同法4条1項）が，一定範囲の為替取引については，資金決済法に基づいて登録を受けた資金移動業者が「資金移動業」（同法2条2項）として行うことができる。資金移動業とは，銀行等以外の者が為替取引を業として営むことをいい，その範囲は100万円以下の資金の移動に係る為替取引とされている。

　したがって，決済金額を100万円以下とすることにより，資金移動業者もデビットカードの発行主体になることは可能である。

　以下では，J-Debitカードまたはブランドデビットカードのことを「デビットカード」または「カード」といい，デビットカードを利用した取引の当事者

*12* 決済カード(クレジットカード, デビットカード, プリペイドカード)における法律関係の比較

について, デビットカードの会員を「カード会員」, カード会員との間で売買契約等を行う小売店等を「加盟店」という。

### (2) J-Debit カードによる決済の前提となる契約関係

（以下は, 日本デビットカード推進協議会法務委員会「『デビットカード』の仕組みおよびその法的枠組みの概要(1)」金融法務事情 1573 号（2000 年）を参考にして記述した。図5）

J-Debit カードとは, 平成 12 年に, 日本国内の金融機関が既に発行していたキャッシュカードをそのまま利用する方法で提供が開始された, 日本国内で利用可能なデビットカードのことである。

J-Debit カードを提示して決済する場合においては, 前提として下記の契約関係が結ばれている（図6）。

### (a) カード発行銀行とカード会員

カード会員は, 預金契約を締結している銀行との間でカード契約を締結し, 当該銀行の預金口座から即時決済が可能なカードの発行を受ける。もっとも, J-Debit カードは, 前述のとおりキャッシュカードをそのままデビットカードとして利用可能にしたものであるから, デビットカード発行のために別個の契約を締結するわけではない。

このカードを発行する銀行をカード発行銀行という。

### (b) 加盟店と加盟店銀行

加盟店が加盟店銀行との間で次の内容の加盟店契約を締結することで, 顧客のデビットカードによる決済が可能になる。

加盟店契約においては, あらかじめ包括的に, 加盟店とカード会員との間に後述するデビットカード取引契約が解除条件付きで成立した時は, 加盟店がカード会員に対して有する売買代金債権等は, 加盟店銀行に解除条件付き（上記のデビットカード取引契約の解除条件と同一の条件）で債権譲渡されることが定められている。この債権譲渡の対価については, デビットカード取引契約成立日から三営業日目以降の加盟店銀行と加盟店との間であらかじめ合意された日に, 加盟店が加盟店銀行に有する預金口座に入金する方法で支払われる。

274

(c) カード発行銀行と加盟店銀行の関係

　カード発行銀行と加盟店銀行は，あらかじめ包括的に，加盟店銀行が加盟店から代金債権等を譲り受けたときは，当該債権についての弁済受領権限を加盟店銀行がカード発行銀行に自動的に付与する旨を契約しておく。

(d) 日本デビットカード推進協議会の役割

　カード発行銀行及び加盟店銀行は，それぞれ日本デビットカード推進協議会の会員となることでデビットカードの決済ネットワークに参加することができる。すなわち，日本デビットカード推進協議会は，前述のクレジットカードにおける国際ブランドのような役割を果たしている。

(e) カード会員と加盟店間の関係

　カード会員は，加盟店との間で売買契約等を締結し，その代金をデビットカードにより決済することを指定する。この際，後述のようにカード会員と加

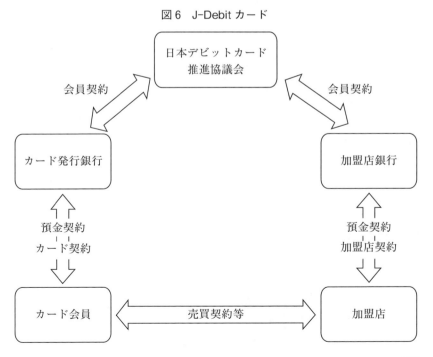

図6　J-Debit カード

*12* 決済カード(クレジットカード, デビットカード, プリペイドカード)における法律関係の比較

盟店との間にはデビットカード取引契約が締結され, クレジットカードと異なり代金は即時に決済されるか, または預金残高の不足等により決済されない場合はデビットカード取引契約が無効となり他の方法での決済が求められることになる。

### (3) J-Debit カードにより決済される個々の取引の法律構成

個々の取引は次の手順で行われる (図7)。

① カード会員は, 加盟店との間で売買契約を締結するとともに, 「カード発行銀行から加盟店の決済処理端末に口座引落済確認を表す電文が表示されないこと」を解除条件として, カード発行銀行にある預金口座からの引き落としの方法で代金債務を支払う旨の, 代金の支払い方法についての契約 (デビットカード取引契約) の申し込みをする。

② 加盟店は, カード会員からの申し込みに対して, 引渡しを受けたデビットカードを決済処理端末に通すことにより, この申し込みを承諾する。これにより当該代金債務の支払方法に関するデビットカード取引契約が解除条件付きで成立し, 同時に, 加盟店契約に基づき加盟店の有する代金債権は加盟店銀行に解除条件付きで債権譲渡されるとともに, 加盟店銀行とカード発行銀行との契約に基づき, カード発行銀行に弁済受領権限が付与される。

③ カード会員は, 決済処理端末に暗証番号を入力する方法で, カード発行銀行に対して代金債権相当額の預金の引き落としを指図し, かつ当該引落しにかかる預金により代金債務の弁済をすることを委任する。

④ ②及び③から, カード発行銀行は, 加盟店銀行から弁済受領権限の付与を受けることで弁済受領権者としての地位を有するとともに, カード会員から弁済行為の受任者としての法律上の地位を併せ持つことになる。

　これにより, カード発行銀行は, カード会員からの引落指図を受け, 当該引落指図を受けた金額以上の預金残高があるときは, カード会員からの委任に基づいて預金の引落しを行い, 弁済受領権者としてのカード発行銀行の別段口座に預金を振替入金する方法で弁済が完了する。

⑤ 同時に発行銀行は, 口座引落確認を表す電文 (収納済電文) を加盟店の決済処理端末に発信し, これにより決済処理端末に収納済電文が表示され

276

ることで，デビットカード取引契約及び加盟店と加盟店銀行間の債権譲渡の解除条件はそれぞれ不成就で確定する。

　これに対して，引落指図を受けた金額以上の預金残高がないときは，収納済電文が表示されないことから解除条件が成就し，デビットカード取引契約及び債権譲渡はそれぞれ効力を失う。

⑥　カード発行銀行は，銀行間の為替決済の方法により加盟店銀行から付与された弁済受領権限に基づいて受領した弁済金を，手数料を控除して加盟店銀行に引き渡す。

⑦　加盟店銀行は，加盟店に対して，加盟店契約においてあらかじめ定めた日に加盟店の預金口座に入金する方法で，加盟店のカード会員に対する代金債権に係る債権譲渡の対価を支払う。

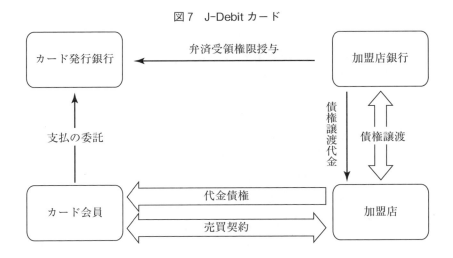

図7　J-Debit カード

(4)　ブランドデビットカードの契約関係

　ブランドデビットカードは，国際ブランドを搭載したデビットカードであり，即時決済が可能であるというデビットカードの基本的な機能はJ-Debit カードと変わらないが，国際ブランドの加盟店で利用することが可能であることから，クレジットカードについて述べたように国内外にある国際ブランドの加盟店で利用することが可能である点が異なる。

*12* 決済カード(クレジットカード，デビットカード，プリペイドカード)における法律関係の比較

　また，即時決済がされるものであり発行者がカード会員に与信をするわけではないため，カード発行時に与信審査が行われず，クレジットカードと比較すると簡単な手続きで発行が受けられる。

　ブランドデビットカードを提示して決済する場合においては，前提として下記の契約関係が結ばれている（図8）。

### (a)　カード発行銀行とカード会員

　ブランドデビットカードの発行者は，カード会員が預金契約を締結している銀行（以下「カード発行銀行」という）である場合の他，銀行とカード会社（以下「イシュア」という）が提携して共同発行している場合がある。

　なお，デビットカードは銀行の預金口座からの即時決済をするものであることから，国際ブランドの決済ネットワークと銀行のシステムとを接続する必要があるが，国際ブランドの決済ネットワークに銀行のシステムを直接接続することができないため，銀行からカード会社にシステムの接続を委託する等して，カード会社を介して接続している場合が多いと考えられる。これは，国内の銀行は，過去，銀行法によりクレジットカード事業を行うことができなかったため，クレジットカード事業が銀行子会社のカード会社等によって営まれていたためである。

　ブランドデビットカードの場合は，J-Debit カードのようにキャッシュカードがそのままデビットカードとして利用できるわけではないから，カード会員となるためには，カード発行銀行との間でカード発行契約を締結し，カードの発行を受ける必要がある。

### (b)　カード会社（アクワイアラ）と加盟店の関係

　ブランドデビットカードによる決済は，クレジットカード決済に利用されている国際ブランドの決済ネットワークや，決済処理端末等の既存のインフラをそのまま利用することができ，加盟店契約も多くの場合，既存の加盟店契約において加盟店が受け入れるカードの種類にデビットカードを追加する等の対応がとられているようである。

　加盟店契約においては，加盟店のカード会員に対する代金債権を，加盟店からアクワイアラに対して債権譲渡すること等が定められていることは，クレジットカード決済に関する加盟店契約と同様である。

(c) カード会社と国際ブランドの関係

　国際ブランドが担う役割についてはクレジットカードにおける役割と同様であり，インターチェンジ清算においてはクレジットカードとデビットカードというカードの種類によって区別されず，メンバー間の債権債務がまとめて清算される。

(d) カード会員と加盟店間の関係

　カード会員は，加盟店との間で売買契約等を締結し，その代金をデビットカードにより決済することを指定する。この際，クレジットカードと異なり代金が即時に決済されるか，または預金残高の不足等により決済されない場合は他の方法での決済が求められることは，J-Debitカードと同様である。

図8　ブランドデビットカード（カード会社と銀行の共同発行の場合）

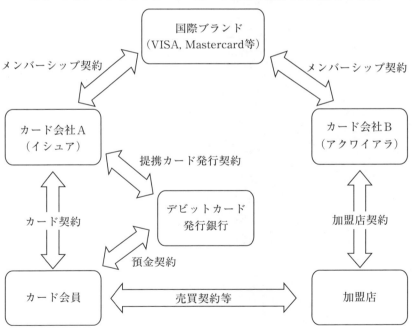

## (5) ブランドデビットカードにより決済される個々の取引の法律構成

個々の取引は次の手順で行われる（図9）。

① カード会員は，加盟店との間で売買契約を締結するとともに，デビットカードで代金を支払う旨の申し込みをする。

② 加盟店が，カード会員からの申し込みに対して，引渡しを受けたデビットカードを決済処理端末に通すことで，カード会員からカード発行銀行等に対し代金債権相当額の預金の引き落とし指図と，当該引落しにかかる預金により代金債務の弁済をすることの委託が行われる。

上記の引落指図を受けたカード発行銀行は，当該引落指図を受けた金額以上の預金残高があるときは，カード会員からの委任に基づいて預金の引落しを行い，弁済受領権者としてのカード発行銀行の別段口座に預金を振

図9 ブランドデビットカード（カード会社と銀行の共同発行の場合）

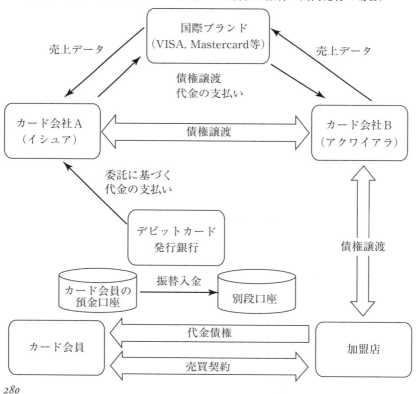

替入金する。

　　加盟店は，加盟店契約に従ってアクワイアラに対し，カード会員に対する代金債権を譲渡する。これに対して，アクワイアラは，譲り受けた債権の代金を加盟店に支払う。

③　アクワイアラは，加盟店から譲り受けた債権をさらにイシュアに譲渡し，イシュアは，アクワイアラに対して債権譲渡の代金を支払う。この債権譲渡の代金の支払いは，前述のインターチェンジ清算の仕組みを通じて行われる。

④　イシュアはカード会員に対する債権をアクワイアラから譲り受けるが，カード発行銀行がカード会員からの委託に基づいて②で別段口座に振替入金した預金をイシュアに支払うことで弁済する。

## 4　プリペイドカード

### (1)　概　　要

(a)　本稿におけるプリペイドカードとは資金決済法3条1項において定義される「前払式支払手段」に該当するものである。

　資金決済法においては，上記のとおり前払式支払手段の定義が置かれており，いったん利用可能残高が加算される（以下「チャージ」という）と払い戻しは原則として禁止されること（同法20条2項）や，前払式支払手段の発行者は一定の金額以上の資産を供託等によって保全する義務があること（同法14条等）等が定められているが，前払式支払手段を利用した取引の法的性質は規定されていない。

　したがって，発行者，利用者，加盟店の間の法律関係は，当事者間の契約内容によって決せられることになる。上記を踏まえて，本稿においてはプリペイドカードに関する契約当事者間で，一般的にとられていると思われる契約内容を前提に論じることとする。

　また，前払式支払手段には，商品券やギフトカード等様々なプリペイド型の支払手段が含まれるが，本稿では，ICチップが搭載されたプラスチックカードが発行され，加盟店において非接触型の決済処理端末に読み取られることで利用する形態のプリペイドカードを想定している。さらに，その中でも，チャージが可能であって，クレジットカード会社が発行する国際ブランドの加

盟店において利用可能ないわゆるブランドプリペイドカードであることを前提とし，以下においては「プリペイドカード」または「カード」という。

## (2)　プリペイドカードによる決済の前提となる契約関係（図10）

### (a)　カード会社（イシュア）とカード会員の関係

カード会員は，発行者との間でカード契約を締結し，プリペイドカードの発行を受ける。カード契約の内容としては，カードの利用が可能な加盟店の範囲が定められ，加盟店での決済にカードを利用すると利用可能額が減算されることや，カードへのチャージが可能であること，チャージの方法にどのような方法があるか等が定められている。

プリペイドカードは，カード会員が利用可能額を先払いしているので，その範囲内での利用であればカードを提示することにより先払いした金銭での弁済が可能なはずである。したがって，加盟店でカードを提示した際に代金額が，カード会員があらかじめチャージした利用可能額の範囲内であれば，利用可能額から代金額が減算されることにより，その時点でカード会員は加盟店に対する代金債務を免れるという性質を有する。

もっとも，チャージした金銭はイシュアに預託されており，加盟店においてプリペイドカードが提示された時点では，利用可能額の記録上で減算がされるのみであるから，イシュアに預託されている金銭が現実に加盟店に支払われるまでの間は加盟店の有する債権は消滅したとはいえない。

この点については，イシュアはカード契約において，カード会員がプリペイドカードを提示し代金額が利用可能額の範囲内である場合は，イシュアが加盟店のカード会員に対する債権について免責的債務引受をするという，包括的な免責的債務引受の合意をしていると考えることができる。

具体的には，加盟店においてプリペイドカードが提示されると，カードが加盟店に設置されている決済処理端末に通されることでイシュアにデータが伝送され，オーソリゼーションが行われるとともにカードの利用可能額が減算されるところ，この際にイシュアが取引を承認することが個々の取引における加盟店に対する免責的債務引受であると考えることができる。

一方，チャージの法的性質については，カード会員がイシュアに対してあらかじめ金銭を預託し，上記の免責的債務引受によりイシュアが債務を負担した

場合は当該金銭により債務を弁済するよう包括的に委託する行為であると考えられる。

(b) カード会社(アクワイアラ)と加盟店の関係

ブランドデビットカードについて述べたのと同様に，ブランドプリペイドカードによる決済は，クレジットカード決済に利用されている既存のインフラをそのまま利用することができ，加盟店契約おいて加盟店が受け入れるカードの種類にプリペイドカードを追加する等の対応がとられているようである。

加盟店契約においては，加盟店のカード会員に対する代金債権を，加盟店からアクワイアラに対して債権譲渡すること等が定められていることは，クレジットカード及びブランドデビットカードに関する加盟店契約と同様である。

したがって，前述のとおりイシュアは加盟店に対して免責的債務引受を行い，その後，アクワイアラは加盟店契約に基づいて加盟店から債権譲渡を受けることによって，イシュアに対する債権を取得することになる。

図10 ブランドプリペイドカード

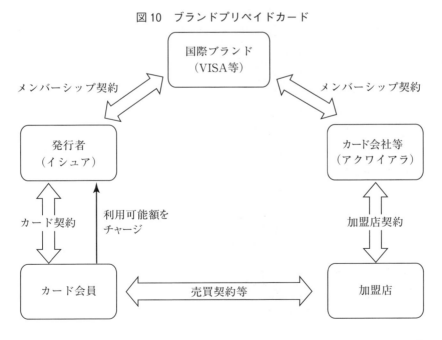

## (c) カード会社と国際ブランドの関係

国際ブランドが担う役割についても，クレジットカード及びブランドプリペイドカードにおける役割と同様であり，インターチェンジ清算においては他の種類のカードと区別されず，メンバー間の債権債務がまとめて清算される。

## (d) カード会員と加盟店間の関係

カード会員は，加盟店との間で売買契約等を締結し，その代金をプリペイドカードにより決済することを指定する。この際，代金額がプリペイドカードの利用可能残高以内であれば，代金が即時に決済されることは，デビットカードによる決済の場合と同様である。

## (3) プリペイドカードにより決済される個々の取引の法律構成

個々の取引は次の手順で行われる（図11）。

① カード会員が加盟店との間で売買契約を締結した場合，加盟店はカード会員に対して売買契約に基づく代金債権を取得する。

② 加盟店は，カード会員から提示されたカードを決済処理端末に通して，オーソリゼーションと代金相当額の利用可能額の減算をし，イシュアは，加盟店に対して免責的債務引受を行う。

③ 加盟店は，加盟店契約に従ってアクワイアラに対し，②のイシュアに対する代金債権を譲渡する。これに対して，アクワイアラは，譲り受けた債権の代金を加盟店に支払う。

④ イシュアは，加盟店から債権譲渡を受けたアクワイアラに対して，カード会員からの委託に基づきチャージされた金銭から代金相当額を支払い，債務を弁済する。このイシュアによる支払いは，前述のインターチェンジ清算の仕組みを通じて行われる。

# 5 む す び

本稿では，決済カードのうち，クレジットカード，デビットカード及びプリペイドカードを利用する取引についての法律構成を検討した。

これまで述べたとおり，上記の各カードについては，いわゆる業法において発行主体である事業者の義務等は定められているものの，カードを利用した取

## 5 むすび

図11

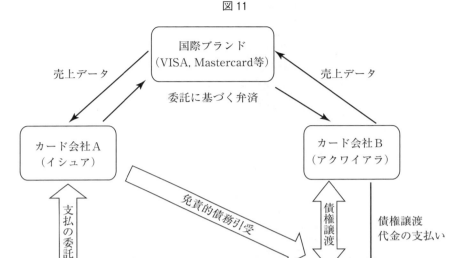

引において，どのような債権または債務が，どのように発生し消滅するのかについての法律構成が法令上定められているわけではない。また，カード会員，イシュア，アクワイアラ，加盟店，国際ブランドといった複数の取引主体が関わり，それぞれの間で個々に締結された契約が連動してカードを利用した取引を実現している。

そのため，カードを利用した取引における法律構成は，各カード会社等が会員規約や加盟店契約においてどのような約定をしているかによって異なり，また，カード契約，加盟店契約等の異なる当事者間の契約を合わせて検討する必要があるので，法律構成が一つに定まるわけではない。

もっとも，決済カードは国際ブランドの決済ネットワークを利用しており，ブランドルールがイシュアおよびアクワイアラの義務や，インターチェンジ清算の仕組みを定めていることから，各カード会社がイシュアまたはアクワイアラとしてブランドルールに則って加盟店契約等の内容を定めるため，ブランド

**12** 決済カード(クレジットカード, デビットカード, プリペイドカード)における法律関係の比較

ルールによってある程度法律構成が統一化されている。

　本稿においては，プリペイドカードにおいてあらかじめチャージされた金銭で弁済することといったカードの性質から導かれる点や，実務上多くのカード会社等が採用している法律構成を参考にして，決済カードによる取引の法律構成を検討した。本稿で論じたクレジットカード等以外にも，今後も，国際ブランドのネットワークを利用した新たな決済サービスが提供されることが考えられるが，その場合にも，法令ではいわゆる業法として事業者としての義務が定められる一方で，国際ブランドのブランドルールが取引についての法律構成を考える上で大きな役割を果たすと思われる。

# *13* 大規模事故による損害賠償と救済制度
## ──福島第一原子力発電所事故を題材として──

中 島　　健

1　序　　論　　　　　　　　賠償について
2　和解仲介手続における不動産　　3　結びにかえて

## 1　序　　論

### (1)　事故の発生

　2011年3月11日に発生した東京電力福島第一原子力発電所及び同第二原子力発電所における事故（以下「本件事故」という）は大気中に放射性物質を放出し，広範囲にわたって多数の避難者を出した。政府による避難指示及び屋内退避指示の対象となった住民は十数万人規模とされた。避難を強いられた人々の多くは職や財産を失うといった経済的な損害を被っているほか，避難生活の中で体調を崩したり病気を悪化させた人々もいる。また先の見えない避難生活を送ること自体が大きな精神的負担となっている。さらに事業者は従業員や取引先を喪失したことにより営業に壊滅的な打撃を受けた上，特に本件事故直後の時期においては，第一次産業や観光業を中心として風評被害によるも損害を発生している。

　我が国においては原子力損害の賠償に関して，原子力損害の賠償に関する法律（以下「原賠法」という）が規定されている。しかし，同法は原子力損害賠償の骨格を規定するものであって賠償の具体的内容について規定するものではない。そして，我が国においては過去に原子力発電所に関する事故が発生したことはあったが[1]，本件事故ほど大規模かつ多数の被害者を発生させた原子力

---

(1)　1995年に発生したもんじゅのナトリウム漏えい事故，1999年に発生した東海村JCO臨界事故など。

『変動する社会と格闘する判例・法の動き』渡辺咲子先生古稀記念〔信山社, 2017年3月〕*287*

### *13* 大規模事故による損害賠償と救済制度

事故をわが国は体験したことがなかった[2]。そのため，原子力事故が生じた場合にどのような損害が発生し，それに対してどのような賠償がなされるべきかについての類型化はなされていなかった。

また，かつて多数の被害者を生じさせた公害や薬害であっても，これほどの規模の被害者を一度に生じさせたことはなかった。そのためわが国には大量に発生した被害者を迅速・適正・公平に救済する組織及び制度もなかった。

### （2）　中間指針の作成

しかし，住むところと職を失いながら避難生活を続ける被災者にとって，現実に賠償金を得ることは切実な問題であった。このような事故直後の状況下に置いて，政府は原賠償法18条1項に基づき本件事故に関する原子力損害賠償紛争査会を平成23年4月11日に設置した。同審査会は，原賠法18条2項2号に基づき，原子力損害の範囲の判定の指針その他の当該紛争の当事者による自主的な解決に資する一般的な指針（策定された指針は，本件事故による原子力損害の「当面の」全体像を示すものであったため，「中間指針」と呼ばれる。）を策定してこれを同年8月5日に公表するとともに，同項1号及び同条3項に基づき原子力損害賠償紛争解決センター（以下，「原紛センター」という）を設置した。

### （3）　中間指針の概要

（a）　中間指針が公表されたのは本件事故から5か月と経っていない時期であり，福島第一原子力発電所事故は収束どころか拡大しているとみられていた時期であった。そのため，同指針は，同指針中に示された損害項目以外の損害についても賠償の対象となることを前提とした上で，さしあたって類型化が可能なものに限定して損害項目を明示し，後日必要に応じて内容がアップデートされるという形式がとられた。このアップデートは中間指針の追補というかたちで，2016年9月現在，第四次追補まで公表されている[3]。

---

(2)　本件事故は国際原子力事象評価尺度（INES）でレベル7（深刻な事故）とされたが，同レベルの事故は1986年に旧ソビエト社会主義共和国連邦（現ウクライナ）のチェルノブイリ原子力発電所で発生した原子力発電所事故をおいてほかにない。1979年にアメリカ合衆国で発生したスリーマイル島原子力発電所事故も原発事故として有名であるが，同事故はレベル5（事業所外へリスクを伴う事故）に分類されている。

〔中島　健〕

## (b)　各損害に共通の考え方

原賠法は，発生した損害が原子炉の運転等により及ぼした「原子力損害」である場合に適用される，民法709条の特則である（原賠法3条参照。）。したがって，その損害の範囲については一般の不法行為法における考え方と異なるところはなく，本件事故と相当因果関係のある損害であれば原子力損害に含まれると解されている（中間指針第2）。

また，原子力損害賠償制度も一般の不法行為と同様，本件事故によって生じた損害を塡補することで被害者の救済を図るものであるが，被害者の側においても，本件事故による損害を可能な限り回避し減少させる措置を執ることが期待されており，合理的理由なくこれを怠っている場合には損害賠償が制限される場合がありうることが明記されている。たしかに，時の経過とともに原発の状況や避難の状況が落ち着いてくることに伴って，たとえば避難先をホテルなどの宿泊施設から賃貸住宅に移す，避難先で新たな職を見つけるなど，被害者自身が損害を軽減する措置を講ずる余地も出てくるので，被害者において損害を回避・減少させることを求めることをまったく排除する必要はない。しかし，本件事故が甚大なものであったこと，事故直後においては原発の状況が予断を許さず先を見通せない状況であったことからすると，特に事故から間もない時期に関する損害については被害者に損害の回避及び減少の措置をとることなどできるわけがなく，損害の回避・軽減などということを考慮する余地はまずない。また，政府による避難指示等がいつ解除されるかわからないうちは，帰還を前提として避難生活を継続するのか，それとも避難先に定住するのかを決めかねる結果，賃料等の支出を継続してしまったり，何かと退職しにくくなる正社員に就きかねるということも理解できるところである。したがって，損害の回避及び減少の措置をとらない合理的理由の有無を判断するにあたっては，損害項目や本件事故からどの程度の時間が経過しているか等を慎重に検討する必要がある。また，上記のような規定ぶりから損害の回避及び減少の措置を講じている被害者についてはその点を積極的に考慮して賠償の行方を判断すること

---

(3)　中間指針を補うものとしては，本文に記載した各追補のほか総括基準がある。総括基準とは，原子力損害賠償紛争審査会の下に設置された総括委員会が示した決定であり，中間指針を適用するにあたって一定の基準を示すものである。総括基準は，すでにある指針について具体的な解釈，基準を示すものである点で追補と異なる。

***13*** 大規模事故による損害賠償と救済制度

もあってよい。

　損害の算定にあたっては実費賠償を原則としつつ，迅速な救済の必要性という観点から，定額賠償を採用することを否定していない。実際の和解仲介においては，定額的な賠償を行うことが多い。その理由は，①特に事故直後の避難に際してはいちいちレシート等の損害額算定に資する資料を保存・整理する暇などありえないこと，②損害額の算定を行う上で必要となる資料が地震による建物の倒壊や津波により消失しているケースが多いことが挙げられる。

### (c)　対　象　等

　政府による避難指示等があった対象区域[4]等から避難等を余儀なくされた者

---

(4)　中間指針は，政府が原子力災害対策特別措置法（原災法）に基づいて各地方公共団体の長に対して指示した内容等に応じて，対象区域を次のように分類している。すなわち，①住民の避難を指示した区域を避難区域（具体的には，福島第一原子力発電所から半径20キロメートル圏内の区域で，平成23年4月22日以降は原則立入り禁止となる警戒区域に設定された区域である。これに加え，福島第二原子力発電所から半径10キロメートル（平成23年4月21日以降は，半径8キロメートルに縮小された。）圏内の区域も避難区域とされた。），②住民の屋内退避を指示した区域を屋内退避区域（具体的には，福島第一原子力発電所から半径20キロメートル以上30キロメートル圏内の区域。この屋内退避区域は，平成23年4月22日，③にのべる計画的避難区域及び④の緊急時避難準備区域の指定に伴い，その区域指定が解除された。），③計画的な避難を指示した区域を計画的避難区域（具体的には，福島第一原子力発電所から半径20キロメートル以遠の周辺地域のうち，本件事故発生から1年の期間内の積算線量が20ミリシーベルトに達するおそれのある区域であり，概ね1か月の間に，同区域外に計画的に避難することが求められる区域。），⑤緊急時の避難又は屋内退避が可能な準備を指示した区域である緊急時避難準備区域（具体的には，福島第一原子力発電所から半径20キロメートル以上30キロメートル圏内の区域から④の計画的避難区域を除いた区域のうち，常に緊急時に避難のための立退き又は屋内への退避が可能な準備をすることが求められ，引き続き自主避難をすること及び特に子供，妊婦，要介護者，入院患者等は立ち入らないこと等が求められる区域）である。このほか，⑥局地的に1年間の積算線量が20ミリシーベルトを超えると推定される住居について設定される特定避難勧奨地点，⑦南相馬市が同市内に居住する住民に対して一時避難を要請した区域についても規定されている。上記①のうち警戒区域については，平成24年に，避難指示解除準備区域（年間積算線量が20ミリシーベルト以下になることが確実であることが確認された地位地），居住制限区域（年間積算線量が20ミリシーベルトを超えるおそれがあり，住民の被曝線量を低減する観点から引き続き避難を継続することを求める地域），帰還困難区域（本件事故から5年間を経過してもなお，年間積算線量が20ミリシーベルトを下回らないおそれのある，年間積算線量が50ミリシーベルト超の地域）に再編された。具体的な再編時期は市町村によって異なる。

〔中島　健〕　　　　　　　　　　　　　　　　　　1　序　　論

が避難等対象者とされ，これらの者についての類型的な損害として，以下(d)に
記載する損害項目が明記されている。

### (d)　中間指針に明記された損害項目

　中間指針には以下のような損害項目が規定され，避難等対象者に生じたこれ
らの損害については本件事故と因果関係のある損害であるとして，賠償の対象
とすることとされた。

(ⅰ)　検査費用（人）……放射線への曝露の有無又はそれが健康に及ぼす影響
　　を確認する目的で必要かつ合理的な範囲で検査を受けた場合に負担した費
　　用。

(ⅱ)　避難費用……避難するために負担した交通費や家財道具の移動費用，宿
　　泊費等及び生活費増加費用。

(ⅲ)　一時立入費用……旧警戒区域内に住居を有する者が，市町村が政府及び
　　県の支援を得て実施する「一時立入り」に参加するために負担した交通費，
　　家財道具の移動費用，除染費用及び宿泊費等。

(ⅳ)　帰宅費用……避難指示の解除に伴い，自宅に戻る際に負担する交通費及
　　び宿泊費等。

(ⅴ)　生命・身体的損害……本件事故により避難等を余儀なくされたため，傷
　　害を負い，治療を要する程度に健康状態が悪化し，疾病にかかり，あるい
　　は死亡したことにより生じた逸失利益，治療費，薬代，精神的損害等。な
　　お，避難により実際に健康状態が悪化しなくても，健康状態の悪化を防ぐ
　　ために負担した診断費，治療費，薬代等も含む。

(ⅵ)　精神的損害……自宅以外での生活を長期間余儀なくされ，または屋内退
　　避を長期間余儀なくされた者が行動の自由の制限等を余儀なくされ，正常
　　な日常生活の維持・継続が長期間にわたり著しく阻害されたために生じた
　　精神的苦痛。

(ⅶ)　営業損害……避難指示等に伴い営業が不能になる又は取引が減少する等，
　　その事業に支障が生じたため，現実に減収があった場合の減収分。また，
　　上記支障により生じた追加的費用。

(ⅷ)　就労不能損害……避難指示により，あるいは営業損害を被った事業者
　　に雇用されていた勤労者が当該事業者の営業損害によりその就労が不能と

なった場合に，係る勤労者について生じた給与等の減収分及び必要かつ合理的な範囲の追加的費用。

(ix) 検査費用（物）……避難等対象区域内にあった商品を含む財物につき，当該財物の性質等から検査を実施して安全を確認することが必要かつ合理的と認められた場合に，所有者等の負担した検査費用及び検査のために要した付随費用。

(x) 財物価値の喪失・減少等……避難に伴う管理不能等により，当該財物の価値が喪失または減少した場合の当該喪失分また減少分。当該財物が対象区域内にあり，財物の価値を喪失または減少させる程度の量の放射性物質に曝露した場合や，そこまではいかないまでも財物の種類，性質及び取引態様等から，平均的・一般的な人の認識を基準として当該財物の価値が失われたと認められる場合も賠償対象となる。

これらは，本件事故の性質から多くの被害者に発生することが認められる損害項目を類型化したものにすぎない。したがって，上記以外の損害であっても，本件事故と因果関係がある損害であれば賠償の対象となることは言うまでもない。

## 2　和解仲介手続における不動産賠償について

### (1)　問　題　点

原紛センターの扱う業務は和解仲介手続であり，そこにおいて重視されているのは早期救済，すなわち，簡略な手続を用いて可能な限り早期に被災者に現実に金銭を取得させることである。また，仮に和解仲介手続きを経て提案された和解案に納得できなければ，当事者はより厳格な手続である訴訟を選択する余地がある。これらのことから，実際に和解案を提案する際には，法的議論について細かなところまで詰めてゆく作業はしないのが実情である。

しかし，当事者からは，損害額の算定方法について説明を求められることも多く，当事者に納得して和解案を受諾してもらうためには，損害額の算定方法をある程度説明する必要がある。また，和解仲介の対象が原発事故という不法行為に基づく損害賠償であり，その損害がいくらになるのかという損害額の算定作業である以上，損害額の算定方法はある程度合理的なものである必要がある。そのような作業を行う中で，とりわけ難しいと感じるのが不動産賠償につ

いてである。不法行為によって財物に損害が発生した場合，通常，当該財物の不法行為時における時価が損害額とされる。この考え方は基本的に和解仲介手続においても前提とされており，個人的にも不法行為における損害の算定方法として妥当性を有いていることについて異を唱えるものではない。しかし，実際の和解仲介手続において不動産賠償額の算定を行うとき，果たして時価とはどのように算定するべきなのかという点について悩むことが多い。その原因は，従来から用いられてきた方法によって時価を算定し，その額をもって賠償額とすると，生活再建を図る上で必ずしも十分な賠償とならないのではないかと思われるケースが多発する点にある。このような問題意識は原子力損害賠償紛争審査会も有していたため，平成 25 年 12 月には，宅地及び住宅の不動産賠償に関するものとして第四次追補を公表し，後述する住居確保に係る損害という考え方を打ち出している。また，実際の和解仲介手続においては，第四次追補が打ち出される前から，住居確保に係る損害とは異なる算定方法によって不動産の損害額を認定し，現実の生活再建に資するような賠償額となるよう和解仲介を試みている[5]。これにより，住居確保に係る損害というかたちで賠償金を受領できる被害者についてはある手厚い賠償がなされるようになった。しかし，住居確保に係る損害は居住用不動産に限って認められるから，それ以外の不動産も生活圏としていた者についてはなお生活再建のための十分な賠償が得られないケースも生じる。そのため，どのように時価を算定するかはなお重要な問題となる。

　以下では和解仲介に携わる中で上記のような問題意識も持った者として，時価の算定方法について，本件事故の特質なども考慮しながら若干の考察を加えてみたいと思う。また，一般論となるが，実際の和解仲介において用いられることがある処理方法についても言及したいと思う。

---

(5)　中間指針第四次追補の規定される住居確保の関する損害にせよ原紛センターにおいて行われる賠償額の算定にせよ，不法行為法上の論理が厳密に検討されているわけではない。これは，中間指針や原紛センターが本件事故の被害者を救済することを第一の使命としているためである。住居確保に係る損害の論理的位置づけについては現時点でまとまった考えを持つに至っていないので，詳細は差し控える。なお，本稿執筆の時点でこの点を論理的に検討する論評はないものと思われる。

*13* 大規模事故による損害賠償と救済制度

## (2) 損害についての基本的な考え方

　損害とは，権利侵害により被害者に発生した不利益のことを言い，この損害の賠償にあたって，我が国の民法では金銭賠償の原則が取られている（民法417条）。

　損害をどのように金銭に算定するかについては，差額説，損害事実説などいくつかの考え方があるが，裁判実務においては，基本的に差額説が採用されている。差額説とは，不法行為がなければ被害者が現在有していたであろう仮定的利益状態と，不法行為がなされたために被害者が現在有している現実の利益状態との間の差額をもって損害とする考え方である。センターにおける和解仲介手続においても，損害額算定にあたっては基本的に差額説の考え方が採られている。

## (3) 土地について生ずる問題点

　不法行為による損害賠償の場面で，土地の価値が無に帰するということはあまり例がなかった。土地が物理的に滅失するということは通常ありえないためである。本件事故においても土地が物理的に滅失したということはないが，大気中に大量の放射性物質が飛散し，福島県内の広範囲にわたる土地が放射線によって汚染された。放射性物質には半減期があるほか，放射性物質によって汚染された土地については除染作業が進められていることから，放射性物質によって汚染された土地もいずれは使用が再開されてゆくことになる（あるいはすでに使用が再開された土地もある）。しかし，特に放射性物質による汚染の程度が激しい帰還困難区域についてはいまだに帰還の目途が立たない関係で，除染作業も手付かずの状態の土地が多い。そのような土地については長期にわたって本来的効用を喪失したと評価できることから，財物価値がまったく失われた状態すなわち全損として扱うこととされた[6]。

---

(6) 当初，全損とするか否かは本件事故発生から6年の間に帰還できるか否かによって考えられていた。そして，帰還困難区域については本件事故発生から6年を経過しても帰還できる見込みがないため，全損とされた。他方，居住制限区域については本件事故発生から5年を目途に帰還を実現することを目標とされたため，損害割合は72分の60（要するに，6分の5），同様に避難指示解除準備区域については4年後を目途とされたため，72分の48とされた。しかし，居住制限区域，避難指示解除準備区域ともに，上記の目標期間内に帰還することは実現せず，東京電力における本賠償手続や和解仲介手

全損ということは，差額説でいうところの「不法行為がなされたために被害者が現在有している現実の利益状態」が零になったということだから，論理的には「不法行為がなければ被害者が現在有している現実の利益状態」がそのまま損害額になる。そして，「不法行為がなければ被害者が現在有している現実の利益状態」の判断時期は不法行為時となるから，結局，当該不動産の不法行為の時価が損害額ということになる。

もっとも，不法行為時の時価をいかなる手法によって算定するかについては制限がなく，合理的な算定方法によって算出されたものであればよいと考えられている。その中でも代表的なものとして従来用いられてきたのが取引価格である。

### (4) 取引価格を用いる方法

#### (a) 当該土地について実際になされた取引における取引価格がわかる場合

取引価格は，需要と供給が相当数集積する中，市場原理によって適正な価格へと形成されてゆくものであるから，取引価格は時価を算定する上で有効な指標となるものである。

ある土地の取引価格を最も容易に知りうる方法は，当該土地に関する売買契約書等に記載された実際の取引価格である。その取引が不法行為の直前になされたものであれば，切迫した資金調達目的や近親者売買等，金額に影響を与えるような特段の事情がない限り，当該取引における取引価格をもって不法行為時の時価と認定しても差し支えないように思われる。また，土地については経年により財物自体が減価するということが考えられない。そのため，取引価格が判明すれば，たとえ取引時から不法行為時までに多少の年月が経過しているケースであったとしても，時点修正や物価変動を考慮することによって時価に近い金額を概算することも可能である。

和解仲介手続は簡易迅速な紛争解決を旨とするから，提出される資料も容易に準備できるものであることが望ましい。そのため，売買契約書等の提出があり，かつ，必要に応じて時点修正等を施した金額で当事者双方が納得するようなケースであれば，当該取引価格をもって当該不動産の事故時時価とした上，

---

続においても，現実に即して損害割合を修正している。

### *13* 大規模事故による損害賠償と救済制度

賠償金額を定めるケースもありうる。多くのケースにおいて，土地を含む不動産は賠償の中で金額的に大きな比重を占めるから，簡易な方法で賠償額を算定できることは結果的に被害者の簡易迅速な救済につながるため，大きなメリットがある。

#### (b) 不動産鑑定士による鑑定の場合

他方で，当該不動産を目的とする取引価格に関する資料の提出がない場合に当該土地の取引価格を把握しようとすると，不動産鑑定士の作成する鑑定意見書を参考にすることとなる。

不動産鑑定評価の方式には，財物の原価性，流通性，収益性の各性質に着目し，原価法，取引事例比較法，収益還元法がある。原価法とは，価格時点における対象不動産の再調達原価を求め，この再調達原価について減価修正を行って対象不動産の試算価格（積算価格）を求める手法である[7]。収益還元法とは，対象不動産が将来生み出すであろうと期待される純収益の現在価値の総和を求めることにより，対象不動産の試算価格（収益価格）を求める手法である[8]。取引事例比較法とは，多数の取引事例を収集した上で適切な事例の選択を行い，これらに係る取引価格に必要に応じて事情補正及び時点修正を行い，かつ，地域要因の比較及び個別的要因の比較を行って求められた価格を比較考量し，対象不動産の試算価格（比準価格）を求める手法である[9]。

上記の各不動産鑑定評価の方式のうち，原価法は再調達を前提とする手法であるから，再調達（生産）が観念できない土地については用いられないのが通常である。また，和解仲介においては，事業者であれば格別，そうでない個人の被害者からの申立において賠償請求される不動産の多くは，事故時自らの住居として使用していたものがほとんどであって収益物件ではない。そのため，収益還元法による算定も適さない。したがって，このような個人の被害者が提出する鑑定意見書で用いられている鑑定方式は，多くの場合，取引事例比較法による試算価格が記載されている。取引事例比較法は，鑑定基準によって考慮要素がある程度客観的に定まっているほか，鑑定方式としても一般的なもので

---

(7) 新藤延昭『不動産鑑定鑑定理論の知識』4 訂版（住宅新報社，2014 年）88 頁。
(8) 同 101 頁。
(9) 同 96 頁。

あることから，方式自体には合理性が認められる。

　取引事例比較法により算定された比準価格は，周辺の取引事例を参考としつつ当該不動産の価格を査定するものであるから，実態は，基準時における当該土地の取引価格ということができる。そのため，当該土地について売買契約書等がない場合であっても，不法行為時における取引価格を知ることが可能となる。

## (c) 取引価格を用いることの問題点

　このように，従来から不法行為時の時価を知るにあたって大いに参考にされてきた取引価格であるが，こと本件事故によって被害を被った土地の賠償額を算定するにあたっては，以下に述べるような問題が生ずる。

　第1に，本件事故の特殊性として，同種同程度の代替地を取得することが困難になったことがあげられる。従来，取引価格をもって時価とされてきた背景には，取引価格に相当する金額を損害賠償額として取得できれば，論理的には近傍において同種同程度の土地を取得することが可能であると考えられてきたことがある。しかし，本件事故は広範囲にわたって大量の放射線を飛散させた結果，きわめて広域に及ぶ土地が長期にわたって事実上用をなさない状態に陥った。特に，福島第一原子力発電所から半径20km圏内の旧警戒区域（平成24年以降は線量に応じて帰還困難区域，居住制限区域及び避難指示解除準備区域に再編）に指定された地域は，2016年9月現在ではその後になされた避難指示区域等の指定が解除された地域もあるとはいえ，現在も人が居住することが許されていない地域が存在する。このような地域においては，代替地となりうるような同種同程度の土地もまた放射線により汚染されており，取引価格に相当する賠償金を受領しても，同種同程度の代替地を取得することが事実上困難な状況が生じているのである。このように，従来，取引価格を時価と考えることを支えてきた代替地取得の可能性が，本件事故の下では実質的に極めて低いという問題がある。

　また，放射性物質による汚染の結果近傍にて同種同程度の土地を取得できない被害者は，多くの者が避難先である福島県下の都市部において土地の取得を考えるのが実情である。もちろん，日本全国で探せばもともと居住していた土地と同種同程度の土地が見つかる可能性はあるであろうが，多くの避難者は避

### *13* 大規模事故による損害賠償と救済制度

難先において新たな職を見つけたり，子が避難先の学校に通うなどして生活基盤ができ上がっているため，避難先から新たに居所を移すということは現実的に難しい。そのため，避難先である福島県下の都市部において土地の取得を試みることはやむを得ないところである。

しかし，ここで問題が顕在化するのであるが，多くの被害者が土地の取得を試みる福島県下の都市部（福島市，いわき市，郡山市など）と，事故直後に警戒区域に指定され今なお多くの避難者を出している双相地域（楢葉町，富岡町，大熊町，双葉町，浪江町及び南相馬市小高区）及び山間部（田村市，葛尾村，川内村，川俣町及び飯舘村）地域とでは，前者の方が一般的に地価が高い。そのため，被害者が事故時に所有していた土地に対する賠償金をもって避難先である都市部において新たな不動産を取得しようとしても，都市部において不動産を取得するのに十分な賠償額とならない事態が生じる。これは，被害者の生活再建という面からは深刻な問題といえる。

第2に，時価の算定にあたって取引価格を用いることの是非はおくとしても，取引価格を用いること自体に次のような問題もある。

まず，本件事故により放射性物質に汚染された地域は，先祖代々受け継がれてきた土地であったり，あるいは戦後すぐに入植した住民が多い地域である。そのような土地についてはそもそも取引価格が判明する資料が存在しなかったり，取引価格がわかる資料があったとしても取引されたのが現在と貨幣価値が大きく異なる時期であるため参考にできないというケースが多く，被害者の手持ちの資料から不動産の事故時時価がわかることはまずない。

そのような場合に取引価格を知ろうと思えば頼らざるを得ない鑑定意見書であるが，鑑定意見書を用意するためには費用が発生する。不動産鑑定士の鑑定評価書は損害額算定のための疎明資料であるから，その作成にかかった費用も賠償対象となりうるが，まずは和解仲介の申し立てをする被害者自らが負担しなければならない。ただでさえ避難生活で経済的に苦しい状況にある被害者の中で，一時的とはいえ多額の費用を負担することは現実的に困難であるとの事情から，和解仲介において個別の鑑定意見書が提出されることはあまり望めない。仮に鑑定意見書を作成するほどの時間と費用をかけた場合には訴訟を選択するという被害者もいるものと思われる。

さらに，一般論として取引事例比較法により算出された比準価格に合理性を

認めることができるといえたとしても，本件事故によって甚大な被害を被った地域における不動産取引の実情に照らすと，比準価格の持つ合理性が下がるのではないかとの懸念を生じさせる事情がある。取引事例比較法は，近隣の同種同程度の不動産の取引価格を参考に当該不動産の価格を算定するものである。そのような手法においては，同地域内における同種の土地の取引事例が重要となるのが当然であるほか，参照できる取引事例が多くなるほど取引価格の信頼性が向上するという傾向がある。しかし，そのことは裏を返せば，同地域内に同種の土地に関する取引事例がなければ他地域の取引事例を参照にせざるをえなくなるほか，同地域において同種の土地に関する取引事例があったとしてもその数が少ないと十分な数の比較対象を得られない結果，比準価格の信頼性に対する裏付けが弱くなってしまうのではないかという懸念をはらんでいる。今なお多くの避難者を出している双相地区や阿武隈高地の山間部地区はもともと居住人口が少なく，居住者が所有する不動産も先祖代々受け継いでいるものが多い。このような地域ではそもそも取引事例の数が少なく，果たして適正な損害額を算定できているのかという点について当事者が懸念を抱くことがある。

### (d) 小　　結

取引価格に関する資料入手が（あくまで比較的ではあるが）容易であることや，取引事例比較法のような確立した算定方法があることからすると，取引価格をもって時価と考え，賠償額を決する上で参考とすることについては和解仲介においても否定するべきではないだろう。しかし，本件事故の特質や被害が生じた地域の特性に関連する上記のような問題があることを念頭に，時価について柔軟に検討して当該不動産の賠償額自体を調整するなどの必要があることは意識されてよいものと考える。


### (5) 建物について

### (a) 基本的な考え方

建物についても本来的効用が喪失された点に着目し，土地と同様，全損として扱うこととされている。

建物についても，事故直前の取引価格がわかるのであれば，時価の算定にあたってはその取引価格を参考にすることが可能である点で土地と異なるところ

*13* 大規模事故による損害賠償と救済制度

はない。もっとも，建物は土地と異なり人為的に建造したものであるから，人が使用したり雨風にさらされたりする結果，時間とともにその価値は減少してゆく。理屈の上では建築年次が古くなるにつれ，限りなく無価値に近いところまで価値が下がりうる点で土地と異なる。

### (b) 問 題 点

しかし建物が最終的に無価値になるという考え方を貫くと，ことに先祖代々の受け継いできた土地上に，同じく先祖から代々受け継がれてきた建物を使用してきた被害者については，本件事故時には実際に使用し，しかも本件事故がなければ定期的な補修をすることによって今後も長い間使い続けることができた建物を失ったにもかかわらず，建築年次が古いというだけでほとんど賠償金を手にすることができないという不都合を生ずる。

### (c) 考 え 方

建物が時の経過とともに劣化することは当然であるから，建物の時価を算定する上で経年減価を考慮に入れること自体は当然のことといえる。しかし，建物は動産である財物と異なり，定期的にメンテナンスやリフォームすることで相当長期にわたって使用することが通常である。本件事故によって被害にあった地域では戦前や戦後すぐに建てられたような建物も相当数見受けられるが，そのような建築年次の古い建物が事故当時もかなりの数が実際に使用されていたという事実は，建物が定期的なメンテナンスがあれば長期間使用できることを裏付けるものと考えられる。また，築年時の古い建物については，事故当時実際に使用されていたということは，それなりにメンテナンスされ続けてきたことを当然推認させるものといえる。このことを踏まえ，和解仲介において建物の時価を算定するにあたっては，日常のメンテナンスやリフォームの状況を考慮し，時価を算定することとしている。個別の事案によるが，通常は，居住用建物の方が非居住用建物よりもメンテナンスの費用が投資されていることが多いため，居住用建物の方がより経年による減価の影響が小さい。

## (6) 住居確保に係る損害

### (a) 問題の所在

従来，不動産の時価を算定するにあっては取引価格が参考にされることが多

く，また，取引価格からそう大きくかけ離れない金額が当該不動産の時価とされてきた。その背景には，近傍隣地の取引事例を参考として算定した金額であれば，損害を被った不動産と同種同等の不動産を取得することが比較的容易であると考えられることが実質的に根底にあるものと思われることはすでに述べた。

　ところが，本件事故ではこの前提が崩れたため，損害を被った不動産と同種同程度の不動産を取得することが不可能ないし著しく困難な状況となってしまった。

　今回の事故による不動産への被害は，双相馬地区，及び阿武隈高地の山間部で大きな被害が出た。特に第一原発が所在する大熊町と双葉町では，いまだにほぼ全町が帰還困難区域に指定されているほか，富岡町，浪江町，葛尾村，飯舘村及び南相馬市の一部も帰還困難区域に指定され，2016年9月現在で帰還の目途は立っていない。また，帰還困難区域の周辺に位置する居住制限区域や避難指示解除準備区域に指定された区域では，現在でこそ区域指定が解除されて人の立ち入りが自由にできるようになっている地域もあるものの，区域指定が解除されるまでは帰還困難区域と同様，不動産の取得は不可能であった。区域指定が解除された区域であっても，放射線に対する根強に不安により，いまだに避難を継続していたり，移住を決めたものもいる。

　長期の避難ないし移住する者の中には，避難先あるいは移住先で不動産の取得を考える者もいる。そのような者の多くは，事故時に所有していた不動産の賠償金を使用して新たな不動産を取得することを試みる者もいる。しかし，避難者の中には福島県下の都市部（福島市，郡山市，いわき市）に避難している者も相当数いるところ，都市部と本件事故による影響が大きかった地域とでは，不動産価格に大きな開きがある[10]。その結果，避難者が賠償金で不動産を購入しようとしても，都市部の土地単価は高額となるため，事故前に所有していた不動産と同程度の面積を有する不動産を取得することが不可能となった。このような事態は，少なくとも被災者の生活再建という現実の要請から考えれば望

---

[10]　平成22年度の地価調査によると，いずれも住宅地1㎡あたりの金額であるが，福島市は41,200円／㎡，郡山市は45,000円，いわき市は32,200円となっている。これに対し，福島第一原発周辺の市町村では，双葉町は16,600円，大熊町は14,300円，浪江町は19,400円，葛尾村は4,130円，飯舘村は10,500円などとなっている。

*13* 大規模事故による損害賠償と救済制度

ましいことではなく，法的にもある程度考慮せざるを得ない問題と言える。

　また，居宅の賠償については，すでに述べたとおりどんなに古い建物であっても一定の価値は残っているものと考えて賠償額を算定しているが，そのように考えたとしても，避難先等において新しい住宅を調達するための資金として十分な金額にならないことが多い。

### (b)　住居閣に係る損害の内容

　このような実際上の不都合が生じたため，中間指針は第四次追補において住居確保損害という賠償についての規定を設け，時価をもって賠償額とすることにより生ずる実際上の不都合を補うための規定を設けた。具体的には，以下のような規定を設けている。すなわち，帰還困難区域又は大熊町若しくは双葉町の居住制限区域若しくは避難指示解除準備区域に持ち家を所有し居住していた者が，移住又は長期避難のために負担した費用（住宅取得のために実際に発生した費用，宅地取得のために実際に発生した費用，登記費用及び消費税等の諸費用。ただし，住宅取得費用及び宅地取得費用については，従前所有していた不動産の価値に応じて上限が設けられている）については，賠償すべき損害とする（中間指針第四次追補第2の2（指針）I）。また，第四次追補は，生活再建促進の観点から，費用の発生の蓋然性が高いと客観的に認められる場合には，これらの費用を事前に概算で請求することができるとした上で，概算額と実際の出捐額との差については事後的に調整等柔軟かつ合理的な対応が求められるとしている（同V）[11]。

　上記の住居確保に係る損害の規定によって賠償額が上乗せされることは生活再建を目指す避難者にとって有益であることは間違いない。しかし，第四次追補の内容には次のような問題がある。

　第1に，住居確保に係る損害は実際に発生しなければ請求できないことを原則的な構造としていることは，被災者救済の観点から妥当ではない。被災者にとっては生活再建が特に重要であり，生活拠点を定めることは生活再建のためになによりも大切なことであるから，新たな生活拠点を確保するために不可欠となる。そのような被害者にとって，住居確保に係る損害の賠償を早期に受け

---

[11]　詳細な算定方法は微に入り過ぎるので割愛するが，中間指針第四次追補の「第2　2　住居確保に係る損害」に規定されている。

ることは極めて重要となるが，にもかかわらず，実際に出捐しなければ賠償しないことを原則的な形態とすることは，手厚い救済をする意思がないのではないかとの疑念を被災者に抱かせかねず，賠償政策の観点から不適切である。

　第2に，第四次追補は例外的に事前賠償の余地を認めているが，その要件が厳格に過ぎる。第四次追補は例外的に事前の賠償を認める場合においても，「費用の発生の蓋然性が高いと客観的に認められる場合」としており，その具体例として，移住等の先の平均的な土地価格や工事費の見積り額を参考にするとしている。しかし，工事費の見積りを取得することができるようになるのは住宅取得の交渉が相当進んで工事内容がある程度固まった段階であるところ，裏を返せば，その時点までは住居確保に係る損害について賠償されるか，また，されるとしていくら賠償されるのかがわからない段階で交渉を進めることを被災者に強いることになる。

　移住等の先の平均的な土地価格を用いるのであれば見積りまでは必要なくなるが，その場合であっても取得する不動産の面積についてはある程度決まっている必要が生ずるから，結局，めぼしい不動産を相当程度具体的に絞る必要が生ずる。

　第3に，生活再建の必要に迫られてやむを得ず低廉な物件を取得した者と，幸運にも吟味する余裕があったがために住居確保に係る損害の上限ぎりぎりとなる金額の物件を取得した者との間で支払われる額に差が生じてしまい，不公平となるおそれが高い。

　第四次追補は，上記の算定方法以外の算定方法を排除するものではなく，合理性のある算定方法によることを認めている。そのため，和解仲介においては，移住の合理性及び移住先の合理性が認められるのであれば，必ずしも実際に不動産を取得していなくとも，移住先の平均土地単価を参考に不動産の賠償額を算定している。

### (7)　農　　地

#### (a)　基本的な考え方

　農地ついても，各農地の個別算定によって損害額を算出することが基本となる。したがって，取引価格がわかる資料があれば，当該資料に記載されている取引価格を参考に時価を算定することも考えられる。

*13* 大規模事故による損害賠償と救済制度

(b) 問 題 点

　しかし，取引価格を参考とすると，宅地と同様の問題が生ずる。特に，本件事故の被害者は，兼業農家も含めて代々農業を行っている者が多く，農地については宅地以上に取引事例が少ない。そのため，取引価格が判明する資料が提出されることは事実上皆無と言ってよい。宅地の場合には，固定資産評価額と実勢価格との間に一定の関連性があるため，取引価格に関する資料の提出がなくとも最低限の金額をある程度客観的に算定することも可能である。しかし，農地についてはそもそも取引自体が少なく，市場における適正価格というもの自体が存在しないこと，数少ない取引事例においては当該不動産の金額が低額となる方向に働きやすい事情，具体的には，近親者売買や公売による売却といった事情があることが宅地に比べて多いといった特徴がある。このような特徴から，農地の取引価格は，仮に同一地域内における取引であったとしても1平方メートルあたりの単価に大きな開きがあることも少なくないことから，固定資産評価額との間に一定の関連性を見出すことが困難な状況にある。そこで，農地の時価を算定するにあたって数少ない手掛かりとなりうるのは，不動産鑑定士による鑑定意見書ということになる。

　もっとも，農地の評価は宅地よりも低く，1平方メートル当たりの不動産鑑定士による鑑定結果は宅地の数分の1となることが通常である。このような結果に対しては，先祖代々受け継ぎ，有形無形の投資をしてきたという思いが強い被害者が感情面から満足しないことも多い。また，農地の鑑定結果については以下に述べるような事情から宅地以上に不動産鑑定士の裁量が大きいため，どこまで客観性があるのかの判断が難しいという特徴がある。

　不動産の鑑定評価に関する基本的な法律として，「不動産の鑑定評価に関する法律」がある。また，不動産鑑定士が不動産の鑑定評価を行うにあたってよりどころとするものとして不動産鑑定評価基準があり，不動産鑑定士が不動産を鑑定するにあたっては，基本的には不動産鑑定評価基準に則って行われる[12]。ところが，不動産の鑑定評価に関する法律52条は，農地，採草放牧地及び森林以外のものとするための取引に係るものを除いて，基本的に農地，採草放牧

---

[12]　国土交通省により公表されており，不動産鑑定に関する諸原則，分析方法，鑑定評価の方式，鑑定評価の手順や鑑定評価報告書の記載事項などについて記載されている。また，地目ごとの留意点も記載されている。

〔中島　健〕 2　和解仲介手続における不動産賠償について

地又は森林の取引価格を評価するときについては，同法にいう不動産の鑑定評価に含まれないものとすると規定している。農地等上記の各土地については，一般の不動産の場合のように自由な取引市場を前提とした自由な価格の形成が行われがたく，又，農地又は採草牧草地を農地又は採草牧草地として取引する場合の価格は，それぞれの用途における収益力に着目して決定されるため総じて安定的であり，宅地価格のような高騰及び混乱はみられないためとされる[13]。

　このような指摘を踏まえると，収益還元比較法による収益価格が試算価格とされているようにも思えるが，実際の鑑定方式においては取引事例比較法による比準価格を試算価格としていることが多い。

　取引事例比較法による算定となると宅地と同様の問題が生ずるが，取引の絶対数がより少ない農地については，宅地以上に深刻な問題となる。

　まず第1に，取引事例比較法を用いる前提となる取引事例が少ないという点では宅地以上に厳しい面がある。農地は農家にとって生産手段そのものである上，一度休耕してしまうと再び作付できるようにするための準備に手間がかかることから先祖代々継続して使用しているものが多く，第三者との間で取引によって取得するということは極めて稀である。また，農業を廃業するために農地を手放そうとしても，農地法上の制限があるため，放置されているケースもある。その結果，比較対象となる取引事例がほとんどなく，比較対象の取引数が著しく制限されているという問題がある。

　第2に，比較対象となる取引事例の中には，売買価格に影響を与える事情のある取引が含まれている可能性が高いことがある。鑑定基準によると，取引事例比較法を用いる場合には売り急いだ物件や投機的取引と目される物件については比較対象から外すこととされている。このような取引は，取引価格が通常の取引価格比べて安価だったり高価となるおそれが類型的に高まるため，適正な比準価格を算定するためには排除する必要があるためである。しかし，上記のとおり，農地は農家にとって生産手段そのものであるから基本的に手放す対象とはならず，手放す際も近親者との間の売買や公売といった，当該不動産の金額が安くなる事情が介在しているものが多い。もともと取引事例が少ない地域であることと相まって，本来であれば比較対象から外すことが望ましい取引

---

(13)　不動産鑑定法令研究会編「逐条解説不動産鑑定評価法」（ぎょうせい，2006年）243頁。

*13* 大規模事故による損害賠償と救済制度

でも比較対象とせざるを得ないという問題がある。

このような事情がある中でも，不動産鑑定士が専門家として算定した金額には一定程度の合理性が認められるので，和解案作成の際には参考すべきものであることは当然である。しかし，鑑定額には上記のような問題点があるほか，先にも述べたとおり，農家にとって農地は有形無形の投資が先祖代々にわたってなされてきたという思いがあることから，鑑定士による鑑定結果についてにわかには受け入れがたいという場合も少なくなく，結果として和解仲介に時間を要することがありうる。

(c) 考　え　方

和解仲介は双方の話し合いによる解決であるので，双方が納得するのであれば，必ずしも不動産鑑定士の鑑定結果に拘束されるものではない（逆に，双方が納得するのであれば鑑定評価額で和解仲介しても構わない）。それゆえ，和解仲介においては，不動産鑑定士による鑑定以外にも双方が納得しうるような算定方法がないかが模索されている。

国道工事などによって過去に用地買収がなされた土地がある場合，当該土地の買収価格を参考にすることが考えられる。すなわち，用地買収も不動産取引の一種であるから用地買収価格は取引価格の一種とみることが可能である。

用地買収価格を参考とする方法は過去に実際になされた用地買収という取引の一形態において用いられた価格を参考にできること，また，土地収用を要する事業の規模によっては同一地域における複数の者との間で買収がなされることから，参考にできる取引事例の数が増えるという点では不動産鑑定士による鑑定よりも優れている。

他方で，用地買収は用地取得を円滑に進めるために，強制収容に至る前に用地を手放させるためのインセンティブを与える必要性から，買収価格はかなり高めに設定されている。また，買収価格決定の際には生活権補償や営業補償の要素が含まれている。これらは取引価格を押し上げる方向に働く事情であるから，用地買収価格をそのまま適用することは控えなければならない。また，用地買収がなされた時期から相当程度の年数が経過している場合には時点修正をかける必要がある。

他方で，用地買収がなされている地域ばかりではなく，そもそも用地買収が

なされていない地域ではこのような手法は使えない。また，用地買収価格は土地収用法並びにそのもとに設けられた条例及び規則により決定されており，そこには地目ごとに考慮すべき要素は規定されているが，各要素をどのように，また，どの程度考慮しているのかについては不明な部分も多く，それらの要素をどの程度考慮して用地買収価格を修正すべきかは難しい問題もある。さらに用地買収の記録は自治体に対して情報公開請求しなければ取得できない上，第三者が取得することは原則としてできないことから，和解仲介手続において資料を提出することが容易ではないという問題点もある。

　買収価格を用いる方法以外には，収益還元法の考え方を用いた収益価格を算定するという方法も考えられる。収益還元法を用いるメリットは，取引事例の数にかかわらず当該土地の試算価格を算定できることであるが，これは取引事例の少ない本件事故の被害地域において農地の時価を算定する上で有用性が認められる。

　もっとも，農地の収益はその年の天候という不確定要素に大きく左右されるという特徴がある。この不確定要素を収益還元法に反映させることは難しく現時点において，収益還元法そのものによる賠償額の算定は，実際の和解仲介においては用いられていない。

# 3　結びにかえて

　原発事故によって生じた損害賠償の処理に携わっていると，平時にはあまり考えてこなかったような問題が生じることを実感する。そのような問題に対処するために考えられている理屈や事件処理の方法は，直接的には大規模な事故という限定的な場面でしか機能しない特異なものもあるであろうが，それでも新たな理屈や処理方法を考えたこと自体は平時においても役立つと思われるし，少しでも損害賠償論の議論の深化に役立つものがあればと思う。

　〔付記〕　最後に，この度の執筆の機会をくださった渡辺咲子先生や神田安積先生をはじめとする発起人の先生方及び信山社の方々に，この場を借りて厚く御礼を申し上げたい。渡辺先生には，私が法科大学院に在学しているころから，実務家としての法律の使い方を教えていただき，私が実務に携わるようになってから

*13* 大規模事故による損害賠償と救済制度

も貴重なご助言を頂戴してきた。行き詰ったときに相談したときはあたたかく親身に迎えて下さった。法律家としての渡辺先生に私が追いつくことができるとは到底思わないが，先生の背中を目指し，法律家としての研鑽を積んでいきたい。

# *14*　「連携」が切り拓く権利擁護
──あたらしい弁護士のはなし──

吉 川 由 里

1　はじめに　　　　　　　3　弁護士が「役に立つ」には
2　本当に「困っている人」とは　4　「連携」を進めていくために


## 1　は じ め に

　私が弁護士になることを志したのは，身近な人が法的紛争に巻き込まれた際，弁護士が関わってくれたことにより紛争が解決したということがあり，そのとき「法律は武器になる」ということを実感し，自分もそうやって困っている人の役に立ちたいと思ったことがきっかけであった。

　「困っている人の役に立ちたい」。おそらく，法律家を志す人のほとんどは，きっかけや目指す法律家像こそ違っても，そういう思いを持っているのではないだろうか。

　ところが，実際に弁護士になっても，私が弁護士として，どうすれば「困っている人の役に立つ」ことができるのかについて考えるようになったのはごく最近のことである。それは私が“都市型公設事務所”と呼ばれる弁護士法人東京パブリック法律事務所で執務した経験や，社会福祉法人カリヨン子どもセンターの子どもの権利擁護活動に携わった経験によるところが大きい。

　本稿では，自らの経験など弁護士の実践例を紹介しつつ，弁護士が真に「困っている人の役に立つ」にはどうすればよいかを検討したい。

『変動する社会と格闘する判例・法の動き』渡辺咲子先生古稀記念〔信山社, 2017年 3 月〕　309

## 2 本当に「困っている人」とは

### (1) 伝統的な「相談者」像

　一般的な弁護士の仕事のイメージは，まず，法律問題を抱えている人が弁護士のもとに相談に来るところから始まる。

　もちろん，そのような相談者は少なくないし，企業からの相談などはこの形で始まることが通常である。

　他方で，私の実感として，これが難しい人もまた少なくない。

　詳しくは後述するが，「法律問題を抱えている」という評価は，自分の困りごとが法律問題だと気付いていることが前提となるところ，法律問題を抱えている人が必ずしもそれを法律問題であると認識しているとは限らない。

　そして，「弁護士に相談しに来る」には，相談相手として弁護士を選択し，その上で法律事務所まで足を運ぶことが必要になるが，それができない人もいる。

　このように，「法律問題を抱えている人」が，「弁護士のもとに相談に来る」というのは，いずれもハードルがあるのであって，伝統的な「相談者」像には，これらのハードルに阻まれた人たちは含まれていないのである。

　このことに気付いたのは，東京パブリック法律事務所での約4年間の実践による。

### (2) 都市型公設事務所と司法アクセス障害の解消

### (a) 司法改革と都市型公設事務所

　1990年代からの司法改革において，法曹人口は大幅に増大した。これにより，「法の支配」の実質化が目指されることとなった。すなわち，法が存在するだけでは「法の支配」が実現されているとはいえず，誰でも法を使うことができてはじめて，「法の支配」が実現しているということができるのである。例えば，とある司法過疎地域では，とある金融業者からの債務については破産ができないと信じられていたという話を聞いたことがある。法律を学んだ者からすれば信じがたい話かもしれないが，これが現実である。

　もし，その地域にもともと弁護士がいれば，人々が弁護士に相談することができていれば，このような現象は起きなかったであろう。このように，何らか

〔吉川由里〕　　　　　　　　　　　　　　2　本当に「困っている人」とは

の要因によって司法サービスを受けられずにいる人に対して司法サービスを届けるというのが，「司法アクセス障害」の解消をめざす取り組みである。

上記の例のように，その地域にそもそも弁護士がいないという，いわゆる「弁護士過疎地」に弁護士を送り出す，ひまわり基金法律事務所[1]ないし法テラス法律事務所[2]の開設・運営支援は，その取り組みの一つである。これらの事務所は，日弁連や国という公的な支援を受けていることから，「公設事務所」と呼ばれている。

また，「司法アクセス障害」に陥っているのは，いわゆる「弁護士過疎地」の人々だけではない。都市部においても経済的・社会的要因によるアクセス障害を抱えている人々がいる。これらの人々の司法アクセスを解消することを目指す，「市民の法的駆け込み寺」として，2002年に東京弁護士会の支援を受けて豊島区の池袋に設立されたのが，東京パブリック法律事務所である。

(b)　解消されつつある障害

東京パブリック法律事務所が設立されてから14年が経過し，東京都内の弁護士をめぐる状況は激変した。

2002年当時はまだ，紹介がなければ相談を受けない，いわゆる「一見さんお断り」の弁護士が少なくなかった。それと比べれば，誰でもインターネットで検索すればすぐに近所の弁護士を見つけることができる現在は，飛躍的に司法アクセスが改善されているといえる。

物理的なアクセス面でも，2002年当時は池袋に法律事務所を開設することに大きな意味があった。当時，池袋にも法律事務所はあったものの，法律事務所といえば裁判所の近くにあるのが普通で，東京でいえば，豊島区の人も，北区の人も，板橋区の人も，練馬区の人も皆，わざわざ千代田区霞が関近辺まで足を運んでいた。法律事務所に足を運ぶ人にとっての利便性よりも，法律事務所と裁判所とを往復する弁護士にとっての利便性が優先されていたのである。

---

(1)　弁護士過疎解消のために，日弁連・弁護士会・弁護士会連合会の支援を受けて開設・運営される法律事務所。2000年6月，島根県浜田市に「石見ひまわり基金法律事務所」が開設されて以来，累計117か所に設置された（2016年11月1日現在）。現在稼働しているのは53事務所（日弁連ホームページより）。
(2)　日本司法支援センター（法テラス）が設置・運営する法律事務所。都市部から司法過疎地まで，全国に85事務所（2015年7月1日現在）（法テラスホームページより）。

そのような中で，豊島・北・板橋・練馬の各区などからの交通の要所である池袋に，地域の人々にとって使いやすい法律事務所として，東京パブリック法律事務所が開設した。しかし現在，池袋には大小様々な規模の法律事務所が存在し，250名を超える弁護士が登録している（2016年10月11日現在）。北区，板橋区，練馬区にも法律事務所があり，それぞれ30名を超える弁護士が登録しており，自分が暮らしている，あるいは働いている地域で弁護士に相談するということは，それほど難しいことではなくなったかもしれない。

　また，弁護士に相談するもしくは委任するのに大きなハードルとなっていた，経済的な要因についても，日本法律支援センター（法テラス）の民事法律扶助制度[3]が広まったことで，大幅な解消がなされた。すなわち，公費を含む財源により，法律相談料及び弁護士費用等を立て替えるという方法で，一定の資力基準に満たない人に対する援助がなされる。これにより，生活保護受給世帯を含め，弁護士費用を支出できないことを理由に弁護士へのアクセスをあきらめなければならないという事態は大幅に減少したといえる。

　(c)　それでも「弁護士にたどり着けない」人たち

　上記のとおり，東京パブリック法律事務所が設立された当時と比較すると，現在，少なくとも池袋のような都市部においては，司法アクセス障害は解消されている。では，もはや"公設事務所"など必要なくなったのであろうか。

　私も，東京パブリック法律事務所の弁護士として現実を目の当たりにするまでは，弁護士が飽和していると言われる都市部においてもなお，次のような「弁護士にたどり着けない」人たちの存在について，気付くことができずにいた。

　まず，「弁護士にコンタクトをとる方法がわからない」人たちがいる。上記のように，インターネットで簡単に弁護士を探せる環境はあるものの，高齢者をはじめ，それを活用できない人たちはいる。特に外国人にとっての司法アクセス障害は，依然として深刻なものがある。言語の壁はもちろん，出身国によっては，法的問題の相談相手として日本には「弁護士」という人たちがいる

---

(3)　民事事件であっても，行政を相手方とする交渉事件等，一定の事件類型には利用できないという制度設計であるため，経済的な司法アクセス障害が完全に解消されたとまではいえない。

〔吉川由里〕　　　　　　　　　　　　　　　2　本当に「困っている人」とは

ということ自体知らない外国人もいるのではないだろうか。もし自分が外国で法的問題にぶつかったとして，そのときどうすればよいかを考えると，日本における外国人の司法アクセス障害の深刻さは想像に難くない。

　次に，「身体的・精神的障害により，法律事務所まで行けない」人たちもいる。高齢で，病気で，障がいがあって，外出ができないまたは困難な人たちがいる。それだけでなく，例えばうつ病で外出がままならない，パニック障害で電車に乗れない人もいる。

　「弁護士に相談するのがこわくて，法律事務所まで足が向かない」人たちがいることも，私たちは忘れてはならない。弁護士になってみてわかったことではあるが，「こんなことを相談したら怒られるのではないか」と，弁護士に対して恐怖心のようなものを抱いている人も少なくない。そして，うつ病などの精神疾患を患っている人の中でも，外出はできるけれども，自ら抱えている問題を弁護士に相談するまでの状態にない人もいる。

　これらの人たちは，「自分が法的問題を抱えていること」自体は認識していて，相談したい，したほうがいいのだろうという気持ちはあるにもかかわらず，弁護士にたどり着けない人たちである。

　他方で，「そもそも法律問題を抱えているということに気付いていない」人たちがいる。そのことは，考えてみれば当然のことであるが，私は東京パブリック法律事務所に入るまで，気付かずにいた。

　例えば，夫からのDV（ドメスティックバイオレンス）被害に遭い，子どもといっしょに自宅から逃げてきたという女性が，自治体の女性相談を通じて女性シェルターに避難したとする。そして，その女性自身に収入がない場合には，福祉事務所で生活保護受給の手続きをして，アパートを借りるなどして新しい生活をする。DV被害者は，やっとの思いで逃げてきていることが通常であるから，自身と子どもの生活の衣食住を確保することで精一杯で，「さあ次は離婚手続きね」，「夫に離婚までの間の婚姻費用を請求しよう」，「保護命令[4]も申し立てなくちゃ」などという発想にはならないことが多い。とはいえ，その女性が夫との決別を決意している場合でも，離婚しない限りは法律的には夫婦であるから，法的にも決別するには離婚の手続きが必要であり，子どもがいれば

──────────
(4)　配偶者からの暴力の防止及び被害者の保護等に関する法律10条。

313

*14* 「連携」が切り拓く権利擁護

親権者を決めなければならない。財産分与や慰謝料を得られれば今後の生活が楽になるし，婚姻費用の分担請求をして夫から離婚までの間の生活費をもらうこともできる。場合によっては，夫からの接近を防ぐために保護命令の申立ても必要であろう。

また，借金がふくらんで生活費が不足して，家賃も支払えず，このままでは家を追い出されてしまうという人が，一番最初に助けを求めるのは，通常は行政（福祉事務所）である。しかしながら，この状況については，「そもそも賃貸借契約を解除できる状況なのか」という民法上の問題から，借金がふくらんだ原因に消費者被害やヤミ金からの出資法違反の貸付があるなど，法的対応が必要な場合もある。さらには，過払金があれば貸金業者に対する不当利得返還請求によって回収できることもあるし，他にとりうる手段がない場合には，破産申立をした上で再起を図ることも検討することになる。このように，当事者の認識としては「お金がない」という状況においても，さまざまな法的問題が存在することがある。

このように，「困っている人」が弁護士にたどり着くことは，これまで自分が考えていたよりもはるかに難しいのだということを，私は数々のケースから実感した。

#### (d) 行政機関，福祉機関との連携

それぞれの理由により「弁護士にたどり着けない」人たちに対して，東京パブリック法律事務所では，「アウトリーチ」という発想で司法アクセス障害の解消に努めている。「アウトリーチ」とは，福祉の世界の言葉で，支援者のほうから手を差し伸べるという意味である。これは，今でこそ，法テラス法律事務所のスタッフ弁護士[5]など公設事務所の弁護士においてはある種の常識となっているが，司法改革以前の20年前の弁護士業界では考えられない発想ではないだろうか。法律事務所で待っているだけではなく，弁護士が自分から出かけて行って，司法サービスを届けるのである。

---

(5) 法テラスに勤務する弁護士で，全国各地の法テラスの事務所を法律事務所として，民事法律扶助，国選弁護といった業務のほか，司法過疎地域における法律サービスの提供を行う。地方自治体・関係機関と連携し，高齢者虐待防止ネットワークへの参加や学校等における法教育など，地域に密着した多様な業務を展開している（法テラスホームページより）。比較的若手の弁護士が，全国各地で活躍している。

〔吉川由里〕 2 本当に「困っている人」とは

「アウトリーチ」の発想から生まれた取り組みとして，分かりやすいのが出張相談である。「身体的・精神的障がいにより，法律事務所まで行けない」人たちのところまで，実際に弁護士が出張して法律相談を受ける。事務所までは行けないけれども近所の福祉事務所までは行けるという人がいれば，そこまで行くこともあるし，自宅から出られないという人がいれば，自宅まで行くこともある。

また，「弁護士にコンタクトをとる方法がわからない」人たちに向けて，時には寸劇を交えた市民向けの講演や，地域のイベントに参加するなどの交流を通じて，この地域にこういう法律事務所がありますよ，と地域に向けて発信をしている。外国人に対しても，事務所内の外国人国際部門を中心に，外国人に向けた発信や関連機関への発信によって，ここに弁護士がいて法的問題の解決をサポートしますよということを伝えるようにしている。

そして，「弁護士に相談するのがこわくて，法律事務所まで足が向かない」人や，「そもそも法律問題を抱えているということに気付いていない」人と弁護士がつながるには，弁護士以外の力が不可欠である。上述のように，これらの人々が「困りごと」を抱えた時点でまず接点を持つのは，行政機関であることが多い。また，当事者が高齢者や障がい者である場合には，福祉機関であることもある。行政機関や福祉機関の担当職員が，当事者の「困りごと」が法的問題である可能性を把握したとして，「それは法律問題だから弁護士に相談するのがいいですよ」とアドバイスしただけでは，なかなか当事者は弁護士にたどり着けない。東京パブリック法律事務所では，行政機関や福祉機関と連携することによって，このような人たちに弁護士がたどり着いている。

具体的には，連携先の行政機関や福祉機関の担当職員が，当事者の「困りごと」が法的な問題である可能性があると判断した場合，まず，その担当職員が当事者といっしょに相談予約の電話を架けてくる。そして，当事者がひとりで法律事務所に行って，自身の「困りごと」を説明し，弁護士の助言を聞いて理解できるかどうか不安がある場合には，弁護士との相談時に，担当職員が同席することもある。もちろん当事者の意向次第であるが，当事者にとっても，弁護士への法律相談という非日常の場面において，自身の生活上の支援をしてくれている人がいっしょにいるということは，安心につながり有益なものと考えられ，当事者が同席を断ることは，少なくとも私の経験上はない。相談のみで終

*14* 「連携」が切り拓く権利擁護

了するケースはもちろん，特に弁護士が法的手続を受任するケースにおいては，当事者において準備してもらうべき書類の取得などを，担当職員が協力してくれることもあり，弁護士にとって大変ありがたいことである。

行政機関や福祉機関の職員が，本当に「困っている人」を弁護士につないでくれて，これによって司法アクセス障害が解消する，これが東京パブリック法律事務所が実践している「連携」である。

## 3　弁護士が「役に立つ」には

### (1)　本当の「解決」とは何か

弁護士の仕事とは，簡単に言えば，法律を使って事件を解決することである。私が弁護士を目指していたころも，弁護士が交渉や裁判手続を代理することによって，「困りごと」は解決するのだと信じ込んでいた。

しかしながら，弁護士の活動によって解決するのは，「困りごと」の中の一部にすぎない。例えば，相続が発生して遺産分割手続を弁護士として受任し，幸い相続人間で協議がまとまったとしても，それだけではその相続問題は「解決」したとはいえない。相続税の申告・納付が必要な場合もあれば，遺産である不動産について相続登記が必要な場合もある。不動産を売却してその代金を分割するという合意であれば，不動産をできる限り有利な条件で売却する必要がある。弁護士は，税金の専門家でも，登記の専門家でも，不動産の専門家でもないため，これらの問題については他士業をはじめとする専門家に依頼したほうが，依頼者の利益にかなう。そこで，受任事件終了後に他士業を紹介する，事件解決のために他士業の意見をもらうなどはこれまでの弁護士も実践してきた，ひとつの「連携」である。

### (2)　司法ソーシャルワーク[6]

### (a)　福祉機関との「連携」

弁護士が「連携」する機関は，他士業だけではない。

近時，「司法ソーシャルワーク」とか「リーガル・ソーシャルワーク」という言葉が用いられている。これらの言葉は，「弁護士などの司法関係者がソー

---

[6]　『弁護士のための初めてのリーガル・ソーシャルワーク』（現代人文社，2014 年）6 頁以下）参照。

シャルワークに関わること」とか「司法関係者と関わりをもつソーシャルワーク」のことを指すことが多い。行政機関や福祉機関によるソーシャルワークに弁護士が関わるようになってきている。

この「司法ソーシャルワーク」の先駆け的な分野として，罪を犯した人の福祉的支援「司法福祉」が挙げられる。少年事件や，障がいをもつ人の刑事事件など，再犯を防ぐためには刑罰ではなく福祉的な支援が必要なケースで，司法と福祉の連携が進んできた。

### (b) 子どもシェルターでの実践

福祉機関との「連携」のケースとして，私が初めて関わったのが，社会福祉法人カリヨン子どもセンター[7]（以下，「カリヨン」という）の活動である。

カリヨンは，2004 年に日本で初めての民間の子どもシェルターを立ち上げた。東京弁護士会の子どものための電話相談「子どもの人権 110 番」[8]に日々寄せられる相談の中で，弁護士たちは，家で親からの虐待にあい安全に暮らせない子どもなど，「今夜帰る場所のない子どもたち」がいることを目の当たりにした。そこで，子どもたちと弁護士がつくるお芝居「もがれた翼」[9]で，子どものためのシェルターを夢として描いたところ，お芝居を観た人をはじめ，たくさんの応援をいただいて，夢が現実になったのである。

カリヨンのシェルターに入居する子どもには，必ず「子ども担当弁護士（コタン）」がつく。コタンは，子どもに寄り添って共に今後のことを考え，代理人として親や学校などと交渉したり，児童相談所と連携して今後の生活の場を探したりする。弁護士がつくことによるメリットは，法的知識を持った弁護士

---

(7) 弁護士などを中心として NPO 法人として設立されたカリヨン子どもセンターは，2008 年に社会福祉法人となり，現在は，都内で子どもシェルター 2 軒，自立援助ホーム 2 軒，ファミリーホーム 1 軒，学習やケアのためのデイケア事業や，高校や大学進学，資格取得のための子ども支援金事業を運営している。

(8) 1985 年に東京弁護士会が始めた電話相談で，弁護士が無料で相談に対応している。現在も，子どもたち自身や，周りの大人たちから，いじめ，体罰，非行，虐待など様々な相談が寄せられている。

(9) 1994 年子どもの権利条約の批准を機に，子どもの人権にかかわる様々な課題をわかりやすく市民の方々に伝えるために始めた，東京弁護士会主催の，子どもたちと弁護士でつくる創作劇のシリーズ。弁護士が現実に子どもの事件に関わった経験をもとに，子どもたちの置かれている過酷な現状，子どもの権利に関わる様々な問題を，毎年異なるテーマで描いてきている。

が子どもの話を聞くことで問題を整理することができること，公務員である児童福祉司よりも自由に活動でき，どのような場所にも交渉に出向くことができること，最終的に親権停止等の法的手続をとることができることなどである。

　私がコタンとして関わった15歳の女の子がいた。彼女は，家庭でも学校でも傷ついて，大人を信用できないようになっていた。私はなんとか彼女に信用してもらおうと，時間を作って週に1度，2度シェルターに通い，彼女といろいろな話をした。徐々に彼女と打ち解けてきたような気がしていた矢先，彼女は突然荒れ，私は自分が何もわかっていなかったのだとひどく落ち込んだ。

　そんなとき，福祉職であるシェルターの職員から一つの提案を受けた。「彼女が飼っているオンラインゲームのペットを預かってもらえないか」というのである。シェルターは緊急避難場所であるため，場所を秘匿するため，入居する子どもたちは原則として外部との連絡は取ることができない。もちろんオンラインゲームもできない。彼女によると，一定期間ゲームをせずにいると，そのペットは死んでしまうのだという。

　実は私も，その話は彼女から聞いたことがあった。しかし，これからの彼女の生活をどうしていくのか，家に戻るのか，児童養護施設に行くのかなど，考えなければならないことが多すぎて，私はそのペットのことは聞き流してしまっていたのである。彼女はそれをシェルター職員に訴え，シェルター職員はそれを受け止めた。結局私は職員の提案を受け入れてそのペットを預かり，シェルターを出るまでの期間，彼女の代わりに世話をすることになった。それだけが原因ではないが，その後，彼女は落ち着いた。今思えば，そのペットは，孤独に生きてきた彼女の心の支えだったのであろう。

### (3)　弁護士だけでは何もできない

　上記のカリヨンのシェルターでのエピソードは，弁護士の仕事としてはかなり異例のものだと思うが，私はこのペットを預かってよかったと考えている。「子どもに寄り添う」といっても，弁護士の視点からは彼女にとってこのペットがどれだけ大切なものかは気づくことができなかった。シェルター職員は，彼女といっしょに寝起きし，食事をし，生活を共にしているからこそ，それに気づいたのではないかと思う。

　カリヨンの活動は，弁護士，カリヨンの福祉職だけでなく，児童相談所，学

校，医療，保護観察所などとの連携も必要になるケースがある。関係機関が子どもを中心にして，子どもを隙間に落とさないようにスクラムを組んで支援しようという「スクラム連携」が，カリヨンにおける支援のスタイルである。

そのスタイルは，他機関と「連携」する上では非常に重要であると考える。

## 4 「連携」を進めていくために

### (1) 連携の意識の高まりと実践の蓄積

(a) 近時，日弁連をはじめ各弁護士会において，「自治体連携」を目指す動きが活発化している。行政との連携については，自治体内弁護士[10]など，さまざまな形で弁護士の活用が進みつつある。

東京パブリック法律事務所及びカリヨンにおける「連携」は，上述のような個々のケースの積み重ねであり，それらの実践を踏まえて，行政・福祉機関及び弁護士が，当事者のために何ができるかを考え，意見交換してきた結果である。

(b) 私は，他機関との連携においては，信頼関係の構築が不可欠であると考える。

そのために有効なのは，相談結果・受任結果の「フィードバック」である。弁護士に「困っている人」をつないでくれた行政・福祉機関の職員の関心事は，その人がきちんと相談できたか，その困りごとが解決に向かっているのか，ということだ。それまで弁護士にたどり着けなかったような人にとって，それがどれほど難しいことかを行政・福祉機関の職員は知っていて，だからこそ，弁護士につないだはいいけれども事態が前進しているのかどうか心配するのである。行政・福祉機関の職員が相談に同席するケースや，相談者本人が，行政・福祉機関の職員に対して，弁護士に相談した結果を報告できる場合は問題ないが，それを的確にするということはなかなか難しい。そこで，相談者の同意を得たうえで，実際に相談に来たかどうか，今後の方針を含めどのようなアドバイスをしたかを，相談者をつないでくれた行政・福祉機関の職員にフィードバックすることは，とても喜ばれ，信頼関係の構築につながる。

そして，信頼関係の構築のために何よりも大切なのは，他機関に対する尊敬

---

(10) 自治体内の常勤弁護士は，2013年は全国で56人であったが，2016年4月には123人となり，約2倍となっている（2016年6月30日日本経済新聞より）。

である。例えば上記のゲーム上のペットの件からもわかるように，法律家と福祉職との考え方は根本的に異なっている。他機関と意見交換をする際，法律家としての見解を述べることは必要であるし，他機関からも求められていることであるが，「そのとき相談者にとって何が重要なのか」を弁護士が独善的に判断するのは危険である。それぞれの関係機関が，自らの立場から，その専門知識に基づいて判断をし，それを関係者間で調整すべきであり，弁護士はその調整役として役立つ場合が多い。

(c) 「そのとき相談者にとって何が重要なのか」というのは，簡単に判断できるものではなく，いつも弁護士を含む関係機関は，頭を悩ませている。

私は，その最終的な判断に際しては，「相談者本人がどうしたいのか」を尊重すべきであると考えている。なぜなら，支援者が「これがあなたのためだから」と打ち出した道を歩むのと，本人が決めた道を歩むのとでは，本人の納得感ないし幸福感が全く異なると考えられるためである。弁護士も含め支援者はあくまでも支援者，その人の人生は，あくまでもその人のものである。


## (2) 課題と目標

### (a) 誰の利益を守るのか

行政・福祉機関との連携においては，利益相反の可能性にも留意しなければならない。

例えば，自治体の福祉事務所から相談者をつないでもらい，当該相談者から破産申立事件を受任する場合，当該自治体が相談者の債権者となっていることがある。相談者が公租公課を滞納している場合や，生活保護を受給しており，生活保護法63条または78条に基づく返還決定がなされている場合などである。公租公課や生活保護法78条に基づいて決定がなされたことによる返還請求権については，非免責債権であるから（破産法97条4号，同253条1項1号，生活保護法78条4項），弁護士が事件処理をすることによって自治体の有する債権に影響はない。しかし他方で，生活保護法63条に基づく返還請求権は，免責の対象となることから，相談者に対しては返済を止めるようにアドバイスすることになるし，免責許可決定を受ければ法的に返済を免れることになり，自治体は回収ができなくなる。

弁護士としては，あくまでも相談者本人から相談を受け，事件を受任してい

〔吉川由里〕　　　　　　　　　　　　　　　　4　「連携」を進めていくために

るため，弁護士法等の利益相反に関する規定は，直接は問題とならない。しかしながら，上記のように，弁護士の活動によって，つないでくれた職員が所属する自治体にとって不利益が生じるケースもある。この点は，連携先の機関において理解してもらう必要がある。また，弁護士はあくまでも相談者・依頼者の利益を守らなければならないから，弁護士の活動によって得られる結果が，つないでくれた職員が妥当と思う結果と，必ずしも一致するものではない。このような点についても，つないでくれた職員にしっかり説明し，理解を得なければ，弁護士に対する不信感が生まれてしまう。

　他方で，別件で，まさに当該自治体や福祉機関を相手方とする紛争の相談を受ける可能性もある。その場合に，どこまで相談に乗ることができるのか，事件を受任することができるのかについては，ケースバイケースではあると思われるが，慎重に検討すべき課題である。

### (b)　「公」と「私」

　特に行政機関は，特定の弁護士・法律事務所に対して依頼者を紹介することを嫌う傾向にある。それは，行政機関が中立性や透明性を疑われることを懸念してのことだと思われる。

　東京パブリック法律事務所は，上述のとおり，東京弁護士会の支援を受けて設立された"公設事務所"である。行政機関からは，公設事務所だからこそその信頼があり，まったくの民間の法律事務所，まったくの個人の弁護士が，いきなり行政機関とのつながりを築けるかというと，簡単ではないと思われる。

　とはいえ，具体的なケースで連携した行政機関の担当者と，ケースにおける協働を通じて個人的な信頼関係を築けるということはある。また，行政機関に限らずとも，民間の福祉機関や支援者との連携によって，司法サービスを必要としている人が弁護士につながるということもある。

　福祉的な支援といっても，行政に限らず，様々な機関・人が関わっている。そのような人たちに，弁護士を役立ててもらうことができれば，「連携」の輪は確実に広がっていくものと考える。

### (c)　「連携」が当たり前になるように

　以上のような「連携」は，決して難しいことではない。全国各地で，若手弁護士を中心に「連携」は広まっている。しかしながら，依然として，弁護士は

## 14 「連携」が切り拓く権利擁護

敷居が高いと感じている人も少なくない。

　弁護士と他機関との「連携」により，これまでに弁護士が出会えなかった人たちの権利擁護につながったり，弁護士だけではできなかった権利擁護活動ができたりと，その可能性は広がっている。

　弁護士も対人援助職の中の一つである。法律を使うことができるというのが弁護士の強みであるが，「連携」によって他機関の強みも生かしつつ，チームで目の前の人の支援に取り組むことで，新たな権利擁護活動につながっていくものと思われる。そして，そういった取り組みが当たり前になる日が来るよう，私も現場で日々活動を続けていきたい。

# 15　弁護活動の質の確保と弁護士会の責務

神 田 安 積

```
1  は じ め に              弁護士会の責務
2  刑事弁護の専門化          4  ま  と  め
3  刑事弁護の質の確保に向けた
```

## 1　は じ め に

　2001年（平成13年）に公表された司法制度改革審議会意見書は，被疑者・被告人の公的弁護制度の整備について多岐にわたる提言をし，その中の一つとして，「弁護士会は，弁護士制度改革の視点を踏まえ，弁護活動の質の確保について重大な責務を負うことを自覚し，主体的にその態勢を整備すべきである」ことを提言した。

　公的弁護制度の整備に関する課題の多くは実現に至ったが，弁護士会による弁護活動の質の確保や主体的な態勢整備については，いまだ実現の途上にある。

　刑事弁護を取り巻く状況は大きく変化している。刑事弁護の専門化が志向される今，弁護士会に求められる刑事弁護の質の確保に向けた責務について検討したい。

## 2　刑事弁護の専門化

### (1)　従来の刑事弁護の姿

　刑事弁護が，弁護士であれば「誰でもできる」「誰でも受任すべきである」ことが前提とされていた時代は決して古いことではない。今もなお国選弁護がいわゆるプロボノ活動の一つとして位置づけられ[1]，新人弁護士の義務研修の中に組み入れられている事実[2]はその残滓ともいえる。

『変動する社会と格闘する判例・法の動き』渡辺咲子先生古稀記念〔信山社, 2017年3月〕　*323*

*15*　弁護活動の質の確保と弁護士会の責務

　しかし，次に述べるとおり，刑事弁護を取り巻く環境の変化は，刑事弁護の専門化を急速に促し，弁護活動の質の向上を求めている。

### (2)　起訴前弁護活動の変化[3]

　2006年（平成18年）に被疑者国選対象事件が導入され，2009年（平成21年）に対象事件が拡大されたことにより，被疑者段階から被告人段階まで一貫した弁護活動が可能となった。

　他方で，取調べの可視化の導入に伴い，弁護人は，被疑者が捜査機関に対して供述をするのか黙秘権を行使するのかについて，防御方針に照らして，初期の時点で迅速かつ適切に判断し助言することが求められる。

　また，公判前整理手続に付される事件の場合，予定主張を明示することが義務付けられ，早期に防御方針を確立しなければならないから，その準備に向けた被疑者段階での弁護活動がより重要になる。

### (3)　公判前整理手続の変化

　2016年（平成28年）5月に成立した「刑事訴訟法等の一部を改正する法律」（以下「改正刑訴法」という。）の施行により，①証拠の一覧表の交付制度，②公判前整理手続の請求権の付与，③類型証拠開示の対象の拡大が認められるに至った。弁護人は，裁判員裁判対象外事件においても，防御方針に照らして，主体的に公判前整理手続の活用を検討し，また，公判前整理手続に付された事件においては，証拠の一覧表の交付を必ず求め，その的確な活用により，類型

---

(1)　たとえば，筆者が所属する第二東京弁護士会では，2004年（平成16年）1月に，公益活動を完全義務化する会則が施行され，所属会員は，義務的公益活動として，国選弁護事件，国選付添人事件，国選医療観察付添人事件，国選被害者参加弁護事件，当番弁護事件（少年当番付添人事件を含む），法律扶助事件を毎年度少なくとも1件受任しなければならないとされている（ただし，他の一定の範囲の弁護士会活動等の一般的公益活動を1年間に合計10時間以上行えば，公益活動を履行したものとみなされ，また，65歳以上の弁護士会員，疾病・留学・妊娠等の正当な事由があれば義務を免除されることとされている）。

(2)　第二東京弁護士会の場合，新規登録会員については，新規登録弁護士研修において国選弁護を含む刑事事件の受任が必修項目となっており，これを履修することにより，同時に義務的公益活動を実行したことになるとされている。

(3)　岡慎一・神山啓史「捜査弁護の改革」法律時報85巻8号（2013年）32頁。

証拠開示請求権及び主張関連証拠開示請求権を行使することが必要となる。

また，公判前整理手続の長期化が指摘されてから久しく，その改善に向けて検討がなされている。もとより弁護人の経験不足等により，予定主張の明示が遅滞する等の事態が生じることがないように努めることは当然であるが，公判前整理手続が「事件の争点及び証拠の整理」を目的とすることを踏まえ，今後の改善の方策を注視しつつ，予定主張の明示義務を含め適切な弁護実践を行うことが求められる。

### (4) 裁判員裁判の実施による変化[4]

公判前整理手続が開始され，裁判員制度の実施が弁護活動に大きな変化をもたらしたことは既に多く指摘されてきたところである。すなわち，当事者主義の徹底，核心司法への転換及び直接主義・口頭主義の徹底というあらゆる面から，弁護活動はより一層の充実が求められている。

### (5) 改正刑訴法の施行

改正刑訴法に基づき，裁量保釈の判断に当たっての考慮事項の明確化，証拠開示制度の拡充，証人等特定事項の秘匿制度等が既に施行され，また，2018年（平成30年）6月までに，被疑者国選弁護制度の対象拡大，捜査・公判協力型協議・合意制度，刑事免責制度等が，さらに2019年（平成31年）6月までには取調べの可視化等が，それぞれ施行されることになっている。いずれも弁護活動に大きな影響を与える改正であり，施行を踏まえた実践が必要となる[5]。

### (6) 刑事弁護の専門化

刑事弁護の専門化の必要性については，司法制度改革以前から，たとえば，「今後，刑事援護の質をさらに向上させるためには，刑事弁護の専門性を強化することが必要である。」，「必要なのは，刑事弁護の専門化集団を作り，その人々が他の弁護士に知識と技術を供給するしくみを作ることである。」との指

---

(4) 宮村啓太「裁判員裁判における弁護の充実」刑事法ジャーナル36号（2013年）50頁。

(5) 河津博史「刑訴法改正とこれからの刑事弁護」法律時報88巻1号（2016年）50頁以下，宮村啓太「刑事訴訟法等改正と実務への影響——弁護士の立場から」法律のひろば2016年9月号42頁以下。

*15* 弁護活動の質の確保と弁護士会の責務

摘がなされていた[6]。

　以上のとおり，裁判員制度の実施により，実践的な技術の習得が必要となり，また運用の変化に伴う新しい知識を習得することが求められるなど，今日の刑事弁護を取り巻く状況の変化は，刑事弁護の「専門性」[7]を強く促している[8]。

　そして，刑事弁護の「専門性」の実現のためには，刑事弁護の質の確保が必要であるが，弁護士会がそのための態勢を整備しているかが問われることになる。

## 3　刑事弁護の質の確保に向けた弁護士会の責務

### (1)　弁護士会の質の確保に向けたこれまでの取組み

　弁護士会による刑事弁護の質の確保の必要性については，「日弁連やいくつかの単位弁護士会でも，刑事弁護の充実のために（中略），実務面に重点を置き，刑事弁護技術の蓄積や訓練に当たり，また個々の事件の弁護人の活動をバックアップする機能をも備えるようなものとなるならば，大いに意味のあることといえましょう。そのような弁護士会自身による地道な努力・実績の積み重ねこそ，刑事弁護の拡充のために何よりも必要なことと思われます。」との指摘がなされていた[9]。

　しかし，裁判員裁判が実施される以前の刑事弁護の研修は，座学が中心であり，双方向性の研修や法廷技術に関する研修は行われておらず，弁護士会が「実務面に重点を置き，刑事弁護技術の蓄積や訓練」や「個々の事件の弁護人の活動をバックアップする機能」を果たすことはなかったといってよい。

---

(6)　後藤昭「刑事弁護充実の方策」宮澤節生ほか編『21世紀司法への提言』（日本評論社，1998年）。

(7)　岡慎一「弁護の課題」ジュリスト1370号（2009年）121頁は，「『専門性』とは，刑事事件を「専門分野」であるといい得るだけの知識，技術，経験，能力を備えていることを意味する。この意味で「専門性」を有するといえる弁護士は，刑事事件専門弁護士（刑事事件だけを専門に扱う弁護士）には限られない。」とする。

(8)　岡慎一・神山啓史「21世紀──司法改革と刑事弁護──」後藤昭＝高野隆＝岡慎一編著『実務体系現代の刑事弁護3（刑事弁護の歴史と展望）』（第一法規，2013年）224～225頁。

(9)　井上正仁「刑事裁判に対する提言」司法研修所論集85号（1991年）115頁。

〔神田安積〕　　　　　　　3　刑事弁護の質の確保に向けた弁護士会の責務

## (2)　法廷技術研修の開始[10]

　裁判員裁判の実施を目前にして，変化に対応できる刑事弁護の実践的研修の
重要性の認識が高まり，弁護士会も，「実務面に重点を置き，刑事弁護技術の
蓄積や訓練」を行うに至った。

　日弁連は，2008年（平成20年）1月及び同年10月に，全米法廷技術研究所
（National Institute for Trial Adovocacy：NITA）のインストラクターを講師に迎
え，「法廷弁護指導者養成プログラム」を開催した。この研修は，「実演と講
評」によるものであり，その教授法には3つの特色，すなわち，①受講生は徹
底的に実技を行うことを求められ（learnig by doing），②受講生の実技に対し
て複数の法廷経験豊かな講師が異なる観点から批評を行う，③受講生の実技は
必ずビデオに撮られ，講師は受講生と一緒にビデオを見ながら批評を行う，と
いう特色があるといわれており[11]，これによって法廷技術理論と指導法を学ん
だ弁護士が全国の弁護士会において同様の研修を行うことができるように，指
導者を養成する目的で行われたものである。

　その後，2009年度には全国10地点，2010年度には全国6地点で「裁判員裁
判のための法廷技術ワークショップ」を開催し，その後も「実演と講評」によ
る研修は，2011年度には8地点，2013年度から2016年度にかけては2地点で
研修を開催している（なお，2016年度の法廷技術研修は東京と札幌で行われ，そ
れぞれの参加者の人数は56名，32名であった）。

## (3)　現在の日弁連の刑事弁護研修の体制[12]

　日弁連は，上記の裁判員裁判のための法廷技術研修と並行して，2012年（平
成24年）8月，日弁連の各種委員会や各弁護士会において個々別々に企画・実
施されていた刑事関連の研修の実情を調査し，刑事関連の研修を再編するため
に，「刑事弁護研修等に関するワーキンググループ（WG）」を設置した。

　その結果，同WGの調査により，①東京，大阪，京都，愛知，福岡などで

---

(10)　松山馨「法廷技術のさらなる向上のために」自由と正義67巻1号（2016年）64頁以
　　　下。

(11)　高野隆「法廷技術を教える―― NITAの研修に参加して」季刊刑事弁護53号（2008
　　　年）56頁以下。

(12)　奥村回「弁護士会の研修の在り方について」自由と正義67巻1号（2016年）71頁以
　　　下。

*327*

## 15 弁護活動の質の確保と弁護士会の責務

は弁護士会レベルで独自の研修が多数企画・実施されており，その研修内容も様々な工夫が凝らされてノウハウが蓄積されているが，他会との間で必ずしも共有されていないこと，②小規模の弁護士会の中には，新規登録弁護士に対し比較的他時間のガイダンス的な研修が行われているにとどまり，ほとんど刑事関連の研修が行われておらず，しかし，それらの小規模会においても，教材等があれば研修の実施を希望しており，日弁連にその提供を期待していること，が判明した。

そこで，同 WG は，2013 年（平成 25 年）5 月，「刑事弁護研修に関する提言（その 1）」を取りまとめ，大要，①刑事弁護（少年付添を含む）を担当するすべての弁護士が身につけるべき最低限の知識と技術を習得する機会として，すべての弁護士会において刑事弁護基礎研修を毎年実施することとし，そのために日弁連から各弁護士会に対し，基礎研修モデル案・教材・マニュアルを作成し提供する，②基礎研修以外の発展型研修について，日弁連で研修メニューごとの講師候補者名簿を用意し，各弁護士会からの要請に応じられる態勢を構築する，との提言を行った。そして，当該提言に基づき，同年 10 月に刑事弁護基礎研修講師養成会議を開催し，全国から約 200 名の参加を得て，刑事弁護研修の在り方や問題点を議論し（その後 2014 年及び 2016 年にも全国刑事弁護研修担当者会議を開催している），同年 11 月に基礎研修資料を各弁護士会に提供した。

さらに，同 WG[13]は，2015 年（平成 27 年）3 月に「刑事弁護研修に関する提言（その 2）」を取り纏めて，これまでの取組みの改善方策とともに，国選弁護人候補者推薦名簿等に登載される者の弁護活動の質の確保に関する弁護士会への要請を行い，推薦名簿の登録要件として，日弁連又は各弁護士会の研修受講を義務づけ，一定の能力を有する会員が推薦・派遣される制度を整備することを提言した。

以上の経過を経て，日弁連の刑事弁護に関する研修体制は，2016 年（平成 28 年）12 月現在，次のとおり大きく基礎研修と中級研修とに分類されて整備されている（なお，これらとは別に，東京において研修を行い各弁護士会に配信されるライブ実務研修，日弁連主催にて各単位会に講師が出張して研修を行うツアー研修及びこれらを収録した e ラーニング教材[14]がある）[15]。

---

[13] 同 WG は 2015 年（平成 27 年）4 月に改組され，日弁連刑事弁護センター内の研修小委員会が承継している。

〔神 田 安 積〕 3 刑事弁護の質の確保に向けた弁護士会の責務

---

Ⅰ 基 礎 研 修
○刑事弁護に関わる全ての弁護士が修得すべきミニマム・スタンダード。
○弁護士 1 年目に受講が望まれる。
○原則として各弁護士会で講義を行い，日弁連は資料・ノウハウを提供する。
○ e ラーニングのうち「刑事弁護の基礎（捜査弁護編）」「同（公判弁護編）」
○発展型研修メニュー（日弁連からの講師派遣型研修）のうち，次のもの。
　・捜査弁護の基礎から応用まで
　・法廷弁護の技術（実演型研修）
　・少年事件

---

Ⅱ 中 級 研 修
○刑事弁護に積極的に関わる弁護士が修得すべき内容。
○新人からベテランまで随時受講が望まれる。
○発展型研修メニュー（日弁連からの講師派遣型研修）のうち，次のもの。
　・可視化の下での刑事弁護──取調べの録画と捜査・公判における弁護活動──
　・供述心理と弁護活動
　・刑事弁護におけるマスコミ対応
　・公判前整理手続における弁護活動
　・尋問技術を極める
　・情状弁護の基礎
　・裁判員裁判における情状弁護
　・障がい者の弁護活動
　・一部執行猶予
　・クレプトマニア（窃盗癖）・ギャンブル依存の治療と弁護

---

⒁ 刑事弁護関連の e ラーニング教材は，2016 年（平成 28 年）12 月時点で 22 のメニュー（「刑事弁護の基礎（捜査弁護編）」・「同（公判弁護編）」を含む）があり，会員は日弁連ホームページの会員専用ページにある「研修総合サイト」からすべて無料で視聴できる。

⒂ 2016 年度（平成 28 年度）には，改正刑訴法が成立したことから，全国の弁護士会において，改正内容の概説及び取調べの可視化及び証拠開示の拡大を踏まえた弁護実践の在り方を内容とする「改正刑訴法全国一斉基礎研修（第一弾）」を行った。

*329*

*15* 弁護活動の質の確保と弁護士会の責務

> ・性犯罪の弁護活動
> ・量刑判断を見据えた弁護活動
> ・障がい者の弁護活動
> ・責任能力が問題となる事件の弁護活動
> ・外国人刑事事件の弁護活動
> ・控訴審における弁護活動
> ・医療観察法
> ・被害者参加事件における弁護活動等
> ・検察審査会のすべてがわかる

Ⅲ　上 級 研 修（準備中）


### (4)　裁判員アンケートから見た弁護活動の評価

　上記のとおり，弁護士会は刑事弁護に関する研修体制の整備に努めているが，その結果，弁護活動の質は向上しているだろうか。その成果を知る手がかりの一つが裁判員裁判における裁判員アンケートである[16]。

　これによれば，「法廷での説明等の分かりやすさ（弁護人）」は，平成21年度には「わかりやすかった」が49.8％であったが，平成26年度には35.7％になっている反面，「わかりにくかった」は平成21年度が11％であったのに対し，平成26年度には17.8％になっており，研修の成果が裁判員の評価につながっているとは言い難い現状にある。

　また，平成25年度以降に裁判員アンケートに追加された「弁護人の法廷活動に対して感じられた印象」によれば，平成26年度における「話し方に問題があった（早口，声が聴き取りにくい，言葉が難しかった等）」と感じた回答が28.7％，「話す内容がわかりにくかった」が20.9％，「証人や被告人に対する質問の意図・内容がわかりにくかった」が29.6％であった。つまり，法廷弁護技術以前の問題ともいえる「話し方」・「内容のわかりやすさ」からして，4人に1人の裁判員から厳しい評価がなされている状況にある。

　さらに，裁判員アンケートの自由記載欄の回答においても，弁護人の弁護活

---

[16]　菅野亮＝前田領「我々の弁護活動は，裁判員の心をつかんでいるか？」自由と正義67巻1号（2016年）58頁以下。

〔神田安積〕 3 刑事弁護の質の確保に向けた弁護士会の責務

動に対して厳しいコメントが散見される[17]。

## (5)　名簿登載の要件の厳格化

　日弁連は，上記アンケート結果を踏まえ，2015年（平成27年）8月，会長名で各弁護会に対し，①裁判員アンケートを各地方裁判所から積極的に入手し，担当弁護人に周知する方策を講じること，②各弁護士会において，刑事弁護委員会でアンケート結果を分析し，研修内容に反映させるなど，弁護活動の充実強化につなげる取組をすること，③各弁護士会において，多くの会員が裁判員裁判に関する研修を受講する方策を講じること，をそれぞれ要請するとともに，④弁護人の質の向上を図るため，各弁護士会において整備されている裁判員裁判用名簿への登載条件に研修受講を義務付けている弁護士会が増えていること等について情報提供した。

　当該④は，上述した「刑事弁護研修に関する提言（その2）」における「推薦名簿の登録要件として，日弁連又は各弁護士会の研修受講を義務づけ，一定の能力を有する会員が推薦・派遣される制度を整備する」旨の提言の成果を情報提供したものである。

　しかし，その成果は必ずしも十分とはいえない。すなわち，日弁連刑事弁護センターにおける調査によれば，2016年（平成28年）10月時点で，名簿登載に何らかの研修の受講を義務付けている弁護士会は，全国の弁護士会48会中，当番弁護士名簿では11会，被疑者国選弁護人推薦名簿では11会，被告人国選弁護人推薦名簿では10会であり，裁判員裁判対象事件国選弁護人推薦名簿においてもわずか14会にとどまっている。

　このことは，裁判員裁判に限っても，弁護士会の多くが，法廷弁護技術研修を受けること等を名簿登載の要件としていないため，法廷弁護技術の質が担保されていないいわば「専門」外の弁護人が裁判員裁判の法廷に現れることを容認していることを意味する[18]。言い換えると，弁護士会は，一方では法廷技術研修制度を設けるなどして，弁護人の質を高める努力をしているにもかかわら

---

[17]　その具体的な回答状況について，同63頁。

[18]　廣瀬健二「法テラスの観点より──被疑者国選弁護の拡大に焦点を当てて」論究ジュリスト12号（2015年）108頁は，法テラスの立場から，国選契約弁護士の「候補者名簿の整備・充実などにはなお課題がある。」とする。

## 15 弁護活動の質の確保と弁護士会の責務

ず，他方で，その成果が裁判員裁判に反映されないシステムとなっていることをいわば容認しているのである。

冒頭に述べたように，弁護士会が，「弁護活動の質の確保について重大な責務を負うことを自覚し，主体的にその態勢を整備すべきである」とする趣旨に鑑みれば，引き続き研修制度の充実発展に努めるとともに，今後はさらに一歩進めて，研修制度の充実を実質化するためにも，当該研修を受講することを名簿登載要件とし[19]，少なくとも裁判員裁判対象事件については，その名簿登載要件をできる限り厳格化するよう努めなければならないものと思われる[20]。

たとえば，裁判員裁判対象事件国選弁護人推薦名簿について研修の受講を要件としている弁護士会のうち，第二東京弁護士会においては，2015 年（平成27 年）4 月から，下記のとおり改善を図っている。

(a) 裁判員裁判対象事件国選弁護人推薦名簿（S 名簿）の登載要件について，①過去 1 年以内（当該事件の判決宣告日が過去 1 年以内であるか，当該事件が現在係属中であることをいう）に裁判員裁判事件（第 1 審）の弁護人を経験したこと，又は，②過去 1 年以内に裁判員センターが「新規登録要件」とする研修を受講したことのいずれかを要するものとする。なお，従前の新規登載要件（「過去 1年以内」に限らない裁判員裁判の弁護人経験又は研修受講）を充たしていた会員であっても，上記①又は②の要件を充たさない限り新規登載できないこととする。

(b) 現在 S 名簿に登載されている会員についても，2016 年（平成 28 年）からは，毎年 4 月に S 名簿を改製し，その登載継続のためには，過去 1 年以内に裁判員裁判事件（第 1 審）の弁護人を経験した，又は裁判員裁判センターが「新規登録要件」とする研修を受講したことのいずれかを要するものとする。

(c) 裁判員裁判事件（被疑事件又は第 1 審・控訴審被告事件）で国選弁護人に選任されている会員が，裁判所に候補者を特定して複数選任を申し出る場合には，事前に当該候補者を弁護士会に届け出て承認を得なければならないものと

---

[19] 後藤昭「刑事弁護の将来」後藤昭＝高野隆＝岡慎一編著『実務体系現代の刑事弁護 3（刑事弁護の歴史と展望）』（第一法規，2013 年）410 ～ 411 頁は，「定期的に研修を受けることを法テラスとの契約の条件にすることも考えられる。事件の軽重によって，国選弁護を受任できる弁護士の名簿を経験に応じて区分することもアメリカでは行われている。」とする。

[20] 宮村啓太「裁判員裁判と弁護の充実」第二東京弁護士会『二弁フロンティア創立 90周年特別号』。

〔神田安積〕 　　　　　　　　 3　刑事弁護の質の確保に向けた弁護士会の責務

する。承認に当たっては，当該候補者がS名簿に登載されていることを要し，裁判所に複数選任を申し出るに先立って，S名簿に登載されている会員の中から候補者を選定して，弁護士会へ複数選任届出書を提出して承認を得た上で，当該書面を複数選任申出書の添付書類として裁判所へ提出するものとする。なお，弁護士会の休業日にはこの承認ができないため，休業日に複数選任が必要となる可能性が見込まれる場合には，先立つ営業日に予め承認を得ておくようにするものとする。

　以上のとおり，第二東京弁護士会においては，法廷技術研修又は裁判員裁判事件の経験を1年ごとに「上書き」しなければ，過去の経験や研修受講歴にかかわらず，新たに裁判員裁判対象事件を受任できない。弁護士会がこのような厳格な名簿登載要件を課することは，それ自体，弁護活動の質の確保について重大な責務を負うことを自覚したうえでの主体的な態勢整備といえよう。

## (6)　他の機関との連携

　刑事弁護の質の確保については，弁護士会とは別に，日本司法支援センター（法テラス）も，法律上，国選弁護等関連業務に関する講習・研修実施が業務の一つとされているから（総合法律支援法30条1項11号），弁護士会は，法テラスと連携して，研修を行うことが検討されてよい。なお，法テラスには，裁判員裁判における弁護技術の研究・普及及びスタッフ弁護士の裁判員裁判事件に対する業務支援のために，裁判員裁判弁護技術研究室が設置されており，毎年定期的に，1)養成中のスタッフ弁護士（登録1年目）全員に対し，「模擬事例をもとにした研修」として，①模擬接見，②法廷弁護技術の実演（主尋問・反対尋問・冒頭陳述・最終弁論の実演。実演について法廷でコメントを受け，その後，実演を撮影したビデオを再生しながらさらにコメントを受ける）③情状事件の公判準備・起案（裁判員が共感し，納得する主張とは何かを学ぶ）を，また，2)赴任後のスタッフ弁護士（登録2年目以降）のうちの希望者に対して，「裁判員裁判事例研究研修」として，スタッフ弁護士が担当した事件を素材にして，裁判員裁判の実践的な視点からの研鑽をそれぞれ行っている[21]。

　また，刑事弁護の「専門性」に対応する研修は，法科大学院において取り組

---

[21]　法テラスの裁判員裁判研修について，神山啓史・大塚博喜「裁判員裁判を支える法テラスの研修」法律のひろば2013年3月号47頁。

まれている継続教育（リカレント教育）[22]において提供されることも今後期待される。

## 4　ま　と　め

　弁護士会は，弁護活動の質の確保に向けて，多様な研修メニューを提供するなど精力的に取組みを進めている。

　今後，弁護士会が，国選弁護事件の名簿の登載要件の厳格化の実現に努め，その実現が専門弁護士であることを公的に認定する「専門認定制度」の嚆矢となることを期待したい[23]。

---

[22]　改革審意見書も「継続教育を，法曹養成の総合的・体系的な構想の一環として位置付け，整備すべきである。」としており，法科大学院が実務法曹に対してメニューを提供することが提言されていた。法科大学院による継続教育について，浜田道代「法科大学院修了後の過程の充実・多様化」ロースクール研究 13 号（2009 年）71 頁，中網栄美子「米国ロー・スクールの継続教育～法科大学院における継続教育を考える～」日弁連法曹養成対策室報 3 号（2008 年）107 頁。

[23]　村岡啓一「弁護の質の保証」後藤昭＝高野隆＝岡慎一編著『実務体系現代の刑事弁護 1（弁護人の役割）』（第一法規，2013 年）371 頁。

## 渡辺咲子先生　略歴・主要著作

### ＜略　　歴＞

昭和 21（1946）年 5 月　東京に生まれる

昭和 44（1969）年 4 月　東京大学理学部生物化学科卒業

昭和 50（1975）年 11 月　司法試験合格

昭和 53（1978）年 4 月　検事任官（東京地検・名古屋地検・同一宮支部・千
葉地検・横浜地検川崎支部検事，外務省（領事移住部付兼条約局法規課
付），東京地検検事，法務省法務総合研究所教官，東京地検特別公判部副部
長，浦和地検交通部長，東京高検検事を歴任），平成 15（2003）年 4 月退官。
この間，国際連合犯罪防止会議，東京サミット準備会合（国際テロ対
策専門家会合），ベネチアサミット準備会合（国際テロ対策専門家会合），
国際民間航空機関による条約制定会議に，日本政府代表団員，日本政
府代表等として参加。また，平成 8（1996）年より法務省刑事局の委託
により現行刑事訴訟法制定資料の整理保存に着手。

平成 15（2003）年 4 月　明治学院大学法学部教授

平成 15（2003）年 5 月　弁護士登録

平成 16（2004）年 4 月　明治学院大学大学院法務職研究科教授

平成 28（2016）年 6 月　明治学院大学大学院法務職研究科長


〈主要著作〉※雑誌等掲載論文は除く

### 【単著】

『犯罪現場の擬律判断』（初版 1995 年，補訂第 4 版 2009 年，立花書房）

『判例講義刑事訴訟法』（2009 年，不磨書房）

『現代型犯罪と擬律判断』（初版 2004 年，補訂版 2009 年，立花書房）

『任意捜査の限界 101 問』（3 訂 2005 年から単著，5 訂 2013 年，立花書房）

『刑事訴訟法講義』（初版 2004 年，第 7 版 2014 年，不磨書房）

### 【共著】

『刑事手続（上)』（1988 年，筑摩書房）

『刑事裁判実務大系 11　犯罪捜査』（1991 年，青林書院）

主 要 著 作

『大コンメンタール刑法』(初版 1989 年，第 3 版 2013 年，青林書院)

『大コンメンタール警察官職務執行法』(1993 年，青林書院)

『大コンメンタール刑事訴訟法』(初版 1994 年，第 2 版 2010 年，青林書院［編著］)

『条解刑事訴訟法』(初版 1984 年，第 4 版増補版 2016 年，弘文堂)

『刑事訴訟法制定資料全集──昭和刑事訴訟法編(1)～(14)』(2001 年～ 2016 年，信山社)

『新 刑事手続Ⅰ・Ⅱ・Ⅲ』(2002 年，悠々社)

渡辺咲子先生古稀記念
変動する社会と格闘する判例・法の動き

2017(平成29)年3月19日　第1版第1刷発行

編者代表　京　藤　哲　久
　　　　　神　田　安　積

発　行　者　今井　貴稲葉文子
発　行　所　株式会社　信　山　社
〒113-0033 東京都文京区本郷 6-2-9-102
Tel 03-3818-1019　Fax 03-3818-0344
info@shinzansha.co.jp
笠間才木支店 〒309-1611 茨城県笠間市笠間 515-3
Tel 0296-71-9081　Fax 0296-71-9082
笠間来栖支店 〒309-1625 茨城県笠間市来栖 2345-1
Tel 0296-71-0215　Fax 0296-72-5410
出版契約 2017-3233-01011 Printed in Japan

© 編・著者, 2017　印刷・製本／ワイズ書籍 (Y)・牧製本
ISBN978-4-7972-3233-2 C3332 分類326.003-a001 刑事法
p356-012-030-008-N20

JCOPY 《社)出版者著作権管理機構 委託出版物》
本書の無断複写は著作権法上での例外を除き禁じられています。複写される場合は、
そのつど事前に、(社)出版者著作権管理機構〔電話03-3513-6969, FAX03-3513-6979,
e-mail: info@jcopy.or.jp〕の許諾を得てください。また、本書を代行業者等の第三者に
依頼してスキャニング等の行為によりデジタル化することは、個人の家庭内利用であって
も、一切認められておりません。

刑事法学の現実と展開 ― 齋藤誠二先生古稀記念
渥美東洋・椎橋隆幸・日高義博・山中敬一・船山泰範 編

新時代の刑事法学 ― 椎橋隆幸先生古稀記念　上・下
井田良・川出敏裕・高橋則夫・只木誠・山口厚 編

刑事訴訟法の理論的展開　椎橋隆幸 著

刑事訴訟法基本判例解説　渥美東洋・椎橋隆幸 編

医事法講座　第7巻最新刊（以下続刊）　甲斐克則 編集

医事法辞典　甲斐克則　編集代表（近刊）

ヨーロッパ人権裁判所の判例 II（近刊）
戸波江二・北村泰三・建石真公子・小畑郁・江島晶子 編

信山社

刑事法辞典
　　三井誠・町野朔・曽根威彦・中森喜彦・吉岡一男・西田典之 編

田宮裕博士追悼論集 上・下 　廣瀬健二・多田辰也 編

刑事法・医事法の新たな展開 上・下 — 町野朔先生古稀記念
　　岩瀬徹・中森喜彦・西田典之 編集代表

激動期の刑事法学 — 能勢弘之先生追悼論集
　　寺崎嘉博・白取祐司 編

ロクシン刑法総論
　　第1巻［基礎・犯罪論の構造］〔第3版〕（翻訳第1分冊）
　　クラウス・ロクシン 著／平野龍一 監訳

　　第1巻［基礎・犯罪論の構造］〔第4版〕（翻訳第1分冊）
　　第2巻［犯罪の現象形態］（翻訳第2分冊）
　　クラウス・ロクシン 著／山中敬一 監訳

信山社

刑事訴訟法講義(第7版) 渡辺咲子

判例講義 刑事訴訟法　渡辺咲子

刑事訴訟法制定資料全集〔昭和刑事訴訟法編〕
　（日本立法資料全集）[ 全14巻 ]
　井上正仁・渡辺咲子・田中開 編著

旧刑法 〔明治13年〕( 日本立法資料全集 )[ 全9巻 ]
　西原春夫・吉井蒼生夫・藤田正・新倉修　編著

刑法沿革綜覧〔増補〕
　松尾浩也増補解題・倉富勇三郎他監

立法の平易化　塩野宏・松尾浩也 編

国家賠償法〔昭和22年〕( 日本立法資料全集 )
　宇賀克也 編著

信山社